Das neue Dangerous Book for Boys

1. Auflage 2020
Deutsche Erstausgabe
Copyright © 2020 Schneiderbuch in der HarperCollins Germany GmbH, Hamburg
Alle Rechte für die deutschsprachige Ausgabe vorbehalten
© 2019 by Conn Iggulden, Arthur Iggulden and Cameron Iggulden
Originaltitel: »The Double Dangerous Book for Boys«
Erschienen bei: HarperCollinsPublishers, London
Covergestaltung: HarperCollins Germany/Deborah Kuschel,
Artwork HarperCollins Publishers, 2019
Lektorat: Anja Fischer
Satz: Ortrud Müller, Die Buchmacher, Köln
Druck und Bindung: Pustet, Regensburg

Printed in Germany
Dieses Buch wurde auf FSC-zertifiziertem Papier gedruckt.
ISBN 978-3-505-14426-4

Conn Iggulden

Das neue Dangerous Book for Boys

Arthur & Cameron Iggulden

Aus dem Englischen von
Christiane Sipeer und Peter Klöss

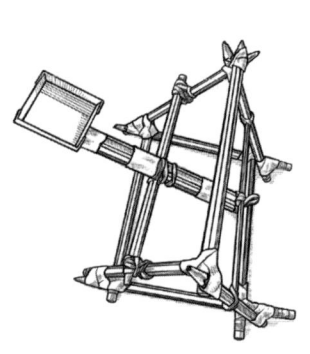

In dieser lang erwarteten Fortsetzung seines
erfolgreichen Bestsellers präsentiert Conn Iggulden zusammen
mit seinen Söhnen Cameron und Arthur ein brandneues
Kompendium raffinierter Pläne, Projekte, Tricks, Spiele sowie
Geschichten von außergewöhnlichem Mut.

Willst du wissen, wie man eine Flugmaschine baut oder
ein Vorhängeschloss knackt? Möchtest du die besten
Reden der Welt entdecken oder herausfinden, wie du den
Zauberwürfel lösen kannst? Dann bist du hier goldrichtig,
denn *Das neue Dangerous Book for Boys* ist der ultimative
Begleiter für Abenteurer und Macher jeden Alters.

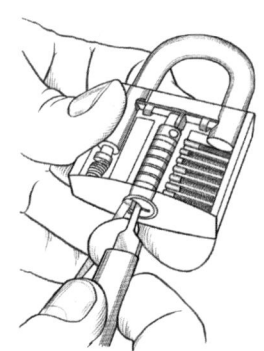

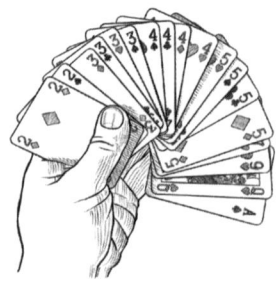

Jungs – ihr geht zur Schule, um zu lernen, also strengt euch an! Und wenn ihr rausgeht, um Football zu spielen, strengt euch gefälligst wieder an. Denn eines dürft ihr nie vergessen: Wer die Arbeit vernachlässigt, vernachlässigt auf lange Sicht auch das Spiel. Vor einigen Jahren äußerte sich mir gegenüber einmal ein Professor aus Yale über einen Spieler der dortigen Football-Mannschaft: ›Der Bursche da wird es nicht bringen. Der strengt sich in der Schule nicht richtig an, und deshalb prophezeie ich, dass er sich auch auf dem Spielfeld, wo der ganze Mann gefragt ist, nicht richtig anstrengen wird.‹ Und wirklich: Der Bursche hat's nicht gebracht.

Ihr bereitet euch auf das Wichtigste im Leben vor. Während der Schulzeit und in dem Leben, das danach kommt, soll jeder von euch so viel Spaß wie möglich haben, aber erst an zweiter Stelle, zuerst geht es darum, dass ihr eure Arbeit so gut wie möglich erledigt. Ob beim Lernen, beim Sport in der Schule oder im Leben danach, wenn ihr in der großen weiten Welt eurem Broterwerb nachgeht, ist es stets ein sicherer Plan, die folgende Regel zu befolgen – eine Regel, die ich einst auf dem Footballfeld gelernt habe: nicht ablenken lassen, nicht foulen, unbeirrbar sein Ziel verfolgen.«

RAT DES US-PRÄSIDENTEN THEODORE ROOSEVELT AN DIE LESER DER JUNGEN-ZEITSCHRIFT »THE BOYS'S OWN PAPER«, 1903.

INHALT

INHALT

VORWORT

Vor ein paar Jahren fiel mir auf, dass es kaum noch Bücher gibt, wie ich sie als Kind gern gelesen habe. Ich interessierte mich für alles – für Abenteuer, Schleudern, Kristalle und Bauanleitungen genauso wie für Wissenschaft und Geschichte. Ich wollte Bücher mit vielen Kapiteln lesen, jedes anders als das vorhergehende. Kurz, ich wollte ein Buch, mit dem ich mich in dem Baumhaus verkriechen konnte, das ich mit seiner Hilfe gebaut hatte. Sechs Monate lang werkelten mein Bruder Harry und ich in einem Schuppen und schrieben Kapitel über alles, was uns interessierte – Wolkenformationen und Astronomie, Jonglieren oder Stolperdrähte spannen. Wir hatten es nicht darauf angelegt, einen Bestseller zu schreiben, wir wollten nur die wunderbaren, verrückten Ideen der Kindheit feiern – wenn einem noch alle Türen offen stehen, die Zukunft ungeschrieben ist und die Sommer unendlich zu sein scheinen.

»Das einzig wahre Handbuch für Väter und ihre Söhne« hatten wir auf die Titelseite geschrieben, und das war nicht übertrieben. Sollte ich dereinst nur wegen eines Buches in Erinnerung bleiben und all meine Romane in Vergessenheit geraten, dann stelle ich mir gern vor, wie jemand auf einem staubigen Dachboden das *Dangerous Book* findet und sich mit einem Lächeln im Gesicht niederlässt, um darin zu lesen.

Das Buch, das du nun in Händen hältst, habe ich mit meinen beiden Söhnen ge-schrieben. Der eine ist ein junger Mann geworden, seit das erste *Dangerous Book* erschien. Der andere ist jetzt zehn, läuft herum wie Huckleberry Finn und könnte ruhig mal öfter Schuhe tragen. Ich hatte ja gedacht, im ersten Buch hätten wir schon alles abgehandelt, aber zwei Jungs großzuziehen belehrte mich eines Besseren.

Vor zwölf Jahren habe ich zum ersten Mal für einen Verlag ein Kapitel über das in Großbritannien weit verbreitete Spiel Kastanien-Titschen verfasst. »Im Zeitalter der Videospiele und Handys brauchen die Kinder einen Ort, an dem es Knoten, Baumhäuser und Geschichten von unglaublicher Kühnheit gibt«, schrieb ich damals, und dazu stehe ich nach wie vor – obwohl ich mir einfach nicht erklären kann, wieso wir damals vergessen haben zu beschreiben, wie man Schlösser knackt, eine Schleuder bastelt oder eine Stinkbombe baut. Immer wenn mir in den letzten Jahren gute Einfälle kamen, habe ich sie mir notiert. Vielleicht wusste ich die ganze Zeit über ja schon, dass ich noch einmal so ein Buch schreiben würde, mit lauter neuen Kapiteln über Kunstharzgießen, Matherätsel, mit Anleitungen für Kraftübungen, Lebensberichten über die zwölf Caesaren und Beschreibungen alter Ruinen. Und diesmal fehlt auch nicht die Anleitung, wie man aus Papier und Holz ein Flugzeug baut – ja, dieses Buch ist tatsächlich noch besser als das letzte. Die Welt ist voller faszinierender Dinge. Du wirst sehen.

Conn Iggulden

NOTIZEN
aus dem
BAUMHAUS

Für uns war dieses Buch *die* Gelegenheit, uns wie Jungs zu benehmen – Schleudern basteln, Iglus bauen, Chemikalien mischen –, ohne Konsequenzen fürchten zu müssen. Zwei Tage haben wir damit verbracht, Großvaters Bohnen in Kunstharz zu gießen, um sie für die Ewigkeit zu bewahren. Und wer weiß wie viele Abende, an denen wir im Familienkreis Kartentricks vorgeführt haben. Wir haben gelernt, wie man einen Papierfrosch zum Hüpfen bringt und wie man seine Stiefel wienert.

Es war aber auch die Gelegenheit, unserem Vater zu zeigen, was wir alles wussten und er nicht. Diese sonnigen Nachmittage, die wir zu dritt damit verbrachten, Gebärdensprache zu lernen oder ihm zunehmend verzweifelt beizubringen, wie man einen Zauberwürfel löst, werden wir nie vergessen. Für all das sind wir sehr dankbar. Sollten wir selbst einmal Söhne haben und dieses Buch zur Hand nehmen, dann werden wir nicht an das eigene Triumphieren oder Scheitern zurückdenken.

Nein. Letzten Endes zählt am meisten, dass wir all das gemeinsam getan haben.

Cameron Iggulden   Arthur Iggulden

SCHLÖSSER KNACKEN

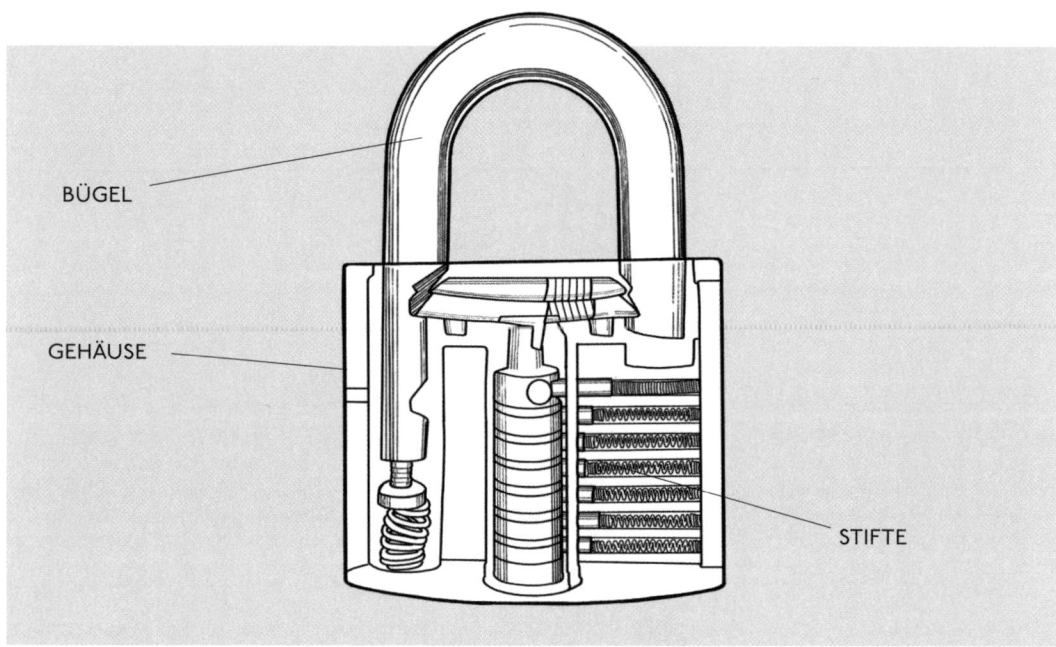

BÜGEL

GEHÄUSE

STIFTE

Bevor du ohne Schlüssel ein Vorhänge-schloss oder das Zylinderschloss einer Haustür zu öffnen versuchst, solltest du wissen, wie solche Schlösser überhaupt funktionieren. Im Fernsehen braucht der Spion oder Held nur eine Haarnadel und hat es in fünf Sekunden geschafft – wie Super-man. In Wahrheit ist es zwar nicht ganz so einfach, aber so viel kniffliger nun auch wie-der nicht, denn du brauchst dafür nur zwei Werkzeuge. Als es uns das erste Mal gelang, ein altes Vorhängeschloss zu öffnen, war das einer der schönsten Momente unseres Le-bens!

Ehe wir uns den Pick-Werkzeugen zuwen-den, schau dir alle Abbildungen in diesem

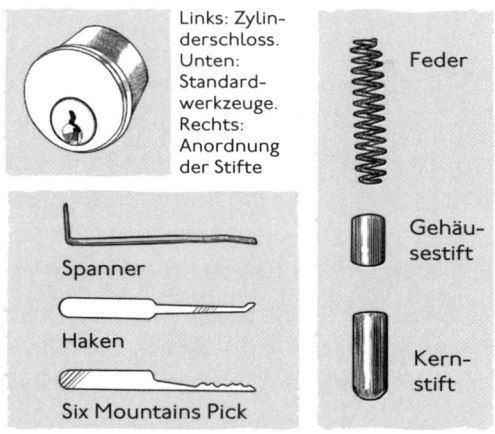

Links: Zylin-derschloss. Unten: Standard-werkzeuge. Rechts: Anordnung der Stifte

Feder

Gehäu-sestift

Kern-stift

Spanner

Haken

Six Mountains Pick

Kapitel an, am besten mit einem Vorhänge-schloss in der Hand. Ein Standard-Vorhän-geschloss funktioniert genauso wie das Zy-

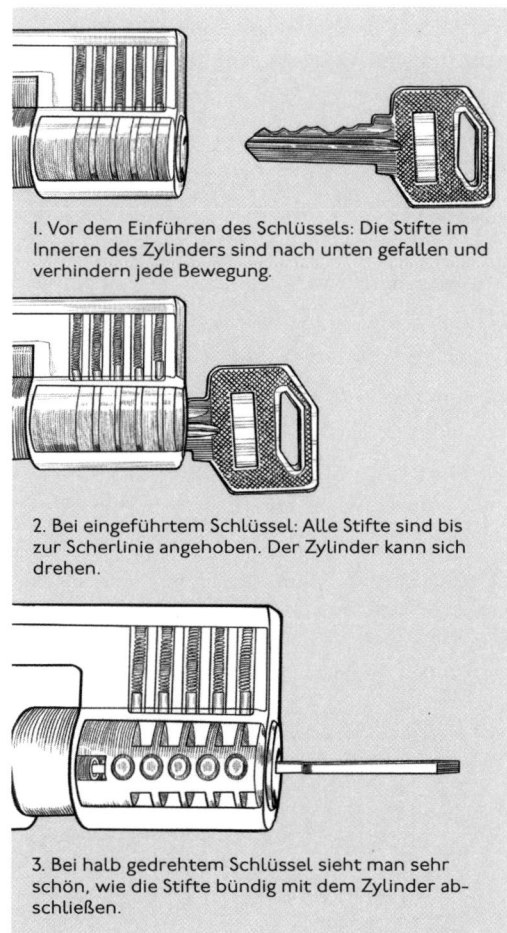

1. Vor dem Einführen des Schlüssels: Die Stifte im Inneren des Zylinders sind nach unten gefallen und verhindern jede Bewegung.

2. Bei eingeführtem Schlüssel: Alle Stifte sind bis zur Scherlinie angehoben. Der Zylinder kann sich drehen.

3. Bei halb gedrehtem Schlüssel sieht man sehr schön, wie die Stifte bündig mit dem Zylinder abschließen.

linderschloss an einer Haustür. Man dreht einen Zylinder, der meist aus Messing besteht, und das Schloss öffnet sich. Allerdings kann sich der Zylinder nur drehen, wenn die Stifte im Schlossinnern das nicht verhindern. Diese Stifte, eigentlich je ein Stiftpaar aus Gehäusestift und Kernstift, werden von einer Führung im Schlossgehäuse und einer Feder hintereinander in Position gehalten. Die unterschiedlichen Längen der Kernstifte entsprechen den Einkerbungen im Schlüssel.

Wird der richtige Schlüssel eingesteckt, hebt er diese Stifte nacheinander bis zur sogenannten Scherlinie an, und der Zylinder

kann sich drehen. Der Trick beim Schlösserknacken besteht darin, die Aktion des Schlüssels nachzuahmen.

DIETRICHE

Nachdem wir das vierte Dietrich-Set bestellt hatten, haben wir zu unserer großen Überraschung herausgefunden, dass es mit zwei gewöhnlichen Drahtstücken genauso gut funktioniert. Das billigste Dietrich-Set kostete ungefähr 3,50 Euro und steckte zur Tarnung in einer falschen Kreditkarte. Das teuerste kam zusammen mit zwei durchsichtigen Plexiglasschlössern und etwa zwanzig verschiedenen Dietrichen. In der Regel empfehlen wir dir ja nicht, im Internet zu kaufen. In diesem Fall aber musst du in deinem Browser nur »Dietriche« eingeben, dann wirst du schnell fündig. Und kauf dir ein Plexiglasschloss oder besser: Lass dir eins schenken. Die Dinger sind wirklich interessant!

Obwohl dieses Kapitel nicht dazu gedacht ist, einen professionellen Schlossknacker aus dir zu machen, hoffen wir doch, dass es dir mit ein wenig Übung gelingen wird, ganz allein ein Vorhängeschloss zu öffnen. Oder eure Haustür, wenn sie mal zugefallen sein sollte.

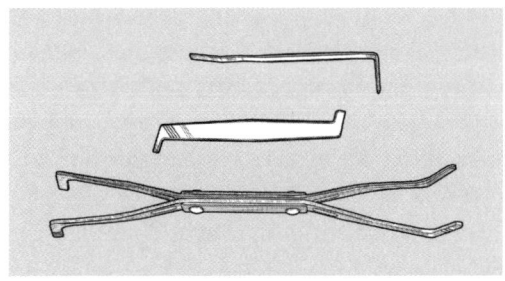

Verschiedene Spanner

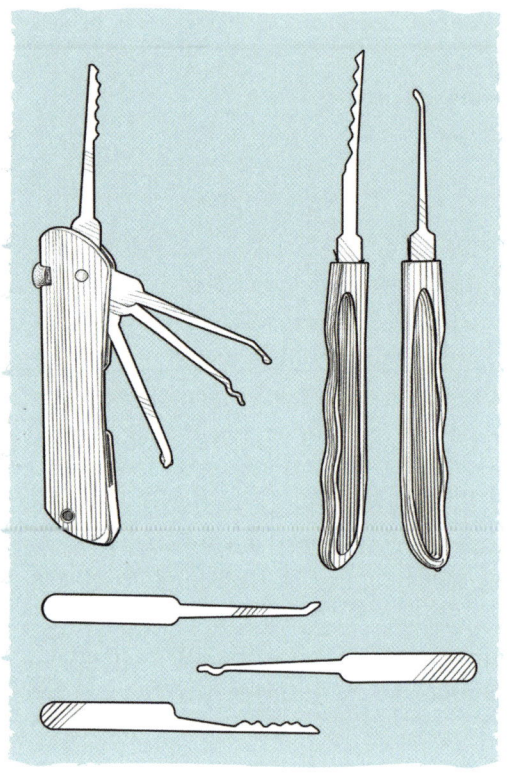

Verschiedene Haken und Six Mountains Picks

Das erste Werkzeug ist der **Spanner**. Er übt eine leichte Drehkraft auf das Schloss aus, während du versuchst, die Stifte im Innern anzuheben. Ein Spanner ist im Grunde nur ein starres Stück Metall, aber eine normale Büroklammer taugt nicht dafür, sie würde sich zu leicht verbiegen. Beispiele findest du auf der Abbildung auf S. 11 unten. Allen gemeinsam ist die scharfe Krümmung.

Der Trick ist, mithilfe des Spanners einen konstanten Drehdruck im Uhrzeigersinn aufrechtzuerhalten, während man den eigentlichen Dietrich einführt. Dadurch werden die Stifte leicht unter Druck gesetzt, sodass sie an ihrem Platz bleiben und nicht wieder in die Schließposition zurückfallen. Wenn man

es richtig macht und der Schließmechanismus freigegeben wird, lässt der Zylinder sich drehen. Mit der Zeit haben wir gelernt, dass man gar nicht viel Druck ausüben muss – Anfänger drehen meist zu stark.

Das zweite Werkzeug, der eigentliche Dietrich, ist ein einfacher **Haken** oder ein **Six Mountains Pick**. Letzterer ähnelt einem Schlüssel und funktioniert auch so, während der Haken dazu dient, die Stifte einzeln nacheinander bis zur Scherlinie anzuheben. Einem geschickten Lockpicker genügt dazu schon eine Büroklammer mit gebogenem Ende.

Übe mit einem billigen Vorhängeschloss, das so groß wie möglich ist, damit du die Stifte deutlich spürst. Schau zunächst in das Schloss hinein und finde heraus, wo der erste Stift sitzt.

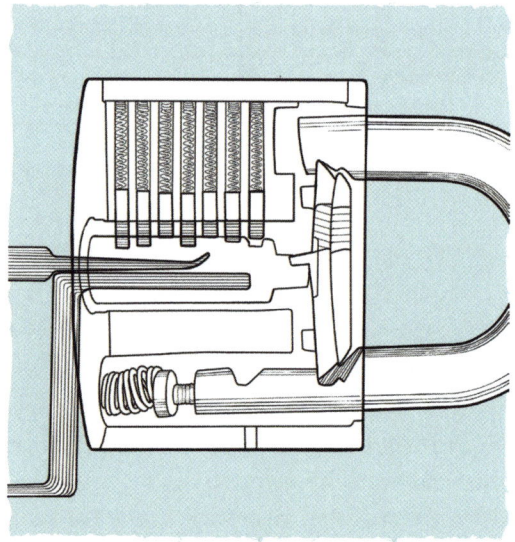

Dann führst du den Spanner ein und achtest darauf, dass er dem Dietrich nicht den Weg versperrt. Drück ihn leicht in die Richtung, in die der Schlüssel drehen würde, und steck deinen Dietrich hinein. Beim so genannten Raken musst du einen Six Mountains vor- und zurückschieben und bekommst so ein

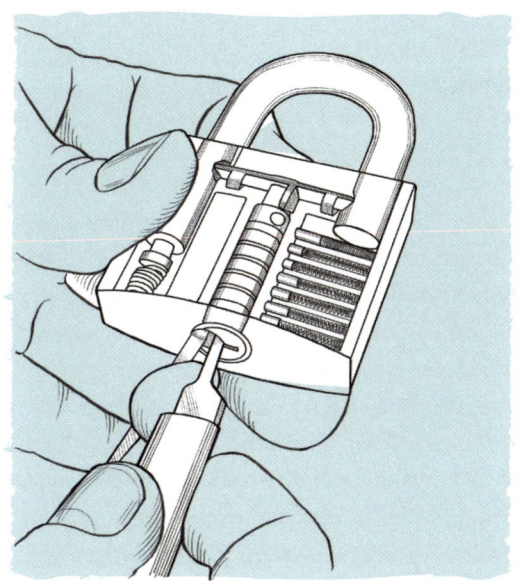

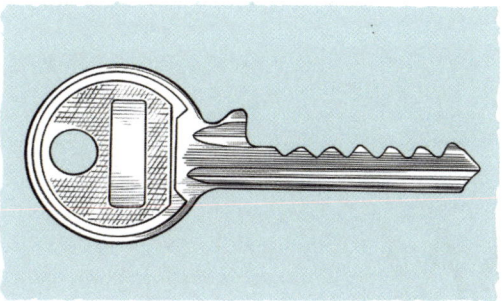

Gefühl für die Pins im Inneren. Wenn alles klappt, werden die Stifte dabei an ihren Platz an der Scherlinie gehoben und vom Spanner dort gehalten. Probier es zuerst auf diese Weise und beweg das Pickwerkzeug einfach mehrmals wie einen Schlüssel hin und her, während du mit dem Spanner den Drehdruck sanft aufrechterhältst. Verfügt dein Dietrich am Ende über eine Krümmung – den sogenannten Haken –, kannst du auch direkt hinten ansetzen und die Stifte nacheinander bis zur Scherlinie anheben.

Als wir diese Methode zum ersten Mal bei einem richtigen Vorhängeschloss ausprobierten, brauchten wir nur zwei Minuten und hielten uns für Genies. Im Überschwang schnappte das Schloss leider wieder zu, und der zweite Versuch wurde dann eine halbstündige Fummelei mit Haken und Six Mountains. Es war schwieriger, als wir gedacht hatten, aber das eigentliche Wunder war, dass es überhaupt klappte. Zumal wir vorher keinen blassen Schimmer hatten, wie Dietriche oder gar Zylinderschlösser funktionieren.

Im Lauf unserer Recherchen stießen wir irgendwann noch auf die Schlagmethode. Dabei erledigt ein sogenannter Schlagschlüssel (siehe Abbildung oben) die Arbeit von Spanner und Haken in einem Arbeitsgang. Man führt ihn ins Schloss ein und bewegt ihn entweder wie einen Six Mountains vor und zurück oder klopft dagegen, aber wir hatten mit dieser Methode nie Glück. Dietriche funktionieren eindeutig besser.

Am besten lief es bei dem abgebildeten Vorhängeschloss, das wir mit einem Haken und einem breiten Drahtspanner geknackt haben.

Zum Schluss unser Rat: Genieß dein Wissen und deine Fähigkeiten. Könnte sein, dass sie dir eines Tages gute Dienste leisten!

MEILENSTEINE
der
TECHNIK

Wo wären wir heute wohl, wenn nicht ein schlauer Kopf vor rund 5000 Jahren auf die Idee gekommen wäre, runde Scheiben an einen Karren zu montieren? Was wäre passiert, wenn niemand den Buchdruck erfunden hätte? Oder das Handy? Eigentlich können wir uns das gar nicht vorstellen. Unser modernes Leben existiert nur dank einiger unglaublich wichtiger Erfindungen.

RAD

Wissenschaftler vermuten, dass die ersten Räder ungefähr zur gleichen Zeit in verschiedenen Teilen der Welt erfunden wurden – vor etwa 5000 Jahren. Anfangs bestanden Räder wahrscheinlich nur aus Baumscheiben. Aber die Erfinder stellten rasch fest, dass Räder besser rollen, wenn sie möglichst kreisrund sind. Also steckten sie Bretter zu einer runden Scheibe zusammen. Vor etwa 4000 Jahren entstand das Speichenrad. Es ist leichter und dreht sich schneller – kein Wunder, dass es sofort für Streitwagen benutzt wurde.

LINSE

Der Zufall spielte vermutlich eine große Rolle bei der Entdeckung, dass sich Dinge beim Blick durch eine Linse vergrößern lassen. So ist überliefert, dass die römischen Philosophen Seneca und Plinius beim Blick durch eine mit Wasser gefüllte Glaskugel darüber nachdachten, weshalb alles dahinter größer wirkte. Ungefähr im 10. Jahrhundert wurden in Italien die ersten Glaslinsen als »Augengläser« geschliffen, und schon im 14. Jahrhundert konnten sich Kurzsichtige über Brillen freuen. Bald darauf entdeckte man weitere Nutzungsmöglichkeiten: Um das Jahr 1600 kamen die ersten Mikroskope und Teleskope auf und ermöglichten die Erforschung völlig neuer Welten – ganz nah und ganz fern.

BUCHDRUCK

Johannes Gutenberg war eigentlich Goldschmied. In seinem Beruf hatte er aber auch gelernt, kleine Lettern – also Buchstaben – aus Metall zu gießen. Um 1440 stellte er eine

große Menge von Bleilettern her und baute eine Druckerpresse, die im Prinzip wie eine Weinpresse funktionierte. Das Besondere: Die Bleilettern waren »beweglich«. Aus den einzelnen Buchstaben konnte er Wörter und ganze Sätze immer wieder neu zusammensetzen. Diesen sogenannten Druckstock bestrich er mit Farbe. Dann wurde ein Bogen Papier aufgelegt und alles in der Druckerpresse zusammengepresst. Das Sensationelle daran: Unzählige Kopien der gleichen Seite konnten in Rekordzeit produziert werden. Bis dahin musste jedes Schriftstück mühsam von Hand abgeschrieben werden, Bücher waren deshalb selten und teuer. Dank Gutenbergs Druckmethode war es nun möglich, größere Mengen in kurzer Zeit herzustellen. Bücher wurden bezahlbarer und mehr Menschen konnten sie kaufen und lesen. Auch Flugblätter ließen sich rasch und in Massen drucken und verteilen: So verbreiteten sich Nachrichten und neue Ideen mit bis dahin nicht gekannter Schnelligkeit.

FAHRRAD

Kaum zu glauben, aber ein verheerender Vulkanausbruch in Indonesien war der Grund für die Erfindung des Fahrrads. Als der Vulkan Tambora 1815 riesige Mengen Asche in die Luft spuckte, veränderte sich das Klima in Europa. Kälteeinbrüche, Dauerregen und Hagelstürme, Missernten und Hungersnöte waren die Folgen. Weil auch das Futter für die Tiere knapp wurde, starben viele Pferde. Wie sollte man nun von Ort zu Ort kommen? Der Mannheimer Karl von Drais tüftelte an einer neuen Fortbewegungsmethode. Als er am 12. Juni 1817 auf seiner nach ihm

benannten Draisine durch Mannheim rollte, zog Drais ungläubige Blicke auf sich. Seine Urform eines Fahrrads besaß mit Metall beschlagene Holzspeichenräder, eine Lenkstange und einen Sattel, aber keine Pedale.

Der Fahrer musste sich mit den Füßen nach vorne abstoßen. Drais' Laufrad gilt dennoch als die Urform des Fahrrads. 1867 präsentierten dann Pierre und Ernest Michaux auf der Pariser Weltausstellung ihr Velociped mit einer Tretkurbel am Vorderrad. Von da an war der Siegeszug des Fahrrads nicht mehr aufzuhalten.

TELEFON

»Das Pferd frisst keinen Gurkensalat!« Mit diesem denkwürdigen Satz führte der deutsche Lehrer und Erfinder Philipp Reis am 26. Oktober 1861 die Funktionstüchtigkeit seines Fernsprechapparates vor. Reis hatte sich extra verrückte Sätze (»Die Sonne ist von Kupfer« lautete ein anderer) überlegt, damit der Mensch am anderen Ende der Leitung sie nicht einfach erraten konnte. Er wollte schließlich beweisen, dass die Übertragung von Sprache funktionierte. Dennoch gilt heute nicht Reis, sondern der Schotte Alexander Graham Bell als Erfinder des Telefons. Er entwickelte es weiter und meldete es 1876 zum Patent an.

VERBRENNUNGSMOTOR

Der deutsche Ingenieur Nicolaus Otto hatte 1876 die zündende Idee: Er verbrannte ein Gemisch aus Luft und Kraftstoff in einem Metallzylinder mit genau eingepasstem Kolben. Die Verbrennung setzte Energie frei, dank der sich der Kolben auf und ab bewegte: Otto hatte den ersten funktionierenden Verbrennungsmotor erfunden. Gemeinsam mit Gottlieb Daimler und Wilhelm Maybach forschte und experimentierte Otto weiter. 1885 bauten sie einen kleinen Benzinmotor in ein Motorrad ein. Danach dauerte es nicht mehr lange, bis die ersten vierrädrigen Automobile durch die Straßen rollten.

LUFTFAHRT

Wilbur und Orville Wright aus den USA verdanken wir es, dass Flugreisen heute eine Selbstverständlichkeit sind. Die Brüder betrieben ursprünglich eine Reparaturwerkstatt für Fahrräder. Beide waren technisch begabt und brachten sich selbst die Grundlagen der Mechanik bei. Was sie in ihrer Werkstatt zusammentüftelten, nutzten sie für die Entwicklung der ersten Flugapparate. 1899 begannen sie mit dem Bau eines Doppel-

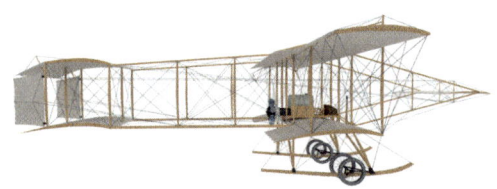

decker-Gleitflugapparats. 1903 gelang ihnen dank Propeller und Viertakt-Benzinmotor der erste motorisierte Flug. Mit immer neuen Konstruktionen verfeinerten die Wrights ihre Flugzeuge; heute würdigt man sie als die Pioniere der Luftfahrt.

COMPUTER

Konrad Zuse gilt als der Vater des Computers. 1941 präsentierte er den ersten funktionstüchtigen vollautomatischen und programmgesteuerten, binär arbeitenden Rechner. Binär bezeichnet ein Zahlensystem, das nur aus 0 und 1 besteht. Zuses »Z3« war so groß wie ein Kleiderschrank und im Vergleich zu heutigen Rechnern eine lahme Ente: Für eine einfache Multiplikation brauchte der Ur-Computer drei Sekunden. Zunächst zeigte niemand großes Interesse an Zuses Erfindung. Dennoch war mit dem »Z3« der Startschuss für das Computerzeitalter gefallen. Zuse arbeitete weiter und entwickelte schließlich mit dem »Z4« einen Digitalrechner, der in den Fünfzigerjahren des 20. Jahrhunderts an verschiedenen Universitäten und Forschungseinrichtungen eingesetzt wurde.

RÖMISCHE MÜNZEN

Hast du dich auch schon mal gefragt, womit die alten Römer eigentlich bezahlt haben, wenn sie Brot, Wein und neue Sandalen brauchten oder sich ein schönes Mosaik für ihr Landhaus leisten wollten? Hatten sie immer Geld dabei? Oder betrieben sie womöglich mit Rindern eine Art Tauschhandel? Die Antwort lautet: Sowohl als auch – nur Geldscheine gab es nicht.

Bevor wir in die römischen Geldbeutel schauen, lohnt ein kurzer Blick auf die Geschichte des mächtigsten Staates der Antike. Denn mit der Staatsform änderten sich auch die Zahlungsmittel. 510 v. Chr. wurde der letzte römische König aus dem Herrschergeschlecht der Etrusker abgesetzt und vertrieben. Der römische Senat übernahm die Macht. Dieses Ereignis gilt als Geburtsstunde der Römischen Republik. Im Laufe der Jahrhunderte gewannen erfolgreiche Feldherren immer mehr Einfluss. Einer der mächtigsten war Gaius Julius Caesar. Nach dessen Ermordung führte Caesars Großneffe Octavian im Jahr 27 v. Chr. das sogenannte Prinzipat ein. Damit konzentrierte sich die gesamte Macht auf seine Person. Es war das Ende der Republik und der Beginn des Römischen Kaiserreichs. Oktavian erhielt den Beinamen Augustus und ging als erster römischer Kaiser in die Geschichte ein.

SCHWERES GELD

Zurück zu den Rindern und damit in die Königszeit. Über Jahrhunderte wurde tatsächlich mit Vieh bezahlt! Nicht von ungefähr stammt das lateinische Wort *pecunia* für Geld von *pecus*, Vieh, ab. Außerdem gab es *aes rude*, unregelmäßig geformte Stücke aus Kupfer oder Bronze, und ab dem vierten Jahrhundert v. Chr., also schon während der Römischen Republik, auch kleine Bronzebarren, *aes signatum* genannt. Die konnte man zwar nach Bedarf rasch einschmelzen

Aes signatum, 6. bis 3. Jh. v. Chr.

und das Material dann anderweitig verwenden, zum Beispiel für Waffen oder Werkzeuge. Aber als Zahlungsmittel hatten Aes einen entscheidenden Nachteil: das Gewicht. Denn wer will kiloweise Metall mit sich herumschleppen? (Rinder können wenigstens selber laufen.) Noch dazu waren diese Aes unterschiedlich schwer, besaßen also auch nicht alle den gleichen Wert. Die Römer erkannten: Eine praktischere Lösung musste her.

Im Jahr 289 v. Chr. stellte Rom offiziell Münzmeister ein, die für das Gießen und Prägen von Münzen aus Bronze, Silber und Gold verantwortlich waren. Zunächst gab es ein System für Bronzemünzen. Immer noch keine leichtgewichtige Sache! Dieses frühe Zahlungsmittel wurde folgerichtig als *aes grave*, Schwergeld, bezeichnet. Übrigens: Abgekürzt wird Aes mit AE. Dieses Kürzel begegnet dir auch heute noch in der Numismatik, es wird für Münzen aus Kupfer- und Bronzelegierungen benutzt.

GEPRÄGTE MÜNZEN

Silbermünze denarius, 125 v. Chr., Helmkopf von Rom, Jupiter und Victoria in Wagen von vier Pferden gezogen

281 v. Chr. ließ Rom die erste Silbermünze prägen. Auf der Vorderseite ist das Profil eines bärtigen Männerkopfes mit Helm abgebildet, er stellt den Kriegsgott Mars dar. Die Rückseite zeigt einen Pferdekopf und eine Kornähre. 211 v. Chr. wurde der Denar, ebenfalls eine Silbermünze, eingeführt. Er sollte für mehrere Jahrhunderte die bedeutendste Währungseinheit im römischen Reich werden. Ein Denar besaß den Wert von 10 Aes, ab etwa 140 v. Chr. von 16 Aes.

Sesterz, 168 n. Chr., Preisträger des Kaisers Lucius Verus, weiblich mit Waagen als Personifizierung der Qualität

Dann gab es noch den Sesterz, der so viel wert war wie ein Vierteldenar. Zu Beginn der Republik wurde er aus Silber gegossen. Als Julius Caesar an die Macht kam, führte er den Sesterz aus Bronze ein und ließ große Mengen davon in Umlauf bringen. Bronzemünzen waren das Geld für den täglichen Bedarf, der Durchschnitts-Römer trug ungefähr 20 Sesterzen im Geldbeutel bei sich. Auch Aes gab es weiterhin.

Dann wurde Caesars Großneffe Octavian, bekannt als Augustus, der erste römische Kaiser. Er führte eine Münzreform durch, die allen Münzeinheiten verbindliche neue Werte zuwies. Der Aureus, eine Goldmünze, war das wertvollste Geldstück im Kaiserreich.

Aureus, II9-I22 v. Chr., Kaiser Trajan,
stehender Neptun mit Dreizack

Der Wert eines Aureus entsprach 25 Denaren.

In der Kaiserzeit gab es außerdem eine Neuerung bei der Prägung von Münzen. Neben dem Wert war erstmals auch das **Porträt des Kaisers** zu sehen, der gerade regierte. Augustus war aber nicht der erste, der auf diese Weise verewigt wurde; diese Ehre wurde Julius Caesar zuteil. Die Kaiserporträts erleichtern uns heute die Einordnung von Münzfunden, denn dank des Abbilds lässt sich leicht feststellen, aus welcher Zeit eine Münze stammt. Die Darstellung des jeweiligen Herrschers war außerdem eine geschickte Publicity-Maßnahme. In einer Zeit ohne Internet, Facebook, Instagram und Fernsehen ließ sich auf diese Weise am schnellsten verbreiten, wer in Rom gerade an der Macht war. Und weil die Römer in ganz Europa Handel trieben oder auf Feldzügen unterwegs waren, erfuhr auch gleich der Rest der Welt davon.

Auf den **Rückseiten** der Münzen war ähnlich wie bei unseren Euro-Münzen heute alles Mögliche zu sehen, Götter und wichtige Persönlichkeiten genauso wie Bauwerke des jeweiligen Kaisers, aber auch Pferde, Adler, Kränze aus Eichenlaub, Schilde und anderes. Übrigens: Die Vorderseite einer Münze wird Avers genannt, die Rückseite Revers. Dies

nur als Tipp für alle zukünftigen Numismatiker, also Münzsammler.

Und wie viel musste man wofür bezahlen? Aus Funden in Pompeji, der 79 v. Chr. bei einem Ausbruch des Vesuvs zerstörten Stadt, weiß man, dass eine Tunika etwa 16 Sesterzen kostete. Die Preise für Wein und Öl konnten je nach Qualität sehr unterschiedlich sein. So gab es umgerechnet etwa einen halben Liter Öl für fünf Aes, ein Trinkgefäß voll Wein für ein bis vier Aes. Ein *modius* Weizen (6,5 kg) kostete 30 Aes, die gleiche Menge Roggen war für 12 Aes zu bekommen.

Die Kaufkraft der römischen Währung änderte sich aber häufig, vor allem zum Ende der Kaiserzeit war das Geld immer weniger wert. Viele Preise können wir heute nur noch schätzen. So verdiente ein Arbeiter in der Kaiserzeit vermutlich etwa 120 bis 200 Denare pro Jahr, ein Legionär konnte es auf bis zu 300 Denare bringen. Ein Schwein kostete schätzungsweise 60 Denare, für eine Kuh konnten es schon mal 150 Denare sein. Für einen Sklaven musste ein wohlhabender Römer 200 bis 500 Denare bezahlen.

MÜNZFUNDE HEUTE

Das Spannende am Bargeld der alten Römer ist: Man kann es sogar bei uns in Deutschland finden. Vor allem entlang der Römerstraßen, bei römischen Bauwerken und überall dort, wo Legionen ihr Lager aufgeschlagen haben, stoßen Archäologen immer wieder auf Münzen im Boden. Und nicht nur Archäologen! Einer der berühmtesten Funde ist der Schatz vom Kumpfmühl. 1989 entdeckte man bei Bauarbeiten im Westen des ehemaligen römischen Kastells von Kumpfmühl in

Regensburg einen Bronzekessel, in dem die Besitzer neben 610 Denaren und 25 Aurei noch zahlreiche Schmuckstücke aus Gold und Silber versteckt hatten.

Auch private Schatzsucher fahnden nach Münzen aus dem römischen Reich. Mithilfe eines Metalldetektors, einer Sonde, spüren sie Metall im Boden auf. Falls du das selbst ausprobieren möchtest, brauchst du eine Grabungsgenehmigung der Denkmalschutzbehörde. Finder sind verpflichtet, ihre Entdeckung zu melden. Verantwortungsvolle Schatzsucher graben auch nicht auf eigene Faust, denn dabei könnten sie wertvolle archäologische Spuren zerstören. Wenn du etwas findest, bedeutet das nicht, dass es dir gehört. Nur in Bayern gehört ein Fund je zur Hälfte dem Entdecker und dem Grundstückseigentümer. Ansonsten fallen die Entdeckungen an das Bundesland. Aber wenn du Glück hast, winkt vielleicht ein Finderlohn.

Verschiedene römische Münzen

AUSSERGEWÖHNLICHE GESCHICHTEN
Teil 1
ERNEST SHACKLETON

»Was die wissenschaftlichen Entdeckungen betrifft, ist Scott das Vorbild;
in puncto Tempo und Effizienz der Reise hingegen Amundsen.
Doch in aussichtsloser Lage, wenn ihr alle Hoffnung fahrenlassen müsst,
kniet nieder und betet zu Shackleton.«

Raymond Priestley, Teilnehmer an Shackletons Nimrod-
und Scotts Terra-Nova-Expedition

Ernest Shackleton wurde am 15. Februar 1874 in eine anglo-irische Familie geboren. Als Ernest zehn Jahre alt war, siedelte die Familie nach London um, wo er das Dulwich College besuchte. Wie viele andere Forscher um die Wende vom 19. zum 20. Jahrhundert entschied Shackleton sich dafür, den letzten wirklich unbekannten Kontinent in Angriff zu nehmen: die Antarktis. Und dort, als alles schiefzugehen schien, besann er sich auf seine Charakterstärke und seinen Mut, die ihn noch heute zum Vorbild machen. Wenn jemand in der westlichen Welt auf besondere Führungsqualitäten zu sprechen kommt, fällt mit großer Wahrscheinlichkeit Shackletons Name.

Shackleton erlernte das Seefahrerhandwerk bei der britischen Handelsmarine, in die er mit sechzehn eintrat. Schon 1898, mit vierundzwanzig, erwarb er das Kapitänspatent. Damit war er befähigt, überall auf der Welt ein britisches Schiff zu kommandieren. Als Siebenundzwanzigjähriger nahm er 1901 an der *Discovery*-Expedition von Robert F. Scott teil, auf der erstmalig ein Teil des antarktischen Kontinents kartografiert wurde. Shackleton erkrankte und wurde zur Erholung nach Neuseeland geschickt – eine maßlose Enttäuschung für ihn.

Drei Jahre später kehrte er als Leiter der nach seinem Schiff benannten *Nimrod*-Expedition in die Antarktis zurück. Trotz widrigster Wetterbedingungen unternahmen Shackleton und drei Begleiter einen Versuch, den Südpol zu erreichen. Als sie nur noch rund 180 Kilometer von ihrem Ziel entfernt waren, gingen ihnen die Vorräte aus. Shackleton befahl die Umkehr, obwohl sie dem Pol so nahe waren wie niemand zuvor. Seiner Frau schrieb er: »Ein lebender Esel wäre dir lieber als ein toter Löwe, habe ich mir gedacht.« Nach seiner umjubelten Rückkehr wurde er von König Eduard VII. zum Ritter geschlagen. Der Südpol aber blieb noch zu erobern – und Shackleton hatte sich anstecken lassen vom erbitterten Wettstreit, wer den Pol als Erster erreichen würde.

In der Antarktis haben nie Menschen gelebt. Es ist eine eisige Wildnis, größer als China, durchzogen von einer gewaltigen Gebirgskette. Brüllende Schneestürme erreichen Windgeschwindigkeiten bis über 320 Stundenkilometer. Die Antarktis gilt nicht zu Unrecht als lebensfeindlichster Ort auf Erden. 1911 brach Robert F. Scott zu seiner unheilvollen Expedition auf und erreichte im Januar 1912 den Südpol – nur um festzustellen, dass der Norweger Roald Amundsen ihm um wenige Wochen zuvorgekommen war. Auf dem Rückweg kamen Scott und seine Mannschaft ums Leben. Die Geschichte dieser tragischen Expedition und des außergewöhnlichen Charakters dieser Männer wird im ersten *Dangerous Book* beschrieben. Damals wollten wir nicht zwei »Außergewöhnliche Geschichten« aus der Antarktisforschung in einem Band erzählen. Aber die Welt dreht sich weiter, und mit diesem neuen Buch hier bietet sich die Gelegenheit, von einer weiteren heldenhaften Geschichte zu berichten.

Da jemand anders den Südpol vor ihm erreicht hatte, konzentrierte sich Shackleton nun darauf, der Erste zu werden, der den antarktischen Kontinent zu Fuß durchquert. Der Plan war, zunächst per Schiff so weit wie möglich ins Packeis zu fahren, zu Fuß den Pol zu erreichen und dann einfach bis zur gegenüberliegenden Küste weiterzu-

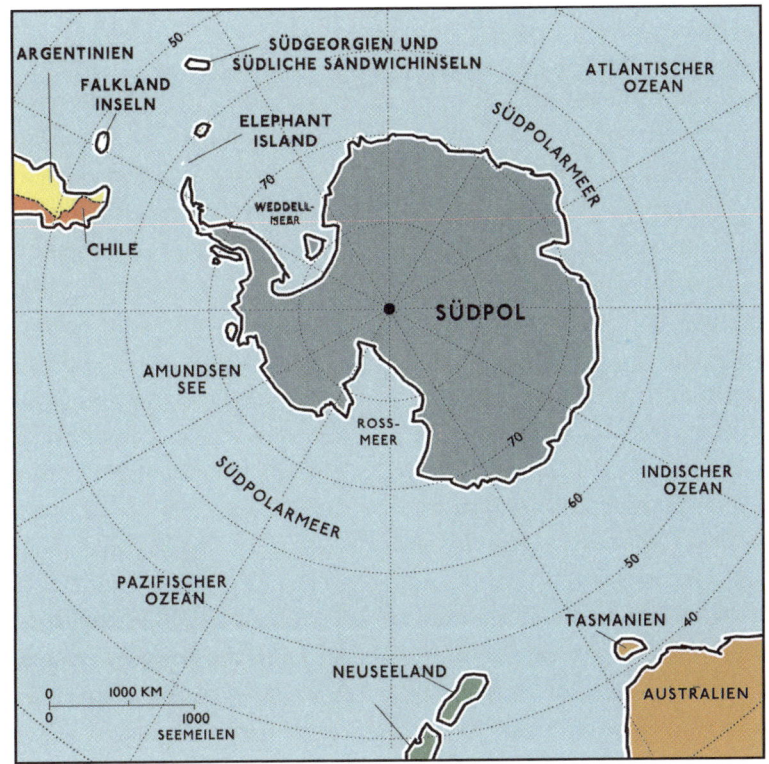

marschieren – gelinde gesagt ein gewaltiges Vorhaben. Da seine Männer die nötigen Proviantmengen für derartige Distanzen unmöglich mit sich führen konnten, setzte Shackleton zwei Schiffe ein. Das erste, die *Endurance* – ein solider norwegischer Dreimaster, dessen Eichenrumpf stark genug für vereiste Gewässer war –, stand unter dem Kommando eines Neuseeländers namens Frank Worsley. Die *Endurance* sollte so weit wie möglich nach Süden vordringen und, wenn nötig, als Basisstation während des ersten harten Winters dienen. Das zweite Schiff, die *Aurora*, sollte auf der anderen Seite des antarktischen Kontinents Vorratslager anlegen. Die als *Endurance*-Expedition bekannt gewordene Unternehmung hatte ihren Namen sowohl von dem Schiff als auch vom Motto auf

Ernest Shackletons Familienwappen: *Fortitudine Vincimus* – »Durch Ausdauer (Engl. »endurance«) zum Sieg«.

Die Reise wurde weitgehend privat finanziert, Shackleton selbst schrieb potenzielle Geldgeber an. Privatschulen sammelten Geld für die Hunde, die er brauchen würde, und er revanchierte sich, indem er die Hunde nach den Schulen benannte, die ihren Kauf ermöglicht hatten. Bei siebzig Hunden gingen ihm bald die Namen aus, und er verlegte sich auf Namen wie Satan, Bosun, Sally, Fluffy, Sailor und Shakespeare.

Auch den Tuchhersteller James Caird bat er um eine vergleichsweise geringe Summe. Der erlag Shackletons Charme und spendete 24.000 Pfund, was heutzutage einem Millionenbetrag entspräche. Zum Dank wurde eins der drei Rettungsboote *James Caird* genannt, und heute ist ein Abschnitt der antarktischen Küste als Caird Coast bekannt.

Per Zeitungsanzeige suchte Shackleton nach Männern für seine Expedition, die bereit waren, die jahrelangen Entbehrungen zu ertragen. Auf ein Inserat in der *Times* meldeten sich fast 5000 hoffnungsfrohe Interessenten, was einiges über die Zeit und die Geisteshaltung damals aussagt. Am Ende wählte Shackleton sechsundfünfzig aus und bildete zwei Mannschaften zu je achtundzwanzig Männern. Die Vorbereitungen zogen sich bis in den Sommer 1914 hin, als Großbritannien mobilmachte. Der 1. Weltkrieg hatte begonnen.

Shackleton schickte sofort ein Telegramm und stellte sich, seine Mannschaften und die Schiffe der Admiralität zur Verfügung. Trotz der jahrelangen Vorbereitungen für die Expedition war er bereit, seinen Traum für den Dienst am Vaterland zu opfern. Doch der First Lord of the Admiralty war der Ansicht, dass das Leben mehr zu bieten haben müsse als den Krieg, und befahl Shackleton und seinen Leuten, ihre Unternehmung fortzusetzen. Es handelte sich um den jungen Winston Churchill. Es sind solche Entscheidungen und solche Männer, die Geschichte schreiben – im Guten wie im Bösen.

Als Shackleton Churchills Befehl las, der nur aus dem einen Wort »Weitermachen« bestand, nannte er ihn »lakonisch«. Lakonien war die Region in Griechenland, aus der die Spartaner stammten, die für ihren Mut bekannt waren und dafür, dass sie nicht viele Worte machten. Als sie von Philipp II. von Makedonien bedroht wurden, der sie fragte, ob er als Freund oder Feind kommen solle, wenn er in Sparta einziehe, bestand ihre Antwort aus zwei Worten: »Weder noch.« Woraufhin Philipp wütend erwiderte: »Ihr solltet euch besser sofort ergeben, denn wenn ich meine Armee in euer Land führe, werde ich eure Höfe zerstören, eure Bewohner niedermetzeln und eure Stadt dem Erdboden gleichmachen.« Ihre Antwort fiel noch knapper aus: »Wenn.« Fortan unterließ es der Makedonenkönig, den Spartanern zu drohen, und das Wort »lakonisch« bekam mit der Zeit die allgemeine Bedeutung einer trockenen, knappen Erwiderung.

Im August 1914 setzte die *Endurance* in Plymouth die Segel und nahm Kurs auf Buenos Aires in Argentinien und weiter zu der Walfängerinsel Südgeorgien – dem letzten bewohnten Flecken Land vor der Antarktis. Von dort sollte es zur antarktischen Küste gehen, wo die Männer den Winter verbringen, sich an die Bedingungen gewöhnen und auf den Frühling warten wollten, in dem die milderen Wetterbedingungen eine Durch-querung des Kontinents womöglich zulassen würden. Im Dezember 1914 verließ die *Endurance* Südgeorgien und nahm Kurs auf das berüchtigte Weddell-Meer, in dem zuvor schon Schiffe gesunken waren. Je weiter sie nach Süden vordrang, desto dichter wurde das Eis. Manchmal kam es den Männern vor, als würden sie über weißes Land fahren, während vor ihnen das Eis brach.

Im Januar 1915 navigierte die *Endurance* durch dichte Felder mit Eisschollen. Die Männer am Bug benutzten ein System aus Flaggensignalen, um dem Kapitän im Heck anzuzeigen, wie er die großen Schollen am

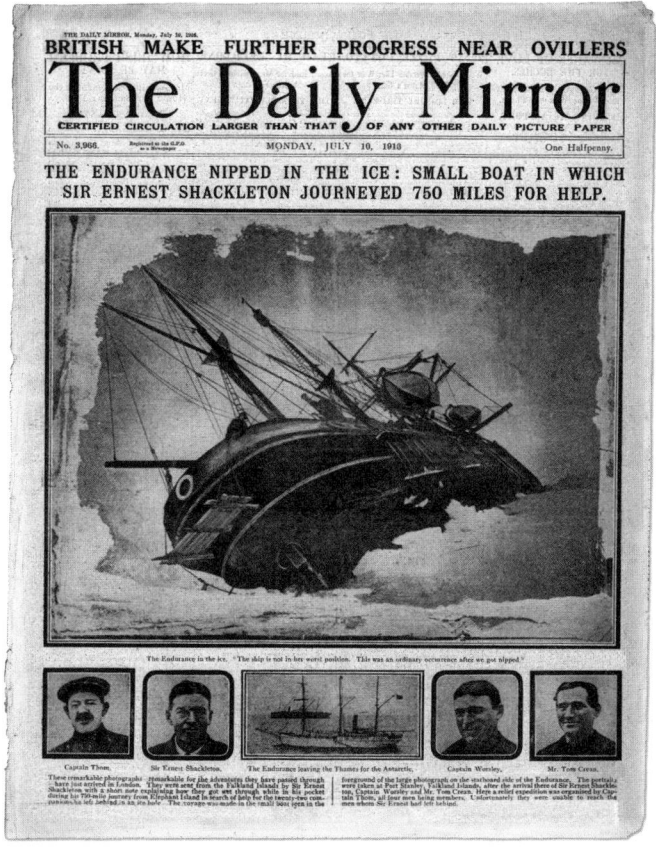

besten umfuhr und die kleineren zermalmte. Die Walfänger in Südgeorgien hatten sie gewarnt, dass das Packeis in diesem Jahr ungewöhnlich ausgedehnt sei – und sie sollten recht behalten. Nachdem die *Endurance* auf der Suche nach Passagen tagelang nur langsam vorangekommen war, wurde das Packeis irgendwann so dick, dass nicht einmal ihr verstärkter Rumpf und die mächtigen Motoren zusammen das Schiff weiterbrachten. Es wurde vom Eis eingeschlossen und fror so fest, dass die Planken knackten und ächzten. Shackleton blieb nichts anderes übrig, als auf den Frühling zu warten. Er ließ die Schlittenhunde aufs Packeis bringen, und die Männer erlegten Robben, um sie zu füttern. Als sie

eingeschlossen wurden, befanden sie sich auf 77 Grad südlicher Breite. Nun drifteten sie mit dem Eis wieder nach Norden – allen Anstrengungen zum Trotz. An diesem einsamsten Ort auf Erden verbrachten sie die nächsten Monate.

Weil er wusste, dass bei den Männern, die er für die Expedition ausgewählt hatte, keine strengeren Maßnahmen nötig waren, behielt Shackleton die normale Schiffsroutine bei und erklärte das Schiff zum »Winterlager«. Damit ihnen nicht langweilig wurde, organisierte er Robbenjagden, Hunderennen und Wettbewerbe auf dem Eis. Das hob die Moral der Truppe, doch es war trotzdem ein trostloses Dasein.

Nach Monaten ununterbrochener Dunkelheit brachte der antarktische Frühling im Oktober Hoffnung – und die Katastrophe. Als das Packeis aufzubrechen begann, wurde der Rumpf der in den Eismassen eingeklemmten *Endurance* enormen Kräften ausgesetzt. Sie zermalmten ihn gnadenlos. Shackleton und seine Leute versuchten zunächst, die zerborstenen Planken zu ersetzen, doch am Ende mussten sie das Schiff aufgeben. Im November 1915 sank es vor ihren Augen, und mit ihm jede Hoffnung, den Kontinent noch zu durchqueren. Stattdessen fanden sich die Männer mit ihren Zelten, Hunden und Vorräten auf dem Eis wieder.

Dass Shackleton noch heute als großer Anführer gilt, beruht auch auf der Entscheidung, die er in dieser Lage traf. Obwohl alles, wovon er jahrelang geträumt hatte, in unerreichbare Ferne gerückt war, fand er sich damit ab und akzeptierte die Gegebenheiten. Ihm war klar, dass die Expedition gescheitert war und dass es jetzt nur noch darum ging, die Mannschaft zu retten. Außer ihnen wusste niemand, wo sie sich befanden – auf driftendem Eis, am Ende der Welt. Falls kein Wunder geschähe, erwarteten sie Hunger und Tod. Mit von der *Endurance* geretteten Planken richteten die Männer den Union Jack auf, eine Flagge als Zeichen der Hoffnung. Sie befanden sich schließlich auf britischem Gebiet, nur eben völlig allein, unendlich fern von jeder Hilfe.

Das ursprüngliche Lager auf dem driftenden Eis wurde bald zu unsicher, und sie zogen auf eine andere Scholle um. Das Essen rationierten sie und kochten Robbenspeck, um sich zu ernähren und

zu wärmen, während Shackleton auf einen Ausweg sann. Die drei Rettungsboote der *Endurance* – die *James Caird*, die *Stancomb Wills* und die *Dudley Docker* – hatten sie behalten und schleppten sie sieben Meilen über das Eis auf eine stabilere Scholle, die sie Patience Camp (»Lager des Ausharrens«) nannten. Dort warteten sie darauf, dass der Frühling weiter Einzug hielt.

Im April 1916 brach das Eis auf, sie verluden ihre Habseligkeiten auf die Boote und erreichten Elephant Island, einen unbewohnten Flecken Land, der seinen Namen von den riesigen Seeelefanten hatte, die dort an den Stränden ausruhten. Fünf Tage und Nächte lang steuerte die Mannschaft, nass und durchgefroren von der eisigen Gischt der Wellen, die drei kleinen Rettungsboote mit Segeln und Rudern in grimmiger Kälte, die Riemen von einer dicken Eisschicht überzogen. Als sie schließlich das winzige Eiland erreichten, lachten und jubelten sie und lasen Steine vom Strand auf – zum ersten Mal seit anderthalb Jahren hatten sie wieder festen Boden unter den Füßen.

Doch auch wenn sie dem Eis entkommen waren, von ihrer misslichen Lage wusste noch immer niemand. Vor ihnen lag der Weg zurück in die Zivilisation, doch der würde lang und hart werden. Shackleton beschloss, Südgeorgien anzusteuern. Die Falklandinseln waren zwar näher, doch der Wind blies aus dieser Richtung, und die Boote waren zu zerbrechlich, um dagegen anzukämpfen. Bis Südgeorgien waren es 800 Seemeilen durch die raue, offene See, doch dafür stand der Wind günstig, und die Walfangstation dort war ein Vorposten der zivilisierten Welt. Ein Zuckerschlecken würde die Fahrt trotzdem nicht werden.

Die *James Caird*

Die *James Caird* war das größte und schwerste der drei Rettungsboote, daher wählte er dieses für die Mission aus. Shackleton brauchte Worsley, weil er der beste Navigator war. Die restlichen vier Besatzungsmitglieder sollten Freiwillige sein. Sie würden ihr Leben aufs Spiel setzen, um später mit einer Rettungsmannschaft zu denen zurückzukehren, die dablieben. Sie nahmen nur Proviant für vier Wochen an Bord. Es ist schwer vorstellbar, wie es sich für die Männer auf der Insel angefühlt haben muss, als das winzige Boot davonsegelte. Sie hatten Robbenfleisch und konnten unter den Rümpfen der anderen beiden Boote Schutz suchen, doch Elephant Island blieb ein kahler, ungastlicher Ort. Um sie herum tobte das Polarmeer, es war schrecklich kalt, Stürme und die harten Bedingungen zermürbten sie.

Am 24. April stachen Shackleton, Worsley, Tom Crean, Harry McNish, Tim McCarthy und John Vincent auf der *James Caird* in See. Aus Leinwand und Holz hatten sie sich einen kleinen Unterstand auf dem Boot gezimmert, in dem sie einen kleinen Kocher betreiben konnten. Alle zwei Stunden übernahm ein anderer das Ruder, die übrigen Wachen dauerten vier Stunden, während die anderen versuchten, in ihren durchnässten Schlafsäcken auszuruhen. Sechzehn Tage lang waren sie nicht eine Sekunde trocken. Shackletons Bericht über diese Reise gehört zu den bewegendsten Dokumenten der Seefahrt und des Überlebenswillens. Sie hielten Kurs nach Norden, durch nicht enden wollende Stürme und Orkane, und das Boot erklomm Wellenkämme, auf denen es wie ein Spielzeug aussah. Als die raue See Risse in das Boot schlug, mussten sie ständig Lecks stopfen, obwohl die Kälte ihnen langsam die Kraft raubte. Nie gab es genug frisches Wasser, nie genug Nahrung oder Schlaf. Das Boot ächzte unter der Last der Vereisungen, von denen sie es in täglicher, stundenlanger Arbeit befreien mussten.

Bei klarer Sicht auf Sonne oder Sterne navigierte Worsley mithilfe eines Sextanten, sonst durch Koppelnavigation, bei der er auf Grundlage der geschätzten Geschwindigkeit und des Kurses die zurückgelegte Strecke und den ungefähren Standort berechnete. So brachte er sie über die offene See sicher nach Südgeorgien, wo der Wind in Sturmstärke blies und die See eigentlich zu rau war, um an Land zu gehen. Doch die Männer im Boot waren geschwächt, und Shackleton wusste, er musste es versuchen – oder sie würden alle sterben. Er drehte ab und steuerte den Süden der Insel an, den einzigen Ort, an dem sie an Land würden gehen können.

Mit einem lecken Boot und bei meterhoher Brandung war der Versuch, das Festland zu erreichen, noch immer ein waghalsiges Unternehmen. Doch sie hatten Glück und erreichten das Ufer. Zwei der Männer waren allerdings in bedenklichem Zustand: Erschöpfung und Erfrierungen hatten Vincent und McNish geschwächt. Shackleton befahl McCarthy, bei ihnen zu bleiben und sich um sie zu kümmern. Doch die Wellen waren noch immer viel zu hoch, um erneut in See zu stechen, selbst wenn das Boot dicht und nicht vom beständigen Wellenschlag ramponiert gewesen wäre. Shackleton war sich bewusst, dass es schon ein großes Glück war, dass sie überhaupt heil in Südgeorgien gelandet waren. Anstatt also zu versuchen, um die Nordspitze der Insel zu segeln, beschloss er,

sich zu Fuß auf den Weg zu machen. Ein riskanter Entschluss. Die Insel war noch unerforscht, niemand wusste, was die Männer im Landesinnern erwartete. Am Freitag, den 18. Mai, brach Shackleton mit Kapitän Worsley und dem Zweiten Offizier Crean auf.

In dem Bewusstsein, in welcher Notlage sich die zweiundzwanzig Männer auf Elephant Island und nun auch die drei Kameraden von der *James Caird* befanden, überquerten diese drei Männer das Gebirge, das sich der Länge nach durch Südgeorgien zieht. Sie wanderten und kletterten bis zur Erschöpfung, doch sie gaben nicht auf. Shackleton forderte nicht mehr als das, was er selbst leistete, durch seine klaglose Ausdauer ein Vorbild für die anderen.

Am Morgen des 20. Mai 1916 erklommen sie den letzten Gipfel und sahen unter sich die Walfangstation. Sechsunddreißig Stunden waren sie marschiert, obwohl sie sich kaum von der Seereise hatten erholen können. Doch ihre Odyssee war noch nicht zu Ende. Sie legten eine kurze Rast ein und beglückwünschten sich, dann machten sie sich daran, einen gefrorenen Wasserfall hinabzuklettern, um der Station so nahe zu kommen, dass sie die Walfänger auf sich aufmerksam machen konnten. Dreckstarrend und bärtig, wie sie waren, wurden sie von den Männern, die sie hatten lossegeln sehen, im ersten Moment gar nicht erkannt.

Sie holten die drei Gefährten auf der anderen Seite der Insel und nahmen auch die *James Caird* mit, die sie so weit getragen hatte. Doch mittlerweile war es erneut Winter geworden – und das Meer nach Süden hin begann wieder zu dem gefährlichen Packeis zu gefrieren, in dem die *Endurance* gefangen gewesen und schließlich gesunken war.

Shackleton unternahm vier Versuche, zu den Männern auf Elephant Island zu gelangen, doch die harten winterlichen Bedingungen machten alle zunichte.

Im August 1916, als das Eis wieder zu brechen begann, stach Shackleton in einem kleinen Dampfboot, das er von der chilenischen Regierung gekauft hatte, zu einem neuen Versuch auf. Das Eis war nun so dünn, dass es keine unüberwindliche Barriere mehr bildete, und schließlich erreichte er Elephant Island, wo er verzweifelt nach den Männern Ausschau hielt, die er achtzehn Monate zuvor zurückgelassen hatte.

Als die wartenden Männer das Schiff erblickten, stellten sie sich in einer Linie am Strand auf. An Bord seines Schiffes zählte Shackleton sie freudig durch, Mann für Mann. Sie hatten noch Proviant für vier Tage und waren so sicher gewesen, dass der »Boss« zurückkehren würde, dass sie bereits seit Wochen jeden Morgen begonnen hatten, ihre Siebensachen zu packen, um die Insel schnell verlassen zu können. Sie hatten nie den Glauben verloren, dass Shackleton sie retten würde – und er hatte es getan.

1917 kehrten sie in eine Welt zurück, in der noch immer Krieg herrschte und die alle Schrecken kennengelernt hatte. Die meisten Expeditionsteilnehmer meldeten sich freiwillig an die Front, und natürlich kehrten nicht alle unversehrt heim.

Shackleton machte sich nichts vor – seine Expedition war gescheitert. Doch die Rettung der Teilnehmer ist noch immer eine großartige Geschichte von Durchhaltevermögen, Mut und Ehrenhaftigkeit. Er hat seine Männer nicht im Stich gelassen.

Seine Erlebnisse hielt er in dem Reisebericht fest, der als Grundlage für diese Erzählung diente und immer noch als Buch erhältlich ist: *Mit der Endurance ins ewige Eis*. Die Rechte an dem Werk übertrug er den Geldgebern der Expedition, um seine Schulden zurückzuzahlen, und führte selbst ein bescheidenes Leben mit seiner Frau. Doch in der echten Welt, fern dem Eis, wurde er nicht glücklich und begann schon bald mit den Planungen für eine Rückkehr zum Pol.

1921 brach Shackleton als Kommandeur der wissenschaftlichen *Quest*-Expedition erneut auf. Bevor er die Antarktis erreichte, erlitt er einen Herzinfarkt und starb. Als sie davon erfuhr, schickte seine Frau die Nachricht: »Begrabt ihn, wo er am glücklichsten war.« Und so befindet sich sein Grab noch heute auf Südgeorgien. Dort war er einst wieder in der zivilisierten Welt gelandet – und hatte seine Männer gerettet.

Das Rettungsboot *James Caird* wurde übrigens nach England zurückgebracht. Shackleton schenkte es einem alten Schulfreund zum Dank dafür, dass er die *Quest*-Expedition mitfinanziert hatte. Später überließ dieser es der Schule, die beide besucht hatten, dem Dulwich College in London. Dort kann man es heute noch nach Voranmeldung jeden Dienstag besichtigen – ein kleines, zerbrechliches Boot, das den heulenden Stürmen und riesigen Wellenbergen des eisigen Ozeans getrotzt hat.

FLUGMASCHINE

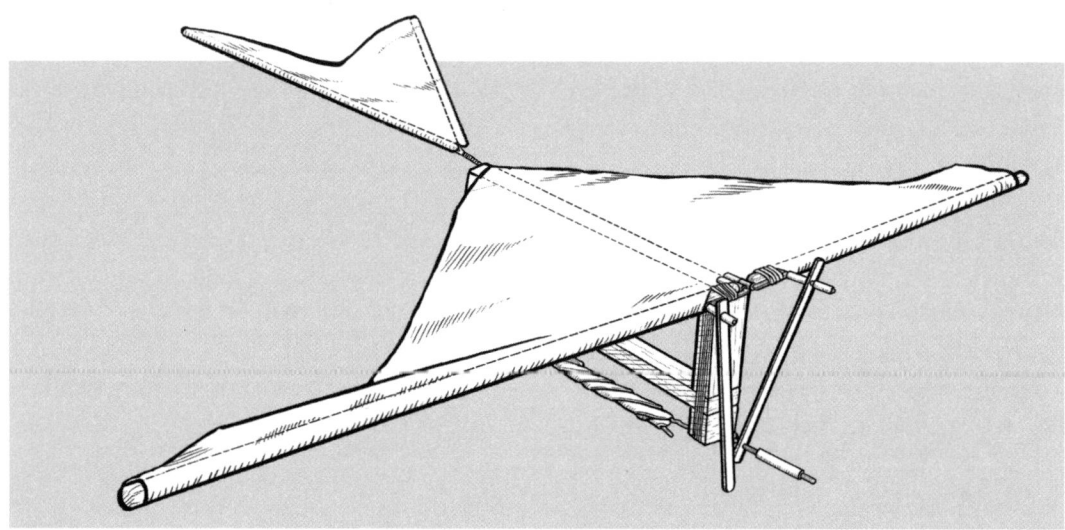

Per Gummiband betriebene Flugapparate sind so alt wie, nun ja, das Gummiband. Mithilfe der Anleitung hier kannst du einen ganz einfachen mit Propeller basteln. Das ist der eine Grund für dieses Kapitel: Es ist erstaunlich, was man mit Balsaholz, Sekundenkleber und gewöhnlichem Garn bewerkstelligen kann. Der andere ist, dass die sogenannten »Ornithopter« mit den Flügeln schlagen. Obwohl es Ornithopter schon seit dem 19. Jahrhundert gibt, haben sie nichts von ihrer Faszination verloren. Man kann sie als Bausatz oder als fertiges Plastikmodell kaufen, doch es macht viel mehr Spaß, selbst einen zu bauen. Übrigens liegt der aktuelle Weltrekord für Indoor-Flüge mit gummibandbetriebenen Flugapparaten bei 21 Minuten und 44 Sekunden. Er wird von Roy White aus den USA gehalten.

WAS DU BRAUCHST

- Spitzzange
- Sekundenkleber
- Baumwollgarn
- Gummiband
- Rasierklinge oder Federmesser, evtl. Metallsäge
- Draht (Büroklammern tun's auch, doch wir haben 1/16-Zoll-Messingdraht benutzt, weil er uns stabiler erschien)
- Elektrodraht (wegen der Plastikisolierung)

- Öl oder Fett
- 1/8-Zoll-Alurohr
- Diverse Holzstäbchen (solche zum Kaffeeumrühren oder Eisstäbchen)
- Perlen aus Hartplastik
- Balsa-Rundhölzer und -Vierkanthölzer
- Seidenpapier oder eine Plastiktüte, z. B. einen blauen Müllsack

Anmerkung: Sekundenkleber, auch als »Superglue« bekannt, gehört zur Klasse der schnellhärtenden Cyanacrylat-Klebstoffe. Es ist zwar nur ein Mythos, dass sie erfunden wurden, um im Kampf erlittene Wunden zu verarzten. Trotzdem werden sie heutzutage manchmal genau für diesen Zweck benutzt, nämlich dann, wenn eine Wunde nicht vernäht werden kann. Was wir damit sagen wollen: Sekundenkleber haftet zwar prima an Balsaholz, aber eben auch wunderbar an Haut. Beim Basteln dieses Ornithopters haben wir ziemlich oft unsere Finger verklebt – miteinander und mit anderen Sachen, einschließlich der Klebertube. Wieder weg bekommt man den Kleber am besten mit Aceton, aber pass bloß auf, dass du dir dabei nicht die Fingerkuppen wegätzt. Und falls doch – sie wachsen nach. Trotzdem: Hier besteht ernsthafte Verletzungsgefahr, also frag deinen Vater oder deine Mutter, ob er oder sie dir dabei hilft. Aber überlass ihnen nicht auch die anderen kniffligen Dinge! Denk dran: Narben machen stolz. Mit einer angepappten Sekundenklebertube durchs Leben zu gehen nicht.

Du brauchst verschieden starke Vierkantstäbe aus Balsaholz, aus denen du den Korpus baust, sowie einige dünne Rundstäbe, die als Gerüst für die Flügel dienen. Die benötigten Balsaholzvarianten bekommst du im Bastel- und Hobbyladen. Balsa ist nicht teuer, für ein paar Euro bekommst du mehr als genug. Vielleicht kaufst du auch ein wenig mehr, man könnte ja aus Versehen einmal auf einen Flügel treten. Außerdem kann man Balsaholz für alles Mögliche gebrauchen, das Geld ist also auf keinen Fall verschwendet.

Den Rumpf haben wir aus vier Teilen gebaut. Die dünnen Leisten sind 4 mm × 13 mm stark und 175 mm lang, die dicken 13 mm × 13 mm × 50 mm. Zusätzlich haben wir darunter noch Stücke einer 13 mm × 13 mm starken Leiste hinzugefügt, die später das Gummiband halten sollen.

Bis hierhin ist alles symmetrisch. Entscheide dich für eine Seite, die vorn sein soll, und schneide drei kurze Stücke Aluminiumrohr zurecht; Plastik oder Kupfer tut's auch – Hauptsache, der Draht passt durch.

Mithilfe einer Rasierklinge oder einer Metallsäge schneidest du die drei Röhrchen auf die gleiche Länge (16 mm). Es ist empfehlenswert, die rauen Enden glattzuschleifen. Zwei Röhrchen gehen nach oben, das dritte nach unten. Auf keinen Fall dürfen sie sich später lösen, weshalb wir für das untere eine Nut ins Holz einschneiden, alle mit Kleber fixieren und mit Baumwollgarn umwickeln. Sekundenkleber härten im Allgemeinen zu Hartplastik aus, wobei eine gewisse Wärme freigesetzt wird. Die Klebung ist beeindruckend stark. Sekundenkleber für Balsa zu benutzen, hat wirklich super geklappt. Wenn es beim Zusammenbauen einmal geknackst hat, wurde alles durch einen Tropfen Kleber wie neu.

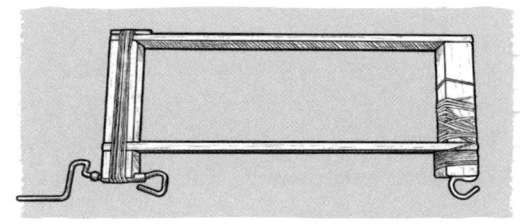

Die Kurbel ist das Kniffligste, also frisch ans Werk! Das Gummiband wird an einem Ende befestigt und an der Vorderseite aufgewickelt. (Beim ersten Mal haben wir es mit Hintenaufwicklung und einem Korken versucht, was auch ganz gut funktionierte, aber fürs Erste wollen wir es so einfach wie möglich halten.) Das Problem ist, die Drehung des Gummibands in eine Auf-und-ab-Bewegung der Flügel umzusetzen. Eine Drehscheibe ist nicht in der Lage, die Flügel parallel anzutreiben. Funktionieren tut hingegen eine versetzte Kurbel, die zwei Stäbe etwas nacheinander hebt.

Der Draht kommt aus dem unteren Rohr und lässt genug Platz für eine Plastikperle (es muss keine echte sein). Mit der Spitzzange biegst du den Draht – von vorn betrachtet – um 90 Grad nach links. Der Knick sollte so scharf sein wie möglich – die Perle darf auf keinen Fall darüberrutschen. Nach 6 mm setzt du einen zweiten Knick, weg vom Korpus. Dann lässt du genug Platz für eine 6-mm-Leiste und biegst erneut um 90 Grad, sodass der Draht parallel zum Anfang verläuft.

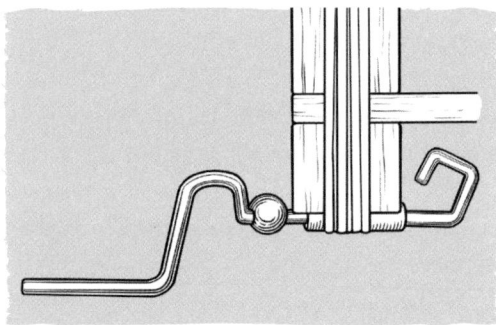

So weit, so gut. Jetzt muss nur noch dieses auf dem Kopf stehende »U« in einem Winkel von 60 bis 70 Grad gebogen werden. Von oben betrachtet, sieht die Kurbel dann so aus wie oben abgebildet.

Wenn du sie in die falsche Richtung biegst, arbeiten die Flügel nicht zusammen, egal was du anstellst. Es hat lächerlich lange gedauert, bis wir das herausgefunden haben.

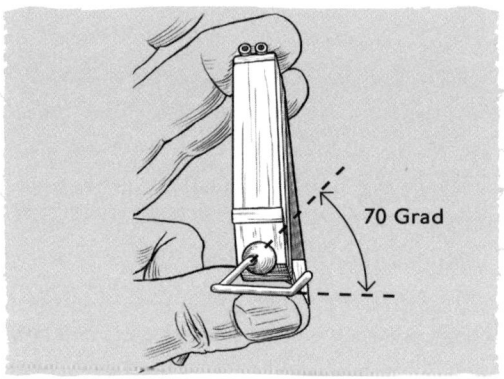

Nun zu den Flügeln. Hierfür brauchst du zwei schmale Balsa-Rundstäbe von 20 cm Länge. Wir haben von einem Ornithopter gehört, der ausschließlich aus Kaffeestäbchen gebaut war, was sich nicht schlecht anhört, aber Balsa ist perfekt, denn je weniger Gewicht, desto besser.

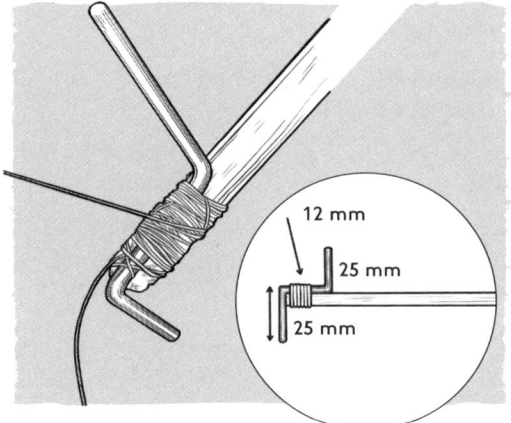

Die beiden Drähte, die die Flügel verbinden, müssen zweimal um 90 Grad gebogen werden. Jeweils ein Ende wird in die zuvor angebrachten Röhrchen gesteckt, die durch Kleber und Faden in ihrer Lage gehalten werden. Schneide sie so auf Länge, dass die beiden Drähte am Ende ein kleines Stück herausstehen. Damit die Flügel nicht ständig herausfallen, biegst du sie mit der Zange ein Stück nach oben.

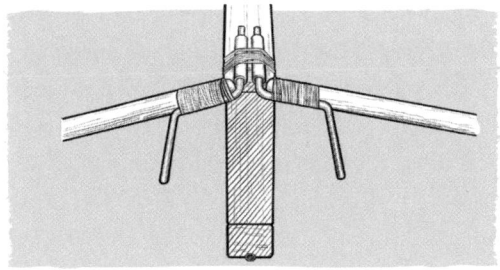

Jetzt liegt das Schwierigste schon hinter dir, ob du's glaubst oder nicht. Ein bisschen Fummelei wartet zwar noch auf dich, aber das meiste ist getan.

DIE KURBEL MIT DEN FLÜGELLEISTEN VERBINDEN

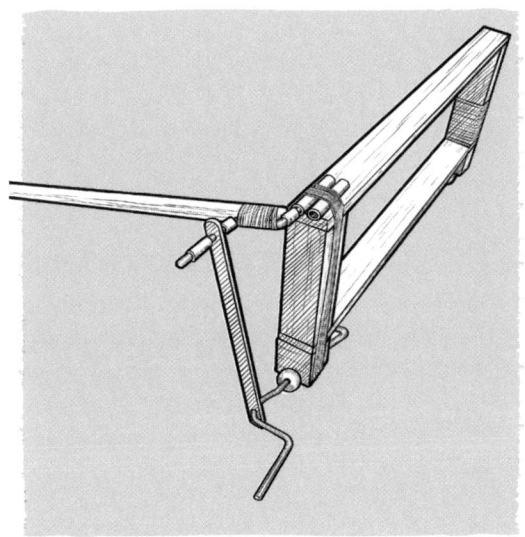

Hier kommen die der Länge nach aufgeschnittenen hölzernen Kaffeestäbchen oder Eisstiele zum Einsatz. In jedes Ende bohrst du ein kleines Loch. Denk bitte daran, einen Holzrest darunterzulegen! Bei unserem ersten Stäbchen lagen die Löcher 7 cm (beim inneren Stäbchen) bzw. 7,2 cm (beim äußeren) auseinander. Damit nicht alles gleich wieder auseinanderfällt, sind die Plastikstopper entscheidend. Schneide ein Stück Elektrodraht ab und zieh mit der Zange den Kupferdraht aus der Isolierung. Diese schneidest du dann in kleine Stücke, die du über den Draht ziehst.

Das innere Stäbchen sitzt unten im »U« der Kurbel (Position 1). Nun muss die Kurbel so justiert werden, dass die Flügel nicht steiler als 40 Grad gestellt werden, da das Ganze sonst instabil wird. Zeichne die Löcher an und mach die Bohrungen. Nachdem du alles verbunden hast, müsste die Kurbel sich so drehen, dass jeder Flügel sich pro Umdrehung einmal hebt und senkt. Sollte das aus irgendeinem Grund nicht funktionieren – wie es uns beim zweiten Durchlauf passiert ist –, liegt es vermutlich an dem Abstand zwischen den Löchern oder dem Winkel der Biegungen in der Drahtkurbel. Justier dann nach – Basteln besteht zur Hälfte aus Rumfummeln, weil immer mal etwas nicht funktioniert und man die Ursache nicht sofort findet.

Wenn der erste Flügel sich durch die Kurbel drehen lässt, kannst du den zweiten anbringen, bei dem das Stäbchen an der äußeren Seite der Kurbel sitzt, dem Korpus abgewandt (Position 2). Auch er wird durch kleine Stücke Kabelisolierung fixiert. Richte die Flügel so aus, dass sie in mittlerer Kurbelstellung parallel sind, dann markiere und bohre die Löcher. Am besten bohrst du gleich vier Löcher und probierst sie nacheinander aus, falls eins nicht funktioniert. Nicht verzagen! Der Stolz, es geschafft zu haben, entschädigt nachher für alles!

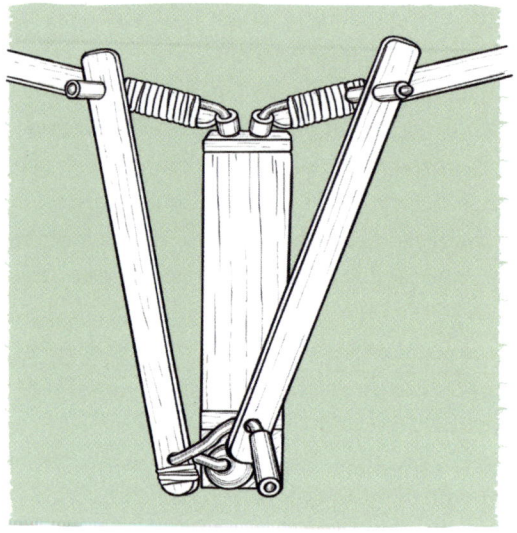

Sobald die Flügel sich mit der Kurbel reibungslos bewegen lassen, musst du am hinteren Ende des Korpus einen Haken befestigen, der das Gummiband hält, während die Kurbel gedreht wird. Es genügt ein Stück Draht, das mit Kleber und Bindfaden fixiert wird, etwa so:

Den Schwanz hatten wir zuerst kurz und breit entworfen, aber so war er vollkommen nutzlos. Der Vogel ist vorderlastig, daher braucht

er einen langen Schwanz, der ihm in der Luft Stabilität verleiht. Bei unserem 18 cm langen Korpus haben wir die besten Ergebnisse mit einem 20 cm langen Schwanz erzielt. Wir haben einen schmalen Draht zu einem gleichschenkligen Dreieck mit der Winkelweite 45 Grad gebogen und mit Kleber und etwas Bindfaden Kaffeestäbchen daran befestigt. Den oberen Draht haben wir dann mit Kleber und Faden am Korpus fixiert. Wenn die Flügel schon dran sind, wird das Umwickeln ziemlich knifflig, deshalb befestige besser zuerst den Schwanz.

Leg den Flieger dann kopfüber auf eine ebene Fläche und fixier ihn mit etwas Klebeband auf der Plastikfolie, zeichne die Form mit Filzstift an, schneide sie aus und klebe die Folie mit Sekundenkleber an die Kaffeestäbchen.

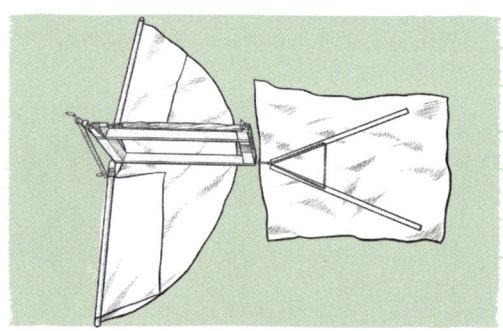

Unsere ersten Flügel haben wir aus weißem Papier gemacht, was sagenhaft toll aussah, es hätte auch in Leonardo da Vincis Werkstatt an einem Faden von der Decke hängen können. Ein Modell sieht mit Papier super aus. Nur dass es ziemlich schnell eingerissen ist, und auch wenn es mithilfe von Papierstreifen und einem Klecks Kleber recht einfach zu reparieren war, sind wir schließlich davon abgekommen und haben fortan für Schwanz und Flügel nur noch Plastiktüten benutzt. Probieren geht eben über studieren.

DIE FLÜGEL

Wir haben zwei Flügelformen ausprobiert, erst geschwungen, später ein Dreieck. Beides scheint zu funktionieren. In jedem Fall sollten sie straff gespannt sein. Flatternde Flügel reißen schnell ein.

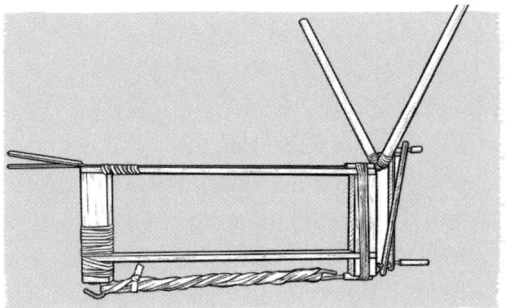

Die ersten Flügel formten einen großen Halbkreis mit einem Radius von 40 cm. Die Form bekamen wir, indem wir ein kreisrundes Tablett auf Seidenpapier nachgezeichnet haben. Dann haben wir aus der Mitte einen kleineren Halbkreis für den Antriebsmechanismus geschnitten. Der fertige Flugapparat ist wunderschön und war ein Riesenspaß. Macht erst ein Foto, ehe er in Stücke geht!

Wenn du zum ersten Mal das Gummiband aufwickelst, kann es gut sein, dass es blockiert. Das Band zieht sich an der Vorderachse fest, doch Reibung ist der große Feind. Die Plastikkugel an der Außenseite der Kurbel schafft teilweise Abhilfe, trotzdem wird es nicht ohne einen Tropfen Öl auf allen beweglichen Teilen gehen.

Für das Gummiband haben wir vierfach gewickelte Gummis genommen. Wir haben verschiedene ausprobiert, dünne Gummis schienen uns die Kraft besser zu übertragen als dicke. Kauf am besten eine ganze Schachtel und fette sie vorher unbedingt ein, um die Reibung zu mindern.

Und das war's auch schon. Stell dich an einen erhöhten Ort, dreh die Kurbel vierzig, fünfzig Mal – und lass den Vogel fliegen. Hol ihn wieder, justier den Schwanz ein wenig höher und lass ihn wieder fliegen. Bei einer Bruchlandung kannst du ihn vor Ort mit Sekundenkleber und Bindfaden reparieren. Der Mechanismus ist ein wahres Wunder – seine Bewegungen ähneln denen der Kauwerkzeuge eines Insekts. Ein »Heckwickler« ist schnell gemacht: Mit einem Korken wird der Draht gedreht und in einer Vertiefung fixiert, und schon ist er startklar.

ABSCHLIESSENDE ÜBERLEGUNGEN

Nach einem halben Dutzend Flügen brach unser erster Ornithopter in der Mitte entzwei, während wir mit der Kurbel kämpften, und ein Flügelstab brach gleich mit. Aber mithilfe von Kleber und Faden bekamen wir es so hin, dass die Flügel wieder schlugen!

Mit einer Kugel funktioniert es besser als mit zweien. Entscheidend ist die Geschwindigkeit, mit der die Flügel schlagen, deshalb kauf lieber viele verschiedene Gummibänder.

Denk dran, Ziel des Ganzen ist es, eine Flugmaschine zu bauen, aber auch, dich mit der Kombination Balsa, Faden und Kleber vertraut zu machen. Dann kannst du auch einen kleinen Plastikpropeller kaufen und an einen Haken statt an eine Kurbel kleben. Dafür eignet sich ein Epoxidkleber allerdings besser. Mit einem starren Flügel aus einem Balsablatt oder Papier dürfte es nicht allzu schwierig sein, ein kleines Propellerflugzeug zu basteln.

ERKLÄR MIR DIE WELT
Teil 1

Im ersten *Dangerous Book* haben wir eine Reihe von Fragen gestellt und beantwortet: Warum ist ein Sommertag länger als ein Wintertag? Warum ist es am Äquator heißer? Was ist ein Vakuum? Was hat es mit geografischer Länge und Breite auf sich? Wie kann man das Alter eines Baums herausfinden? Wie können wir den Erdumfang messen? Warum hat ein Tag vierundzwanzig Stunden? Wie weit entfernt sind die Sterne? Warum ist der Himmel blau? Warum können wir die andere Seite des Mondes nicht sehen? Warum gibt es Ebbe und Flut? Wie können Schiffe gegen den Wind segeln? Woher stammt Kork? Und woher der Wind? Was ist Kreide? Konnten da noch Fragen offengeblieben sein? Aber ja.

1. Welcher ist der höchste Berg der Erde?
2. Warum braucht die Erde ein Magnetfeld?
3. Wo befinden sich der heißeste und der kälteste Ort auf Erden?
4. Was war Pangäa?
5. Verlangsamt sich die Erdrotation?
6. Welche sind die längsten Flüsse?

---
(1)

WELCHER IST
DER HÖCHSTE BERG DER ERDE?

Der Mauna Kea auf der Insel Hawaii ist nur die Spitze eines viel höheren Bergs, der vom Meeresgrund bis zum Gipfel 10.203 m misst. Zum Vergleich: Der Mount Everest an der Grenze zwischen Nepal und Tibet ist nur 8.848 m hoch. Natürlich herrscht am Fuß des Mauna Kea, also unter Wasser, ein so gewaltiger Druck, dass er niemals vom Fuß aus bestiegen werden wird.

Würde man die Höhe von Bergen vom Erdmittelpunkt aus messen, wäre der Chimborazo in Ecuador der höchste Berg, weil er fast auf dem Äquator liegt – dort ist die Entfernung der Erdoberfläche zum Erdmittelpunkt am größten. Von der Basis aus gemessen ist jedoch wie gesagt der Mauna Kea auf Hawaii die Nummer eins.

(Die tiefste Stelle der Erde ist übrigens der Marianengraben. Der Mount Everest würde darin ganz verschwinden.)

---
(2)

WARUM BRAUCHT DIE ERDE
EIN MAGNETFELD?

Das Magnetfeld der Erde lenkt geladene Teilchen ab, die von der Sonne ausströmen, den sogenannten Sonnenwind. Vermutlich ist dieses Feld eine Grundvoraussetzung dafür, dass auf der Erde Leben existieren kann. Deshalb suchen wir danach im Sonnensystem und jenseits davon – vielleicht könnten dort in ferner Zukunft auch einmal Menschen leben (oder es gibt dort jetzt schon anderes Leben).

Das Magnetfeld entsteht durch die Rotation flüssigen Metalls im Erdkern. Kein

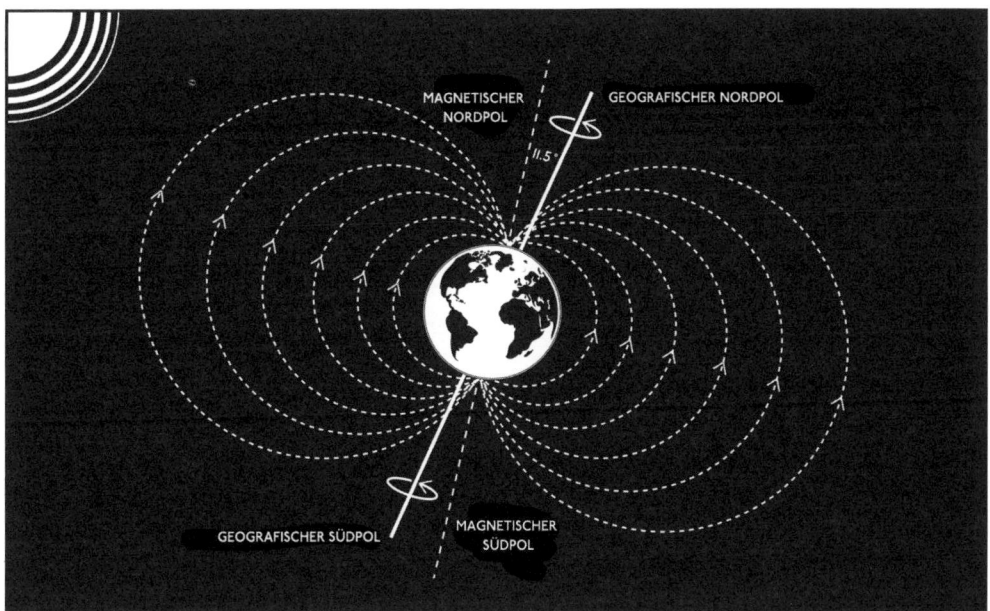

Gestein an der Erdoberfläche ist schwer genug, um die Schwerkraft zu erzeugen, die wir messen können – sie muss also vom Erdinneren erzeugt werden, das aus Metall in hoher Dichte besteht. Eisen und Nickel sind hierfür die besten Kandidaten; diese Elemente sind dicht genug, um beides zu erklären – Schwerkraft *und* ein Magnetfeld. Die daran beteiligten Kräfte übersteigen jede Vorstellungskraft, doch wenn so viel geschmolzenes Eisen und Nickel sich so schnell bewegen, entsteht ein Magnetfeld. Verglichen mit der Erde hat der Mars nur ein sehr schwaches Magnetfeld, weshalb eines der Probleme im Zusammenhang mit einer Kolonisierung dieses Planeten stets der fehlende Schutz vor Sonnenpartikeln wäre.

Durch Messung der Schwerkraft an der Erdoberfläche können wir die Masse der Erde schätzen – sie beträgt rund 5,9 Trilliarden Tonnen.

Auch andere Planeten im Sonnensystem besitzen ein Magnetfeld. Zukünftige Forschungsreisen sollten unserer Meinung nach den einzigen Mond zum Ziel haben, der eines besitzt: den Jupitermond Ganymed. Obwohl er gegen seinen Planeten winzig erscheint, ist Ganymed von beachtlicher Größe, etwa zwei Drittel so groß wie der Mars. Und auch wenn sein Magnetfeld relativ schwach ist, deutet vieles darauf hin, dass er einen Metallkern besitzt und damit eine Hitzequelle, die künftige Missionen anzapfen könnten.

3

WO BEFINDEN SICH DER HEISSESTE UND DER KÄLTESTE ORT AUF ERDEN?

Die höchste Lufttemperatur aller Zeiten wurde im Juni 1913 im Death Valley, Kalifornien, gemessen. Sie betrug 56 °C. Noch etwas mehr wurde 1922 in Libyen gemessen, doch diese Messung ist umstritten, weil die Messgeräte nicht zuverlässig arbeiteten. Wie dem auch sei, Temperaturen über 43 °C sind im Death Valley zwischen Mai und Oktober keine Seltenheit, und das macht die Tatsache, dass es Menschen gibt, die diese Wüste joggend durchqueren, noch außergewöhnlicher. Jedes Jahr im Sommer führt der Badwater Ultramarathon über 217 km vom tiefsten Punkt Kaliforniens bis auf halbe Höhe des Mount Whitney. Die Läufer versuchen, nur auf die weißen Linien in der Straßenmitte zu treten. Auf dem schwarzen Asphalt würden ihre Schuhe schmelzen. Menschen sind manchmal etwas seltsam.

Der kälteste Ort der Welt ist die Antarktis. Die Messungen hier werden durch den Windchill-Effekt verkompliziert, durch den ohnehin schon niedrige Temperaturen noch viel geringer ausfallen können. Die tiefste bei Windstille in der Antarktis gemessene Temperatur lag bei -93 °C. Der Eismarathon in der Antarktis wird seit 2006 in jedem Dezember auf 80 Grad südlicher Breite am Fuß des Ellsworthgebirges ausgetragen. Obwohl im antarktischen »Sommer« gelaufen wird, herrschen dort oft Temperaturen von -20 °C und Windgeschwindigkeiten von etwa 18 bis 46 km/h (10–25 Knoten).

───────────── 4 ─────────────

WAS WAR PANGÄA?

Alfred Wegener (1880–1930) war ein deutscher Wissenschaftler, dem als Erstem auffiel, dass die Kontinente aussehen, als würden sie ineinanderpassen. Afrika und Südamerika

zum Beispiel haben verdächtig zusammenpassende Küstenverläufe.

Wegener stellte die Theorie auf, dass Kontinente auf riesigen Platten driften. Könnte man die Zeit zurückdrehen, würden sie wieder aufeinander zuwandern. Die ursprüngliche Landmasse musste demnach aus einer einzigen Platte bestanden haben, die mit der Zeit auseinanderbrach und die heutigen Kontinente hervorbrachte. Spätere Messungen der driftenden Platten und übereinstimmende Fossilienfunde haben Wegeners Theorie bestätigt. Der Urkontinent wurde »Pangäa« getauft, was so viel wie »alles Land« bedeutet.

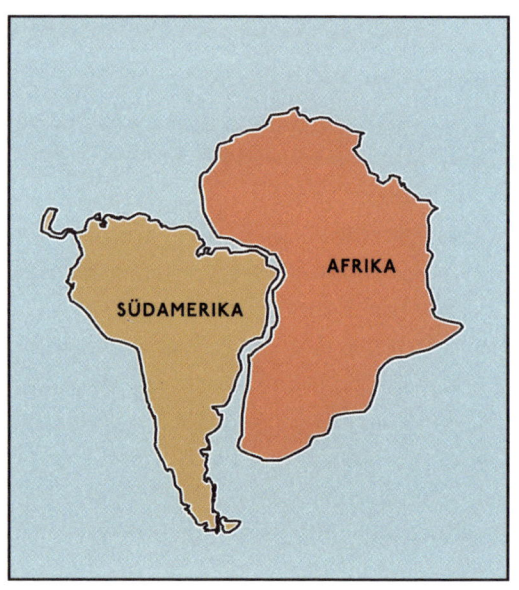

───────────── 5 ─────────────

VERLANGSAMT SICH
DIE ERDROTATION?

Kurz und bündig: ja. Das ergibt sich aus Messungen der Tageslänge, die zunimmt. Eins ist sicher: 2017 war das vierte Jahr in

Folge, in dem eine Verlangsamung der Erd-rotation gemessen wurde. Über die Ursa-chen kann man natürlich nur Vermutun-gen anstellen. Eine Theorie vermutet einen Bremseffekt des Mondes. Immerhin ist es im Wesentlichen seine Anziehungskraft, die die Gezeiten verursacht. Eine Bremswirkung er-scheint da einleuchtend.

Allerdings ist der Einfluss unglaublich ge-ring. Bis ein Tag, sagen wir, 28 Stunden hat, werden noch Millionen Jahre vergehen.

6

WELCHE SIND
DIE LÄNGSTEN FLÜSSE?

Darauf gibt es zwei Antworten. Der Nil gilt als das längste Flusssystem der Welt. Er versorgt elf Länder mit Wasser und fließt über 6.700 km durch das östliche Afrika. Doch solange nicht alle Zuflüsse und Quellen kartiert und vermes-sen worden sind, können wir nicht sicher sein.

Der Fluss entspringt in den großen zentral-afrikanischen Seen und strömt immer nach Norden bis nach Ägypten, wo er ins Mittel-meer mündet.

Der zweite Kandidat ist der Amazonas in Südamerika. Er wird gewöhnlich als zweit-längster Fluss bezeichnet, hat aber ebenfalls Rekorde zu bieten. So trans-portiert er mehr Wasser als der Nil. Je nachdem, wen man fragt, liegt seine Quelle in Brasilien oder Peru. Flüs-se können auch unterirdisch fließen, was es schwierig macht, ihre Länge zu mes-sen und die exakte Quelle festzulegen. So oder so sind diese beiden die mit Abstand längsten Flüsse – der Ama-zonas ist rund 6.400 km lang.

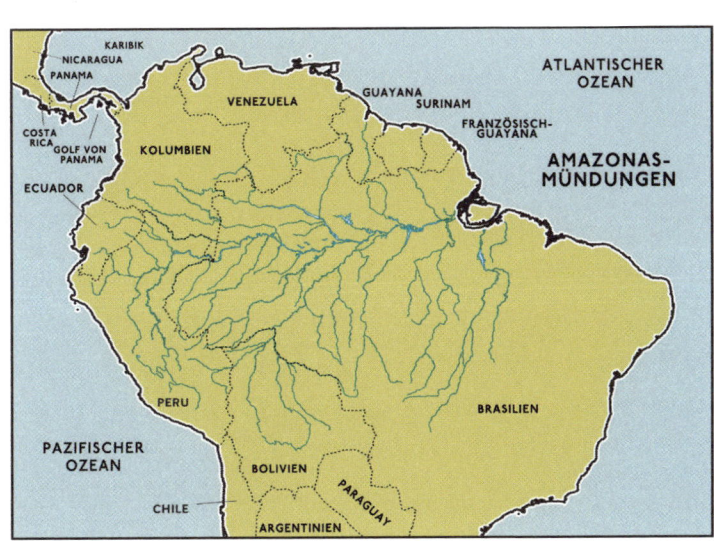

EINEN
WINDSORKNOTEN BINDEN

In manchen Ländern tragen alle Kinder Schuluniformen, deshalb lernt dort jeder Junge schon in der Grundschule, wie er seine Krawatte zu binden hat. Und das bis zum Erbrechen. Bei uns trägst du vielleicht zu einem sehr feierlichen Anlass das erste Mal eine Krawatte. Dann ist es gut zu wissen, wie man sie bindet.

Der Windsorknoten ist eine der gebräuchlichsten Arten, eine Krawatte zu tragen. Er ist ein akkurater, symmetrischer Knoten und leicht zu binden. In seinem James-Bond-Roman *Liebesgrüße aus Moskau* bezeichnet Ian Fleming ihn als aufdringlich, weshalb James Bond den Windsorknoten verdächtig findet. Früher mag man das so empfunden haben, aber heute gilt das bestimmt nicht mehr. Er passt gut zu breiten Kragen. Um den Windsor zu binden, musst du genau zwei Fachbegriffe kennen: breites Ende und schmales Ende.

1. Leg dir die Krawatte um den Hals. Das breite Ende soll ca. 25 bis 30 cm länger sein als das schmale. Welche Länge genau, wirst du bald herausfinden, genauso, auf Höhe welches Hemdknopfes (meist der vierte oder fünfte von oben – die Länge der Krawatte entscheidet) das schmale Ende liegen soll. Leg das lange breite Ende über das schmale Ende.

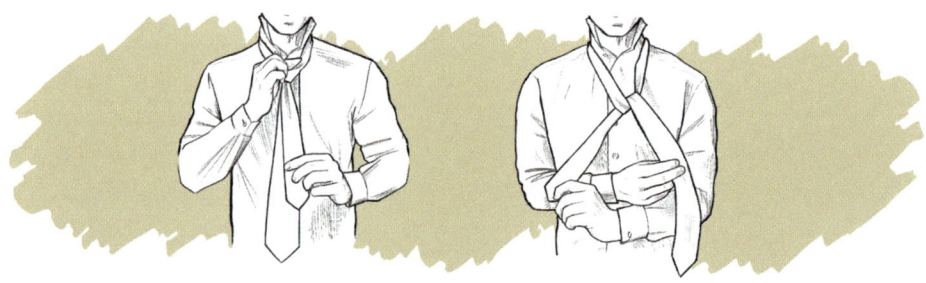

2. Zieh das breite Ende unter dem schmalen Ende hoch auf die linke Seite und schlag es nach vorne um.

3. Führe das breite Ende auf Knotenhöhe um das schmale Ende und zieh es auf die rechte Seite.

4. Leg das breite Ende horizontal über das schmale Ende und führe es hinter der Krawatte nach oben. Schieb es vorn durch den Knoten und ziehe es fest, indem du das schmale Ende festhältst. Jetzt noch zurechtzupfen und prüfen: Wird das schmale Stück vom breiten vollständig verdeckt? Sitzt die Spitze des breiten Stücks auf der Mitte deiner Gürtelschnalle, wenn du stehst?

Das Ergebnis ist ziemlich großartig – ein dreieckiger, symmetrischer Knoten – und einfacher, als die meisten Menschen denken. Links, rechts, quer und drunter weg. Gut, wenn man's kann.

WIE MAN SICH VERTEIDIGT
Tipps von Kampfsportlern

»Jeder hat solange einen Plan,
bis er ins Gesicht geschlagen wird.«

Mike Tyson, ehemaliger Boxweltmeister im Schwergewicht

Vor vielen Jahren geriet ein Freund unserer Familie vor einem Londoner Pub in einen heftigen Streit mit einer Gruppe von sechs Männern. Der Freund war jung und fit, doch er wusste, dass er es mit so vielen Gegnern kaum aufnehmen konnte. Als der Wortführer auf ihn zukam, nahm er deshalb die Beine in die Hand, und natürlich machten die anderen sich johlend an die Verfolgung.

Nicht alle Menschen laufen gleich schnell. Als er einen Blick nach hinten riskierte, bemerkte unser Freund, dass aus der Gruppe eine Linie geworden war. Die langsameren waren schon ziemlich zurück, nur ein Supersprinter lief vorneweg und konnte mit ihm mithalten. Daraufhin lief unser Freund ein bisschen langsamer, damit der andere ihn einholen konnte. Als der ihn fast erreicht hatte, blieb er abrupt stehen, worauf der andere nicht vorbereitet war. Während er noch damit beschäftigt war, ebenfalls anzuhalten, schlug unser Freund ihm zweimal ins Gesicht und schickte ihn zu Boden. Jetzt holten die anderen fünf das Letzte aus sich heraus und kamen bedrohlich schnell näher, also rannte er wieder los.

Kurz darauf war der Perlenschnur-Effekt wieder zu beobachten, nur dass jetzt ein anderer Verfolger die Spitze übernommen hatte. Beim ersten Mal hatte es funktioniert und regelrecht Spaß gemacht, aber unser Freund wusste, dass er die anderen vermutlich kein zweites Mal überraschen konnte. Trotzdem wagte er es.

Und es klappte wieder. Er blieb stehen, versetzte dem Mann, der in ihn hineinlief, einen Schlag – und machte sich aus dem Staub. Die anderen gaben die Jagd auf. Einen Kampf gegen sechs Angreifer hätte unser Freund vermutlich nicht gewinnen können. Nur wenige Männer könnten das. Doch mit seiner Taktik und starken Nerven hatte unser Freund diesen Kampf für sich entschieden und konnte nun von seiner Tat berichten.

Ein paar Jahre nach dieser wahren Begebenheit haben wir einen Aikido-Meister namens Stuart Akers kennengelernt, der den 5. Dan hat und der vielleicht gefährlichste Mensch ist, dem wir je begegnet sind. Stuart hat jahrelang tagein, tagaus hart trainiert, zum Teil mit Waffen und gegen mehrere Angreifer. Wir unterhielten uns mit ihm über die Idee, dass ein Buch über Kampftechniken, erzählt von wirklich gefährlichen Männern, interessant und ungewöhnlich sein könnte. Wir wollten durchs Land reisen und eine Reihe von

kampferfahrenen Menschen nach Tipps fragen. Auf unserer Liste standen Mitglieder der britischen Spezialeinheit SAS und des Gurkha-Regiments, ein früherer Boxchampion, Taekwondo- und Karate-Meister sowie erfahrene Nachtclub-Rausschmeißer.

Die Erfahrensten, die Dutzende oder gar Hunderte gewalttätige Auseinandersetzungen überstanden hatten, wollten wir fragen: »Was würden Sie jemandem raten, der sich prügeln muss?« Wir rechneten mit einer Unmenge spannender Geschichten, die ähnlich wie die oben erzählte von einfachen Kniffen leben.

Aber bald war klar, dass unabhängig von der Kampftechnik oder gar Kriegserfahrung der Rat immer der gleiche war, und wir mussten feststellen, dass das Material nicht ausgereicht hätte – also nicht für ein ganzes Buch, aber für ein kurzes Kapitel in diesem Buch reicht es schon.

Im Folgenden geben wir die Antworten wieder, die wir bekommen haben. Erwarte bitte keine Anleitung, wie man jemanden am besten zusammenschlägt, eher eine Einführung in die Selbstverteidigung, die dir eines Tages vielleicht von Nutzen sein kann. Ein Junge – oder ein Mann – sollte zu einem gewissen Grad in der Lage sein, sich zu verteidigen, um seiner Selbstachtung willen. Denn so ist es nun mal, wenn man ein Junge ist: Irgendwann kriegt man ein paar aufs Maul. Der eine nur einmal, andere öfter. Die Erinnerung, wie du darauf reagiert hast, wird dich noch Jahre begleiten, mit einem Gefühl der Erniedrigung und Reue – oder als gewaltige Befriedigung. Also versuch es gleich beim ersten Mal richtig zu machen.

Anmerkung: Wir empfehlen nicht, diese
Tipps auszuprobieren. Wir geben sie aus rein
akademischem Interesse wieder.

Der erste Punkt ist dieser: Alle, auch die Männer, die wussten, dass sie kämpfen und gewinnen können, sagten immer das Gleiche: »Wenn ich könnte, würde ich immer weglaufen.«

Jeder Kampf birgt Risiken, eine Verletzung tut weh, und bis sie verheilt ist, dauert es manchmal sehr lange. Egal, wie siegesgewiss du bist, du könntest trotzdem im Matsch ausrutschen und verlieren. Wenn du also die Möglichkeit siehst, ohne Kampf aus einer Situation herauszukommen, nutze sie. Zumal Weglaufen den Effekt hat, dass der Gegner gezwungen wird, den Kampfplatz, den er gewählt hat, zu verlassen, und damit vielleicht auch sein Publikum und die damit verbundene Unterstützung verliert. Vor allem aber bringst du dich aus der Schusslinie. Ich kann nicht genug betonen, dass das nichts mit Feigheit zu tun hat. Weglaufen war der am häufigsten gegebene Rat von Männern, die mehr als hundert Kämpfe hinter sich hatten und niemandem etwas beweisen mussten.

Unerwartet war die Abneigung dagegen, Tritte auszuteilen, egal welche. Denn wenn man kein Kampfkunstmeister mit schwarzem Gürtel ist, der Abertausende Trainingsstunden auf dem Buckel hat, darf man sein Bein im Kampf nie über Kniehöhe heben. Was im Kino bei Bruce Lee so kinderleicht aussieht, funktioniert im richtigen Leben nie. Die Wahrscheinlichkeit ist einfach zu groß, dass der Gegner dein Bein packt – und wenn er dein Bein hat, ist alles vorbei.

Ein alter Recke, der im Zweiten Weltkrieg einem Spezialkommando angehört hatte, legte es immer darauf an, einem heranstürzenden Gegner einen kurzen, harten Tritt gegen das Knie zu verpassen. Und das, obwohl er sich im Krieg befand und seine Gegner ihn töten wollten. Die Idee war, dem Widersacher in die Augen zu schauen, während man weit unten austeilt. »Schlimmstenfalls«, meinte er, »bringt man ihn nur ins Straucheln, aber wenn man richtig trifft, ist sein Tag gelaufen.«

Ein anderer Freund prügelte sich fürs Leben gern in Kneipen. Rothaarig und über einsachtzig groß, pflegte er seine Freitag- und Samstagabende mit wüsten Schlägereien zu beenden, bis jemand die Polizei rief. Er meinte es nie böse, obwohl er zu seiner Zeit schon die eine oder andere Hochzeit gesprengt hat. Einmal erzählte er von einem Zwischenfall in jungen Jahren, als er mal von einem Fremden angerempelt wurde. Unser Freund war damals achtzehn. Ohne nachzudenken schlug er dem anderen zweimal ins Gesicht: eins, zwei. Der Mann taumelte zurück, kniete auf einem Bein und betrachtete das Blut. Er nickte, sah hoch zu unserem Freund und sagte: »Okay, Junge, du hast mir gezeigt, was du kannst. Jetzt zeig ich dir mal, was ich kann.« Wie du dir vorstellen kannst, folgte eine Prügelei, wie unser Freund sie noch nicht erlebt hatte.

Kurz, der Rat war: Wenn alles andere nicht hilft, wenn du einem Kampf nicht aus dem Weg gehen kannst, dann fackele nicht lang. Die beste Verteidigung ist dann ein standhafter und entschlossener Angriff.

Ob es in Ordnung wäre, den Kampf fortzusetzen, wenn der Gegner zu Boden geht oder zu kämpfen aufhört, sich hinlegt und ums Überleben winselt, darüber gingen die Meinungen auseinander. Uns würde es in dieser Situation freuen, wenn unsere Leser das Format hätten, sich zurückzuhalten. Wir würden uns freuen, wenn es niemanden auf dieser Welt gäbe, der einem gefallenen Gegner noch einen Tritt verpasst. Tut das doch einer, sollte man wohl einschreiten, besonders wenn es emotional hoch hergeht. Versuch dir einfach vorzustellen, dein Vater schaue dir über die Schulter, und verhalte dich danach – es sei denn natürlich, er wäre selbst so einer, der einen am Boden liegenden Mann treten würde.

Übung macht den Meister. Unser rothaariger Freund war jahrelang beinahe wöchentlich in eine Prügelei verwickelt, weshalb er ziemlich gut darin war. Die Regel lautet: Ein trainierter Mann muss einen Untrainierten nicht fürchten, da beißt die Maus keinen Faden ab. Wenn du Kämpfe überleben oder gewinnen möchtest, geh zum Box- oder Kickbox-Training und sei aufrichtig – sag, dass du nicht weißt, wie man kämpft, und es lernen möchtest. Oder lerne einen Kampfsport und trainiere fleißig. Auch wenn es dort selten so aggressiv und schnell zugeht wie bei einer Auseinandersetzung auf der Straße, wird es dir helfen, in diesen entscheidenden Augenblicken die Ruhe zu bewahren. Denn im Grunde ist das Wichtigste, nicht bewegungslos dazustehen, wenn man sich einen Schlag eingefangen hat. Diese Reaktion wäre grundfalsch, weil man dann schön für den nächsten Schlag parat steht. Deshalb: immer in Bewegung bleiben.

Kampfsporttraining wirkt sich übrigens auch positiv auf deine Fitness aus, und das ist nicht das Schlechteste. Es gibt nichts Anstrengenderes als zu kämpfen, nicht mal Holzfällen. Ein Grund für die Tatsache, dass die meisten Prügeleien nicht länger als zehn Sekunden dauern, ist, dass Untrainierten dann normalerweise die Puste ausgeht. Wer nach zehn Sekunden adrenalingeschwängerten Prügelns nicht außer Atem ist, der wird mit ziemlicher Sicherheit dafür sorgen, dass der andere bereut, angefangen zu haben.

Falls du zufällig mal Zeuge wirst, wie eine Gruppe einen Einzelnen zusammenschlägt, und den Umstehenden zurufst: »Kommt, Leute, dem helfen wir«, dann vergewissere dich, ob auch wirklich jemand mitzieht, ehe du dich den Schlägern allein auf dem Silbertablett präsentierst.

Ein anderer Freund von uns fuhr mal mit vier anderen, die von einer Gang herausgefordert worden waren, nach Harefield in England. Als sie zur vereinbarten Zeit am vereinbarten Ort eintrafen, stellten sie zu ihrer Bestürzung fest, dass dort nicht vier, sondern ein gutes Dutzend Kerle auf sie warteten. Voll jugendlicher Begeisterung sprang unser Freund aus dem Wagen, nur um dann zu seiner Überraschung mitansehen zu müssen, wie die anderen den Wagen wendeten und ohne ihn davonbrausten. Er rannte hinterher, und die Gang hinter ihm – eine lange, lange Strecke. Also, achte auch darauf, mit wem du dich anfreundest.

KINTSUGI

Kintsugi bedeutet »Goldverbindung« und ist eine alte japanische Kunstform. Sie wird auch Kintsukuroi genannt, »Goldreparatur«. Unabhängig davon, ob du es selbst einmal versuchst, ist es eine faszinierende Sache. Im Grunde geht es darum, zerbrochene Keramik zu reparieren, nur dass die Bruchstellen nicht verborgen werden sollen, im Gegenteil: Sie werden mit Pulvergold oder -silber gefüllt und so sehr hervorgehoben, wie es irgend geht. Das Ergebnis ist ein leuchtendes Netz auf der ursprünglichen Oberfläche, das so schön ist wie das Original, wenn nicht sogar schöner.

Dahinter steckt die Idee, dass zerbrochene Dinge immer noch einen Wert besitzen, so unwahrscheinlich das auch erscheinen mag. Vielleicht soll es uns etwas über Narben sagen und darüber, wie wir uns selbst sehen. Es ist nicht schwer, sich vorzustellen, wie eine Schale oder Vase von besonderem Wert – das Geschenk eines lieben Menschen, zum Beispiel – hinfällt und in so viele Stücke zerspringt, dass eine Reparatur unmöglich erscheint. Mit Kintsugi kann daraus schon ein paar Abende später wieder etwas Schönes entstehen.

Manche Keramikstücke sind natürlich schon an sich Meisterwerke. Angesichts des fragilen Materials ist es schon ein Wunder, dass sie Jahrhunderte überdauern. Manchmal wurden Metallbänder eingearbeitet, um eine alte Bruchstelle zu verbinden. Aber hier geht es nicht um eine praktische Lösung – Kintsugi ist Kunst.

Natürlich konnten wir uns zum Ausprobieren kein Pulvergold, -silber oder -platin leisten. Wir haben uns deshalb mit der Billigvariante begnügt. Unsere weiße Vase haben wir im Baumarkt besorgt, ebenso wie Glitter und Kleber. Achte darauf, dass der Kleber für

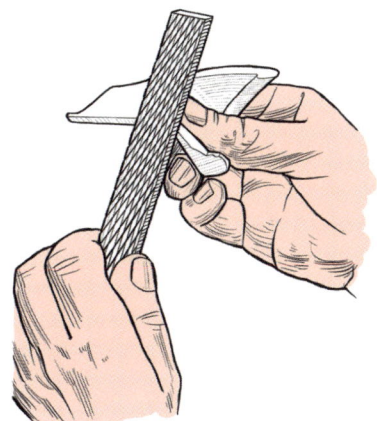 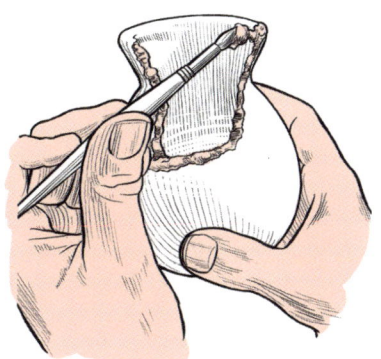

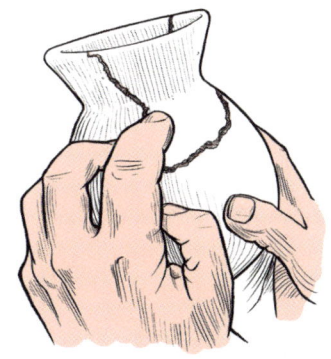

Keramik geeignet ist. Die Japaner benutzen Harz oder Lack.

Weil wir für dieses Buch ausprobieren wollten, wie es geht, haben wir mit dem Hammer einmal auf die Vase gehauen und ein Stück herausgebrochen. Verzweifle nicht, wenn die Vase bei dir in vierzig Teile zerbricht. Die Sache dauert dann halt länger, weil man nach jedem Arbeitsgang warten muss, dass der Kleber trocknet. Also hab Geduld.

Hätten wir das Bruchstück einfach nur eingeklebt, wäre selbst mit Glitter im Kleber nur eine haarfeine Linie zu sehen gewesen, die praktisch nicht aufgefallen wäre. Da die Bruchlinien aber so auffällig wie möglich sein sollen, nimm eine Stahlfeile und schleife damit die Kanten des Bruchstücks und des Krugs ab. Jetzt aber bitte nicht noch mehr Stücke abbrechen oder das ganze Ding durch den Raum werfen! Es geht nur darum, die Bruchnaht zu vergrößern. Am besten setzt du das Bruchstück zwischendurch immer wieder ein und überprüfst, wie weit du bist.

Wenn du damit fertig bist und der Spalt etwas größer geworden ist, vermischst du ein wenig Kleber mit dem Glitter. Bastelkleber werden nach dem Trocknen unsichtbar, sodass man den Glitter auch gut sieht. Das beste Resultat haben wir übrigens mit ferti-

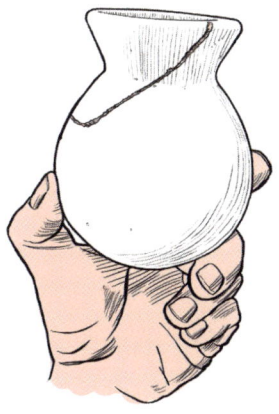

ger Glitterpaste erzielt. Trag das Zeug schön dick auf und setz dann das herausgebrochene Stück ein. Da du die Kanten abgeschliffen hast, könnte es sein, dass das Stück von allein nicht mehr hält. Da ist dann eine Rolle Klebeband enorm hilfreich, mit dem du alles vorübergehend fixierst.

DER SCHNELLSTE SCHNÜRSENKEL
der
WELT

Als Kinder lernen wir, wie man Schnürsenkel normalerweise bindet. Die Technik, die wir hier vorstellen wollen, geht mindestens doppelt so schnell. Sie wird manchmal als Schmetterlingsknoten bezeichnet. Der Knoten wird in einer einzigen schnellen Bewegung geknüpft, was beim unwissenden Publikum ziemlichen Eindruck schindet. Am Anfang sieht das vielleicht knifflig aus, aber du wirst es sehr schnell lernen. Wenn du den Knoten ein paar Mal gemacht hast, wirst du nie mehr zur alten Schleife zurückkehren.

Anmerkung: Dieser Knoten ist viel einfacher zu knüpfen als zu beschreiben! Folge der Anleitung, während du ihn an einem richtigen Schuh ausprobierst. Es ist wie damals, als du zum ersten Mal gelernt hast, die Schuhe zu binden – aller Anfang ist schwer, aber bald geht es kinderleicht.

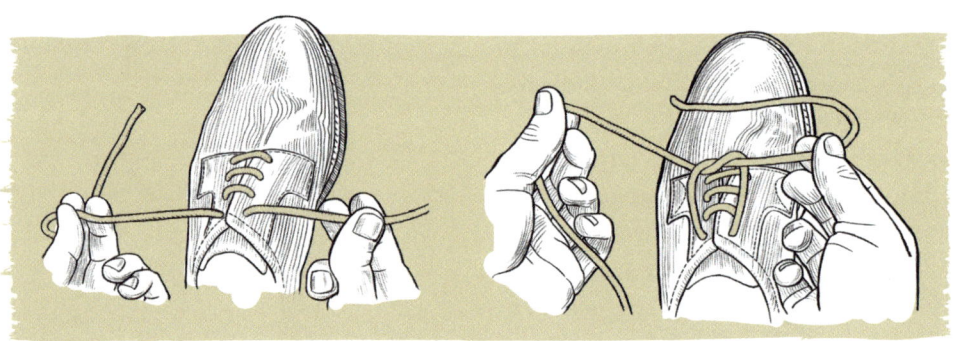

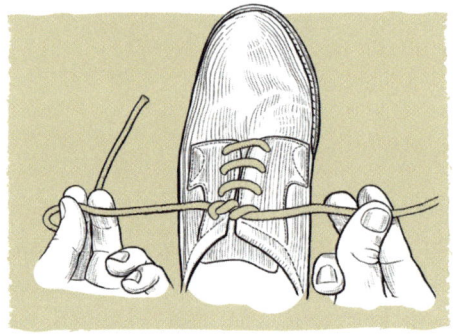

1. Als Erstes knüpfst du wie immer einen einfachen Knoten. Egal, wie du deine Schuhe weiterbindest, du solltest auf jeden Fall einen Senkel ein zweites Mal durchziehen. So entsteht ein Dreifachknoten, der wegen der größeren Reibung besser hält. Dadurch lösen sich die Senkel seltener.

2. Betrachte nun die Fingerhaltung auf dem nächsten Bild und präge sie dir ein: Daumen und Mittelfinger der rechten Hand, Zeige- und Mittelfinger der linken. Es geht darum, in einer einzigen schnellen Bewegung zwei Schlaufen zu legen und miteinander zu verbinden.

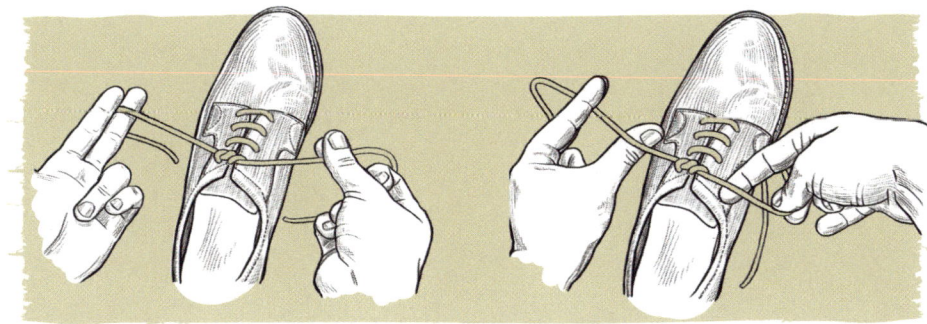

3. Nun dreh deine Hände aufeinander zu – die linke im Uhrzeigersinn, sodass der Daumen nach unten wandert, dann gegen den Uhrzeigersinn, sodass sie ein auf dem Kopf stehendes U bildet oder besser gesagt eine offene Schlaufe.
4. Die rechte Hand bewegt sich gegen den Uhrzeigersinn, damit der Zeigefinger darunter ist, dann im Uhrzeigersinn, sodass sie ein auf dem Kopf stehendes U bildet, also ebenfalls eine offene Schlaufe.

Klingt kompliziert, was? Aber denk dran – kompliziert heißt nicht schlecht. Wenn etwas schwierig ist, geben wir nicht auf! Wir packen den Stier bei den Hörnern und üben so lange, bis es einfacher wird. In diesem Fall könnte das bedeuten, mit einem Schuh und diesem Buch daneben zehn Minuten am Tisch zu sitzen, aber das Prinzip dürfte jetzt schon klar sein, oder?

Zwei offene Schlaufen bilden

Die Schlaufen zusammenführen wie ein großes »A«

5. Am Anfang hilft es, übertrieben große Schlaufen zu machen. Jetzt beide Hände zusammenführen, sodass die rechte über der linken liegt. Halte die vier strategisch wichtigen Punkte gespannt – die beiden Schlaufen und die beiden Senkel-Enden.
6. Die rechte Schlaufe wird versetzt auf die linke Hand zugeführt. Es ergibt sich ein großes A.

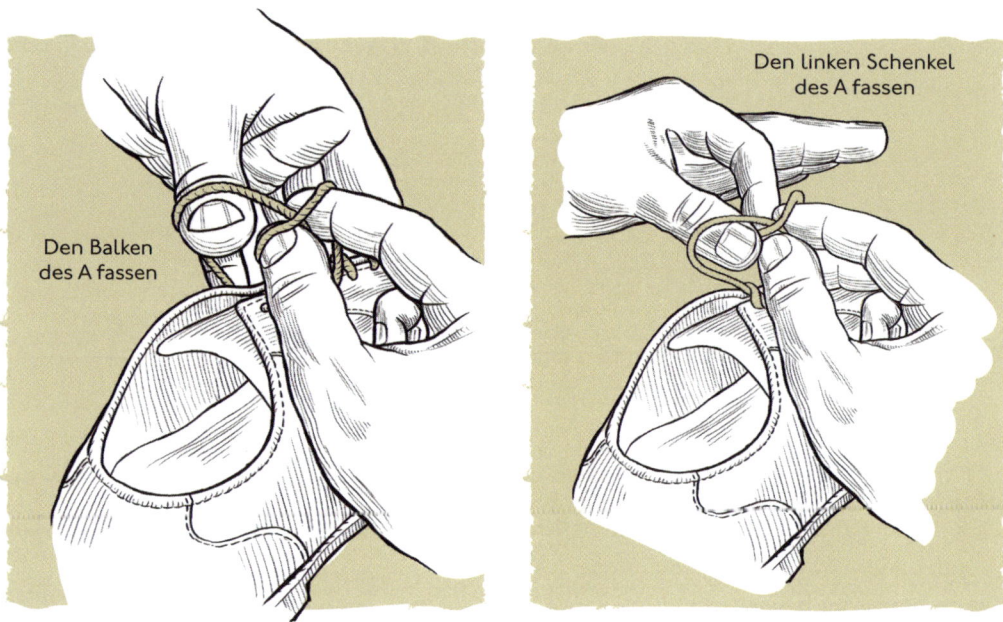

Den Balken
des A fassen

Den linken Schenkel
des A fassen

7. Nun mit dem Zeigefinger der rechten Hand den waagerechten Balken des A nach rechts durchziehen.

8. Mit dem Daumen der linken Hand den unteren linken Schenkel des A fassen und durchziehen.

9. Vorsichtig strammziehen – und schon erscheint die vertraute Doppelschlaufe.

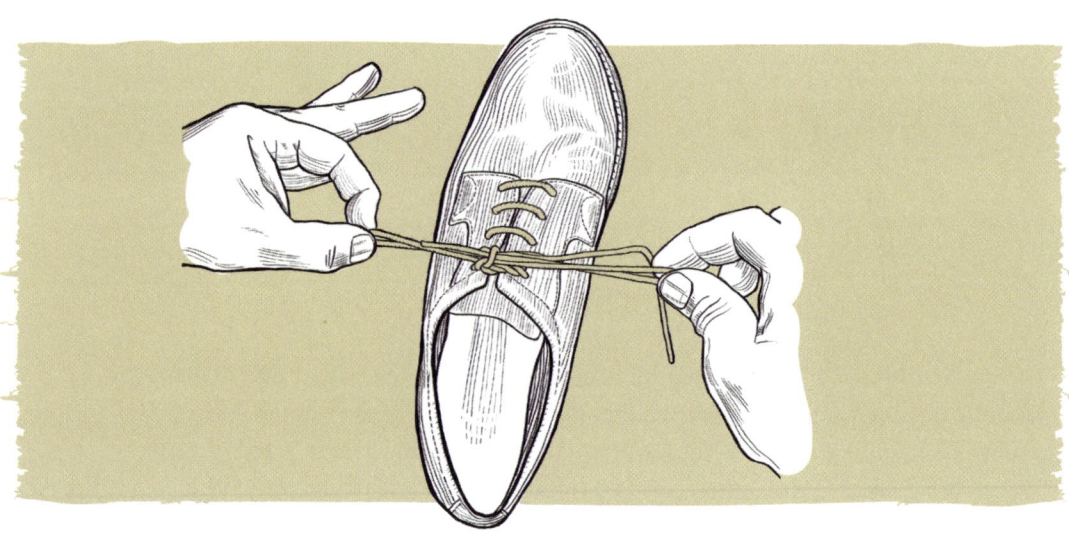

DIE HÖHE EINES BAUMS BESTIMMEN

enn du es ganz genau wissen willst, versuche es mit einem Lasermessgerät, das in Sekundenbruchteilen absolute Präzision liefert. Hier geht es eher darum, abzuschätzen, ob ein Baum euch durchs Dach krachen wird, wenn er umfällt. Oder einfach darum, wie spannend die Grundsätze der Trigonometrie sind.

──── WAS DU BRAUCHST ────

- einen Winkelmesser
- einen Bleistift
- etwas Klebeknete
- einen Taschenrechner

Trigonometrie ist der Bereich der Mathematik, der das Verhältnis zwischen den Seiten und den Winkeln von Dreiecken untersucht. Bestimmt weißt du schon, dass die Summe aller Innenwinkel eines Dreiecks immer 180° ergibt. Das lernt man als Erstes – wenn wir also wissen, dass ein Winkel des Dreiecks 40° und einer 80° beträgt, dann muss der dritte 60° betragen, denn 40 + 80 + 60 = 180.

Also, egal ob es sich um ein gleichseitiges Dreieck handelt, dessen Seiten und Winkel alle gleich sind …

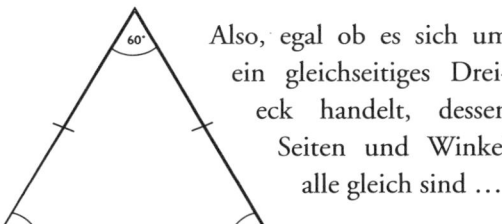

… oder um ein gleichschenkeliges Dreieck, bei dem zumindest zwei Seiten gleich lang sind …

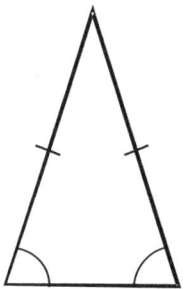

… die Summe der Innenwinkel ergibt immer 180°. Genauso beträgt die Summe der Winkel auf einer Seite einer Geraden immer 180°. So betrachtet ist ein 180°-Winkel einfach ein Halbkreis, und der ganze Kreis hat 360°.

Wenn man eine waagerechte Linie zeichnet, die von einer senkrechten gekreuzt wird, erhält man auf jeder Seite zwei 90°-Winkel, die zusammen 180° ergeben. Vier rechte Winkel, also 4 × 90° = 360° sind ein kompletter Kreis.

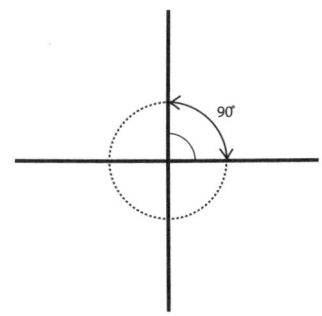

Das bedeutet also, wenn man einen Innenwinkel eines Dreiecks kennt, kann man die Seite als Gerade fortführen und so auch den Außenwinkel berechnen. Vielleicht ist dieses Wissen ja eines Tages nützlich für dich.

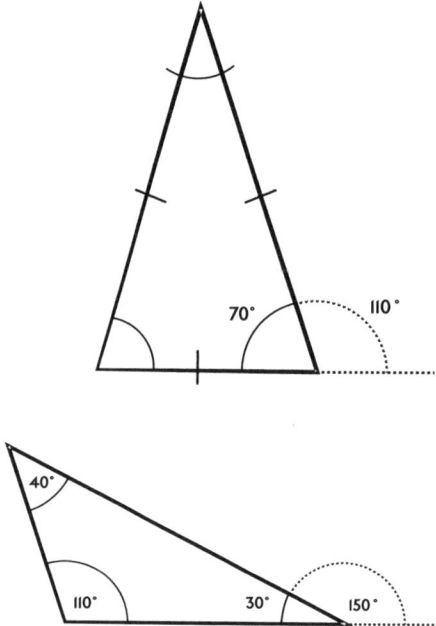

Leider haben wir hier nicht genug Platz, um alle interessanten Aspekte von Dreiecken zu betrachten. Deshalb kümmern wir uns nur um eine ganz bestimmte Aufgabe: Wie man die Höhe eines Objekts mithilfe von Trigonometrie bestimmt (das Wort bedeutet übrigens »Dreiecksmessung«). Bei dem Objekt kann es sich zum Beispiel um einen Baum oder ein Gebäude handeln. Theoretisch auch um einen Menschen, aber die Methode eignet sich besser für große Dinge.

Zuerst musst du vom Fuß des Objekts aus – also des Baums – eine gewisse Entfernung abmessen. Dazu zählst du am besten 100 Schrit-

te ab. Ein Schritt ist ungefähr 60 Zentimeter lang, also entsprechen 100 Schritte in etwa 60 Metern.

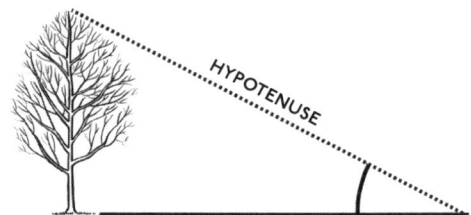

Jetzt hast du die Grundseite deines Dreiecks, fehlen noch die Höhe des Baumes, die Hypotenuse (die längste Seite des Dreiecks, sie liegt dem rechten Winkel gegenüber) und die Winkel. Der Winkel zwischen Baumstamm und Boden ist ein rechter Winkel, beträgt also 90°, weshalb diese Rechnung überhaupt funktioniert. Den nächsten Schritt kann man bei allen rechtwinkligen Dreiecken anwenden, also Dreiecken mit einem 90°-Winkel.

Die Trigonometrie beschäftigt sich unter anderem mit dem Verhältnis zwischen den Seiten und den Winkeln eines Dreiecks. Wenn man eine Seite verlängert, ändern sich auch die Winkel. Dieses Verhältnis bezeichnen wir mit den Begriffen »Sinus«, »Kosinus« und »Tangens«. Auf dem Taschenrechner tauchen sie meistens als sin, cos und tan auf.

Jede dieser drei Funktionen beschreibt das Verhältnis zwischen zwei Seiten des Dreiecks und einem Winkel. Als Eselsbrücke kannst du dir merken: SINGH COSAH TANGA. Der Buchstabe A steht dabei für die Ankathete, die Seite am Winkel. G ist die Gegenkathete, die Seite gegenüber dem Winkel, und H ist die Hypotenuse.

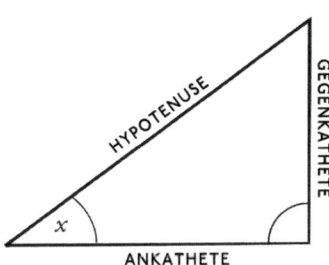

Die Sinus-Funktion beschreibt das Verhältnis zwischen Gegenkathete und Hypotenuse. Den Sinus des Winkels x bestimmt man also, indem man die Gegenkathete durch die Hypotenuse teilt. Das berühmteste Beispiel ist das 3-4-5-Dreieck. (Damit hat Pythagoras gezeigt, dass das Verhältnis der Seiten bei einem rechtwinkeligen Dreieck $a^2 + b^2 = c^2$ ist, wobei c die Hypotenuse ist.) In diesem Fall bedeutet das: $3^2 + 4^2 = 5^2$ (oder: $3 \times 3 + 4 \times 4 = 5 \times 5$).

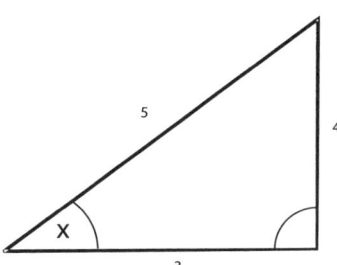

Wenn wir in diesem Beispiel den Winkel x suchen und die Länge aller drei Seiten wissen, können wir das mithilfe von Sinus, Kosinus oder Tangens machen.

Sin = Gegenkathete geteilt durch
Hypotenuse = 4/5 = 0,8
Cos = Ankathete geteilt durch
Hypotenuse = 3/5 = 0,6
Tan = Gegenkathete geteilt durch
Ankathete = 4/3 = 1,33 …

Man kann berechnen, welcher Winkel jeweils diese Verhältnisse erzeugen würde, aber das ist ziemlich kompliziert. Als es noch keine Taschenrechner gab, haben Schüler die Lösung in fertigen Tabellen nachgelesen. Heute benutzt man einfach die $\sin^{-1}$-Taste – den umgekehrten Sinus oder auch Arkussinus – des Taschenrechners, um das Verhältnis als Winkel zu berechnen.

Sin x = 0,8
x = Arkussinus ($\sin^{-1}$) von 0,8 = 53°

Das waren die Grundlagen der Trigonometrie. Zurück zu unserem Baum. Eine Seite des Dreiecks haben wir jetzt schon mal (die abgemessenen Schritte am Boden), aber wir kennen weder die Höhe des Baums noch die Hypotenuse. Deshalb fehlt uns ein Winkel. Um den zu bestimmen, brauchen wir nun den Winkelmesser, den Bleistift und das Stück Klebeknete.

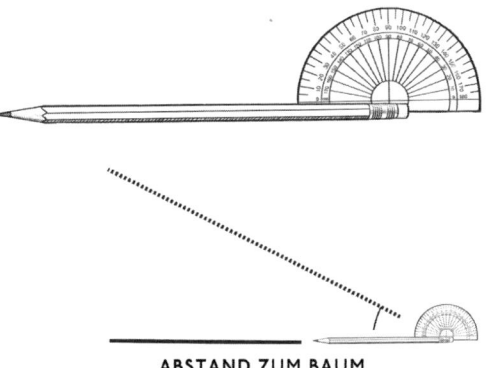

ABSTAND ZUM BAUM

Leg dich auf den Boden und halte den Winkelmesser so nah wie möglich an die Erde. (Wir haben festgestellt, dass es nicht möglich ist, ihn direkt auf dem Boden anzusetzen, weil man dann mit dem Auge nicht weit genug runterkommt, um entlang des Bleistifts zur Baumspitze zu schauen.) Halte den Winkelmesser also ein Stück über der Erde gerade und hebe den Stift, bis die Spitze auf die des Baumes zeigt. Dann lies den Winkel ab – bei uns betrug er 50°.

HÖHE DES BAUMS

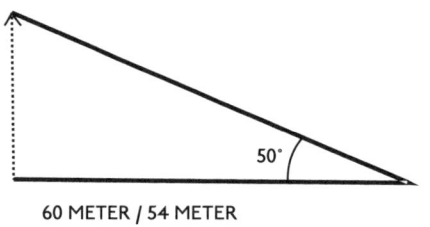

60 METER / 54 METER

Ohne die Hypotenuse können wir jetzt immer noch nicht mit der Sinus- oder Kosinusfunktion (sin oder cos) arbeiten. Aber mit dem Tangens-Verhältnis lässt sich die fehlende Höhe bestimmen.

Tan 50° = Gegenkathete (h für Höhe)
  geteilt durch Ankathete (60)
Tan von 50° ist 1,19 (gerundet auf zwei
  Kommastellen), was wir in die
  Gleichung übernehmen:
  $1,19 = h/60$

Um h zu berechnen, müssen wir uns noch um das »geteilt durch 60« kümmern. Bestimmt weißt du, dass bei einer Gleichung beide Seiten das Gleiche ergeben müssen. Wenn man eine Seite verdoppelt, muss man das auch mit der anderen machen, damit es eine Gleichung bleibt. Zum Beispiel ist 2x = 4 das Gleiche wie 4x = 8.

Wenn wir beide Teile der Gleichung mal 60 nehmen, verschwindet das »geteilt durch 60« – und es bleibt nur noch h stehen, die Höhe des Baumes.

  $1,19 \times 60 = h$
  Also: $71,4 = h$

Unser Baum ist also stolze 71,4 Meter hoch. Die Messung ist zwar nicht so präzise wie erhofft, denn den Winkel konnten wir nur grob abschätzen, und auf den kommt es an. Aber den Grundgedanken – 60 Meter ablaufen, den Winkel abschätzen und dann Tan x = Gegenkathete durch Ankathete auszurechnen, um eine Höhe zu bestimmen – kennst du jetzt. Ist doch eine gute Leistung!

FEUER MACHEN
MIT EINER BATTERIE

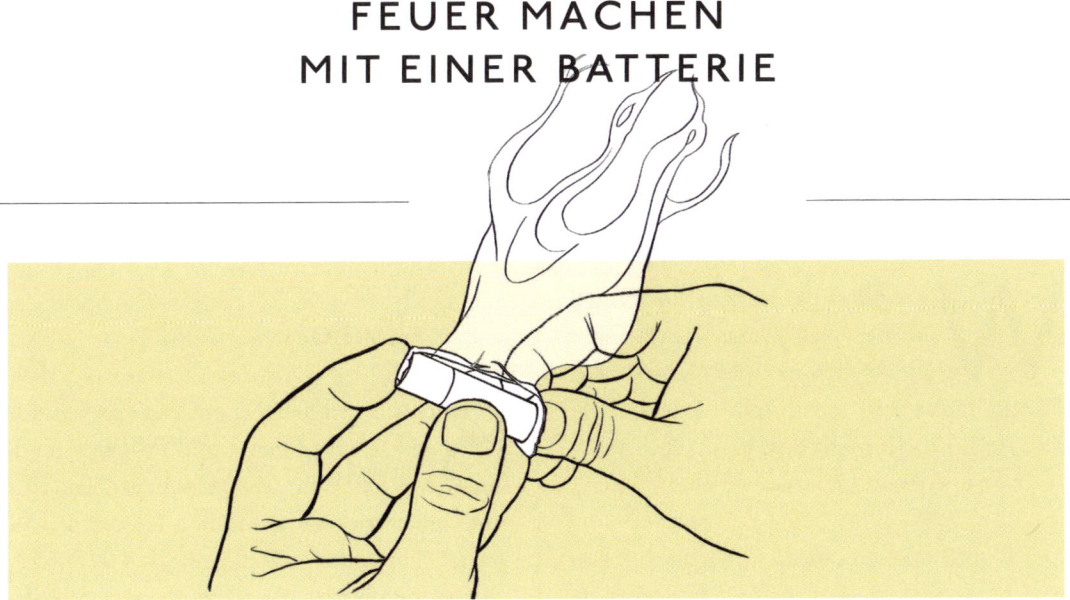

Schnell und einfach: Du brauchst dazu nichts weiter als ein Kaugummipapier, eine Batterie und idealerweise eine Schere, obwohl Abreißen es zur Not auch tut. Probier die Sache auf jeden Fall nur mit deinem Vater oder deiner Mutter zusammen aus, sonst fackelst du womöglich was ab!

Kaugummistreifen sind normalerweise in einer mit Papier beschichteten Metallfolie verpackt.

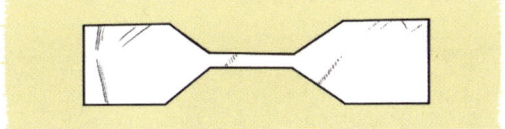

Der Strom aus einer gewöhnlichen AA-Batterie kann nicht die ganze Länge der Streifenfolie überbrücken, reicht aber aus, um den schmalen Papierstreifen in der Mitte der Folie in Brand zu setzen. Probiert es erst ein paarmal aus, dann könnt ihr etwas Entzündliches dranhalten, einen Fetzen Papiertaschentuch oder ein Stückchen Feueranzünder.

Drückt ein breites Ende der Folie an einen Pol der Batterie, haltet sie in Position und berührt mit dem anderen Folienende den anderen Pol (s. Abb.). Mit etwas Glück sollte das die Papierschicht in Brand setzen. Alternativ könnt ihr versuchen, mit etwas Stahlwolle über die Pole einer 9-V-Batterie zu reiben. Wir haben das mit einem Stückchen Ako Pads geschafft.

Wer die Weitsicht hat, Batterie, Kaugummi und Stahlwolle in die Wildnis mitzunehmen, der kann doch genauso gut ein Päckchen Streichhölzer mitnehmen, wirst du zu Recht denken. Und mit den Streichhölzern kann man dann auch die Drahtwolle anzünden und Feuer machen. Aber darum geht es hier nicht! Das Schöne ist, dass du hier etwas gelernt hast. Das Feuermachen selbst ist kniffig und zweitrangig. Und wer weiß, vielleicht bist du irgendwann mal in der Situation, dass du nur eine Batterie und ein Kaugummipapierchen hast – und vielleicht einen Feueranzünder. Dafür lohnt es sich, vorauszuplanen.

WAS IST DEMOKRATIE?

Wir und viele andere Menschen auf der Welt – aber längst nicht alle – leben in einer Demokratie. Für die meisten ist das so selbstverständlich, dass sie gar nicht mehr darüber nachdenken. Aber was bedeutet Demokratie überhaupt?

Der Begriff kommt aus dem Altgriechischen und leitet sich ab von *dēmos* für Staatsvolk und *krátos* für Macht/Herrschaft. Übersetzt bedeutet Demokratie also Herrschaft des Volkes. Wie so vieles andere entstand auch diese Idee einer gerechten Staatsform in der Antike, und zwar schon im fünften Jahrhundert v. Chr. Damals beschlossen die Athener, dass jeder Bürger die politischen und sozialen Regeln im Staat mitbestimmen kann. Allerdings zählten noch nicht alle Menschen zu den Bürgern, Frauen und Sklaven zum Beispiel durften nicht mitbestimmen. Aber auch die anerkannten Bürger fanden es ungerecht, dass ein König als Alleinherrscher über allen anderen stehen durfte. In einer Volksherrschaft entscheiden die Bürger darüber, wer in ihrem Staat bestimmen darf. Alle haben die gleichen Rechte und Pflichten. Auch der Staat hat Pflichten. Er muss sich an die Gesetze halten, die in der Verfassung festgeschrieben sind.

DAS GRUNDGESETZ

Bei uns in Deutschland sagt das Grundgesetz, was Rechte und Pflichten sind, was verboten und erlaubt ist. Es steht über allen anderen deutschen Gesetzen. Der oberste Hüter dieser Verfassung ist das Bundesverfassungsgericht. Es achtet darauf, dass alle Gesetze auch wirklich mit dem Grundgesetz der Bundesrepublik Deutschland vereinbar sind. Jeder Bürger hat das Recht, sich mit einer Klage gegen ein Gesetz an das Bundesverfassungsgericht zu wenden. Wenn das Gericht dem Kläger oder der Klägerin Recht gibt, muss das fragliche Gesetz geändert oder sogar abgeschafft werden. Weil all das möglich ist, wird Deutschland auch als Rechtsstaat bezeichnet. Das Grundgesetz wurde übrigens am 23. Mai 1949 in Bonn beschlossen; da war der Zweite Weltkrieg erst wenige Jahre vorbei.

Konrad Adenauer bei der Unterzeichnung des Grundgesetzes am 23. Mai 1949

Vielleicht fragst du dich, worin die größte Macht der ganz normalen Bürger eines demokratischen Staates überhaupt besteht. Ganz einfach: in Wahlen. Eine direkte Demokratie, bei der jeder Einzelne in allen Dingen mitredet und mitbestimmt, ist nämlich schon aus ganz praktischen Gründen gar nicht möglich. Es würde zum Beispiel unendlich lange dauern, bis alle über einen Gesetzentwurf abgestimmt haben und das Gesetz dann endlich in Kraft treten kann. Da kommen die Politiker ins Spiel. Sie sind die gewählten Vertreter des Volkes. In einer Demokratie wählen die Bürger diejenigen, die für eine bestimmte Zeit das Sagen haben sollen. So ist es bei uns in Deutschland: Wir haben eine repräsentative und parlamentarische Demokratie, in der gewählte Vertreter, also Politiker, das Volk repräsentieren und stellvertretend die Entscheidungen treffen. Das vom Volk gewählte Parlament ist der Bundestag. Und wenn die Wähler mit der Arbeit der Politiker nicht zufrieden sind, können sie beim nächsten Mal andere wählen.

Wichtig und nicht überall auf der Welt selbstverständlich: Bei uns sind Wahlen frei und geheim. Das heißt, jeder Wahlberechtigte darf, muss aber nicht wählen – niemand kann ihn zwingen. Wähler und Wählerinnen dürfen in ihrer Wahl nicht beeinflusst oder unter Druck gesetzt werden. Die Stimmabgabe ist geheim, niemand darf dabei zuschauen. Das bedeutet: Keiner muss Angst vor negativen Folgen haben, weil jemand anderes herausfinden kann, welche Partei oder welchen Politiker er gewählt hat. Man spricht deshalb auch vom Wahlgeheimnis. Wahlen sind also von zentraler Bedeutung für eine Demokratie.

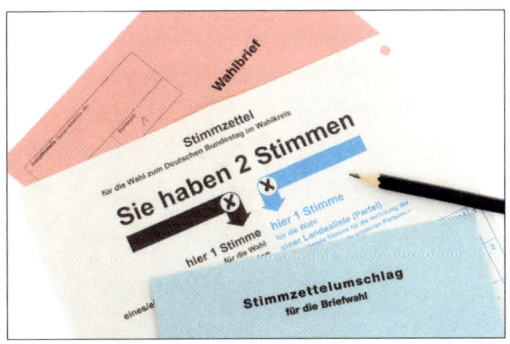

Wahlunterlagen

In einer Demokratie hat man auch das Recht auf freie Meinungsäußerung, das Recht auf Information und das Recht zur friedlichen Versammlung. Diese drei Bedingungen sind besonders wichtig und werden zum Beispiel von Alleinherrschern gefürchtet. In Diktaturen versuchen der oder die Alleinherrscher immer wieder, den Menschen diese Rechte zu nehmen. Denn wer frei seine Meinung äußert und noch dazu freien Zugang zu Informationen aller Art hat, kann Kritik an den Verhältnissen oder an der Regierung üben. Und wenn sich kritische Menschen versammeln und womöglich öffentlich demonstrieren und protestieren, können die Machtverhältnisse ins Wanken geraten. Bei uns darf jeder seine Meinung sagen, ohne fürchten zu müssen, dafür bestraft zu werden. Es gibt allerdings Ausnahmen: Man darf zum Beispiel niemanden beleidigen.

Montagsdemonstration in Leipzig 1989

WAS DEMONSTRATIONEN
BEWIRKEN KÖNNEN

Ganz normale Menschen können ungeheuer viel bewegen – einfach indem sie demons-trieren. Ein Einzelner hat es schwer, sich Gehör zu verschaffen. Auch eine kleine Gruppe wird vielleicht nicht wahrgenommen. Doch wenn sich Hunderte oder gar Tausende zusammenfinden, erzwingen sie Aufmerksamkeit – das ist auch eine Form von Macht. Eindrucksvolles Beispiel: die Montagsdemonstrationen im Herbst 1989. Damals ist Deutschland noch durch eine Grenze geteilt, im Westen die Bundesrepublik, im Osten die DDR, die Deutsche Demokratische Republik. Sie nennt sich zwar demokratisch, ist es in Wirklichkeit aber

nicht. Die Bürger der DDR können nicht frei ihre Meinung äußern, wenn sie der Regierung nicht gefällt. Sie werden überwacht und unterdrückt, sie dürfen auch nicht einfach reisen, wohin sie möchten. Es gibt eine Grenze, an der scharf geschossen wird, wenn jemand das Land ohne Erlaubnis verlassen möchte. Und mitten durch Berlin verläuft eine hohe Mauer, die bewacht wird.

Doch die Menschen in der DDR wollen sich das nicht länger gefallen lassen. Sie fordern mehr Freiheit. Am 4. September hissen Demonstranten in Leipzig das erste Mal ein Banner mit der Aufschrift »Für ein offenes Land mit freien Menschen«. Immer mehr DDR-Bürger versammeln sich in der Leipziger Innenstadt zu einer Kundgebung. Zuvor hat auf dem Nikolaikirchhof das Friedensgebet stattgefunden, wie immer montags, schon seit 1982. Gebet und Demonstration werden zu einem Wendepunkt in der Geschichte: In immer mehr Städten kommen die Menschen Woche für Woche zusammen, um friedlich zu demonstrieren. In Dresden, Halle, Magdeburg, Rostock, Schwerin, mutig und entschlossen strömen Alte und Junge überall zusammen. »Wir sind das Volk!« lautet ihr Ruf, mit dem sie sich bei der DDR-Führung Gehör verschaffen. Und am 9. November geschieht das bis dahin kaum Vorstellbare: Die Menschen klettern auf die Mauer in Berlin, unter unbändigem Jubel wird die Grenze geöffnet. Die Menschen aus der DDR dürfen ungehindert in den Westen reisen. Auf der anderen Seite der Grenze werden sie von den Westdeutschen begeistert empfangen. Die Montagsdemonstrationen waren nicht der alleinige Grund für die folgende Wiedervereinigung Deutschlands, aber sie hatten einen wesentlichen Anteil daran.

In Deutschland haben Demonstrationen schon oft viel bewegt. Frauen haben öffentlich gefordert, selbst über ihren Körper zu bestimmen, und unter anderem das Recht auf Abtreibung zugesprochen bekommen. Die Schwulenbewegung hat erreicht, dass Sex zwischen Männern seit 1994 nicht mehr strafbar ist. 2003 hat Deutschland sich nicht am Irakkrieg beteiligt, weil die Menschen auf die Straße gegangen sind und demonstriert haben. Seit den 70er Jahren haben so viele Menschen »Atomkraft, nein danke« gerufen, dass der Ausstieg aus der Kernenergie beschlossen wurde. Aber nicht nur Erwachsene können durch ihren Protest etwas erreichen. Die Friday-for-Future-Demos von Schülern und Studenten haben ein neues Bewusstsein für die Klimaveränderungen geschaffen und fordern einen stärkeren Klimaschutz von den Politikern.

Montagsdemonstrationen und Fridays-for-Future-Demos sind nur zwei Beispiele für die Macht friedlicher und demokratischer Proteste. Darüber darf man aber nicht vergessen, dass weltweit unzählige Menschen von einem Leben in einer Demokratie nur träumen können. Derzeit gibt es 194 Staaten auf unserer Erde – und nur etwas mehr als die Hälfte gelten als Demokratien.

SCHACHERÖFFNUNGEN

Eine Schacheröffnung ist eine bewährte Abfolge von Zügen, mit der man eine gute Angriffs- oder Verteidigungsstellung erreicht. Ziel ist, das Zentrum zu besetzen und eine Rochade zu ermöglichen. Welche Eröffnung sinnvoll ist, hängt von den Antworten des Gegners ab, und daraus ergeben sich nahezu unendlich viele Varianten. In diesem Kapitel wollen wir einige Eröffnungen vorstellen und üben, aus denen sich praktisch alle Ausgangsstellungen ableiten lassen. Andererseits: Der frühere Weltmeister Bobby Fischer hat fast jedes seiner Spiele mit dem Zug Bauer e2-e4 eröffnet, den er für den perfekten Eröffnungszug hielt.

Wir verwenden die moderne Standardbeschriftung des Bretts, also a bis h für die Linien und 1 bis 8 für die Reihen. Rechts unten muss immer ein weißes Feld sein. »e2-e4« bedeutet also, dass der fünfte Bauer von links zwei Felder vorzieht. (In vielen Schachbüchern wird dieser Zug der Kürze halber einfach mit »e4« bezeichnet.) Welche Figur gezogen wird, erkennt man auch an den Großbuchstaben vor dem Feldnamen (K = König, D = Dame, T = Turm usw.). Fehlt der Großbuchstabe vor dem Feldnamen, handelt es sich immer um einen Bauernzug. Kann ein Feld von zwei gleichwertigen Figuren erreicht werden, wird ausnahmsweise auch das Ausgangsfeld angegeben, z. B. Ta1-d1.

SPANISCHE PARTIE

Mit drei Zügen eine der schnellsten und einfachsten Eröffnungen.

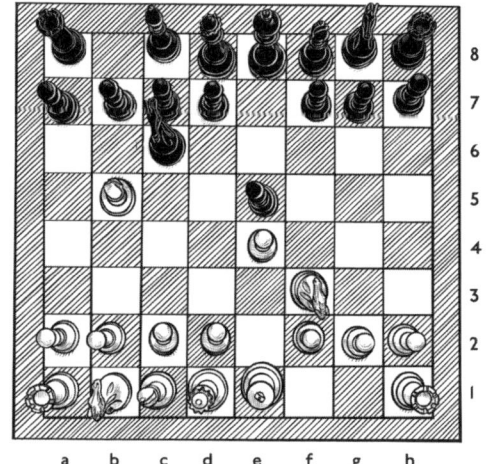

1. *Weiß beginnt mit e2-e4. Schwarz kontert mit e7-e5.*
2. *Weiß zieht den Springer auf Sf3 und greift den schwarzen Bauern an. Schwarz schützt seinen Bauern durch Sc6.*
3. *Weiß zieht den Läufer auf Lb5 und bedroht den schwarzen Springer auf c6. Fertig.*

Die bereits im 16. Jahrhundert von Ruy López beschriebene Spanische Eröffnung wurde unter anderem von Garri Kasparow benutzt. Sie führt meist zum Tausch von Springer und Läufer.

DIE OWEN- ODER ENGLISCHE VERTEIDIGUNG

Die meisten Schacheröffnungen beginnen mit dem Bauernzug e2-e4 oder d2-d4, weil damit die zentralen vier Felder besetzt sind, dem Läufer der Weg freigemacht ist und die kleine oder große Rochade ermöglicht wird. Stell die Figuren einmal aufs Brett und schau, welche Zugmöglichkeiten sich ergeben.

Diese Eröffnung heißt so, weil sie im 19. Jahrhundert bei englischen Spielern wie Howard Staunton sehr beliebt war. (Auf Staunton geht übrigens die heute gebräuchliche Form der Schachfiguren zurück.) Trotzdem handelt es sich nicht um eine schwache oder ungebräuchliche Verteidigung. Fabiano Caruana schlug damit in Runde 10 des Kandidatenturniers zur Weltmeisterschaft 2016 den früheren Weltmeister Viswanathan Anand.

In der Partie Caruana gegen Anand spielte Anand als Schwarzer e7-e5, um das Zentrum zu besetzen. Weiß zog den ersten Springer auf Sc3, Schwarz erwiderte mit Sf6.

Es folgte Weiß Sf3 und Schwarz Sc6 – und alle Springer waren im Spiel.

Weiß, also Caruana, zog dann g2-g3, und das Spiel entwickelte sich. Diese Eröffnung hat den Vorteil, Gegner zu überraschen, die nicht an einen Flankenangriff auf das Zentrum gewöhnt sind.

Vor zweihundert Jahren pflegte Staunton seinen Springer hinter den c4-Bauern und den g2-Bauern nach g3 zu ziehen.

DAMENGAMBIT

Aufgrund des raschen Angriffs und des daraus folgenden Drucks auf Schwarz ist dies eine der gebräuchlichsten Eröffnungen, die sich für Spieler eignet, die ein aggressives Weißspiel pflegen.

1. *Bauer d2-d4, Schwarz zieht Bauer d7-d5. Nicht sonderlich aufregend bis hierhin.*

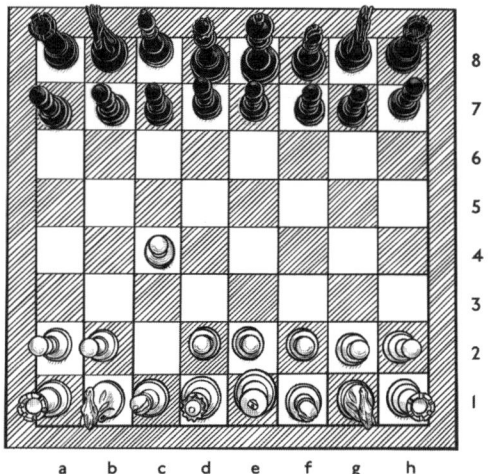

1. Bauer c2-c4 – fertig. Ein Zug.

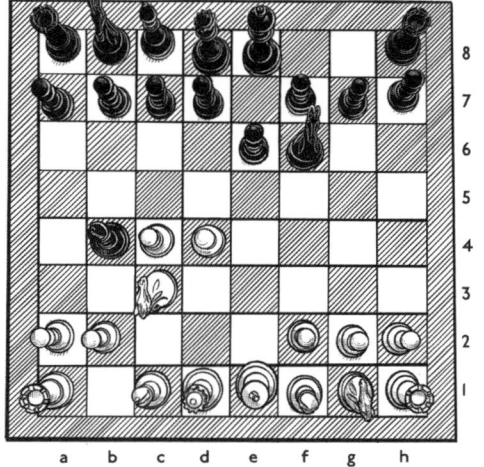

2. Weiß zieht Bauer c2-c4, der ungedeckt ist und vom schwarzen Bauern geschlagen werden kann.

Die Idee dahinter ist, durch das Bauernopfer Weiß einen Tempovorteil zu verschaffen, während Schwarz, wenn es das Opfer annimmt, durch das Schlagen einen Halbzug hinterherhinkt. Ein riskanter Tausch also. Weiß fährt fort mit e2-e3, wodurch es den Bauern auf d4 schützt und zugleich den schwarzen Bauern angreift. Die schwierige Verteidigung dieses Bauern hindert Schwarz nachhaltig an der Entwicklung.

Schwarz kann den Bauern auf d5 allerdings auch durch Bauer e6 decken, was zu einem Tausch dieser Bauern führen kann. Das Damengambit ist eine interessante Eröffnung und sollte in deinem Repertoire nicht fehlen.

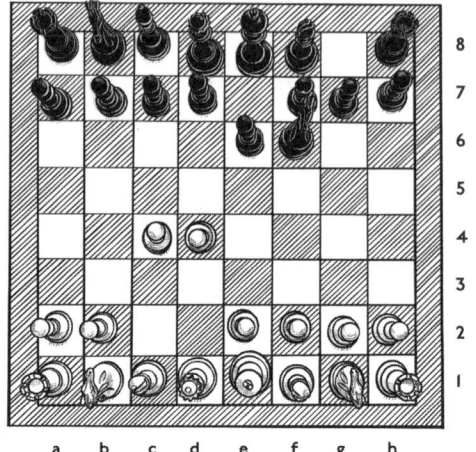

Indische Verteidigung

DIE NIMZO-INDISCHE VERTEIDIGUNG

Bisher haben wir uns nur mit weißen Eröffnungen beschäftigt, aber es gibt natürlich auch schwarze Eröffnungen und Verteidigungen. Die von Aaron Nimzowitsch (1886–1935) entwickelte Nimzo-Indische Verteidigung ist ein gutes Beispiel für die unter dem Sammelbegriff »indisch« bekannten schwarzen Eröffnungen. Sie gehen zurück auf den bengalischen Schachspieler Moheschunder Bannerjee im 19. Jahrhundert. Die Nimzo-Indische, die Bogo-Indische und die Damen-Indische Verteidigung sind allesamt Antworten auf den weißen Eröffnungszug d2-d4.

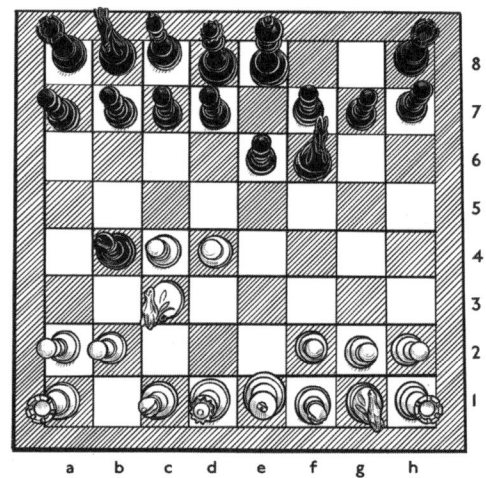

Nimzo-Indische Verteidigung

1. Bauer d2-d4. Schwarz antwortet mit Sf6, zieht also seinen Springer auf f6.

2. Weißer Bauer c2-c4. Schwarzer Bauer e7-e6.

Dies sind die Eröffnungszüge sämtlicher Indischen Verteidigungen, wobei die Nimzo-Variante Ähnlichkeiten mit der Spanischen Eröffnung aufweist.

3. Falls Weiß nun Sc3 zieht, also Springer auf c3, kann Schwarz den Läufer ziehen, den Springer angreifen und den weißen Angriff zum Erliegen bringen. Gewöhnlich schlägt Schwarz den Springer auf c3, weil Weiß dadurch gezwungen ist, zwei Bauern in eine Linie zu stellen.

DIE SIZILIANISCHE VERTEIDIGUNG

Diese Eröffnung beginnt wiederum mit e2-e4 des weißen Bauern. Statt der Standarderwiderung e7-e5 zieht Schwarz c7-c5 und greift auf der c-Linie an. Diese Spielart heißt Drachenvariante, weil die schwarzen Bauern angeblich aussehen wie das Sternbild Drache.

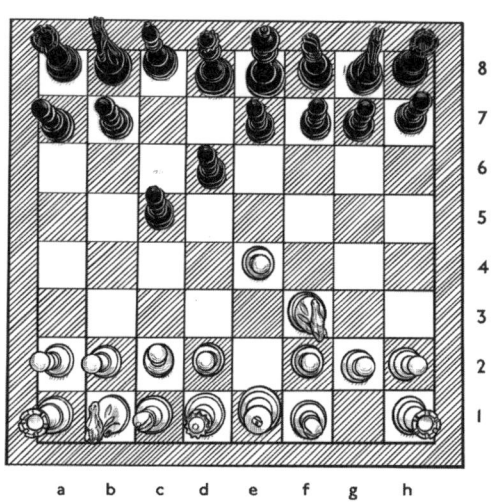

Sizilianische Verteidigung
nach den ersten beiden Zügen

1. Auf Bauer e2-e4 antwortet Schwarz mit c7-c5.
2. Weiß zieht seinen Springer auf Sf3. Schwarz zieht den Bauern d7-d6.
3. Weiß zieht seinen Bauern d2 nach d4, wo er von dem schwarzen c-Bauern geschlagen wird: c5xd4.
4. Weiß schlägt mit dem Springer zurück: Sd4. Schwarz entwickelt sich weiter durch Sf6.
5. Weiß zieht den zweiten Springer nach Sc3. Schwarz erwidert mit Bauer g7-g6.

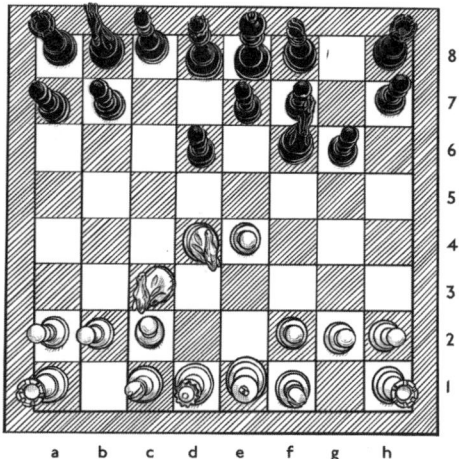

Nach den Zügen 3, 4 und 5

Die Najdorf-Variante der Sizilianischen Verteidigung wurde häufig von Bobby Fischer verwendet. Bis zum fünften Zug bleibt alles gleich, dann zieht Schwarz statt g7-g6 den Bauern von a7 nach a6. Zudem wird der äußere weiße Springer durch den schwarzen Bauernzug e7-e5 angegriffen.

Sein Schachspiel verbessert man nicht nur durch Üben, sondern auch, indem man erfolgreiche Strategien lernt. Beschäftige dich damit, wende sie so oft wie möglich an und genieß die Partien, die sich daraus entwickeln.

ACHTUNG: GIFTPFLANZEN!

Ganz schön gefährlich, was die Natur an Geheimwaffen bereithält: Nicht nur die Begegnung mit Raubtieren kann schlimm enden, auch vermeintlich harmloses Grünzeug hat tödliches Potenzial. Pflanzen wehren sich mit Gift gegen Fressfeinde. Ihre wirkungsvollen Inhaltsstoffe werden aber in der Medizin auch als Arzneimittel eingesetzt. Giftpflanzen findest du in freier Natur und sogar im Garten. Hier einige der häufigsten – falls du dich näher mit ihnen befasst, ist anschließendes Händewaschen keine schlechte Idee!

Eibe

EIBE

Taxus baccata

Die immergrünen Eiben wachsen nur langsam und können sehr alt werden. Bei uns stehen sie als Heckenpflanzen in vielen Gärten. Gefährlich an ihnen ist besonders das Taxin, das sich vor allem in den Nadeln befindet. Aber auch die Früchte, die in roten Hüllen sitzen – dem einzigen ungiftigen Teil der Pflanze –, können bei Verzehr zu Herz- und Atemstillstand führen. Aus dem extrem harten Eibenholz wurden schon vor 300.000 Jahren Waffen und Werkzeuge gefertigt.

GEFLECKTER SCHIERLING

Conium maculatum

Der Klassiker unter den Giftpflanzen: Schon der Philosoph Sokrates, so überliefert es die Geschichtsschreibung, tötetc sich selbst mit einem Schierlingstrank. Die Pflanze wächst wild auf Brachflächen und an Wegrändern; sie wird bis zu 2 Meter hoch. Alle Pflanzenteile enthalten das giftige Coniin. Besonders hoch konzentriert ist es in den unreifen Samen. Bereits ein halbes Gramm Coniin kann zum Tod durch Atemlähmung führen.

Gefleckter Schierling

TOLLKIRSCHE

Atropa belladonna

Tollkirschen sind oft an Waldrändern zu finden. Die schwarzen Früchte, die zwischen den großen eiförmigen Blättern der Staude sitzen, erinnern an Kirschen. Aber Achtung: Die Tollkirsche enthält einen ganzen Cocktail an Giften. Eine Vergiftung geht mit Wahnvorstellungen und Tobsuchtsanfällen einher. Der Vergiftete scheint verrückt, also toll zu werden – der Name der Pflanze ist also kein Zufall.

Tollkirsche

ROTER FINGERHUT

Digitalis purpurea

Ein bisschen wie Fingerhüte, die man beim Nähen braucht, sehen die Blüten aus. Sie werden gern von Hummeln und Bienen umschwärmt. Kaum zu glauben, dass diese Pflanze zu unseren giftigsten heimischen Gewächsen gehört: Schon der Verzehr von drei Blättern führt zum Tod. Die giftigen Glykoside des Fingerhuts sind aber zugleich wirksam bei Herzkrankheiten. Wie bei so vielen Wirkstoffen kommt es auf die richtige Dosierung an.

Roter Fingerhut

Kirschlorbeer

KIRSCHLORBEER
Prunus laurocerasus

Die Steinfruchtart stammt aus dem östlichen Mittelmeergebiet und ist bei uns als Heckenpflanze sehr beliebt, weil ihre Blätter auch im Winter nicht abfallen. Kirschlorbeer erreicht eine Höhe von 3 bis 5 Metern. Von April bis Mai bilden sich weiße Blütentrauben, aus denen sich schwarz glänzende Früchte mit steinartigem Kern entwickeln. Kern und Blätter sind besonders giftig: Gelangen sie in den Magen, setzen sie Blausäure frei. 10 Steinfrüchte können ein Kind töten, 50 einen Erwachsenen.

Maiglöckchen

MAIGLÖCKCHEN
Convallaria majalis

Ein hübsches Frühlingsblümchen mit tückischer Verwechslungsgefahr: Die Blätter des Maiglöckchens sehen fast so aus wie die des essbaren Bärlauchs, länglich-oval und dunkelgrün. Sicherstes Unterscheidungsmerkmal ist der Geruch: Bärlauch riecht intensiv nach Knoblauch. Maiglöckchenblüten betören dagegen durch einen süßen Duft, der gern in der Kosmetik eingesetzt wird. Giftig sind alle Teile der Pflanze, die in der Medizin bei leichter Herzschwäche angewendet wird.

WERKZEUGE
an der Wand
AUFHÄNGEN

Mit ein bisschen Glück wirst du eines Tages eine Werkstatt dein Eigen nennen. Das kann ein Schuppen mit Werkbank, Schraubstock und einer Reihe von Werkzeugen sein oder auch nur eine Garagenwand. So oder so wirst du darin kleinere Arbeiten verrichten – es ist toll, was man mit einem Schraubstock alles machen kann! Du wirst Bretter hobeln, einen Stecker verkabeln oder den unteren Teil einer Tür reparieren, der angefault ist und ersetzt werden muss. Für jede dieser Arbeiten brauchst du anderes Werkzeug, und mit der Zeit hast du eine ganze Palette davon zusammen. Bei den Stechbeiteln wirst du feststellen, dass du meist nur den 12 mm breiten benutzt. Dann wieder kaufst du dir einen Hammer und musst erkennen, dass er zu groß ist, um kleine Reißzwecken einzuschlagen. Stück für Stück trägst du so eine Sammlung an Werkzeugen zusammen, mit denen du die meisten Arbeiten erledigen kannst.

Hier eine Liste der Werkzeuge, die in jeder Werkstatt vorhanden sein sollten: Zapfensäge, Laubsäge, Akku-Stichsäge, Schlitzsäge, Bügelsäge; Stechbeitel in den Breiten 6, 12, 26 mm; Schärfstein und Einspannvorrichtung, damit die Beitel stets in gutem Zustand sind; Schraubzwingen in verschiedenen Größen, Klemmzwinge, Gripzange, die nur einmal zugedrückt werden muss und dann hält's; elektrischer Schwingschleifer sowie ein Sortiment Schleifpapier in mehreren Stärken; Kreuzschlitz-Schraubendreher in verschiedenen Größen; diverse Schlitzschraubendreher in verschiedenen Größen; ein Holzhammer sowie Metallhämmer verschiedener Größe bis 600 g; ein Anschlagwinkel, ein Metalllineal, Wasserwaagen kurz und lang; eine Spitz- und eine Stumpfzange; eine Kneifzange, eine Punze; ein Streichmaß, langer und kurzer Hobel; eine Bohrmaschine mit verschiedenen Bohrern; eine Kiste Schrauben; Zimmererstifte zum Anzeichnen auf Holz; Knieschoner, die das Arbeiten auf dem Boden erleichtern. Und schließlich ein Steckschlüsselsatz, der bei vielen Arbeiten nützlich ist. Das wär's für den Anfang. Alles zusammen würde natürlich ein Vermögen kosten, aber meist kauft man sein Werkzeug nach und nach über viele Jahre. Hochwertige Werkzeuge werden oft auch vererbt. Sie sollten geölt, sauber und offen aufbewahrt werden, damit sie nicht verrostet oder sonst wie unbrauchbar sind, wenn man sie Jahre später wieder hervorholt.

Warnung: Wenn ein Mann ein Paar erstklassiger Stiefel kauft, bezahlt er viel mehr als für die billigsten, dafür sind seine Füße zehn oder zwanzig Jahre lang warm und geschützt. Der Mann, der die billigsten Stiefel gekauft hat, wird immer wieder neue kaufen müssen, weil sie schnell kaputtgehen. Am Ende hat er mehr für die vielen schlechten Stiefel ausgegeben als der andere für ein Paar gute – und nasse Füße hat er all die Jahre auch. Gute Stiefel sind eine Investition, und das Gleiche gilt für gutes Werkzeug. Es gibt *sehr* billiges, das aus so minderwertigen Metalllegierungen hergestellt ist, dass es sich sofort verbiegt oder

gar bricht. Um es vorsichtig auszudrücken – manchmal hilft einem ein um 1900 hergestellter Universalschraubenschlüssel mehr als mancher moderne. Mach dir eins klar: Billige Wegwerfgegenstände sind eine Erfindung aus der zweiten Hälfte des 20. Jahrhunderts. Hochwertiges gebrauchtes Werkzeug findest du oft für kleines Geld auf Flohmärkten oder Auktionen. Wenn du neues brauchst, kauf bessere Marken wie Wiha, Fein, Festool, Makita, Wera und Bosch. Sie sind teurer als die Billigmarken, doch sie halten ein Leben lang. Im Endeffekt sind sie deshalb billiger, so wie die teuren Stiefel.

Manche dieser Werkzeuge kauft man in Kunststoffkästen, die sich manchmal nur umständlich öffnen lassen. Das beste Aufbewahrungssystem ist nach wie vor, das Werkzeug so an eine Wand zu hängen, dass man alles im Blick hat und nur danach zu greifen braucht. Wahrscheinlich gibt es unzählige Möglichkeiten, sich so eine Werkzeugwand zu bauen. In den USA zum Beispiel sind Bretter mit Nägeln sehr verbreitet, weil sie leicht aufzuhängen und auszustatten sind. Das ist schon nicht schlecht. In diesem Kapitel soll es aber darum gehen, wie man sein Werkzeug mit Holzleisten und Messingschrauben aufhängt. Um diese Halterungen herzustellen, benötigt man natürlich scharfe Werkzeuge wie Beitel, weshalb das vielleicht besser eine Arbeit für deine Eltern ist. Es hat bei uns eine Weile gedauert, bis jede Halterung zurechtgesägt und angebracht war, aber als alles an seinem Platz hing, waren wir wirklich zufrieden. (Vielleicht ist dir aufgefallen, dass wir in diesem Buch ziemlich oft das Wort »zufrieden« benutzen. Zufriedenheit ist nicht Spaß oder Aufregung, sondern das, was man empfindet, wenn man ein Handwerk erlernt oder eine Arbeit gut gemacht hat. Ein gutes Gefühl.)

Die Halterungen werden an einem fünflagigen Multiplexbrett befestigt, einem Material, das billig und leicht zu bearbeiten ist. Wir haben ein großes Brett gekauft, in zwei unterschiedlich große Teile gesägt und diese mit etwas Zwischenabstand an einer Ziegelwand aufgehängt. (Bohrlöcher mit Schlagbohrmaschine und Mauerbohrer bohren, Dübel rein. Je eine Schraube in den vier Ecken halten schon ein enormes Gewicht, besser sind mehr. Weil es besser aussah, haben wir noch Abdeckkappen auf den Schrauben platziert.)

DIE SÄGEN

Vier der Sägen im Foto auf Seite 67 werden von ovalen Holzstücken gehalten, die mit einer einzigen Schraube am Brett festgeschraubt werden. (Die Schrauben haben wir alle versenkt, das heißt, wir haben mit einem zweiten, größeren Bohrer die Öffnung des Bohrlochs geweitet. In dieser Öffnung kann der Schraubenkopf verschwinden, was viel ordentlicher aussieht. Es nimmt ein wenig Zeit in Anspruch, die Bohrer zu wechseln, aber wir finden, es lohnt sich.)

Die Ovale für den jeweiligen Sägengriff haben wir zunächst rasch und grob geschnitten. Wir haben die Säge auf ein Holzbrett gelegt und mit einem Bleistift das Innere des Griffs angezeichnet. Weil das eine runde Form war, haben wir dafür eine elektrische Stich-

säge benutzt und die Kanten dann mit einem Schwingschleifer abgeschliffen, den wir kopfüber im Schraubstock befestigt haben.

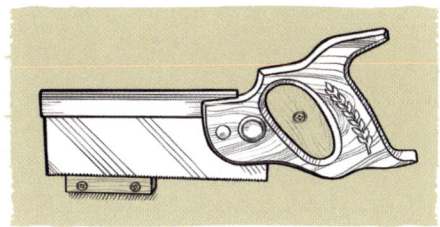

Bitte beachte, dass die Stichsäge zu den gefährlichen Werkzeugen in einer Werkstatt gehört. Man sägt eine Linie in ein Brett, kann aber nicht sehen, was sich darunter befindet. Du brauchst Zwingen, um das Brett richtig festzuhalten. Stell sicher, dass du dir nicht aus Versehen einen Finger absäbelst.

Danach haben wir ein kleines Führungsloch in jede Sägenaufhängung gebohrt, es oben geweitet und mit einer Messingschraube an die Multiplexplatte geschraubt. (Achte darauf, dass alle Schrauben die gleiche Farbe haben – sieht besser aus!)

Die meisten unserer Sägen hängen nach unten, aber aus optischen Gründen und um Platz zu sparen, wollten wir eine Säge waagerecht aufhängen. Deshalb haben wir zusätzlich ein rechteckiges Stück Holz ausgesägt, das mit zwei Senkschrauben befestigt werden und als Stütze dienen sollte. Nun mussten wir noch eine Nut für die Klinge hinzufügen. Dazu haben wir das Holzstück in den Schraubstock gespannt, mit einer Zapfensäge zwei nicht sehr tiefe Linien gesägt und den Zwischenraum mit dem Beitel ausgestochen. Strenggenommen hätte es auch ohne die Nut funktioniert, aber uns die Zeit zu nehmen und es anständig zu machen, hat uns halt … zufriedengestellt.

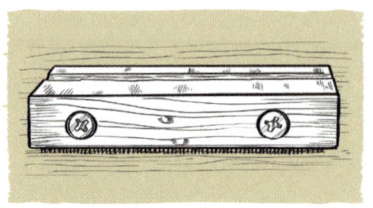

DER HAMMER

Für die Holzhammerhalterung haben wir eine schlichte Holzleiste verwendet und mit einer Zapfensäge (eine Stichsäge tut's auch) drei Stücke in der richtigen Länge abgesägt.

In die beiden kurzen Stücke haben wir Führungslöcher gebohrt. Kiefernholz splittert ziemlich leicht entlang der Maserung, besonders an den Kanten. Oft lässt einen das verzweifeln, dafür ist es billig und hat hier seinen Zweck mehr als erfüllt.

Das längere Leistenstück war ein schlichtes Rechteck mit einer Aussparung für den Hammergriff. Wir haben erst den Hammer an die Leiste gehalten und rechts und links den Griff mit Bleistift angezeichnet, damit wir wussten, wo wir zu sägen hatten, und dann die Aussparung mit dem Beitel ausgestemmt. Die Kanten haben wir mit Schleifpapier abgeschliffen, was bei Kiefernholz viel einfacher ist als zum Beispiel bei Eiche.

Dann haben wir die beiden kleinen Stücke oben auf die Leiste geschraubt und das Ganze am Wandbrett befestigt. Mit Kleber wäre es natürlich auch gegangen, aber bei Schrauben muss man nicht so lange warten, bis es hält. Bei einer einzelnen Schraube lässt sich das Holz natürlich noch drehen, aber das macht nichts. Einfach die Schraube fester anziehen, und die Sache sitzt.

DIE TISCHLERWINKEL

Diese Werkzeuge, die dazu dienen, Winkel zu messen und anzuzeichnen, werden von zwei Stücken gehalten. Das eine besteht aus einer schmalen Leiste, die mit zwei Schrauben befestigt wird, in die wir mittig eine kleine Zunge aus Kiefernholz angeschraubt haben. Wenn wir die Lehre brauchten, konnten wir die Zunge drehen und wieder schließen, was echt gut funktionierte, auch wenn wir verdammt aufpassen mussten, das Teil beim Anschrauben nicht zu spalten. Für die Zunge haben wir von einer schmalen Kiefernholzleiste ein kurzes Stück abgesägt und zwei Ecken mit dem Schwingschleifer rundgeschliffen.

DIE WASSERWAAGEN

Auf ganz ähnliche Weise haben wir die Wasserwaagen angebracht, nur dass die Zunge sich diesmal nicht bewegen lassen sollte. Aus zwei Stücken Leiste bauten wir ein »Regal« mit der richtigen Breite für die jeweilige Waage. Die Zunge haben wir in einer Vertiefung angebracht, die wir mit dem Beitel ausgestemmt hatten, sodass sie sich nicht bewegen konnte, obwohl sie nur mit einer Schraube befestigt wurde. Das klingt vielleicht ein bisschen aufwendig, aber es handelt sich um eine schöne alte Wasserwaage, und wir wollten nicht, dass sie runterfällt, wenn jemand mal eine Tür zuschlägt.

LAUBSÄGEN

Laubsägen sind sehr nützlich. Man kann mit ihnen um die Ecke sägen, und sie eignen sich hervorragend für heikle Arbeiten wie Schwalbenschwanzverbindungen. (Aber Vorsicht: Die schmalen Sägeblätter reißen leicht, also kauf welche auf Vorrat. Es gibt nichts Schlimmeres als einen Sonntag, an dem man mal so richtig schön basteln will, und plötzlich reißt das letzte Blatt, und alle Baumärkte haben zu.)

Für diese Säge haben wir ein Stück Kiefernholz-Vierkantleiste auf einen Querschnitt wie auf der Abbildung zurechtgeschnitten. Spann die Leiste in den Schraubstock ein und

säge zwei Schnitte, die sich treffen. Lass genug Platz für die Befestigungsschrauben, und du hast eine schöne Aufhängung für die Säge.

HAMMER UND FUCHSSCHWANZ

Der große 600-g-Hammer und der Fuchsschwanz werden von Holzstiften gehalten. Dazu haben wir uns im Baumarkt Rundholzstäbe gekauft und zurechtgesägt. Um sie in der Multiplexplatte anzubringen, brauchten wir einen ziemlich großen Bohrer. Wir haben die Säge an die Platte gehalten und die Löcher mithilfe der Wasserwaage so angezeichnet, dass der Fuchsschwanz schön gerade

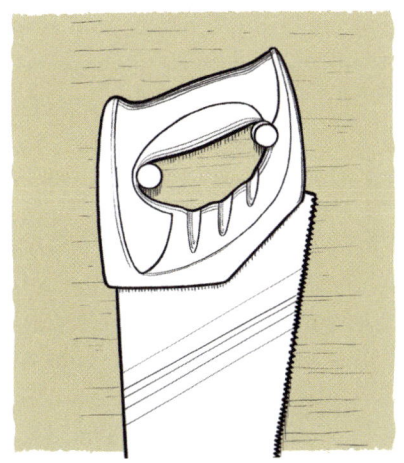

herunterhing. Ein bisschen mit Schleifpapier nachbearbeitet, dann Kleber drauf und mit dem Holzhammer vorsichtig in die vorgebohrten Löcher geschlagen – aber auch nicht zu vorsichtig, weil sie dann nicht rein wollten.

DIE STECHBEITEL

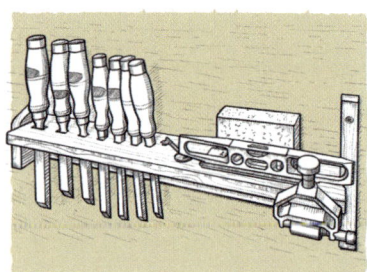

Die vertrackteste Halterung war die für die Beitel. Mit der Stichsäge haben wir zwei Seitenstücke ausgesägt und eine Nut hineingeschnitten, die die Halterung tragen sollte. Doch wir hatten keine Schrauben, die lang genug für das dicke untere Ende waren. Also haben wir eine untere Strebe hinzugefügt, die wir an beiden Enden mit den Seitenteilen und zudem mit der Multiplexplatte verschraubt haben.

Die Beitel stecken in regelmäßigen Abständen in viereckigen Löchern, für deren Anfertigung wir viel anzeichnen und ausmessen mussten. Praktischerweise konnten wir mit den Beiteln selbst die Löcher ausheben.

Hier und da schlugen wir noch ein paar Nägel in die Platten ein. Wenn du ein Loch in einen Hammerstiel bohrst, kannst du daran zum Beispiel einen kleinen Hammer aufhängen. Lineale und Wasserwaagen haben meist schon Löcher zum Aufhängen. Das alles ist natürlich kein Tischler-Meisterstück, aber es funktioniert. Die Werkzeuge

sind da, wo man sie braucht und das letzte Mal hingehängt hat. Es macht das Leben einfacher.

Am Schluss haben wir noch ein Brett aus Fichtenholz mit zwanzig Löchern an eine andere Wand gehängt, in denen Zangen und Schraubenzieher Platz fanden. Es ist unheimlich nützlich und hilft uns dabei, Ordnung auf der Werkbank zu halten. Die haben wir im ersten *Dangerous Book* gebaut, und sie leistet uns immer noch gute Dienste.

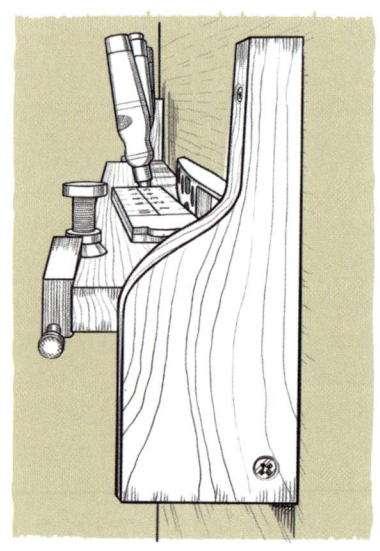

INTERESSANTE CHEMISCHE REAKTIONEN

Chemische Reaktionen sind nicht ohne und manchmal sogar lebensgefährlich. Vielleicht findest du es spannend, hier etwas darüber zu lesen, aber probiere sie keinesfalls allein aus, sondern immer nur im Beisein eines Erwachsenen. Wer mit potenziell giftigen Chemikalien hantiert, sollte außerdem unbedingt Schutzbrille, Maske und Handschuhe tragen.

Bei den im ersten *Dangerous Book* beschriebenen Experimenten stellte sich die Frage, wie wir an die Chemikalien kommen sollten. Selbst ein so harmloses Vorhaben wie Kristalle wachsen zu lassen wäre fast daran gescheitert, dass es damals praktisch unmöglich war, eine verlässliche Quelle für Kupfersulfat und Kaliumpermanganat zu finden. Das hat sich inzwischen geändert – über eBay kann man sich heutzutage alle möglichen Chemikalien beschaffen. Die haben allerdings oft auch ihren Preis.

Als Test haben wir Natrium und Kalium gekauft, zwei Alkalimetalle, die so heftig mit Wasser reagieren, dass sie in Öl aufbewahrt werden müssen – allein die Luftfeuchtigkeit würde sie in Brand setzen. Vielleicht kennst du die beiden Elemente schon aus dem Chemielabor eurer Schule: Wirft man winzige Stücke davon in eine Schale mit Wasser, zischt es mächtig, und das Wasser verfärbt sich lila bzw. orange. Ein größeres Stück in einer halbvollen Wasserflasche bringt diese innerhalb von zwei bis drei Sekunden zur Explosion. Versuch das bloß nie! Falls doch, renn so schnell wie möglich weg und geh hinter irgendwas Stabilem in Deckung; es ist sehr spannend, etwas über die Eigenschaften von Natrium und Kalium zu erfahren, aber dafür sollte man nicht mit einem Finger oder

dem Augenlicht bezahlen und es sein Leben lang bereuen. Apropos Reue: Der Mann, der den Lenkdrachen erfunden hat, wurde seines Lebens nicht mehr froh, als er erfuhr, dass ein Junge von einem seiner Drachen von einer Klippe fortgetragen worden und gestorben war – was ohne seine Erfindung nicht geschehen wäre. Wenn du dir deiner Sache nicht sicher bist: Lass es!

Nicht nur im Internet finden sich Substanzen, mit denen man interessante Reaktionen erzeugen kann, sondern auch in jedem Haushalt. Wobei solche Reaktionen manchmal etwas in Brand setzen.

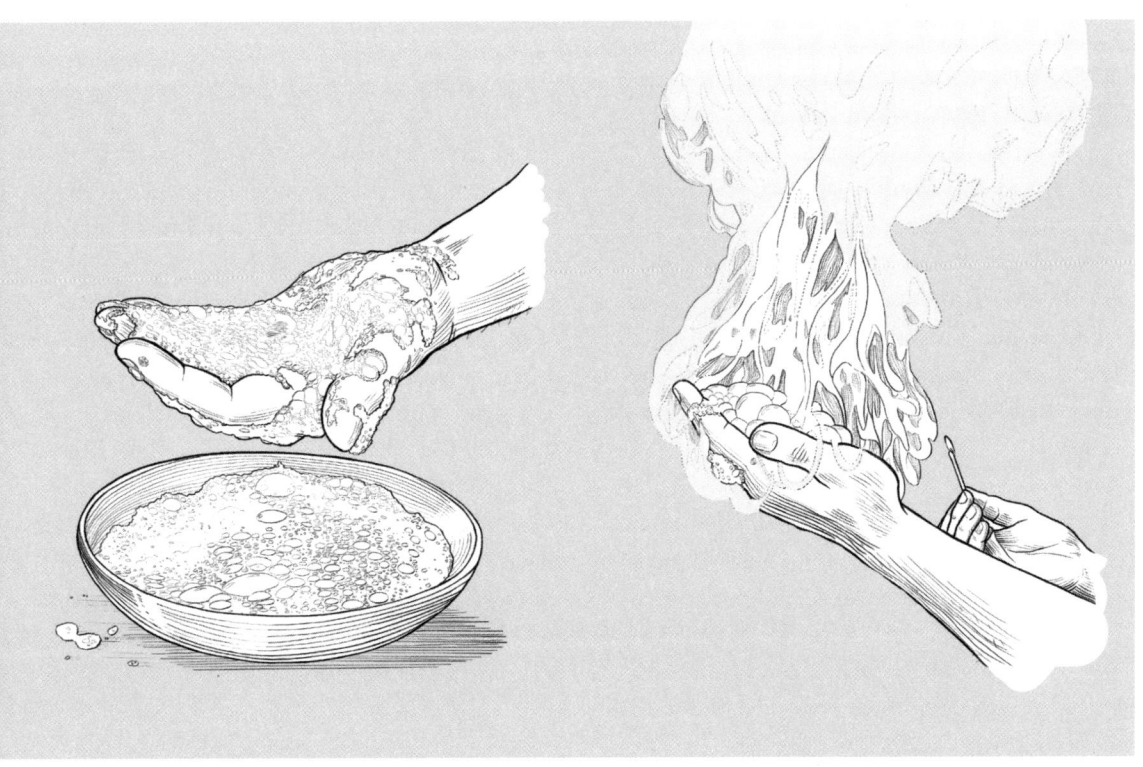

① AUFFLAMMENDE BLASEN

Die erste Reaktion solltest du **auf gar keinen Fall** ohne Aufsicht eines Erwachsenen ausprobieren. Sie erzeugt hohe Stichflammen, und ehrlich gesagt hätten wir bei zwei von etwa zehn Versuchen fast das Haus in Brand gesteckt – sämtliche Härchen an unseren Unterarmen und Fingern sind sowieso weggekokelt. Es war spektakulär, aber eigentlich sollte man das keinesfalls drinnen oder draußen auf trockenem Gras ausprobieren. Eigentlich am besten überhaupt nicht.

Man braucht eine halb mit Wasser und etwas Flüssigseife gefüllte Küchenschüssel, Streichhölzer und Butangas, wie man es zum Befüllen von Feuerzeugen in jedem Supermarkt kaufen kann. Taucht das Butangas ins Wasser und drückt die Düse gegen den Schüsselboden. Das Gas bildet große Blasen in der Seife – genau wie bei einem Schaumbad, nur dass diese Blasen mit hochentzündlichem Gas gefüllt sind.

Feuchtet eure Hand in kaltem Wasser an. **Vergesst das bloß nicht.** Tretet zurück. Die beiden Male, als wir fast die Küche in Brand gesteckt hätten, hatten wir vergessen, uns von der Schüssel und den butangefüllten Schaumspritzern zu entfernen.

Haltet ein Streichholz an die Blasen. Die Flamme brennt hell und groß, aber eine nasse Hand ist so lange vor Verbrennungen geschützt, bis die Flamme erlischt. Hoffentlich.

_____ ② _____

STREICHHOLZ UND STREICHHOLZ ODER STREICHHOLZ UND KERZE

Jetzt etwas, das knifflig ist, aber sehr nett, falls es funktioniert. Wenn man eine Kerze oder ein Streichholz auspustet, kräuselt sich ja eine grauweiße Rauchfahne empor. Diese Fahne selbst kann in Brand gesetzt werden, und zwar so, dass sie zurückwandert und die Kerze bzw. das erste Streichholz wieder entzündet.

Am Anfang braucht man vielleicht fünf oder zehn Versuche. Versuch das also nie bei einem Date oder einem formellen Abendessen, raten wir dir. Nicht weil es so schrecklich qualmen oder das Haus in Brand stecken könnte. Es könnte nur den Eindruck erwecken, du wärst nicht so richtig auf das Event vorbereitet.

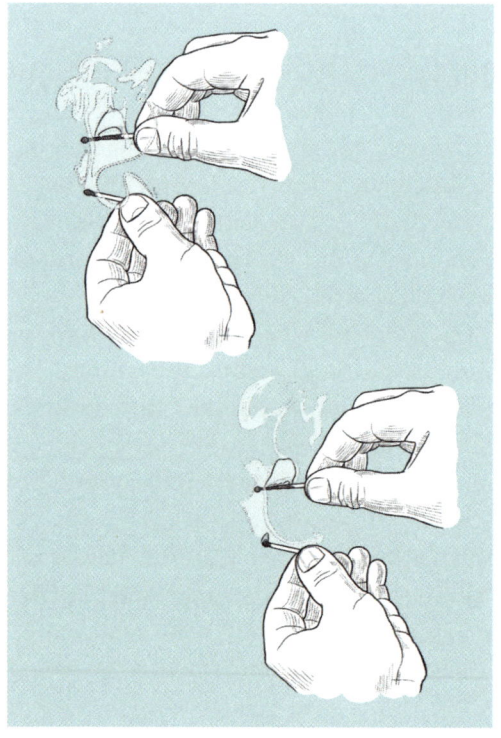

_____ ③ _____

DIE FEUERSCHLANGE

Dieser Trick ist ziemlich spektakulär, obwohl man die wichtigsten Zutaten in jeder Küche findet. Also, man kann es schon drinnen machen, theoretisch zumindest. Es riecht ganz gut, wie verbrannter Zucker oder geröstete Marshmallows. Allerdings braucht man eine offene Flamme, und die Sache wird ziemlich heiß, weshalb durchaus die Gefahr besteht, dass ihr das ganze Haus abfackelt. Das Ganze draußen, auf nassem Rasen, an einem windstillen Tag zu machen, ist vielleicht eine bessere Idee. Vielleicht hast du es auch schon mal als Tischfeuerwerk gesehen. Wir nennen es Widderhorn oder vielleicht auch Drachenschwanz. Oder Feuerschlange.

Ihr braucht gewöhnlichen Sand, Feuerzeuggas, Backpulver, Zucker und eine Müslischüssel. Die Schüssel wird sehr heiß, daher solltet ihr sie auf etwas Solides stellen, eine Fliese zum Beispiel. Wir haben ein altes Hackbrett aus Holz genommen.

Füllt die Schüssel bis fast zum Rand mit Sand und klopft ihn fest. Macht ein Loch in der Mitte oder formt den Sand so, dass die Mitte niedriger ist als die Ränder.

Nehmt 10 g Backpulver und mischt es in einem Gefäß mit 40 g Zucker.

Dann versprüht ihr Feuerzeugbenzin über dem Sand, bis er dunkel und gut getränkt ist. Nicht sparsam sein – später nachzuschütten ist schwierig und auch nicht sonderlich ratsam. Dann gebt ihr die Backpulver-Zucker-Mischung möglichst mittig hinzu. Ideal ist als Form für das Ganze ein umgekehrter Kegel. Schmalere Kegel erzeugen längere Schlangen – oder Hörner. Oder Drachenschwänze.

Ihr nehmt ein Streichholz und zündet das Benzin an. Jetzt gibt es kein Zurück mehr! Es dauert bis zu einer halben Stunde. Die Hitze setzt die Mischung in Brand. Eine Schlange (oder ein Widderhorn?) aus dicker, schwarzer Asche erhebt sich langsam aus der Schüssel und beginnt sich um sich selbst zu winden. Die Asche kann man unbesorgt anfassen, aber die Schüssel ist heiß, also passt auf, dass ihr euch nicht daran verbrennt.

Verschieden dicke Kegel der Mischung im Sand ergeben verschieden dicke Schlangen (oder Schwänze), achtet nur darauf, dass ihr das Verhältnis 1:4 beibehaltet, weil es damit wunderbar funktioniert.

Nach einer halben Stunde lässt das Blubbern nach. Die Schlange dürfte dann 45–60 cm lang sein und macht ganz schön Eindruck.

Wenn das Backpulver verbrennt, wird Kohlendioxid freigesetzt. Der brennende Zucker karamellisiert und bildet die Asche, die vom Backpulver in die Höhe getrieben wird. Wenn das Feuer ausgegangen ist, kann man die Schlange gewöhnlich in einem Stück anheben. Aber bringt sie bloß erst nach draußen, bevor euch die Lust überkommt, sie zu zerquetschen!

BERÜHMTE NOBELPREISTRÄGER

Es ist die berühmteste und wohl auch begehrteste Auszeichnung der Welt: Mit dem Nobelpreis werden Wissenschaftler, Forscher, Erfinder und Schriftsteller für herausragende Arbeit geehrt. Der Preis geht auf den schwedischen Erfinder und Industriellen Alfred Nobel (1833–1896) zurück. In seinem Testament verfügte er, mit seinem Vermögen eine Stiftung zu gründen. Das daraus zu verteilende Geld sollte nach dem Willen des Stifters in die Bereiche Medizin oder Physiologie, Physik, Chemie, Literatur und Arbeit für den Frieden gehen. Vier Jahre dauerte es, bis die Stiftung 1900 schließlich ins Leben gerufen wurde. Der Nobelpreis wurde dann zum ersten Mal 1901 verliehen und seither traditionell am 10. Dezember, dem Todestag Alfred Nobels. Ort der Verleihung ist Stockholm, nur der Friedensnobelpreis wird in Oslo überreicht. Seit 1968 gibt es außerdem den Alfred-Nobel-Gedächtnispreis für Wirtschaftswissenschaften, der 1969 das erste Mal vergeben wurde. Nobel selbst hätte übrigens auch gute Chancen auf eine Auszeichnung gehabt: Er ist der Erfinder des Dynamits.

WILHELM CONRAD RÖNTGEN

Über den ersten Nobelpreis für Physik durfte sich 1901 Wilhelm Conrad Röntgen (1845–1923) freuen. Dabei sah es zunächst nicht danach aus, dass aus dem jungen Wilhelm etwas Ordentliches werden würde: 1863 flog er von der Schule, weil er angeblich seinen Klassenlehrer als Karikatur gezeichnet hatte, und stand ohne Abitur da. Doch am Polytechnikum Zürich nahm man den jungen Mann auch ohne Reifezeugnis. Röntgen machte ein Diplom als Maschinenbauingenieur, dann folgte ein Aufbaustudium Physik. Damit hatte er seinen wahren Beruf gefunden. Am 8. November 1895 entdeckte er bei der Untersuchung der Leitung von Elektrizität in Gasen eine Strahlung, die das Innere eines Körpers sichtbar machen kann. Zunächst nannte er seine Entdeckung X-Strahlen – heute als Röntgenstrahlung bekannt.

BERTHA VON SUTTNER

Als erste Frau wurde 1905 die Österreicherin Bertha von Suttner (1843–1914) mit dem Friedensnobelpreis geehrt. Die gebürtige Gräfin Kinsky von Wchinitz und Tettau schrieb zunächst Unterhaltungsromane, bevor sie auch als Journalistin arbeitete und sich dabei immer mehr gegen Kriegshetze und für den Pazifismus engagierte. Auch für die Rechte der Frauen machte sie sich stark. Als ihr wichtigstes Werk gilt der Roman »Die Waffen nieder!«, in dem sie die Schrecken des Krieges aus der Sicht einer Frau schildert. Es wird sogar vermutet, dass der 1889 erschienene Roman, der großes Aufsehen erregte, Alfred Nobel überhaupt erst zur Einrichtung des Friedensnobelpreises anregte.

MARIE CURIE

Die polnische Physikerin und Chemikerin (1867–1934) war nicht nur die erste Frau, die den Nobelpreis erhielt, sondern wurde sogar zweimal ausgezeichnet und dann auch noch in verschiedenen Disziplinen. 1903 bekam sie gemeinsam mit ihrem Mann Pierre Curie den Nobelpreis für Physik für ihre Entdeckung der Radioaktivität. Den Nobelpreis für Chemie erhielt Marie Curie 1911 für die Entdeckung der chemischen Elemente Radium und Polonium. 1934 starb Marie Curie an einer Krankheit, die vermutlich auf ihren Kontakt mit radioaktiven Stoffen zurückzuführen war.

SELMA LAGERLÖF

»Die wunderbare Reise des kleinen Nils Holgersson mit den Wildgänsen« ist eines der beliebtesten Kinderbücher aller Zeiten. Dabei hatte die Schwedin Selma Lagerlöf (1858–1940), die zunächst als Lehrerin arbeitete, keineswegs nur Unterhaltung im Sinn: Nils Holgerssons Reise war als Schulbuch über ihr Heimatland gedacht. Ab 1897 widmete Lagerlöf sich nur noch dem Schreiben. Sie reiste kreuz und quer durch Europa, besuchte Ägypten und Palästina und setzte sich neben ihrer schriftstellerischen Tätigkeit für die Rechte der Frauen ein. 1909 erhielt die Autorin als erste Frau den Literaturnobelpreis, fünf Jahre später wurde sie das erste weibliche Mitglied der Schwedischen Akademie.

MAX PLANCK

Max Karl Ernst Ludwig Planck (1858–1947) gilt als der Begründer der Quantentheorie. Planck entdeckte die nach ihm benannte

Planck-Konstante (auch Planck'sches Wirkungsquantum genannt). Sie bezeichnet das Verhältnis von Energie und Frequenz eines Photons. Wer das kompliziert findet, kann sich damit trösten, dass auch der Physik-Professor Philipp von Jolly nicht immer den Durchblick hatte: Er riet dem Abiturienten Max Planck, bloß nicht Physik zu studieren, da auf diesem Gebiet keine großen Entdeckungen mehr zu machen seien. Glücklicherweise hörte Planck nicht auf ihn. Für seine Arbeit bekam er 1918 den Nobelpreis für Physik.

ALBERT EINSTEIN

Mit seiner Allgemeinen Relativitätstheorie wurde Albert Einstein (1879–1955) weltberühmt. Dass er dafür auch den Nobelpreis erhielt, ist allerdings ein weit verbreiteter Irrtum! Diese Auszeichnung wurde ihm 1922 für eine andere Arbeit überreicht: Einstein erklärte, dass Licht aus ganz kleinen Teilchen besteht, den Photonen. Von der Planck-Konstante ausgehend, untersuchte er die Grundbeziehung zwischen Licht und Materie. Seine Entdeckung des photoelektrischen Effekts bescherte dem Wissenschaftler schließlich den Preis.

FRIDTJOF NANSEN

Die richtige Berufsbezeichnung für Fridtjof Nansen (1861–1930) zu finden, ist gar nicht so einfach. Der Norweger war Zoologe, Neurohistologe (jemand, der sich mit der Wissenschaft vom Nervengewebe befasst), Polarforscher und Ozeanograf, also Meereskundler, und Diplomat. Nansen setzte sich aber auch für den Frieden und für die internationale Flüchtlingshilfe ein. Für diese Arbeit wurde er 1922 mit dem Friedensnobelpreis geehrt.

ALEXANDER FLEMING

Manchmal kann es von Vorteil sein, nicht gründlich aufzuräumen: 1928, gerade von einer Reise zurückgekehrt, stieß der schottische Mediziner und Bakteriologe Sir Alexander Fleming (1881–1955) in seinem Labor auf eine vergessene Petrischale, in der eigentlich Bakterien in einem Nährgel gezüchtet wurden. Nun war die Schale von einem Schimmelpilz überwuchert, der fast alle Bakterien abgetötet hatte. Fleming identifizierte das Pilzgift als natürliches Antibiotikum und gab ihm die Bezeichnung Penicillin. Erstaunlicherweise fand seine Entdeckung kaum Beachtung. Fleming widmete sich darum erst einmal anderen Projekten. Die Wissenschaftler Howard Florey und Ernst Chain führten unterdessen Flemings Arbeit fort. Alle drei erhielten schließlich 1945 für die Entdeckung und Erforschung des Penicillins 1945 den Nobelpreis für Medizin.

ALBERT SCHWEITZER

Ein Mann mit vielen Berufen: Albert Schweitzer (1875–1965) war evangelischer Pfarrer und Philosoph, hegte aber den Traum, als Missionsarzt in Afrika zu arbeiten. So fing er 1905 noch an, Medizin zu studieren. 1913 ging er nach Gabun und gründete das Hospital Lambaréné, das für ihn zum Lebensinhalt wurde. Neben seiner Arbeit als Arzt engagierte er sich gegen atomare Aufrüstung und Krieg. Außerdem veröffentlichte er zahlreiche theologische, philosophische und auch musikwissenschaftliche Bücher, denn Schweitzer war ein begnadeter Organist und Interpret der Werke von Johann Sebastian Bach. 1952 erhielt er den Friedensnobelpreis, den er 1954 entgegennahm.

JAN TINBERGEN

Als 1969 der Alfred-Nobel-Gedächtnispreis für Wirtschaftswissenschaften zum ersten Mal verliehen wurde, mussten ihn sich zwei Wissenschaftler teilen: der Niederländer Jan Tinbergen (1903–1994) und der Norweger Ragnar Frisch (1895–1973). Beide leisteten bahnbrechende Arbeit bei der Entwicklung von dynamischen Modellen, die zur Wirtschaftsanalyse dienen. Jan Tinbergen war übrigens nicht der Einzige in seiner Familie, der sich über einen Nobelpreis freuen durfte und ihn zugleich teilen musste: 1973 erhielt sein jüngerer Bruder Nikolaas die Auszeichnung gemeinsam mit Karl von Frisch und Konrad Lorenz für ihre Arbeiten auf dem Gebiet der Verhaltensforschung.

GODFREY HOUNSFIELD

Längst ist das Untersuchungsverfahren der Computertomografie aus der Medizin nicht mehr wegzudenken. Denn damit kann man das Körperinnere abbilden. Zu verdanken haben wir die Computertomografie dem britischen Elektrotechniker Godfrey Hounsfield (1919–2004). Er entwickelte den ersten mit Röntgenstrahlen arbeitenden Scanner und schließlich den ersten Computertomografen. Auf diesem Gebiet forschte zur gleichen Zeit auch der Physiker Allan Cormack (1924–1998). Für ihre Arbeit erhielten beide 1979 den Nobelpreis für Medizin.

STANLEY PRUSINER

Der Biochemiker und Neurologe Stanley Prusiner (geb. 1942) erhielt 1997 den Nobelpreis für Medizin oder Physiologie für seine Entdeckung von Prionen. Das sind Proteine, also Eiweiße, die sich wie schädliche Viren verhalten. Sie können Erkrankungen des Gehirns auslösen, darunter auch die sogenannte Creutzfeldt-Jakob-Krankheit. Mit seiner Erforschung dieser Proteine ermöglichte der US-Amerikaner neue Ansätze in der Behandlung.

SHIRIN EBADI

Die iranische Juristin und Menschenrechtlerin Shirin Ebadi (geb. 1947) ist die erste muslimische Frau, die mit dem Friedensnobelpreis geehrt wurde. 2003 erhielt sie die Auszeichnung für ihre mutigen Bemühungen um mehr Demokratie im Iran. Shirin Ebadi setzt sich ganz besonders für die Rechte von Frauen und Kindern ein. Dieses Engagement war jedoch den Behörden im Iran ein Dorn im Auge, Ebadi wurde in ihrer Heimat mehrfach verhaftet und unter Druck gesetzt. Seit 2009 lebt sie in Großbritannien im Exil.

BARACK OBAMA

Der 44. Präsident der Vereinigten Staaten von Amerika (geb. 1961) war noch kein Jahr im Amt, als ihm 2009 der Friedensnobelpreis verliehen wurde. In seiner Begründung hob das Nobel-Komitee Obamas Bemühungen um die internationale Diplomatie und die Zusammenarbeit zwischen den Völkern hervor. Eines der großen internationalen Ziele von Barack Obama war eine atomwaffenfreie Welt; auch dafür wurde ihm der Nobelpreis zuerkannt.

DAN SHECHTMAN

Bereits 1982 entdeckte der israelische Physiker Dan Shechtman (geb. 1941) unter seinem Elektronenmikroskop Kristalle mit seltsamen Strukturen, die es nach gängiger Lehrmeinung eigentlich gar nicht geben durfte. Niemand schenkte seiner Entdeckung damals Beachtung. Aber Shechtman ließ sich nicht entmutigen und forsche weiter. Gut dreißig Jahre später, 2011, erhielt er für seine Erkenntnisse schließlich den Chemienobelpreis. Die ungewöhnlichen Kristalle sind heute als Quasikristalle bekannt.

BOB DYLAN

Ein Musiker aus dem amerikanischen Bundesstaat Minnesota bekommt 2016 den Literaturnobelpreis. Ausgezeichnet wurde Robert Allan Zimmerman (geb. 1941), besser bekannt als Bob Dylan. Diese Entscheidung sorgte weltweit für überraschte Reaktionen. Dylan ist nicht nur Sänger, er spielt auch mehrere Instrumente, darunter Gitarre und Klavier. Vor allem aber ist er bekannt für seine lyrischen Liedtexte. Die überzeugten auch das Nobel-Komitee, das Dylan für seine »neuen poetischen Ausdrucksformen innerhalb der großen amerikanischen Songtradition« ehren wollte, wie es in der Begründung hieß. Dylan selbst zeigte sich gleichgültig gegenüber der Auszeichnung, zur Verleihung erschien er gar nicht. Erst im Frühjahr 2017 holte er sich den Preis ab – unter Ausschluss der Öffentlichkeit und weil er ohnehin gerade für ein Konzert in der Nähe war.

RICHARD THALER

Wie beeinflusst unsere seelische Verfassung unsere wirtschaftlichen Entscheidungen? Für seine Erforschung dieser Zusammenhänge erhielt der US-amerikanische Verhaltensökonom Richard Thaler (geb. 1945) 2017 den Nobelpreis für Wirtschaftswissenschaften. Thaler zeigte, dass Menschen meist nicht zu hundert Prozent vernünftig handeln, sondern sich auch in wirtschaftlichen Fragen oft von Gefühlen leiten lassen.

TASUKU HONJO

Der japanische Immunologe Tasuku Honjo (geb. 1942) erforscht neue Behandlungsmethoden in der Krebstherapie. Auch sein US-amerikanischer Kollege James Allison (geb. 1948) arbeitet auf diesem Gebiet. Beiden gelang unabhängig voneinander eine wichtige Entdeckung, die einen neuen Ansatz in der Behandlung von Tumorzellen verspricht. Dafür wurden die beiden Forscher 2018 mit dem Nobelpreis für Medizin ausgezeichnet.

OLGA TOKARCZUK

Die Polin Olga Tokarczuk (geb. 1962) erhielt 2019 den Literaturnobelpreis rückwirkend für das Jahr 2018. Damals hatte wegen eines Skandals innerhalb der Schwedischen Akademie keine Preisvergabe stattgefunden, das Komitee wurde sogar aufgelöst. Die Psychologin und Schriftstellerin Olga Tokarczuk konnte sich bereits vor dem Nobelpreis mehrfach über Auszeichnungen freuen. Vom neuen Nobel-Komitee wurde sie für ihre besondere erzählerische Vorstellungskraft gewürdigt.

ABIY AHMED

Jahrelang herrschte Krieg zwischen Äthiopien und dem Nachbarland Eritrea; auch nach Kriegsende kam es immer wieder zu blutigen Grenzkonflikten. Bis Äthiopiens Regierungschef Abiy Ahmed (geb. 1976) schaffte, was niemand für möglich gehalten hatte: Er schloss Frieden mit dem alten Erzfeind. Abiy trat auch schon in zahlreichen anderen Konflikten erfolgreich als Vermittler auf. In Äthiopien gilt er als Vorbild und Hoffnungsträger. 2019 wurde er für seine Verdienste mit dem Friedensnobelpreis ausgezeichnet.

EIN BRETTSPIEL BAUEN

Vielleicht hast du dich beim Spielen auch schon mal gefragt, wie schwer es wohl sein mag, sich ein Brettspiel wie Monopoly oder Cluedo auszudenken. Die Antwort ist ein bisschen wie Schach spielen: Der Anfang ist leicht, aber dann wird's schwer. Jeder kann ein Brettspiel erfinden. Entscheidend ist, ob du deine Familie oder Freunde dazu bringen kannst, die Regeln zu lernen und auch zu spielen. Bei Scrabble und Trivial Pursuit war das am Anfang bestimmt nicht anders, und die sind noch heute unheimlich populär. Trotz Smartphones und Egoshooter-Spielen scheint es noch ein paar Leute zu geben, die zusammensitzen und nur so zum Spaß beim Spielen ihre Kräfte messen. In diesem Kapitel möchten wir kein neues Schach, Go oder Dame erfinden. Wir konzentrieren uns auf moderne Brettspiele wie Spiel des Lebens, Mensch ärgere Dich nicht! oder Risiko.

DAS KONZEPT

Das Grundkonzept sollte einfach sein – auch das Leiterspiel hat seine Fans, dabei muss man in keiner Weise Taktik oder sonstige Finessen anwenden. Aber es ist ja auch schon zweitausend Jahre alt, vermutlich deshalb. Damals hatte man die Ereigniskarten noch nicht erfunden.

Beim Leiterspiel kommt es darauf an, ein bestimmtes Feld zu erreichen, während die Spieler bei Monopoly immer im Kreis um das Brett gehen, was mit zunehmender Spieldauer immer schwieriger, weil teurer wird – bis einem das Geld ausgeht. Wir mögen die zweite Art lieber, wo es nicht darum geht, das Ziel zu erreichen, sondern darum, möglichst viel Geld aus einem begrenzten Topf zu ergattern. Die meisten Spieler stehen drauf, wenn sie das Geld bündelweise in der Hand halten können!

Überleg dir etwas, von dem du denkst, es könnte deiner Familie oder deinen Freunden gefallen. Wichtig ist: Sobald du dich einmal dafür entschieden hast, dass das Spiel »Das Schloss der Ninja« heißen soll, werden die Ideen nur so sprießen. Kann man Ninja-Ausrüstung gewinnen? Ist die Grundidee die, verschiedene Levels zu erreichen? Braucht man einen Kampfmodus, wenn die Ninjas auf Wachen treffen? Bist du ein Attentäter, oder ist das zu düster für ein Brettspiel usw.? Nennst du es hingegen, sagen wir, »Poker Master«, dann musst du dir überlegen, wie man die verschiedenen Pokerblätter auf ein Brettspiel überträgt. Kann man setzen? Ist ein Spieler die Bank?

Du interessierst dich vielleicht immer schon für Orchideen, aber taugt dein Hobby auch als Vorlage für ein Brettspiel? Vermutlich nicht – obwohl … eine Orchideenjagd über ein Dschungelbrett hört sich eigentlich ziemlich cool an.

DAS SPIELGELD

Überleg dir, ob du Spielgeld einsetzt. Bei Monopoly kauft man damit Spielsteine (Häuser und Hotels), die den Mitspielern das Leben schwer machen. In deinem »Spiel der Orchideen« (tun wir jetzt einfach mal so) könnte es dazu dienen, seltene Blumensamen zu erwerben. Dann könnte man Aufzuchtsteine erwerben und sie miteinander kreuzen, um seltenere und teurere Orchideen zu erhalten. Ziel wäre es, so seltene Exemplare zu züchten, dass du es dir schließlich leisten kannst, auf dem »Land-

gut zur Orchidee« ein eigenes Treibhaus zu bauen.

So schnell der Anfang auch gemacht ist, es braucht noch einen Mechanismus, wie man die anderen Spieler benachteiligt. Im Orchideen-Beispiel könnte es möglich sein, Karten mit »Wurzelfäule« zu erwerben oder, noch besser, Spielsteine, die man wie Sprengfallen auf dem Brett verteilen und in entscheidenden Momenten gegen einen bestimmten Mitspieler einsetzen kann. (Der Angriff könnte weiter begrenzt werden durch Einsatz eines Würfels: Bei 1 und 2 ist der Angriff erfolgreich, 3 oder 4 bringen kein Ergebnis, 5 oder 6 fällt auf den Angreifer zurück. In diesem Fall betrüge die Erfolgsaussicht 1/3 oder 33,3 %. Lern Prozentrechnung – für derartige Dinge kann man sie echt gut gebrauchen!)

Spielgeld ist nicht nur Selbstzweck, sondern ein mögliches Mittel, um das Spiel zu beenden. Unabhängig vom Startkapital sollte man seinen Mitspielern Geld abluchsen – vielleicht am Ende jeder Runde ums Brett – und sich davon etwas Sinnvolles kaufen können. Vorbild ist das Monopoly-Haus, ein Spielstein, den man gewinnt oder erwirbt und der den Mitspielern so richtig schön den Tag verderben kann, wenn er oder sie drauftappt. In einem Ninja-Spiel könnten das zum Beispiel Krähenfüße sein, die du aus Büroklammern bastelst.

Ein Krähenfuß – bremst die Mitspieler

KATASTROPHEN
UND BELOHNUNGEN

Zu viel Zufall ist nicht gut. Die Leute mögen es, Taktiken zu entwickeln. Unsere Orchideen-Abenteuer-Idee bietet den Spielraum für zahlreiche Katastrophen – Dschungelspinnen, die übers Spielbrett gejagt werden usw., diverse Rutschen im Leiterspiel. Aber wenn es immer nur ums Spielfeld herumgeht (auch wenn es Abkürzungen durchs Dschungelinnere gibt, die ein Extrarisiko oder eine Belohnung darstellen), solltest du kleine Erfolge und Hindernisse ins Spiel einbauen. Nebenbei bemerkt, haben wir kürzlich von der unangenehm großen Kamelspinne erfahren, die man an Wüstenorten gefunden hat, die Jagd auf sich bewegende Schatten macht und vielleicht auch auf Menschen. Ein Soldat, den wir mal kennengelernt haben, hat erzählt, wie so eine Spinne derart zudringlich wurde, dass er sie mit seiner Pistole erschießen musste. Hört sich echt gut an: Ein Spinnenspielstein, der einen Spieler verfolgt – vielleicht erst ein paar Felder zurück, mit einer 50/50-Würfelchance, ob er einem bei jedem Zug näher kommt oder auf Abstand bleibt. Eine andere Möglichkeit wären aggressive Spielsteine auf bestimmten Feldern – Geister-Ninjas vielleicht, die sich vorbeilaufenden Spielern an die Fersen heften, wenn diese eine Sechs würfeln. Oder eine ungerade Zahl.

Klassischerweise steht auf dem Unglücksfeld eines Brettspiels etwas geschrieben – »Treibsand. Eine Runde aussetzen« oder ein Symbol, das einen auffordert, von einem Stapel eine Karte zu ziehen, auf der etwas Positives oder Negatives steht. Eine dritte Möglichkeit ist eine Karte oder ein Würfelwert, der einem Spieler erlaubt, einem Mitspieler etwas nach seiner Wahl wegzunehmen.

Im Spiel des Lebens beginnen die Spieler als Abiturienten und enden als Pensionäre. Es ist eine Variante des Leiterspiels, und die Spieler können auf gute und schlechte Felder tappen. Ursprünglich besaß das Spiel Felder für »Armut«, »Spielsucht« und »Ruin« sowie für »Universität«, »Wahrheit« und »Heirat« – ja, sogar ein »Selbstmord«-Feld gab es. Spaß für die ganze Familie eben.

SPIELFIGUREN

Ein professioneller Spielehersteller kann natürlich alle möglichen Formen aus Plastik oder Metall produzieren. Du könntest z. B. gefaltete Pappe für deine Spielsteine verwenden, aber lass dabei auf jeden Fall Sorgfalt walten. Je liebevoller du diese Dinge gestaltest, desto ernster nehmen andere dein Spiel. Hast du zum Beispiel eine

Mit Klebestreifen verbinden

Schleifmaschine zur Hand, könntest du verschiedene Teile aus Holz oder Metall oder was immer du findest bauen. Aber denk dran, die abgesägten Fingerspitzen in Eis zu packen oder sie in eine Tüte Tiefkühlerbsen zu stecken, ehe du dich ins Krankenhaus fahren lässt!

Die Spielfiguren müssen nicht alle gleich aussehen, es könnten auch Legofiguren mit unterschiedlichen Hüten sein. Geh in Trödelläden und such dir welche aus, dort kosten sie nicht viel. Oder du kaufst dort ein anderes Spiel und benutzt einfach dessen Figuren. Du brauchst mindestens vier für die Spieler, idealerweise sechs, dann hast du welche in Reserve.

DAS SPIELBRETT

Das Design des Spielbretts ist natürlich der Schlüssel zu allem. Beginnen alle Spieler am gleichen Ort oder jeder in seiner Ecke? Als wir den letzten Satz hingeschrieben hatten, kam uns sofort die Idee einer Verfolgungsjagd. Gibt es eine Belohnung, wenn man einen Mitspieler überholt, verliert man Orchideenwurzeln, wenn man überholt wird? Denk dir etwas aus, das passen könnte, und mach einen ersten Entwurf auf Schmierpapier.

Vorbereitung ist alles. Etwas zu erfinden, das wirklich funktioniert, ist wie ein Buch zu schreiben. Man muss es prüfen und ändern und irgendwann alles noch einmal von Anfang an überarbeiten. Keiner schafft es beim ersten Mal.

Die Gestalt des Spielbretts hängt von deinem Thema ab. Gibt es einen Pfad am Rand wie bei Monopoly, oder schlängeln sich die Wege übers ganze Brett wie beim Spiel des Lebens? Gibt es Felder, die einen an andere Orte katapultieren – in ein verborgenes Gefängnis, aus dem nur freikommt, wer eine 4, 5 oder 6 würfelt, oder zu unerwarteten Belohnungen? Auch wenn die Figuren außenrum laufen sollen, kannst du zusätzlich noch ein zentrales Kreuz einfügen wie bei Trivial Pursuit, sodass die Spieler nach Belieben außen bleiben oder ins Zentrum ziehen können. Man könnte den Zugang aber auch an eine besondere Augenzahl beim Würfeln koppeln.

Ein Beispiel: Unterwasserspiel, wo jeder Spieler in regelmäßigen Abständen ein Atemfeld erreichen muss, sonst ertrinkt er; könnte man »Oberflächenspannung« nennen. (Das gefällt uns noch besser als »Orchideen-Abenteuer«.) Man erreicht einen Siphon, aus dem man nur unbeschadet herauskommt, wenn man eine 1, 2, 3 oder 4 würfelt; mit einer 5 oder 6 wird man in einen Seitentunnel gespült und von einer starken Strömung mitgerissen.

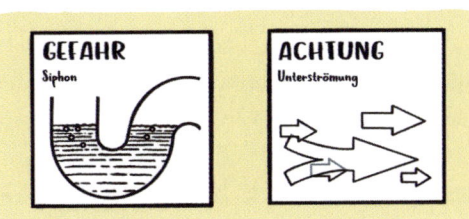

Die Ereignis- und Gemeinschaftskarten bei Monopoly (»Du hast den zweiten Preis in einem Schönheitswettbewerb gewonnen. Ziehe 40 € ein«) übernehmen in gewisser Weise die Funktion des Spielleiters in Dungeons & Dragons: »Vor dir siehst du eine dunkle Grube. Die Luft ist warm und bewegt sich, als würde dort etwas atmen …« Warum sollte ein Brettspiel nicht einen eigenen »Höhlenleiter«, »Orchideenleiter« oder was eben passt haben? Findet sich kein Spieler, der diese

Rolle übernehmen will, nimmt man eben geschriebene Karten. Achte darauf, dass die Kartentexte nicht zu lang sind, weil das den Spielfluss hemmen könnte. Man wartet gern, bis ein anderer endlich gezogen hat – vorausgesetzt, es dauert keine Ewigkeit.

TESTPHASE

Jetzt hast du also dein Thema – Unterwasserabenteuer oder Ninja-Orchideen. Vielleicht hast du dir ja schon das Papierschachtel-Kapitel in diesem Buch angeschaut und dreißig so vollkommene Würfel gebastelt, dass sie irgendeine Verwendung in deinem Spiel finden können, als Herausforderung oder um schneller voranzukommen. Oder du hast einige billige Kartenspiele ruiniert im Versuch, aussichtsreiche Pokerblätter zusammenzukleben. Du hast die Figuren designt und aus einem Ludo-Spiel, das du auf dem Flohmarkt gefunden hast, die Figuren genommen. Du hast Regeln für die Jagd auf Geister-Ninjas, feindliche Taucher oder viktorianische Orchideensammler aufgeschrieben, die dich um die Früchte deiner lebenslangen Mühen bringen wollen. Du hast entschieden, welcher Spieler gewonnen hat – der das meiste Geld angehäuft hat, der ein Ziel erreicht hat, ehe die Eieruhr klingelt, oder der das Oberhaupt eines verfeindeten Ninja-Clans besiegt hat.

Wenn du das alles erledigt hast, musst du einen Probelauf machen. Beim ersten Mal bleibt ihr besser unter euch, du und deine Familie oder du und deine Freunde, glaub uns. Wenn gleich beim ersten Mal Dritte dabei sind, stellen sie garantiert Fragen, an die du noch nicht gedacht hast, etwa: »Was passiert, wenn ich einfach all meine Orchideen-Karten bis zum Schluss aufhebe?« Dann versuchst du zu improvisieren, damit das Spiel weitergeht, aber das wird nicht richtig hinhauen. Deshalb: Plane alles sorgfältig.

Schreib die Regeln nieder. Fertige Brett, Figuren und alle Steine und Karten an, die ihr braucht. Spielt es mindestens einmal nur für euch durch. Wo nötig, passt du die Regeln an – möglicherweise hält es zu lange auf, wenn man nur mit einer 6 weiterdarf. Und lade für die echte Generalprobe Menschen ein, die dich gernhaben und mitmachen, weil du sie darum bittest.

Falls es gefällt und einen festen Platz bei euren Familienabenden findet oder Tante Emma dich bittet, ihr auch ein Exemplar zu basteln, weil es so einen Riesenspaß gemacht hat beim letzten Mal … dann überleg dir, ob du es nicht mal einem Spielehersteller schickst. Aber bitte nicht das ganze Ding! Mit einem Haufen Pappe und komischen Bildern von Orchideenwurzeln in der Post kann der wenig anfangen. Ruf vorher an und frag, wer für neue Spielideen zuständig ist. Schick nur ein Konzept des Spiels und die Regeln und dazu Fotos vom Brett und den möglichen Optionen. Jedes Brettspiel, das heute im Umlauf ist, ist irgendwann mal von jemandem erfunden worden. Warum nicht von dir?

GROSSE GESCHICHTEN
AUS DER VERGANGENHEIT

»Niemand würde die Geschichte vergessen,
wenn sie in Form von Geschichten unterrichtet würde.«

Rudyard Kipling,
Autor von »Das Dschungelbuch«

Wir neigen dazu, das menschliche Tun vergangener Zeiten in Begriffen von weitreichenden Umwälzungen und Kriegen zu denken. Doch Geschichte ist auch eine Ansammlung interessanter Einzelereignisse. Im Folgenden wollen wir in chronologischer Reihenfolge eine Auswahl erzählen, aber es gäbe noch jede Menge mehr. Diese Geschichten sind wahr, obwohl wir nicht mit Gewissheit sagen können, dass sich jedes Detail auch wirklich so zugetragen hat. Manchmal beruht eine Geschichte nur auf einer einzigen Quelle – und wir können ja nicht einfach in der Zeit zurückgehen und nachschauen, ob sie sich tatsächlich so abgespielt hat. Ein paar davon gehören zu dieser Art Geschichten, die wir erzählen, um ein Gefühl dafür zu bekommen, wer wir sind. So oder so werfen sie alle faszinierende Schlaglichter auf die Vergangenheit.

UM 660 V. CHR. LEBTE IN DER STADT LOCRI in Unteritalien ein griechischer Politiker namens Zaleukos. Der Legende nach hat er als erster Grieche Gesetze schriftlich festgehalten. Damals gab es nur sehr wenige, und die Strafen bei Verstößen waren sehr streng. Zum Beispiel drohte einem Mann, der bewaffnet das Ratsgebäude betrat, die Todesstrafe. Doch Zaleukos befürchtete, dass zukünftige Gesetzgeber seinem Kodex immer mehr Gesetze hinzufügen und dadurch die Freiheit einschränken und seine perfekte Schöpfung zunichtemachen würden.

So kam er auf die großartige Idee, dass jeder, der ein neues Gesetz vorschlug, dies mit einer Schlinge um den Hals tun müsse, damit er, wenn sein Vorschlag keine Mehrheit fände, sofort aufgeknüpft werden konnte. Angeblich wurden dreihundert Jahre lang keine neuen Gesetze angenommen. Leider lebte Zaleukos nicht so lange, um diesen Erfolg mitzuerleben. Eines Tages vergaß er nämlich, vor Betreten des Rates sein Schwert abzulegen, und als man ihn darauf hinwies, stürzte er sich augenblicklich in seine Waffe und starb.

IM JAHR 333 V. CHR. FÜHRTE ALEXANDER DER GROSSE seine Eroberungsarmee durch Anatolien, das heute in der Türkei liegt. Seine Männer trafen auf seltsame Kulte und Tempel, und manche Geschichte, die davon überliefert ist, fasziniert uns bis heute.

Eine der berühmtesten trug sich in Gordion zu, der Hauptstadt des alten Phrygien. Dort zeigte man Alexander den Streitwagen des Stadtgründers Gordios. Das Joch und die Deichsel des Wagens waren mit Seilen verbunden, die einen großen, unlösbaren Knoten bildeten. Dieser war so kunstvoll geknüpft, dass nirgendwo ein Seilende hervorschaute. Wie ein Bienenschwarm saß er als perfekter Ball auf dem Holzbalken. Man erzählte Alexander von einer alten Legende, wonach derjenige, dem es gelänge, den Knoten zu lösen, die Herrschaft über ganz Asien erringen werde. Da zog Alexander sein Schwert und hieb den Gordischen Knoten entzwei. Die folgenden Jahre sollten zeigen, dass die Prophezeiung sich erfüllte.

JULIUS CAESAR (100 – 44 v. Chr.) war ein Mann von erstaunlicher Intelligenz. Während seiner Laufbahn als Senator und natürlich Feldherr errang er Berühmtheit wegen seines originellen Denkens und seiner Listigkeit. Im Bürgerkrieg gegen seinen römischen Landsmann Gnaeus Pompeius zum Beispiel entwickelte Caesar eine einmalige Methode. Als sie beim ersten Mal klappte, war das vielleicht Zufall: Vor der Schlacht

gegen die verfeindeten römischen Legionen bot er den Legionären an, sie allesamt zu verschonen – sie also nicht dafür zu bestrafen, dass sie sich gegen ihn gestellt hatten –, wenn sie ihre Waffen niederlegten. Sie müssten nur ihr Wort geben, sich nie mehr gegen ihn zu wenden. Da sie wussten, dass sie römischen Veteranenlegionen gegenüberstanden, die vom größten Feldherrn dieser Zeit geführt wurden, stimmten sie zu und ergaben sich. Damals wurden entwaffnete Armeen eigentlich abgeschlachtet, doch Caesar hielt Wort und erlaubte ihnen, sich vom Schlachtfeld zu entfernen. Natürlich wagten es nur wenige Soldaten, zu Pompeius zurückzukehren, weil Abtrünnige normalerweise hingerichtet wurden.

Daraufhin schickte der wütende Pompeius weitere Legionen gegen Caesar ins Feld – doch die Nachricht hatte bereits die Runde gemacht. Wenn sie sich ergaben, würden sie verschont. Manche legten ihre Waffen schon nieder, ehe sie das Schlachtfeld erreichten. Und Julius Caesar verschonte sie

alle. Nur einmal griff er an, als er eine Legion erkannte, die ihm bereits gegenübergestanden und der er vergeben hatte – und selbst da begnadigte er die Überlebenden. Es war eine erstaunliche Taktik in einem Bürgerkrieg, und Pompeius fand darauf einfach keine Antwort. Stattdessen bestrafte er seine Männer immer härter, und das führte dazu, dass Pompeius in der Entscheidungsschlacht bei Pharsalos in Griechenland nur noch seine Kerntruppen zur Verfügung hatte, seine treuesten Gefolgsleute. Caesar bezwang ihn schließlich durch den geschickten Einsatz seiner Kavallerie.

Der geschlagene Pompeius floh nach Ägypten, wo er seine Kräfte sammeln und eine neue Armee um sich scharen wollte. Doch Caesar beschloss, seine Armeen zurückzulassen und ihm mit wenigen Schiffen zu folgen.

Als er in Alexandria ankam, präsentierten ihm die Höflinge des Pharaos zu seiner großen Überraschung einen Tontopf, in dem sich Pompeius' Kopf und sein Ring befanden. Die Ägypter hatten sich seine Geschichte angehört und beschlossen, dass sie keine Legionen in ihrem Land haben wollten – und ihn kurzerhand ermordet. Als Julius Caesar in die Urne sah und das schmachvolle Ende seines großen römischen Widersachers gewahrte, vergoss er viele Tränen.

IM JAHR 1016 WURDE ENGLAND VON KNUT DEM GROSSEN erobert. Knut war ein dänischer Prinz und als Sohn von Sven Gabelbart und Enkel von Harald Blauzahn vermutlich der dänischste Prinz aller Zeiten. Er und sein Vater Sven fielen 1013 in England ein und vertrieben König Æthelred. Als Sven kurz darauf starb, folgte sein Sohn ihm als König von Dänemark. Knut wurde auch

in England zum König ausgerufen – ein Aufstieg, der für den englischen Rat ein bisschen zu plötzlich kam. Æthelred wurde wieder auf den Thron berufen und vertrieb Knut. 1015 kehrte dieser mit einer großen Streitmacht zurück. Æthelred war schon zu krank, um selbst zu kämpfen, und schickte seinen Sohn Edmund Eisenseite in den Kampf, wahrlich kein Schwächling. Es folgte ein brutaler Krieg, der über ein Jahr dauerte und in dessen Verlauf Knut London belagerte und Northumbria besetzte. Æthelred starb 1016, und nur sieben Monate später folgte ihm Edmund Eisenseite. Fortan regierte Knut zwanzig Jahre lang unangefochten über England. Berühmt wurde er für seine Weisheit und Intelligenz. Deshalb erscheint auch die eine Version der nun folgenden berühmten Ge-

schichte, wie Knut einmal die Flut aufhalten wollte, plausibler als die andere.

Die ursprüngliche Geschichte geht so: Knut, überwältigt von der eigenen Macht, ließ einen Thron am Strand aufstellen und befahl der Flut zurückzuweichen. Die Flut missachtete seinen Befehl, und er wurde sehr nass.

Vor einigen Jahrzehnten wurde eine zweite Version der Geschichte populär: Demnach hätten Knuts Höflinge ihm geschmeichelt, seine Macht sei so groß, dass selbst die Flut auf seinen Befehl hin weichen würde. Um ihnen zu zeigen, was er davon hielt, ließ Knut einen Thron am Strand aufbauen und befahl der Flut, sich zurückzuziehen. Sie lief trotzdem auf, und er hatte den Höflingen eine Lektion erteilt, wo die Grenzen seiner Macht lagen – und was er über schleimige Schmeichler dachte.

Aus dem wenigen, das wir über Knut wissen, geht hervor, dass er ein tatkräftiger und intelligenter Mann war. Deshalb dürfte die zweite Version der Geschichte die wahrscheinlichere sein. Doch sie zeigt auch, was das Problem mit solchen Geschichten aus der Vergangenheit ist. Wer nicht alle Details kennt, läuft Gefahr, sie falsch zu verstehen. Trotzdem zeigen solche Geschichten, wer wir sind – sie bestätigen unsere Werte. Wir mögen Schlauheit und Mut. Wir verabscheuen Prahlerei und Feigheit. Unsere Geschichten verraten etwas über uns und erhalten dadurch ihre Bedeutung. Ein seriöser Historiker würde wohl sagen: »Mensch, Knut hat doch gar nicht wirklich versucht, die Flut aufzuhalten.« In diesem Fall ist die Alternative aber genauso interessant wie das Original. Und wenn so eine Herangehensweise bedeuten würde, dass eine Geschichte nicht mehr

erzählt wird, wäre das ein schmerzlicher Verlust. Geschichten wohnt eine große Kraft inne.

EDUARD III. WAR EINER DER GRÖSSTEN KÖNIGE, die England je hatte. Er regierte fünfzig Jahre lang – von 1327 bis 1377 –, eine erstaunliche Zeitspanne für einen Mann, der im 14. Jahrhundert lebte. Unter seinen Nachfahren finden sich Schlachtenkönige wie Heinrich V. und die großen Königshäuser York und Lancaster. Eduard bewies nicht nur persönlichen Mut in den siegreichen Schlachten gegen Frankreich wie bei Crécy und Sluis, sondern stiftete auch einen der ältesten und prestigeträchtigsten Ritterorden der Welt.

Das Wort »Ritterlichkeit« bezeichnet einen Verhaltenskodex für die berittenen, gerüsteten Krieger des Mittelalters. Die zentralen Ideen waren Selbstbeherrschung und Zurückhaltung der Starken – das Gegenteil des grausamen Tyrannen oder Schurken. Auf heutige Verhältnisse übertragen, würde das Wort einen Mann beschreiben, der einer Frau zu Hilfe eilt. Dann sagt man: »Das war ritterlich von dir«, oder: »Es gibt ja noch Ritterlichkeit.« Wenn eine Frau einem Mann hilft, wird das Wort nicht benutzt.

Zurück zu Eduard. 1348 hatte er zahlreiche Schlachten gewonnen und befand sich auf dem Höhepunkt seiner Macht. Beim Tanz mit der jungen Komtess Salisbury während eines Balls verlor diese ihr Strumpfband, das nun – wie peinlich! – für alle ersichtlich auf dem Tanzboden lag. Ein Strumpfband war seinerzeit nicht elastisch, sondern bestand aus Stoffstreifen, die man sich um die Beine band, um die Strümpfe zu halten. Klar, dass sie sich ziemlich häufig selbstständig machten. Jedenfalls bot das Missgeschick der Komtess den anwesenden Rittern und Edelleuten Anlass zu Gelächter und derben Kommentaren, was die Peinlichkeit für die Dame noch vergrößerte. Eduard befreite sie aus der misslichen Lage, indem er das Strumpfband aufhob und sich um das eigene Bein band. Dazu rief er in der damaligen Hofsprache Französisch den berühmten Spruch: *»Honi soit qui mal y pense«* – »Ein Schelm, der Böses dabei denkt« (damals war Schelm allerdings noch die Bezeichnung für einen echten Gauner). Mit anderen Worten: Schäm dich, dass du das Schlimmste annimmst. Dieser Ausspruch wurde zum Motto des Hosenbandordens und ist es noch heute.

Am Anfang des Ordens standen ein Fest und ein Turnier. Die ersten Mitglieder waren der König und sein Sohn, der Prince of Wales, sowie zwölf Mitglieder oder »Knights Companions«. Daneben wurden sechsundzwanzig »Poor Companions« ernannt, die für die Knights Companions beten sollten. In den folgenden Jahrhunderten wurde der Name in »Military Knights of Windsor« geändert – es waren verarmte Veteranen, die im Tausch für Gebete Kost und Logis bekamen. Im 18. und 19. Jahrhundert wurde die Zahl der Mitglieder um weitere Angehörige der königlichen Familie sowie »Stranger Knights«, bei denen es sich gewöhnlich um die Staatsoberhäupter anderer Länder handelte, erweitert, die als Ehrenmitglieder aufgenommen wurden. Im Zweiten Weltkrieg wurde das Wappen des japanischen Kaisers Hirohito in der St. George's Chapel in Windsor abgenommen. Die Ordensträger des Hosenbandordens werden von der englischen Königin ernannt. Fortan dürfen sie das Kürzel »KG« (Knight of the Garter) hinter ihrem Namen tragen und werden von der Königin zum Ritter geschlagen. Der Hosenbandorden ist der höchste britische zivile Orden. Ihn verliehen zu bekommen ist eine große Ehre.

EINE
STINKBOMBE BAUEN

Klassische Stinkbomben sind legendär (auch Bart Simpson hatte mal mit einer zu tun) und dürfen in keinem Scherzartikel-Laden fehlen, der so was verkauft wie Plastikfliegen in Würfelzucker, Kaugummi, das bei Berührung wegspringt, und, natürlich, falsche Hundekacke. (Letztere führte im Warrender Park einmal zu einem Missverständnis, das in einem gegenseitigen Bewürfnis mit echter Hundekacke endete. Wir wundern uns heute noch, dass keiner der Beteiligten ernstlich krank wurde.)

WARNUNG: Wie für alle Chemikalien gilt auch hier: Nicht in die Augen reiben und nicht schlucken! Und einander nicht mit Hundehaufen bewerfen …

Früher hielten unsere Eltern Zwerghühner in einer Garage. (Irgendwann war die Garage so mit Hühnerkot verkrustet, dass sich ein industrieller Guanoabbau gelohnt hätte.) Die Hühner legten ihre Eier gern so versteckt, dass wir nicht immer alle fanden. Einmal war uns ein ganzes Gelege durchgegangen und verfault. Einer der Autoren beging den Fehler, eins der Eier aus besagtem Gelege gegen die Garagenwand zu werfen, mit dem Resultat, dass wir die Garage für den Rest des Jahres nicht mehr betreten konnten. Dieser Geruch war das Schlimmste, was wir je gerochen haben. Faule Eier sind echt die Härte.

Die klassische Stinkbombe aus dem Scherzartikelladen riecht unverkennbar nach Schwefelwasserstoff und nicht nach faulen Eiern – das behaupten nur die Leute, die noch nie echte faule Eier gerochen haben. Vernünftige Stinkbomben lassen sich kinderleicht aus zwei Zutaten herstellen: Überallzündhölzer und Salmiakgeist. Der Schwefel in den Hölzern reagiert mit dem Ammoniak im Salmiakgeist. Das Resultat ist beißend und extrem unangenehm. Es ist nicht genau der Geruch von Schwefelwasserstoff, aber für selbst gemachtes Zeug kommt es dem schon ziemlich nah.

Schneide die roten Köpfe einer ganzen Streichholzschachtel ab – mit einem Messer abkratzen geht auch. Füll die Köpfchen in eine leere Plastikflasche und gib zwei bis drei Esslöffel Salmiakgeist dazu. Bleichmittel besser nicht, weil das oft Chlor enthält. Schüttele die Flasche und stell sie auf den Kopf. Obwohl man das Ammoniumsulfid schon nach wenigen Minuten riechen kann, lässt du die Flasche am besten noch mindestens einen Tag stehen.

Einmal gerochen – unvergesslich. Viel Vergnügen!

GRIECHISCHE
und
RÖMISCHE GÖTTER

Die antike Welt bestand vom Anbeginn der griechisch-römischen Kultur bis zum Fall des Weströmischen Reiches vor etwas mehr als 1.500 Jahren. Konstantin, der erste christliche Kaiser, förderte die Verbreitung des Christentums in Europa. Am Bosporus errichtete er auf den Mauern der antiken griechischen Festung Byzantium eine neue Stadt, der er seinen Namen gab und die die zweite, östliche Hauptstadt der Römischen Reiches sein sollte. Dieses Konstantinopel bildete den Hort des griechischen und römischen Denkens, bis die Osmanen es 1453 eroberten (seitdem heißt es Istanbul). Die bedeutendsten philosophischen Werke wurden heimlich nach Italien gebracht, wo sie zu der Explosion von Kunst, Erfindungen und Philosophie beitrugen, die als »Renaissance« bekannt wurde, das bedeutet »Wiedergeburt«. Der Einfluss des antiken griechischen Denkens auf die europäische Geisteswelt ist unermesslich.

Vor Alexander dem Großen waren die griechischen Städte hauptsächlich damit beschäftigt, sich gegenseitig zu bekriegen. Rund hundertfünfzig dieser Stadtstaaten gab es, die berühmtesten waren Athen, Sparta, Theben und Korinth. Sie besaßen Kolonien in Süditalien, Marseille in Gallien sowie einige Städte in Thrakien, dem heutigen Bulgarien. Doch ihr »Reich« bestand hauptsächlich aus den Inseln und Küstenstädten Griechenlands, der Ägäis und Kleinasiens. Alle vier Jahre kamen Griechen in Olympia zusammen und maßen sich im Laufen, Springen, Ringen und Werfen von Speer und Diskus – alles Wettbewerbe mit kriegerischem Hintergrund. Die Sieger wurden mit Kränzen aus Olivenzweigen gekrönt. Alexander der Große unterwarf die griechischen Stadtstaaten und verbreitete die griechische Sprache in vielen anderen Ländern bis hin nach Ägypten, das er 332 v. Chr. eroberte. Das Neue Testament der Bibel wurde auf

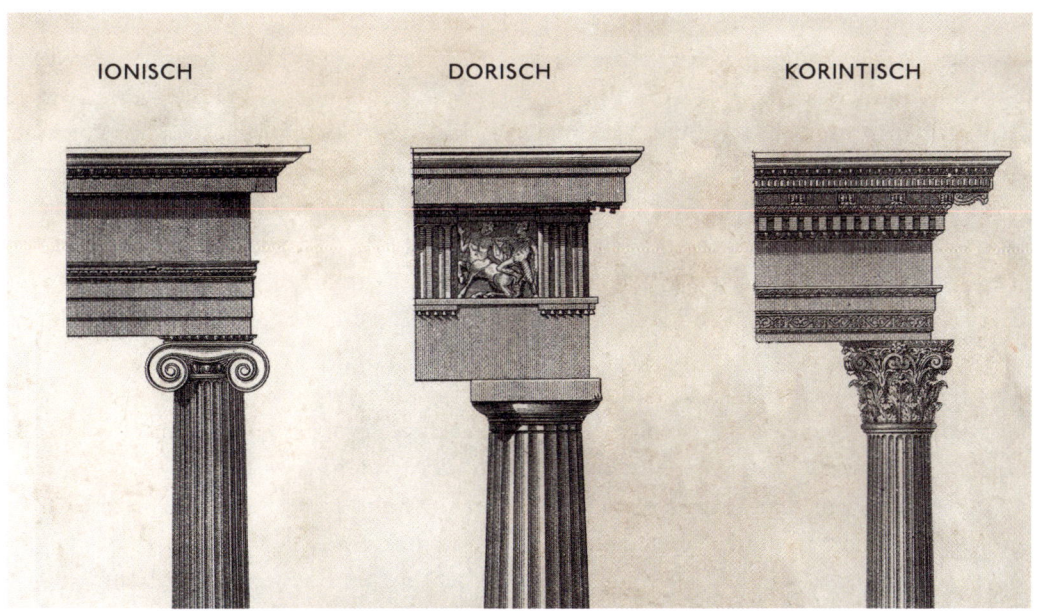

IONISCH   DORISCH   KORINTISCH

Griechisch verfasst, weil die Sprache zu jener Zeit so weit verbreitet war.

Nach Alexanders Tod nahm sein General Ptolemaios Ägypten zum Lehen und wurde dort Pharao. (Seine Nachkommin Kleopatra, die immer noch Griechisch sprach, sollte ein Kind zur Welt bringen, das sie Julius Caesar Ptolemaios Caesarion nannte. Leider überlebte es die römischen Kriege nicht.)

Die gegenseitige Beeinflussung der Kulturen zieht sich durch die Geschichte wie ein roter Faden. Die Römer eroberten Griechenland zwar mit ihren Legionen, doch sie bewunderten die griechische Kultur über alle Maßen. Das sieht man an den Säulen im antiken Griechenland, Rom und Britannien, deren moderne Versionen heute selbst in Amerika und Australien stehen.

Der älteste Säulenstil ist der schlichteste, der »dorische«, der sich sowohl am Parthenon in Athen findet als auch am Lincoln Memorial in den USA. Die Säulen des Jefferson Me-

morial sind im »ionischen« Stil gestaltet. Die Römer wiederum hatten eine Vorliebe für den »korinthischen« Stil wie am Pantheon in Rom. Heute findet dieser Stil sich an den Säulen der St.-Pauls-Kathedrale in London. Die besonders aufwendigen Kapitele der korinthischen Säulen zieren Akanthusblätter, die im antiken Griechenland für Unsterblichkeit standen, was ja ganz gut passt.

Natürlich hatten die Römer auch schon Götter, bevor sie auf die Griechen trafen. Allerdings verschmolzen sie dann ihre mit den entsprechenden griechischen Gottheiten. Die römische Göttin Venus zum Beispiel war die Patronin der Fruchtbarkeit. Junge Frauen, die sich ein Kind wünschten, beteten zu ihr. Die griechische Göttin Aphrodite wurde mehr mit Liebe verbunden. Mit der Zeit wurden die beiden zwei Gesichter derselben Idee. Die Römer waren für Einflüsse von außen immer offen. Wenn sie in eine fremde Stadt kamen, in der ein Gott oder eine Göttin verehrt wurde, die ihnen noch nicht begegnet war, reagierten sie mit Neugier. Die griechische Kultur war enorm erfolgreich. Wer weiß, ob dieser Erfolg nicht zum Teil auf ihren Göttern beruhte? Ganz ähnlich übernahm Rom auch Aspekte anderer Kulturen wie die etruskische Göttin »Menrva«, die bei ihnen zu Minerva wurde.

Das griechische Pantheon kennt zwölf bedeutende Götter und Göttinnen. Wie der frühe griechische Dichter Hesiod berichtet, stammten sie von einer mächtigen älteren Gruppe ab, den zwölf Titanen, die wiederum die Kinder von Gaia (der Erde) und Uranus (dem Himmel – der Planet Uranus trägt seinen Namen) waren. Gut möglich, dass Hesiod die Titanen aus Gründen der Symmetrie erfunden hat. Einige von ihnen sind interessant, deshalb haben wir sie hier aufgenommen.

Die zwölf Hauptgötter wohnten der Legende nach auf dem Olymp. Außen vor blieb Hades, den die Römer als Pluto kannten. Er bewohnte die Unterwelt – eine graue Hölle, bewacht von einem Fluss und dem dreiköpfigen Hund Kerberos.

Alle anderen Geschichten handeln gewöhnlich von einem Kind eines der zwölf.

Pan zum Beispiel, der Flöte spielende Sohn von Hermes, war halb Mensch, halb Ziegenbock. Persephone, Tochter von Demeter, wurde von Hades in die Unterwelt entführt und musste gerettet werden. Aeneas, Aphrodites Sohn, war Vorfahr von Romulus und Remus, den legendären Zwillingen und Gründervätern Roms.

Manche Götter mögen auf historische Personen zurückgehen, alte Könige oder Helden, deren Taten in den mündlich weitergegebenen Legenden überhöht und schließlich mit übernatürlichen Kräften erklärt wurden. Selbst wenn Herakles nie ein stattlicher junger Krieger war, der mit seinem Riesenhund über die griechischen Marktplätze wanderte, selbst wenn er nicht mehr war als eine reine Fantasie von Entschlossenheit und Stärke, sagt seine Geschichte – wie alle anderen auch – etwas über uns selbst aus. Allein deshalb sollte man sie kennen, zumal die griechisch-römische Kultur noch immer die heutige Sprache, Geschichte und sogar die Architektur beeinflusst – so wie wir diejenigen beeinflussen werden, die in zweitausend Jahren auf uns zurückschauen.

DIE TITANEN

BRÜDER	SCHWESTERN
Oceanus, Coeus, Crius, Hyperion, Iapetus	*Themis, Tethys, Phoebe, Theia*
CRONOS – *eine düstere, furchteinflößende Gestalt. Er besiegte seinen Vater Uranus und zeugte selbst sechs Kinder: Zeus, Hades, Poseidon, Hera, Hestia und Demeter.* *Die Römer nannten Cronos Saturn – und akzeptierten ihn als Vater des Jupiter/Zeus.* *Der englische Wochentag Saturday (Tag des Saturn) und ein Planet sind nach Saturn benannt.*	RHEA – *Gattin des Chronos, Mutter von Zeus, Hades, Poseidon, Hera, Hestia und Demeter.*
	MNEMOSYNE – *Göttin der Erinnerung. Ihr Name hat dieselbe Wurzel wie »Mnemonik«, eine Technik, um sich Fakten zu merken, zum Beispiel »Drei, drei, drei, bei Issos Keilerei«.*

Nach der Entmannung des Uranus wurde Chronos selbst von seinen Kindern, allen voran Zeus, entmachtet. Wohlüberlegter Anschauungsunterricht über den Aufstieg und Fall großer Reiche.

DIE ZWÖLF OLYMPISCHEN GÖTTER – UND IHRE RÖMISCHEN ENTSPRECHUNGEN

GRIECHISCH	RÖMISCH
APHRODITE – *Göttin der Liebe.*	VENUS – *Göttin der Fruchtbarkeit/Liebe.*
APOLLON – *Gott der Sonne, Musik, Heilkunst.*	APOLLO – *Gott der Sonne, Dichtkunst, Weissagung.*
ARES – *Gott des Krieges.*	MARS – *Gott des Krieges (zusammen mit Bellona, seinem weiblichen Pendant).*
ARTEMIS – *Göttin der Keuschheit, der Jagd und des Mondes.*	DIANA – *Göttin der Jagd und Jungfräulichkeit; ursprünglich von Artemis getrennt, verschwammen beide mit der Zeit immer mehr zu einer Figur.*

ATHENE – *Göttin der Weisheit und des Krieges. Gründerin von Athen.*	**MINERVA** – *Göttin der Weisheit (beeinflusst von der etruskischen Göttin Menrva).*
DEMETER – *Göttin der Fruchtbarkeit und Ernte.*	**CERES** – *Göttin der Ernte, von deren Namen sich das Wort »Cerealien« ableitet (das würde dieser furchteinflößenden Göttin sicher gefallen).*
DIONYSOS – *Gott des Weins, der Verzückung und der Ekstase (»ex-histasthai« – aus sich heraustreten).*	**BACCHUS** – *Gott des Weins, der Freude und der Raserei. Wein wurde in Griechenland wie in Rom verehrt und gefürchtet.*
HEPHAISTOS – *Gott des Feuers, Schutzgott der Schmiede. Erschaffer der himmlischen Waffen und Rüstungen.*	**VULCANUS** – *Gott des Feuers, der Schmiede, Metalle und Vulkane. Stellt Wunderwaffen her.*
HERA – *Königin der Götter. Göttin der Heirat und Geburt. Schwester und Gemahlin des Zeus.*	**JUNO** – *Königin der Götter. Göttin der Heirat und Geburt. Schwester und Gemahlin des Jupiter.*
HERMES – *Gott des Handels, der Diebe und Athleten. Götterbote.*	**MERKUR** – *Gott des Handels und der Reisenden. Götterbote. Flink und geschickt. Der sonnennächste Planet ist nach ihm benannt.*
POSEIDON – *Gott des Meeres, der Seeleute und der Stürme. Für ein Seefahrervolk wie die Griechen war es nützlich, sich im Sturm Hilfe von einem spezialisierten Gott erflehen zu können.*	**NEPTUN** – *Gott des Meeres und Patron der Seeleute. Auch die Römer fürchteten sich vor den dunklen Fluten des Meeres, weshalb sich die meisten Schiffe nah der Küste hielten.*
ZEUS – *Göttervater. Gatte der Hera. Notorisch untreu; die Hälfte aller griechischen Sagen scheint damit zu beginnen, dass Zeus einem jungen Mädchen nachstellt und einen Halbgott zeugt. Bestes Beispiel: Herakles.*	**JUPITER** – *oberste Gottheit der Römer. Gatte von Juno.*

BALLONHUND
und
BALLONSCHWERT

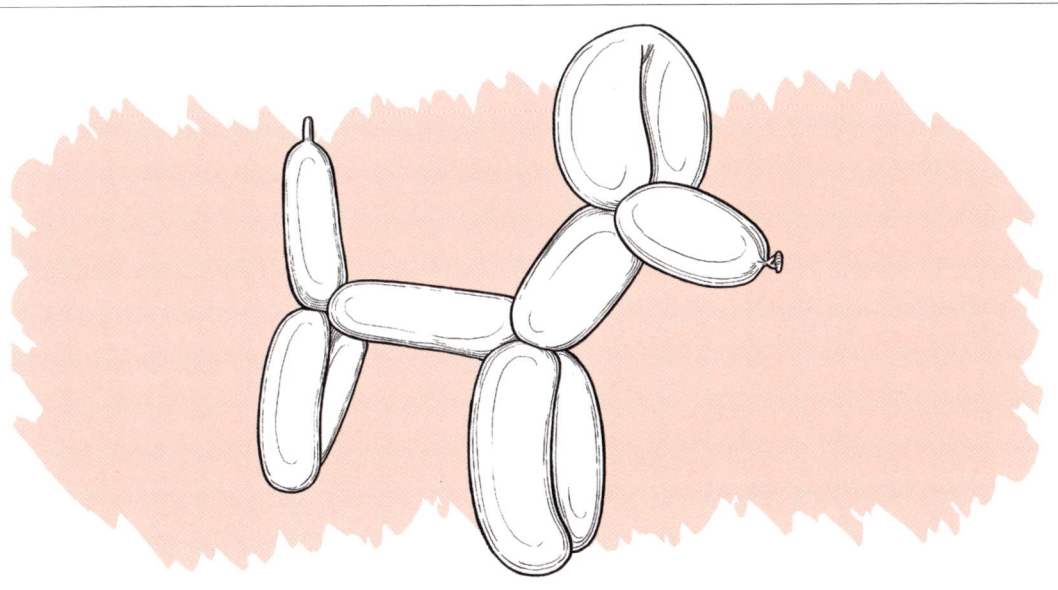

Nicht besonders schwer, aber wir denken, jeder Junge sollte das können, schließlich wird ein Junge irgendwann mal Vater und Großvater sein. Außerdem machen Ballontiere echt Spaß.

Man braucht dafür lange, dünne Luftballons. »Modellierballons« eignen sich am besten, obwohl sie schwerer aufzublasen sind als andere. Wir haben uns 15 Stück für ein paar Euro gekauft und uns fast die Lunge aus dem Hals gepustet. Schleierhaft, wie Großeltern das anstellen sollen, ohne in der Notaufnahme zu landen. Am besten kauft man also gleich eine Handpumpe dazu. Hier stellen wir die beiden klassischen Formen vor, »Hund« und »Schwert«. Die Giraffe ist auch beliebt, aber eigentlich handelt es sich dabei nur um einen Hund mit langem Hals.

DER HUND

Blas den Ballon auf und mach einen Knoten ins Ende. Als Erstes kommen Nase und Ohren dran. Die dazu erforderlichen drei gleich großen Blasen erhältst du, indem du den Ballon hinter jeder Blase jeweils ein paarmal drehst. Manchmal platzen die Ballons natürlich, aber im Allgemeinen halten sie das Modellieren ohne Weiteres aus. Die erste Blase (mit dem Aufblasloch) soll die Nase sein, die beiden anderen werden damit verdreht und sind die Ohren. Keine Angst: Es ist viel leichter getan als beschrieben!

Jetzt kommt der Hals dran und dann die Vorderbeine, für die wie bei den Ohren wieder zwei gleich lange Blasen so oft verdreht werden, dass sie halten. Die Stellung ist erst mal nicht so wichtig, die kann man jederzeit korrigieren. Die nächste Blase ist etwas länger und bildet den Rumpf, dann kommen wieder zwei gleich lange Blasen für die Hinterbeine. Was übrigbleibt, wird zum Schwanz.

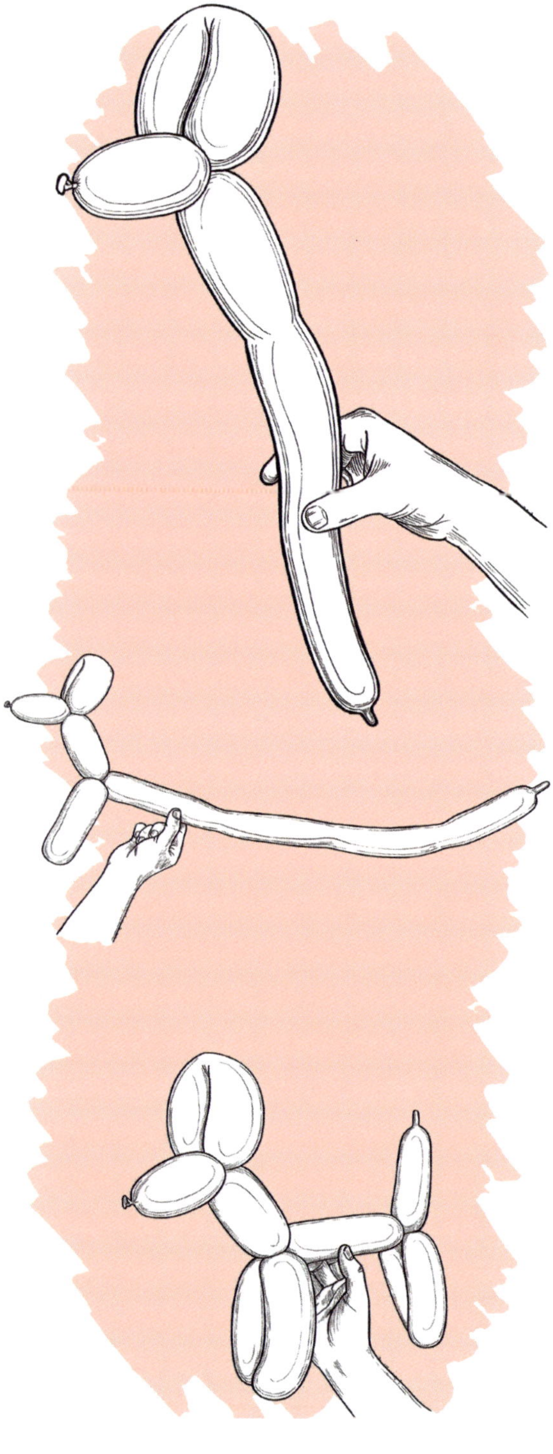

DAS SCHWERT

Ein Ballonschwert wird genauso gedreht, ist aber viel einfacher. Wähle ein Ende als Griff und verdreh den Ballon zweimal, wie bei den Beinen und Ohren des Hundes. Auf der anderen Seite noch mal zwei Blasen drehen – fertig ist der Schwertgriff. Der Rest, der übrig bleibt, stellt die Klinge dar. Das Ganze dauert nur wenige Sekunden und wird auch von kleinen Kindern spielend leicht bewerkstelligt – nur pass auf, dass keinem beim Aufblasen eine Ader platzt. Eine Handpumpe bringt's echt, denk dran!

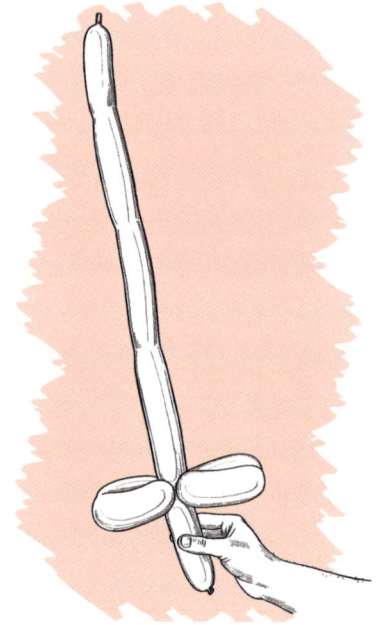

MATHERÄTSEL I

Zu unserer großen Freude hat sich das britische Mathe-Ass Johnny Ball bereit erklärt, für dieses Buch eine Reihe von Matherätseln beizusteuern. Wir legen sie dir unbedingt ans Herz. Die Lösungen findest du am Ende des Kapitels, aber versuch es erst einmal ohne. Manche sind Klassiker, die du vielleicht schon kennst; andere dürften völlig neu für dich sein.

MATHE MAL ANDERS

Manchmal frage ich mich, warum wir immer an denselben Worten für bestimmte Dinge festhalten, obwohl wir mit ein wenig Fantasie Worte finden könnten, die viel lustiger sind. Als er drei war, sagte mein Sohn Nick zu dem Ding, das den Regen abhält, »Untersteller«. Großartig! Das Wort beschreibt perfekt, wie man dieses Ding benutzt. Ich sag das jetzt immer zu diesem – wie hieß das früher noch mal?

Ich liebe Rätselspiele, aber manchmal gehen sie mir ganz schön auf den Wecker und ich würde sie am liebsten in die Ecke schmeißen, weil sie so knifflig sind und man manchmal richtig lange daran zu knacken hat. Aber lass dich nie davon entmutigen, dass ein Rätsel zu schwer erscheint! Rätsel wollen uns etwas beibringen, dafür wurden sie erfunden. Sich mit Rätseln zu beschäftigen ist wie ein Crashkurs in Mathematik, und alles, was Mathe leichter macht, ist eine richtig gute Sache.

Wenn du erst mal die Lösung verstehst, bist du besser für alles Mögliche gewappnet und kannst ein bisschen besser denken. Wenn du das nächste Mal auf ein ähnliches Problem stößt, kommt deine Erfahrung ins Spiel, und ein Spiel ist schöner als Arbeit, also geh deine Arbeit immer wie ein Spiel an, okay?

Im Folgenden stelle ich dir Rätsel vor, von denen es einige schon sehr, sehr lange gibt. Für mich sind sie wie alte Freunde. Hoffentlich magst du sie. Viel Spaß!

① WIE ALT WAR DIOPHANTOS?

Diophantos lebte um 50 n. Chr. in Alexandria, vielleicht aber auch 200 Jahre später, das weiß man nicht so genau. Dafür wissen wir – oder glauben es zumindest zu wissen –, wie alt er geworden ist, und zwar wegen einer Grabinschrift, die ihn überlebt hat und folgendes Rätselgedicht enthält:

Hier dies Grabmal deckt Diophantos. Schaut das Wunder! Durch des Entschlafenen Kunst lehret dich sein Alter der Stein. Knabe zu sein, gewährte ihm Gott ein Sechstel seines Lebens; fügte das Zwölftel hinzu, ließ er ihm sprossen die Wang; dazu ein Siebentel noch, da schloss er das Bündnis der Ehe, nach fünf Jahren entsprang aus dieser Verbindung ein Sohn. Wehe, das Kind, das viel geliebte! Halb hatt' es des Vaters Alter erreicht, da nahm's

Hades, der schaurige, auf. Noch vier Jahre den Schmerz durch Kunde der Zahlen besänft'gend, langte am Ziele des Seins endlich er selber auch an.

Na, wie alt wurde Diophantos?

② WAHRHEIT ODER LÜGE?

Indiana Smith hatte sich verirrt und kam an eine Weggabelung, wo er auf zwei Männer traf, die dort picknickten und die er nach dem richtigen Weg fragen wollte. Eine unglaubliche Eingebung sagte ihm, dass einer der beiden stets die Wahrheit sagte und der andere immer log. Welcher die Wahrheit sagte und welcher log, sagte ihm die Eingebung leider nicht.

Also überlegte er sich eine Frage, die er beiden stellte, und auch wenn die Antworten ihm immer noch nicht verrieten, wer der Lügner war, erfuhr er doch, welchen Weg er gehen musste.

Wie lautete die Frage?

③ MIT EINEM WOLF, EINER ZIEGE UND EINEM KOHL ÜBER DEN FLUSS SETZEN

Dieses Rätsel ist schon über 1.200 Jahre alt und wird dem Mönch Alkuin von York zugeschrieben, der Europa bereiste und die Grundlage unserer heutigen Kleinbuchstaben entwickelte (wie die, die du hier liest), um das Kopieren antiker Handschriften zu erleichtern und zu beschleunigen.

Ein Junge hat einen Wolf, eine Ziege und einen Kohlkopf und muss über einen Fluss. Sein Boot ist so klein, dass er immer nur eins von

dreien mitnehmen kann. Jetzt hat er folgendes Problem: Wenn er den Kohl als Erstes mitnimmt, frisst der Wolf die Ziege. Nimmt er den Wolf mit, frisst die Ziege den Kohlkopf. Wie kann er alle drei sicher über den Fluss bringen?

Dies ist das älteste von zahlreichen Rätseln, die damit zu tun haben, dass etwas über einen Fluss transportiert werden muss.

Aufgabe 4 ist auch so ein Rätsel, allerdings etwas kniffliger.

④ DIE DREI EHEMÄNNER UND IHRE BRÄUTE

Vor langer Zeit kamen drei Bräutigame, die mit ihren Verlobten reisten, an einen Fluss. Dort lag zwar ein Boot, aber es trug nur zwei Personen. Nun ereignete sich dies zu einer Zeit, da Gesetzlosigkeit und Misstrauen herrschten. Keiner der Männer wollte seine Braut mit einem der beiden anderen Männer alleinlassen, nicht eine Sekunde. Wie kamen sie alle sicher über den Fluss?

⑤ DER SCHNELLSTE WEG NACH HAUSE

Hier geht es um ein junges Mädchen, das mit einem Krug unterwegs ist. Ihre Mutter ruft sie auf dem Handy an und trägt ihr auf, so schnell wie möglich nach Hause zu kommen, dabei aber unterwegs den Krug mit dem köstlichen Wasser des nahegelegenen Flusses zu füllen. Welches ist nun der schnellste Weg nach Hause? Sie könnte auf kürzestem Weg zum Fluss gehen, den Krug füllen und nach Hause gehen. Oder sie könnte zu der Stelle am Fluss gehen, die ihrem Haus am nächsten liegt, den Krug füllen und heimgehen. Es gibt aber noch einen schnelleren Weg als diese beiden. Welcher ist das, und wie kann sie ihn finden?

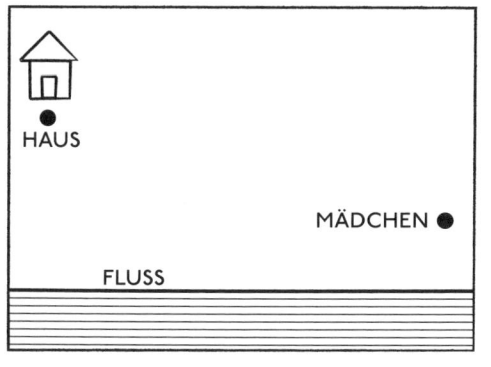

6

AUF DEM SCHNELLSTEN WEG DEN KRUG FÜLLEN

Es gibt viele Rätsel, bei denen ein Krug mit einer bestimmten Menge Wasser gefüllt werden soll. Dies ist das bekannteste: Drei Krüge fassen 8, 5 und 3 Liter Wasser, aber nur der größte Krug ist mit Wasser gefüllt. Wie kann man das Wasser genau in zwei Hälften à 4 Liter teilen?

LÖSUNGEN

1

WIE ALT WAR DIOPHANTOS?

Dazu müssen wir sein Leben in Brüche (als Teile seiner Lebensspanne) und Jahre aufteilen: ein Sechstel als Junge, ein Zwölftel vor seiner ersten Rasur, ein Siebtel dazu als Junggeselle, fünf Jahre verheiratet, dann die Hälfte der Summe davon Vater. Und schließlich noch vier Jahre, bis er starb. Das kann man auch so hinschreiben: $1/6 + 1/12 + 1/7 + 5$ Jahre $+ 1/2 + 4$ Jahre.

Die Brüche von 6, 12, 7 und 2 sind allesamt Teiler von 84 – es ist der kleinste gemeinsame Nenner. In 84stel umgeschrieben erhalten wir $14 + 7 + 12 + 42 = 75$. Nun addieren wir die 5 und 4 Jahre hinzu und erhalten $75 + 5 + 4 = 84$.

Diophantos lebte also 84 Jahre – zumindest der Legende nach.

2

WAHRHEIT ODER LÜGE?

Indiana Smith fragte den einen Mann: »Wenn ich den anderen fragte, welches der richtige Weg nach Hause ist, was würde er antworten?« Der Lügner würde sagen, der andere würde den falschen Weg nennen, während der Ehrliche sagen würde, der Lügner würde den falschen Weg nennen. Das bedeutet, dass die Antwort in jedem Fall die Unwahrheit ist und er einfach nur das Gegenteil davon machen muss.

3

MIT EINEM WOLF, EINER ZIEGE UND EINEM KOHL ÜBER DEN FLUSS SETZEN

Als Erstes lässt der Mann den Wolf (sicherheitshalber an einen Baum gebunden?) und den Kohl zurück und überquert den Fluss mit der Ziege. Er lässt die Ziege am anderen Ufer, kommt zurück und nimmt diesmal den Wolf mit – oder den Kohl, das ist egal. Am anderen Ufer setzt er seine Fracht ab und kehrt mit der Ziege zurück. Nun setzt er mit dem Kohl (oder dem Wolf) über, kommt allein zurück und fährt erneut mit der Ziege ans andere Ufer. Ein Glück, dass der Wolf keinen Kohl mag.

4

DIE DREI EHEMÄNNER UND IHRE BRÄUTE

Klingt schwer, aber die Lösung ist eigentlich ganz leicht. Nennen wir die drei Paare A, B und C.

Als Erstes überquert Paar A den Fluss, und der Ehemann bringt das Boot zurück. Nun überqueren die beiden Ehefrauen B und C den Fluss, und Frau A kommt zurück zu ihrem Gatten. Nun überqueren Herr B und Herr C den Fluss. Aber diesmal (und das ist der Trick) kommt ein Paar zurück, entweder Paar B oder C. Nun lassen beide Männer ihre Frauen zurück und fahren zurück, und die dritte Frau setzt über, sodass alle drei Ehefrauen in Sicherheit sind, allerdings an dem Ufer, woher sie kamen. Zwei von ihnen setzen über, und der Mann der zurückgebliebenen kommt und holt die Letzte.

Zu keinem Zeitpunkt war eine der Frauen mit einem fremden Mann zusammen, ohne dass ihr Ehemann da gewesen wäre, um sie zu beschützen. Puh.

5

DER SCHNELLSTE WEG NACH HAUSE

Wenn das Mädchen sich vorstellte, der Fluss sei ein Spiegel, würde sie das Abbild ihres Hauses darin sehen. Nun muss sie nur noch direkt auf dieses Bild zugehen, bis sie zum Fluss gelangt, dort den Krug füllen und direkt nach Hause gehen, und sie hat den kürzesten Weg genommen.

Dieses Rätsel geht auf Heron von Alexandria zurück, der erforschte, wie unser Sehen funktioniert, und herausfand, dass Licht sich stets in gerader Linie fortbewegt und den kürzestmöglichen Weg nimmt.

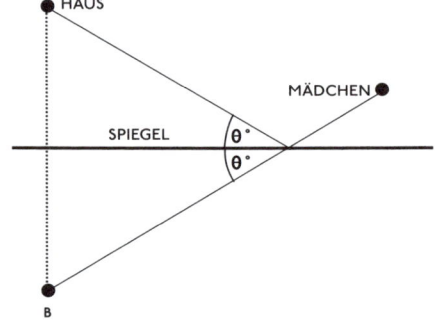

6

AUF DEM SCHNELLSTEN WEG DEN KRUG FÜLLEN

Aus dem 8-l-Krug muss der 5-l-Krug befüllt werden und sodann aus dem 5-l-Krug der 3-l-Krug. Diese drei Liter schüttet man zurück in den 8-l-Krug. Nun befinden sich im 5-l-Krug noch 2 Liter. Diese schüttet man in den 3-l-Krug. Aus dem 8-l-Krug füllt man den 5-l-Krug und aus diesem einen Liter in den 3-l-Krug. Nun hat man genau 4 Liter im 5-l-Krug. Man schüttet den Inhalt des 3-l-Krugs in den 8-l-Krug und hat nun auch darin 4 Liter. Geschafft! Eine andere Möglichkeit geht so: Aus dem 8-l-Krug füllt man den 3-l-Krug und schüttet dessen Inhalt in den 5-l-Krug. Dann füllt man aus dem 8-l-Krug erneut den 3-l-Krug und aus diesem so viel in den 5-l-Krug, bis der voll ist. Damit hat man 5 Liter im 5-l-Krug und 1 Liter im 3-l-Krug. Den Inhalt des 5-l-Krugs schüttet man zurück in den 8-l-Krug und dann den 1 Liter aus dem 3-l-Krug in den 5-l-Krug. Nun füllt man aus dem 8-l-Krug den 3-l-Krug und schüttet dessen Inhalt in den 5-l-Krug, sodass man 4 Liter im 5-l-Krug hat und weitere 4 Liter im 8-l-Krug.

Beide Lösungen funktionieren, nur dass die erste sieben Schritte erfordert und die zweite acht.

Anmerkung: Dieses Rätsel geht davon aus, dass die Krüge aussehen wie richtige Krüge, also gewölbte Seiten und einen Henkel besitzen. Viel einfacher ist es, wenn die Krüge zylinderförmig sind:

Schütte aus dem vollgefüllten 8-l-Zylinder Wasser in den 5-l-Zylinder, bis die Wasserlinie genau vom offenen oberen Rand bis zur obersten Stelle der Bodenkante reicht. In diesem Moment befindet sich noch genau die Hälfte des Inhalts in dem Zylinder, also 4 Liter, während die anderen 4 Liter sich im 5-l-Zylinder befinden müssen – und du hast die Aufgabe in nur einem Zug gelöst.

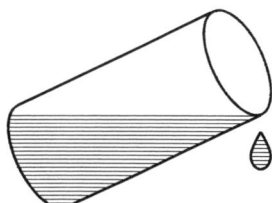

GROSSER SPORT – GROSSE STARS

Immer schneller, höher, weiter, besser: Unzählige Menschen fiebern atemlos mit, drücken die Daumen oder sind sprachlos vor Staunen, wenn die besten Sportler und Sportlerinnen uns mit herausragenden Leistungen verblüffen, von denen die meisten nicht einmal zu träumen wagen. Ob im Stadion, auf der Skisprungschanze oder dem Tennisplatz, immer wieder schreiben Athleten Sportgeschichte.

1

MICHAEL GROSS
UND DER BUTTERFLY

Wer schon einmal das Schmetterlingsschwimmen ausprobiert hat, weiß, wie anstrengend diese Form des Brustschwimmens ist: Sie gilt nach dem Kraulen als zweitschnellste, aber auch als besonders schwierige Schwimmtechnik. Beide Arme müssen gleichzeitig mit einer leicht S-förmigen Bewegung unter Wasser von vorn nach hinten gezogen und dann gerade wieder über den Kopf nach vorn geschwungen werden. Die Beine bleiben geschlossen und bewegen sich im Zuge einer Wellenbewegung, die sich vom Brustbein bis in die Füße fortsetzt. Das ist äußert kraftraubend, weshalb Wettkämpfe auch nur über kurze Strecken von 50, 100 und 200 Meter absolviert werden. Ein Meister im Butterfly, wie das Schmetterlingsschwimmen offiziell heißt, ist Michael Groß (geboren 1964). Der 2,01 Meter große Athlet verfügt über eine Armspannweite von 2,13 Metern, was einen französischen Sportreporter so beeindruckte, dass er ihm den Spitznamen Albatros verpasste – das ist ein großer Seevogel mit enormer Flügelspannweite. 1984 wurde »der Albatros« Olympiasieger über 100 Meter, 1988 über 200 Meter, außerdem holte er sich die Silbermedaille über 100 Meter. Europameister durfte Michael Groß sich 1981, 1983, 1985 und 1987 nennen. Auch den Weltmeistertitel im Butterfly gewann er 1982 und 1986. Hinzu kamen etliche Goldmedaillen im Freistil sowie Silber und Bronze in der Freistilstaffel. Bis heute ist Michael Groß einer der erfolgreichsten Schwimmsportler der Welt.

2

STEFFI GRAF
UND DER GOLDEN SLAM

Gewinn des Grand Slams – also Siege bei allen vier Turnieren: Australien Open, French Open, Wimbledon Championships und US Open – dann noch eine Olympische Goldmedaille obendrauf! Das ist der Golden Slam, der absolute Traum für jeden Tennisprofi. Bis heute hat das nur Stefanie, genannt »Steffi« Graf (geboren 1969) in der Saison von 1988 geschafft. Sie schloss das Jahr mit einer Traumbilanz ab: 72 Siege bei nur 3 Niederlagen! Die gebürtige Mannheimerin, die schon mit drei Jahren das erste Mal einen Tennisschläger in der Hand hielt und als Tenniswunderkind galt, kämpfte sich mit Talent, Fleiß und Ehrgeiz ganz nach oben. 377 Wochen lang führte Steffi Graf die Weltrangliste an – absoluter Spitzenwert. 1988 wurde sie außerdem zur Weltsportlerin des Jahres gewählt. Steffi Graf gewann 22 Grand-Slam-Titel; am 13. August 1999 beendete sie ihre unglaubliche Karriere.

3

SVEN HANNAWALD UND
DIE VIERSCHANZENTOURNEE

Jedes Jahr im Winter, immer um den Jahreswechsel herum, findet seit 1953 eines der wichtigsten Großereignisse im Wintersport statt. Die Vierschanzentournee, ausgetragen in Deutschland und Österreich, ist die ultimative Herausforderung für alle Skispringer. Gesprungen wird, wie der Name schon verrät, von vier Schanzen: der Schattenbergschanze in Oberstdorf, der Olympiaschanze in Garmisch-Partenkirchen, der Bergiselschanze in

Innsbruck und der Paul-Außerleitner-Schanze in Bischofshofen. Jeder Sprung fordert Mut, Können, absolute Körperbeherrschung und Konzentration. Es ist schon etwas Besonderes, auf einer oder zwei Schanzen zu siegen. Dem Skispringer Sven Hannawald (geboren 1974) gelang 2001/2002 jedoch eine Sensation: Er gewann gleich alle vier Wettbewerbe! Das hatte es in der Geschichte der Vierschanzentournee zuvor noch nie gegeben. Hannawald sprang in Oberstdorf und Garmisch-Partenkirchen 122 bzw. 122,5 Meter weit, steigerte sich in Innsbruck auf 134,5 Meter und flog in Bischofshofen unglaubliche 139 Meter durch die Luft, bevor er sicher auf beiden Skiern landete. Schanzenrekord!

4

BORIS BECKER UND WIMBLEDON

Gerade mal 17 Jahre alt war Boris Becker (geboren 1967), als er sich an die Spitze der weltbesten Tennisprofis spielte: 1985 besiegte er Kevin Curren im Finale von Wimbledon mit 3:1 und gewann das prestigeträchtige Turnier als jüngster Sieger aller Zeiten. Doch damit nicht genug: Becker erzielte im gleichen Jahr als Jüngster auch den ersten von insgesamt sechs Siegen bei Grand-Slam-Turnieren. Zum Grand Slam gehören die Australian Open, die French Open, die Wimbledon Championships in Großbritannien und die US Open. Boris gewann im Laufe seiner Karriere sechsmal eines dieser Turniere, nur die French Open hat er nie gewonnen. Zwölf Wochen lang führte er die Weltrangliste an und veränderte ganz nebenbei die Sportwelt in Deutschland: Galt bis dahin Fußball als beliebteste Freizeitsportart, so rückte plötzlich Tennis in den Mittelpunkt, und Tennisclubs verzeichneten einen Ansturm neuer Mitglieder.

5

REGINA HALMICH
UND DAS BOXEN

Judo oder doch lieber Karate? Mit elf Jahren entdeckte Regina Halmich (geboren 1976) ihr Talent und ihr Interesse für Kampfsportarten. Nachdem sie auch das Kickboxen ausprobiert hatte, begann sie schließlich mit dem Boxen. Als Amateurboxerin erkämpfte sie sich dreimal in Folge, 1992, 1993 und 1994, den Deutschen Meistertitel. Dann wechselte sie zum Profisport und errang am 1. April 1994 – kein Aprilscherz! – gleich die Europameisterschaft im Super-Fliegengewicht. Drei Wochen später kassierte Halmich die einzige Niederlage in ihrer Profikarriere durch ein technisches K. o. in der vierten Runde gegen die US-Amerikanerin Yvonne

Trevino. Von da an blieb die nur 1,60 Meter große Boxerin ungeschlagen! Von 1995 bis 2007 war sie Weltmeisterin der WIBF, kurz für »Women's International Boxing Federation«. 2004 endete ein Kampf gegen Elena Reid unentschieden, doch aus insgesamt 56 Profikämpfen ging Regina Halmich 54 Mal siegreich hervor. Nicht zuletzt deshalb gilt sie als »Box-Queen«, die Königin im Frauenboxen.

6

MAGDALENA NEUNER
UND DER BIATHLON

Biathlon kombiniert zwei sehr unterschiedliche Sportarten miteinander: Schießen und Skilanglauf – ein Grund, weshalb Biathlonwettbewerbe meistens im Winter ausgetragen werden. Schießen ist ein Präzisionssport, bei dem Konzentration und absolute Körperbeherrschung eine große Rolle spielen. Beides ist umso schwerer, wenn die Athleten zugleich beim Skilanglauf alles geben und aus der Puste geraten. Eine der erfolgreichsten Frauen im Biathlon ist Magdalena Neuner (geboren 1987). Mit zwölf Goldmedaillen bei Weltmeisterschaften hält sie den Titelrekord. Im Laufe ihrer Karriere, die sie 2012 beendete, siegte Magdalena Neuner bei 34 Einzelrennen im Biathlon-Weltcup und gewann dreimal den Gesamtweltcup.

7

MICHAEL SCHUMACHER
UND DIE FORMEL 1

Schon als Knirps genoss Michael Schumacher (geboren 1969) den Rausch der Geschwindigkeit: Mit vier Jahren sauste er in einem von seinem Vater mit einem 5-PS-Motor aufgerüsteten Kettcar durch die Gegend. Bald darauf trainierte Michael regelmäßig auf der Bahn des Kart-Clubs in Kerpen und nahm auch an Kartrennen teil – ebenso wie Mika Häkkinen, Heinz-Harald Frentzen und andere spätere Formel-1-Stars, die hier bereits ihre Kräfte messen konnten. Von 1991 bis 2006 und von 2010 bis 2012 startete Schumacher dann in der Königsklasse, der Formel 1. Er fuhr für große Marken wie Jordan, Benetton, Ferrari und Mercedes. Die herausragendsten Erfolge erzielte er während seiner Zeit bei Ferrari, darunter fünf WM-Titel in Folge. 2013 fand seine Karriere jedoch ein jähes Ende. Bei einem Skiunfall erlitt Schumacher schwere Kopfverletzungen, von denen er sich bis heute nicht erholt hat. Doch in der Formel-1-Geschichte ist er unvergessen: Kein anderer Formel-1-Pilot war bislang so erfolgreich wie Michael Schumacher.

8

DIRK NOWITZKI
UND DIE DALLAS MAVERICKS

Bei *der* Familie musste es ja so kommen: Schon Mutter Helga Nowitzki und Schwester Silke spielten in der Basketball-Nationalmannschaft, Vater Jörg-Werner war erfolgreicher Handballspieler. Sohn Dirk schließlich (geboren 1978) wurde einer der berühmtesten und erfolgreichsten Basketballer aller Zeiten. Er stammt zwar aus Würzburg, seine größten sportlichen Erfolge feierte er jedoch in den USA, wo er von 1998 bis 2019 der National Basketball Association, kurz NBA, angehörte. Während all dieser Jahre spielte Nowitzki für die Dallas Mavericks. In der Saison 2006/2007 durfte er sich über eine besondere Anerkennung freuen: Als erster Europäer bekam er den »NBA Most Valuable Player Award«, also die Auszeichnung als wertvollster Spieler der Hauptrunde. Als meisterhafter Korbjäger erzielte Dirk Nowitzki in über 1.500 Spielen mehr als 31.000 Punkte – sensationelle Bilanz einer Ausnahmekarriere.

9

JAN FRODENO
UND DER IRONMAN

Seit 1978 wird auf Hawaii der berühmte Ironman ausgetragen, ein kräftezehrender Triathlon-Wettkampf. Die Teilnehmer müssen 3,86 km schwimmen, 180,2 km Rad fahren und 42,195 km laufen. Zum Vergleich: Bei den Olympischen Spielen schwimmen die Teilnehmer im Triathlon 1,5 km, fahren 80–90 Kilometer Rad und laufen 20–21 km.

Der Ironman Hawaii gilt als einer der schwersten sportlichen Wettkämpfe überhaupt, denn die Triathleten müssen nicht nur mit der anspruchsvollen Strecke, sondern auch mit dem Klima fertigwerden. Oft weht ein stürmischer Wind, das Meer ist aufgewühlt, und bei Temperaturen von über 30 Grad herrscht eine hohe Luftfeuchtigkeit. Wer hier durchhält, darf sich mit Recht Ironman oder Ironwoman nennen (das bedeutet: »Mann oder Frau aus Eisen«). Einer der besten Triathleten der Welt ist Jan Frodeno (geboren 1981). Er gewann als Erster nicht nur olympisches Gold (2008), sondern siegte auch gleich drei Mal beim Ironman Hawaii: 2015, 2016 und 2019! Deshalb steht Frodeno für die Ironman-Distanz auf der Bestenliste deutscher Triathleten verdientermaßen auf Platz 1. Damit nicht genug: 2016 stellte Frodeno eine neue Weltbestzeit auf bei der Challenge Roth, dem bedeutendsten europäischen Triathlon-Wettkampf über die Langdistanz. Frodeno brauchte 7:35:39 Stunden und ist bis heute ungeschlagen.

---
⑩

TIMO BOLL
UND DAS TISCHTENNIS

Schon mal von Shakehand-Haltung und Topspin gehört? Kleiner Tipp: Für beides ist ein grüner Tisch nötig. Bei der Shakehand-Haltung wird im Tischtennis der Schläger so gegriffen, als würde man jemandem die Hand schütteln wollen. Topspin ist ein Vor- und Rückhandschlag, mit dem man dem Ball eine besondere Flugbahn verleiht. Die Schläge beherrscht Timo Boll (geboren 1981) meisterhaft. Der Linkshänder aus dem Odenwald gilt als der beste deutsche Tisch-

tennisspieler aller Zeiten. Timo Boll spielte schon als Vierjähriger Tischtennis und wurde von seinem Vater trainiert. Heute gehört er zur Weltspitze der Profis. Schnelligkeit, Präzision und Taktik kennzeichnen seinen Stil. Timo Boll gewann zahlreiche Medaillen bei nationalen und internationalen Wettkämpfen, darunter auch Gold bei den Europaspielen in Minsk 2019. 2003, 2011 und 2018 führte er für mehrere Monate die Weltrangliste an. Das ist etwas sehr Besonderes, denn im Tischtennis kommen die erfolgreichsten Spieler und Spielerinnen fast alle aus China.

ULTIMATE FRISBEE

An einem schönen Sommertag verbrachten die Autoren dieses Buches mit Freunden der Familie einen Tag im Park und fanden sich mir nichts, dir nichts in einer Partie Ultimate (auch Ultimate Frisbee genannt) wieder. Es machte so viel Spaß, dass wir uns vornahmen, daraus ein Kapitel im neuen *Dangerous Book* zu machen, nachdem wir im ersten schon Tennis, Tischfußball und Fußball behandelt hatten. Wir hätten hier auch Hockey, Schlagball oder Korbball vorstellen können, aber das sind nicht unsere persönlichen Favoriten. Anders als Discgolf, für das man einen Parcours braucht, kann Ultimate auf jeder Wiese gespielt werden, und die Mannschaften können aus zwei bis sieben Spielern bestehen. Es ist das perfekte Spiel für sonnige Nachmittage: schnaufende mittelalte Männer und Frauen (die einen kleinen Größenvorteil haben) und Kinder, die Kreise um sie herumlaufen. Probiert es aus, es lohnt sich echt!

Es gibt keine Weltmeisterschaft im Ultimate und auch keinen Ligabetrieb oder Verbände wie, sagen wir, die FIFA. Die Regeln, die beim Rugby »Gesetze« heißen, haben beim Ultimate eher anleitenden Charakter. Das Spielfeld kann ganz einfach mit Kleidungsstücken markiert werden. Man braucht zwei viereckige Endzonen am Ende eines langen, schmalen Rechtecks, das ungefähr 64 m lang und 37 m breit ist (mit Schritten vom größten Mitspieler abgemessen). Abhängig von der Kondition der Mitspieler haben wir längere und kürzere Spielfelder gesehen, manche bis zu 120 m lang.

Seid ihr fitte Sportler, könnt ihr eure Endzonen 37 m breit und 18 m tief machen. Unsere waren kleiner als das Hauptfeld, nämlich 5 m breit und 3 m tief. Bei Ultimate gibt es keinen Torhüter, weshalb man sich eine Taktik überlegen muss, wie man die Scheibe in die Endzone bugsiert und einen Punkt erzielt.

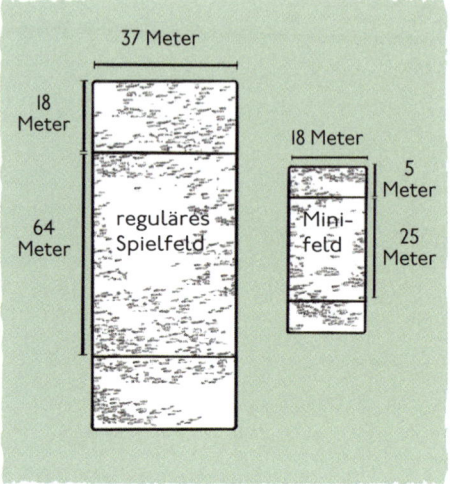

Das Spiel beginnt damit, dass die Angreifer nach vorn laufen und versuchen, die Scheibe zu fangen oder – wenn sie den Boden berührt – aufzunehmen. Dann versuchen die Angreifer, einander die Scheibe so lange zuzuwerfen, bis ein fangbereiter Spieler in der Endzone wartet oder die Scheibe über die Torlinie geworfen werden kann, je nachdem, wie ihr das Spielfeld gestaltet.

Einen Schiedsrichter braucht man nicht, es ist ja ein friedfertiges Spiel. Da es keine festgelegte Spielzeit gibt, sollte man eine gute Kondition haben, aber mit einem vernünftigen Frisbee ist es ein Riesensommerspaß.

Ist das Spielfeld markiert, stellen sich die beiden Mannschaften an der Grundlinie auf. Lost aus, wer anfängt. Den ersten Wurf hat die verteidigende Mannschaft, die die Scheibe zum Angreifer wirft, wie im Rugby.

Ziel des Spiels ist es, die Scheibe zu einem Mitspieler in der Endzone zu werfen. Fängt der sie auf, gibt es einen Punkt.

Die Scheibe kann in alle Richtungen geworfen werden, auch rückwärts, allerdings müssen die Spieler wie beim Korbball stehenbleiben, sobald sie im Besitz der Scheibe sind. Dann haben sie zehn Sekunden Zeit, sie weiterzuwerfen.

Berührt das Frisbee den Boden, verlässt es das Spielfeld oder wird es abgefangen, wechselt das Angriffsrecht, ohne dass das Spiel unterbrochen wird. Der Spieler, der am nächsten ist, hebt die Scheibe auf.

Ultimate ist ein kontaktloses Spiel, jede Berührung des Gegners wird als Foul gewertet. Das angreifende Team bekommt die Scheibe, und das Spiel wird fortgesetzt. Als Strafe könnte man noch vereinbaren, dass der Gegner ein oder zwei Schritte Abstand halten muss.

Frisbee-Scheiben haben ihren Namen übrigens von einer flachen Backform. Im Grunde hat nur eine Scheibe die nötigen Eigenschaften für Ultimate, obwohl sie strenggenommen gar keine Scheibe ist, sondern ein Ring: der »Aerobie Pro«. Er kostet keine 20 Euro und hält ewig, solange kein Hund ihn fängt. Normalerweise empfehlen wir keine Produkte, aber dieser Ring ist so gut, dass wir eine Ausnahme machen. Unseren ersten haben wir von einem Amerikaner geschenkt bekommen, und seitdem wollen wir nichts anderes mehr. Stundenlang haben wir im Dreieck oder Viereck gespielt und gewettet, wie viele erfolgreiche Würfe wir hinbekamen, ehe einer ihn fallen ließ. Wegen des Lochs in der Mitte kann man ihn einfach fangen, indem man seine Hand hindurchsteckt. Eine unheimlich zufriedenstellende Sache.

DEN ZAUBERWÜRFEL LÖSEN

Seit der ungarische Architekt Ernő Rubik ihn 1974 erfunden hat, wurde der Zauberwürfel mehr als 400 Millionen Mal verkauft. Nach wie vor ist er eine faszinierende Herausforderung, die eine Kombination aus Fingerfertigkeit und Scharfsinn erfordert. Es gibt schier unendlich viele Stellungen, die man unmöglich zufällig lösen kann. Alle Lösungen folgen einer Art Muster, obwohl das bei hoher Geschwindigkeit eher so etwas wie Klavierspielen ist – da denkt auch keiner mehr an einzelne Noten. Der Schauspieler Will Smith kann den Zauberwürfel in unter einer Minute lösen – genau wie einer der Autoren dieses Buches. Der Weltrekord liegt bei unter fünf Sekunden – einfach unvorstellbar.

Vielleicht hilft ja der Gedanke, dass es *keine* Stellung gibt, für deren Lösung man mehr als zwanzig Züge braucht. Für die meisten sind zwischen fünfzehn und neunzehn Züge nötig. Diese Zahl setzt jedoch perfekte Kenntnisse voraus, die wir nicht haben. In diesem Kapitel zeigen wir, wie man jede Stellung des Würfels in etwa fünf Minuten lösen kann. Zwar gibt es viel schnellere Methoden, aber es ist ein guter Anfang. Bitte beachte: Wenn du zum ersten Mal einen Zauberwürfel in der Hand hast, erscheint dir die Sache wahrscheinlich mühselig und unglaublich schwierig, vor allem das »Finden des Kreuzes« kann einen echt in den Wahnsinn treiben. Aber danach wird es mit jedem Mal einfacher. Übung macht den Meister – also versuch es immer weiter und gib nicht auf.

DIE BASICS

Schau dir den Würfel an. Er besteht aus 26 Steinen auf sechs Seiten und in sechs Farben. Von jeder Farbe gibt es einen mittleren Stein, der immer in derselben Position bleibt. Wenn die Mitte also grün ist, handelt es sich um die grüne Seite. Das ist ganz wichtig.

Neben diesen sechs Mittelsteinen gibt es noch acht Ecksteine mit jeweils drei Farben und zwölf Kantensteine mit zwei Farben. Finde ein paar davon. Suche zum Beispiel nach einem blau-weißen Kantenstein. Bewege den Würfel und achte dabei darauf, dass die Mittelsteine tatsächlich immer in der Mitte bleiben. Dann kannst du es mit der folgenden Anleitung versuchen. Mach langsam und sei geduldig.

BUCHSTABENNOTATION

Jeder Seite des Würfels wird eine Bezeichnung zugeordnet. Das Muster der Züge auf dem Weg zur Lösung nennt man Algorithmus. Der kann zum Beispiel so aussehen: R V R¹ – deshalb müssen wir uns auf Bezeichnungen für die Seiten des Würfels einigen. Du brauchst nur fünf Bezeichnungen zu kennen: vorn (V), hinten (H), rechts (R), oben (O) und unten (U). Wie immer muss man sich daran erst gewöhnen, aber irgendwann erscheinen die Buchstaben ganz logisch, und du wirst sie im Schlaf beherrschen.

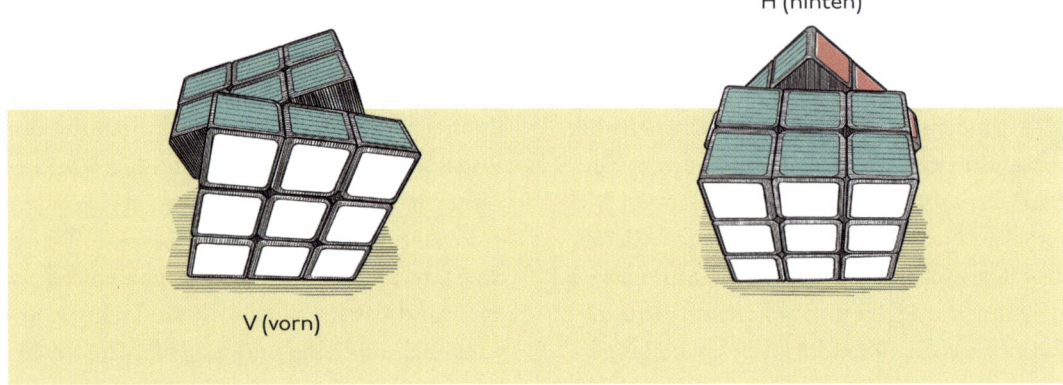

Die Seite des Würfels, die zu dir zeigt, ist die Vorderseite, also V. Die hintere Ebene (H) ist am weitesten entfernt. Welche Seite vorn ist, ändert sich immer wieder, wenn du den ganzen Würfel drehst.

Auf der rechten Seite befindet sich die Ebene R (die linke Seite benutzen wir eigentlich nicht).

Oben haben wir O, und unten die Unterseite (U). So nennen wir die einzelnen Ebenen. Wenn du eine davon drehen sollst, dann heißt das im Uhrzeigersinn *von vorn* gesehen. Wenn die Drehung in die entgegengesetzte Richtung erfolgen soll, arbeiten wir mit dem Symbol¹ – das bedeutet dann gegen den Uhrzeigersinn.

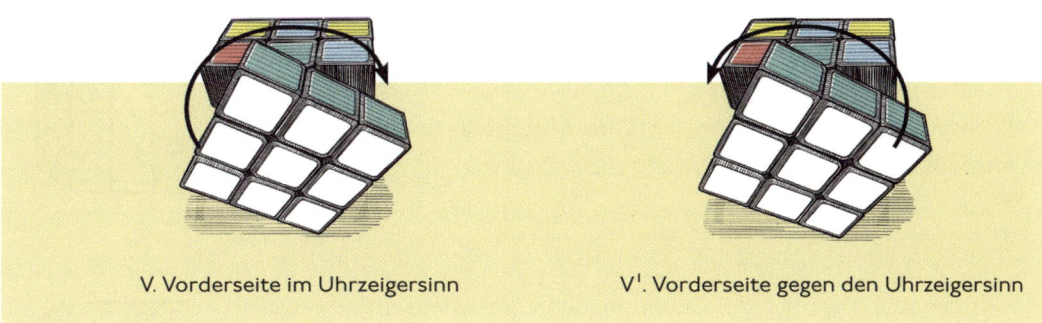

V. Vorderseite im Uhrzeigersinn   V¹. Vorderseite gegen den Uhrzeigersinn

Die letzte Zuganweisung, die du dir merken musst, ist ein kleiner Buchstabe, zum Beispiel v. Dann sollen zwei Ebenen gedreht werden und nicht nur eine. Das hat den gleichen Effekt wie die Rückseite entgegen dem Uhrzeigersinn zu drehen.

ERSTER SCHRITT: DAS KREUZ

Such dir eine Farbe aus. Am besten Weiß, sonst funktioniert diese Anleitung nicht. Als ersten Schritt wollen wir ein weißes Kreuz auf der Unterseite des Würfels bilden, dann bringen wir die Ecken in Position, bis die ganze Seite fertig ist. Das ist irgendwie der schwierigste Teil für Anfänger und dauert eine Weile.

Halte die Seite mit dem weißen Feld in der Mitte nach unten. Das wird die weiße Seite. Jetzt versuchst du, die vier weißen Kantensteine richtig zu platzieren – die vier Steine, die jeweils eine weiße Seite und eine in einer anderen Farbe haben. Es gibt nur vier Kantensteine mit einer weißen Seite, also sollten das nur vier Züge sein.

Such einen weißen Kantenstein (zum Beispiel den grün-weißen) und drehe die Seiten so lange, bis er sich in der oberen Ebene befindet, die am weitesten von der weißen Seite entfernt ist. Diese Ebene lässt sich frei drehen, ohne dass sich die Ebenen darunter mitdrehen. Wenn sich der grün-weiße Kantenstein in der richtigen Ebene befindet, dreh sie so, dass die Farbe der Kante zum entsprechenden Mittelstein passt (in diesem Fall dem grünen).

Ab hier gibt es zwei mögliche Stellungen und somit zwei mögliche Lösungen.

1. Die Kante zeigt mit der weißen Seite nach oben.
    Prüfe, ob der grüne Mittelstein zu dir zeigt, dann dreh zweimal an
    der Vorderseite (V2).

2. Die Kante zeigt mit der farbigen Seite nach oben.
    Prüfe auch in diesem Fall, ob der grüne Mittelstein zu dir zeigt, dann
    folge diesem Muster: V U R¹ U¹.

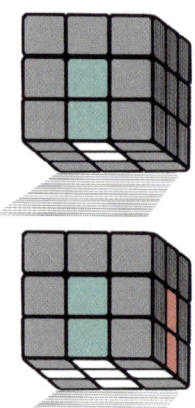

Jetzt sollten sich – wie auf der Abbildung – an der Unterseite zwei weiße Felder nebeneinander befinden. Auf einer der anderen Seiten sollten
zwei gleichfarbige Felder (in diesem Fall grüne) nebeneinanderliegen.
Um das Kreuz zu vervollständigen, musst du das Ganze noch dreimal
wiederholen.

Dreh die anderen weißen Kantensteine ebenfalls in die obere Ebene
und dann über die Seite mit dem passenden Mittelstein (der weiß-rote
Stein zum Beispiel muss über die Seite mit dem roten Mittelstein). Wenn
ein weißer Kantenstein nicht an der richtigen Stelle sitzt, schieb ihn nach
rechts und dreh ihn nach oben. (Wenn er sich in der mittleren Ebene
befindet: R O R¹, in der unteren Ebene: R2.)

ZWEITER SCHRITT: DIE WEISSEN ECKEN

Als Nächstes füllen wir die weißen Ecken um das Kreuz herum aus.
Dann haben wir die weiße Seite fertig.

Es gibt vier weiße Ecksteine mit zwei weiteren Farben an den Seiten.
Befördere einen davon in die obere Ebene und drehe sie, bis er sich direkt über der Stelle befindet, an der du ihn haben willst. An dem weißen
Eckstein befinden sich noch zwei weitere Farbfelder, das heißt, der Stein
muss zwischen diesen beiden Seiten sitzen. Wenn die Ecke beispielsweise
weiß-rot-grün ist, muss sie zwischen den Seiten mit den roten und grünen Mittelsteinen sein, wie du auf dem Bild siehst.

Die Ecke kann jetzt nur in drei verschiedenen Positionen sitzen, also dreh sie so, dass sie sich vorn rechts befindet, und befolge diese Algorithmen:

1. Das weiße Feld zeigt nach oben: R O2 R' O' R O R'.

2. Das weiße Feld zeigt nach rechts: R O R'.

3. Das weiße Feld zeigt nach vorn: V' O' V.

Danach sitzen alle weißen Ecken an der richtigen Stelle, und du hast eine komplett weiße Seite und damit die erste Ebene fertig. Das Ganze sollte in etwa so aussehen:

(Wenn *nicht*, verdreh den Würfel und fang noch einmal von vorn an. Wenn du mehr Übung hast, wird es dir leichter fallen, solche Fehler auszugleichen.) Jetzt ist der Würfel zu einem Drittel fertig. Atme tief durch. Zeig ihn einem vertrauten Familienmitglied. Geh eine Runde spazieren, halte ein Nickerchen oder so ähnlich. Dann mach dich frisch erholt an die nächste Etappe.

DRITTER SCHRITT: DIE ZWEITE EBENE

Die zweite Ebene vervollständigst du, indem du die fehlenden vier Kantensteine richtig platzierst. Suche zuerst nach einem Kantenstein ohne Gelb. Als Beispiel haben wir den rot-blauen Kantenstein genommen. Genau wie bei den Ecken ist es leichter, einen Kantenstein zu finden, der sich bereits in der oberen Ebene befindet.

Richte zuerst die Farbe, die nicht nach oben zeigt, richtig zu ihrem passenden Mittelstein aus. Dieser Schritt wird oft ausgelassen, und deshalb funktioniert es dann nicht. In unserem Beispiel war das blaue Feld oben auf dem Würfel und nicht das rote, deshalb haben wir den Kantenstein über die *rote* Mitte gedreht. Halte die Seite mit dem Kantenstein (in unserem Fall die *rote* Seite) nach rechts. Dann gibt es nur zwei mögliche Varianten. In beiden muss sich die obere Farbe in Richtung des richtigen Mittelsteines bewegen:

---

1. Die Kante muss sich »zurück« bewegen. In diesem Beispiel ist der Kantenstein oben blau, deshalb muss er rückwärts gedreht werden, um an der richtigen Stelle zu landen, wo sich der blaue Mittelstein befindet: R' O' R' O' R' O R O R.

---

2. Die Kante muss sich »vorwärts« bewegen. In diesem Beispiel ist der Kantenstein oben grün, deshalb muss die Seite vorwärts in Richtung der grünen Mitte gedreht werden: R O R O R O' R' O' R'.

Nun sollte die Kante an der richtigen Stelle sitzen. Jetzt wiederholst du den Vorgang für alle Kantensteine in der oberen Ebene ohne Gelb.

Möglicherweise kannst du so schon die ersten beiden Ebenen komplett abschließen, allerdings befindet sich einer der Kantensteine manchmal zwar am richtigen Platz – aber wie auf dem Bild mit umgekehrter Farbstellung. Dann muss die betreffende Kante verschoben und richtig herum wieder eingesetzt werden. Dazu tauschen wir den Kantenstein zunächst gegen einen, den wir momentan nicht brauchen. Wir suchen uns einen gelben Kantenstein und befördern ihn nach der oben beschriebenen Methode an die Stelle, wo eben noch die seitenverkehrte Kante war.

In unserem Beispiel haben wir die rote Seite nach rechts gehalten und den ersten Algorithmus angewandt: R' O' R' O' R' O R O R. So konnten wir die rot-blaue Kante entfernen und eine zufällig ausgewählte andere Kante einfügen. Jetzt können wir den Schritten von oben folgen, die rot-blaue Kante nach der richtigen Seite ausrichten und sie mithilfe der Algorithmen ans Ziel bringen.

Mit ein bisschen Glück, nach einigen Fehlstarts und Neuanfängen – und einer Menge Geduld – sind jetzt zwei Seiten fertig. Dann müssen nur noch acht Steine an die richtige Stelle. Jetzt nähern wir uns der Zielgeraden.

VIERTER SCHRITT: DAS GELBE KREUZ

Nun wenden wir uns der oberen (gelben) Seite zu und gehen dabei ähnlich vor wie bei der weißen. Verschiedene Stellungen der Oberseite sind möglich, aber zwei sind am häufigsten, und die sind beide mithilfe von Algorithmen lösbar. Oftmals sind noch mehr gelbe Felder verstreut, aber diese Muster hier tauchen fast immer auf und lassen sich zu einem gelben Kreuz verschieben. Dreh den Würfel so, dass die Stellungen folgende Muster ergeben:

V R O R' O' V'   R O R' O' v'

(Nicht vergessen, das kleine v bedeutet, dass du
die beiden vorderen Ebenen im Uhrzeigersinn drehen musst!)

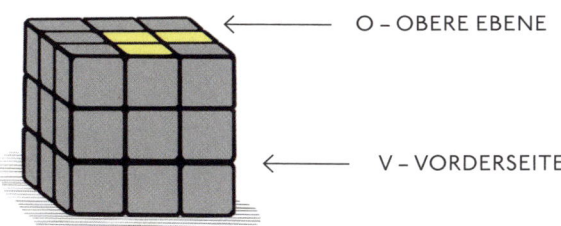

O – OBERE EBENE

V – VORDERSEITE

Gerate nicht in Panik, falls etwas nicht klappt. Versuche den Algorithmus rückwärts abzuarbeiten. Wenn das auch nicht funktioniert oder es noch schlimmer macht, kehre zu einer früheren Stelle des Ablaufs zurück und bring die Steine erneut in Position.

Wenn am Anfang keines der beiden Muster von eben erscheint, wiederhole den ersten Algorithmus auf irgendeiner Seite (V R O R' O' V'), bis eines davon auftaucht, dann wiederhol die Schritte von oben: Dreh den Würfel so, dass das Muster richtig angeordnet ist, und wende die Algorithmen an. Dann erscheint das gelbe Kreuz.

FÜNFTER SCHRITT: DIE GELBEN ECKEN

Jetzt machen wir die gelbe Seite fertig, indem wir die Ecken in Position bringen. Dabei kannst du es mit drei möglichen Ausgangssituationen zu tun bekommen, musst aber immer nur einen Algorithmus anwenden: R O R' O R O2 R'. Wenn das nicht zur Lösung führt, wiederhol das Ganze.

1. Keine der Ecken sitzt an der richtigen Stelle.
    In diesem Fall musst du die obere Ebene drehen, bis sich an der linken vorderen Ecke ein gelbes Feld an der linken Seite befindet. Das klingt verwirrend, aber schau dir die Zeichnung an. Der vordere linke Eckstein muss auf der linken Seite gelb sein. Jetzt benutz den Algorithmus: R O R' O R O2 R'.

2. Nur eine der Ecken sitzt an der richtigen Stelle.
    Dieser Fall verhält sich ganz ähnlich. Dreh die obere Ebene, sodass die linke vordere Ecke oben gelb ist. Damit befindet sich die einzige richtig sitzende Ecke vorn links. Dann benutz den Algorithmus: R O R' O R O2 R'.

3. Zwei Ecken befinden sich an der richtigen Stelle.
    Es gibt zwei mögliche Stellungen mit zwei korrekten Ecksteinen. Beide sind hier abgebildet. Dreh wie eben die obere Ebene, bis die linke vordere Ecke von vorn gelb ist. Die Seite mit dem gelben Feld ist die Vorderseite, dann wende den Algorithmus an: R O R' O R O2 R'.

SECHSTER SCHRITT: DIE OBERE EBENE

Such zuerst nach den »Scheinwerfern«. Dabei handelt es sich um zwei Felder derselben Farbe in der oberen Ebene, zwischen denen sich ein Feld in einer anderen Farbe befindet. In unserem Beispiel sind die Scheinwerfer grün. Dreh den Würfel so, dass die Scheinwerfer sich hinten befinden, dann befolge den Algorithmus. Dieser ist am schwierigsten von allen. Wenn du keine Scheinwerfer siehst, führe den Algorithmus auf irgendeiner Seite durch, bis sie erscheinen.
Das ist er: R' V R' H2 R V' R' H2 R2.

(Nicht vergessen: H ist hinten, die hinterste Ebene. Da du die Drehung zweimal durchführen sollst, ist es egal, ob du dabei im Uhrzeigersinn vorgehst oder dagegen.)

SIEBTER SCHRITT: DER FERTIGE WÜRFEL

Durch den letzten Algorithmus hast du nun eine obere Schicht mit »Scheinwerfern« an drei oder vier Seiten. Dreh die Scheinwerfer auf die Seite, auf die sie der Farbe nach gehören.

Falls eine Seite komplett fertig ist, dreh sie nach hinten und benutze den finalen Algorithmus unten.

Wenn du noch keine fertige Seite hast, bestimme eine Seite als Vorderseite (V) und benutze den Algorithmus, um eine fertige Seite zu erhalten. Das Muster ordnet die vier oberen Kantensteine neu an.

Es lautet: R O' R O R O R O' R' O' R2.

Natürlich gibt es schnellere Methoden. Mit etwas Übung kannst du den Zauberwürfel nach dieser Anleitung hier in höchstens fünf Minuten lösen. Wir haben festgestellt, dass man bei jedem neuen Versuch besser versteht, wie man ein bestimmtes Ergebnis erzielt. Präge dir aber zunächst diese Schritte und Algorithmen ein. Wenn du den Zauberwürfel gelöst hast – vor allem, wenn du das vorher nicht für möglich gehalten hast –, ist das immer ein ganz besonderer Augenblick.

GROSSARTIGE RUINEN

Die Ruinen alter Burgen, Tempel und Städte sind geheimnisvolle Orte. Nur bei einem Besuch kann man wirklich erahnen, was sich dort vor Jahrhunderten abgespielt hat. Wenn du die Chance hast, solche Orte zu besichtigen, nutze sie unbedingt und stell dir vor, wie alles gewesen sein muss. Du wirst nicht enttäuscht werden.

Anmerkung: Die Pyramiden zählen natürlich auch zu den fantastischen Ruinen, aber da keiner der Autoren bislang in Ägypten war, haben wir sie hier nicht mit aufgenommen.

1

SCHLOSS HEIDELBERG

Majestätisch erhebt sich die mächtige Schlossruine über der Heidelberger Altstadt. Auf den ersten Blick mag man kaum glauben, dass es sich um eine Ruine handelt: Von Weitem wirken die gewaltigen Mauern aus rotem Sandstein, die Wehrtürme und Palastbauten nahezu unversehrt. Dabei hat das Schloss eine jahrhundertelange Geschichte hinter sich, in deren Verlauf es mehrfach zerstört, niedergebrannt, wiederaufgebaut und dabei ständig vergrößert wurde. Über fünf Jahrhunderte residierten dort die Kurfürsten von der Pfalz. Doch wie fing alles an?

Wann genau der Grundstein gelegt wurde, weiß man nicht. In einer Urkunde aus dem Jahr 1225 wird zum ersten Mal eine Burg erwähnt, die der Bischof Heinrich von Worms dem Herzog und Pfalzgrafen Ludwig I. als Lehen gab. Um das Jahr 1400 war aus der Burg bereits eine Schlossanlage geworden. Sie wurde von den Pfälzer Kurfürsten flei-

ßig erweitert. Dabei ging es nicht nur darum, zusätzliche Räume und Prachtbauten zu schaffen, mit denen die Schlossherren beeindrucken wollten, sondern vor allem um militärische Aufrüstung: Das Schloss wurde zu einer Festung ausgebaut. Doch auch Wehrtürme, meterdicke Mauern und Burggraben verhinderten nicht die mehrfache Verwüstung: zunächst im Dreißigjährigen Krieg, danach im Pfälzischen Erbfolgekrieg durch die Franzosen. Nachdem Kurfürst Karl II. kinderlos gestorben war, erhob der französische König Ludwig XIV. Anspruch auf das Schloss. Neun Jahre dauerten die kriegerischen Auseinandersetzungen, in deren Folge das Heidelberger Schloss zweimal zerstört wurde. Seit dem 18. Jahrhundert verfiel die einst prunkvolle Anlage immer mehr, bis sie Ende des 19. Jahrhunderts in Teilen restauriert wurde.

Heute ist das Heidelberger Schloss als romantische Ruine in der ganzen Welt berühmt. Wenn du die Möglichkeit hast, solltest du es dir unbedingt ansehen: Der gotische Ruprechtsbau ist etwa von 1400 bis 1435 erbaut worden und heute der älteste noch erhaltene Teil des Schlosses. Als eines der Hauptwerke der deutschen Renaissancearchitektur gilt der Ottheinrichsbau, unter Kurfürst Ottheinrich Mitte des 16. Jahrhunderts errichtet. Zusammen mit dem von Kurfürst Friedrich IV. beauftragten Friedrichsbau umgeben diese Gebäude den Innenhof der Schlossanlage. Sehenswert sind auch die gotische Brunnenhalle und die Bibliothek. Am eindrucksvollsten ist das Schloss, wenn es nachts beleuchtet wird. Das passiert mehrmals im Jahr zur Erinnerung an die Zerstörung im 17. Jahrhundert.

Und noch etwas zum Gruseln: Am Torturm des Schlosses hängt ein dicker Eisenring mit einem auffälligen Riss. Der Legende nach soll eine Hexe versucht haben, den Ring durchzubeißen und das Schloss in ihre Gewalt zu bringen. Vergeblich, natürlich!

— 2 —

DIE BERLINER GEDÄCHTNISKIRCHE

Vollständig heißt die berühmteste Kirchenruine Deutschlands Kaiser-Wilhelm-Gedächtniskirche. Kaiser Wilhelm II. beschloss Ende des 19. Jahrhunderts, zu Ehren seines Großvaters Wilhelm I. eine Kirche errichten zu

lassen. Zwischen 1891 und 1895 wurde sie nach den Entwürfen von Franz Schwechten erbaut. Der Kaiser liebte es eindrucksvoll: Der Hauptturm war mit rund 113 Metern Höhe damals der höchste der ganzen Stadt. Die fünf gewaltigen Glocken sollen so laut geläutet haben, dass die Wölfe im nahegelegenen Zoologischen Garten zu heulen begannen. Den Innenraum des Gotteshauses schmückten Mosaike und Wandgemälde. Was für ein prachtvoller Anblick das gewesen sein muss, ist heute noch in der Vorhalle zu erahnen, in der einige dieser Kunstwerke erhalten sind.

Doch warum ist die Gedächtniskirche heute eine Ruine? 1943 tobt der Zweite Weltkrieg. Am Abend des 22. November gegen 19.30 Uhr heulen die Sirenen los. Fliegeralarm! Wenige Minuten später greifen britische Bomber Berlin an. Unzählige Gebäude gehen in Flammen auf, viele Menschen ster-

ben, rund 180 000 Berliner werden in dieser Nacht obdachlos. Auch die Kaiser-Wilhelm-Gedächtniskirche wird getroffen. Das Dach stürzt ein, das Innere brennt aus. Zwei der vier Nebentürme werden zerstört, die Spitze des Hauptturms knickt ab. Nach dem Krieg sollte die Ruine abgerissen werden, doch viele Berliner protestierten dagegen. Der – immer noch stattliche 71 Meter hohe – Hauptturm durfte bleiben, der Rest musste einem Neubau weichen.

Heute gilt die Gedächtniskirche als Mahnmal gegen den Krieg. Wenn du einmal in Berlin bist, kommst du sicher dort vorbei, die Kirche steht direkt am Kurfürstendamm. Geh ruhig hinein! Auch der achteckige Kirchenneubau lohnt einen Besuch. Mehr als 20.000 blaue Glasfenster, in denen sich die einfallenden Lichtstrahlen brechen, verbreiten eine faszinierende Atmosphäre.

---

③ DIE AKROPOLIS VON ATHEN

Das Wort Akropolis setzt sich zusammen aus den altgriechischen Wörtern »acron« (hochgelegener Ort) und »polis« (Stadt). Eine Akropolis erfüllte im Grunde dieselbe Funktion wie der Bergfried einer mittelalterlichen Burg: Es war der am besten gesicherte Ort ei-

ner griechischen Stadt. Dorthin konnte sich die Bevölkerung im Fall eines feindlichen Angriffs zurückziehen. In Griechenland gibt es mehr als eine Akropolis, doch *die* Akropolis steht in Athen. Erbaut auf einem steilen Kalksteinfelsen, überragt sie weithin sichtbar die Stadt. In der Antike war sie zugleich Zufluchtsort und heilige Stätte, wo zahlreiche Götter ihre Tempel hatten.

Schon seit vielen Tausend Jahren wurde diese natürliche Felsformation von Menschen als Schutzort genutzt. Das Parthenon (Tempel der Göttin Athene) und die anderen Tempel, die noch heute stehen, wurden im Verlauf des 5. Jahrhunderts v. Chr. erbaut – dem außergewöhnlichen, goldenen Zeitalter, als Griechenland Sokrates, Euripides, Perikles, Hippokrates und Dutzende anderer Denker, Stückeschreiber, Militärführer, Ärzte und politische Führer hervorbrachte. Demokratie, Mathematik, die Perspektive in der Malerei und das Theater haben allesamt ihre Wurzeln in dieser unglaublichen Phase der kulturellen Konzentration.

Um das Akropolis-Gelände zu betreten, muss man eine Eintrittskarte kaufen, danach kann man sich frei bewegen. Es ist heiß, doch die Landschaft ist ein Wunder. Die Aussichten sind atemberaubend, nicht zuletzt, weil die genannten Geistesgrößen einst an diesem Ort gestanden und auf dieselben Hügel und Tempel geschaut haben. Aus der Höhe sieht man in das Theater, wo die ersten Dramen aufgeführt wurden – nicht einfach alte Stücke, sondern die ersten überhaupt! Wenn du genau hinsiehst, fällt dir vielleicht auf, dass der Stufenunterbau des Parthenon eine leichte Wölbung aufweist, damit er gerade aussieht. Die Baumeister von damals haben also bereits einen visuellen Effekt geplant – einfach unglaublich.

Eigenartigerweise hört man auf der Akropolis viel Italienisch. Falls du dich je gefragt hast, wohin Italiener (die doch eigentlich selbst mit genug Sonne, Stränden und gutem Essen gesegnet sind) in Ferien fahren, dann lautet die Antwort: Griechenland. Vielleicht fällt dir auch auf, dass das Meer dunkler ist als das Mittelmeer sonst. Der griechische Dichter Homer beschrieb die Ägäis mit einem seiner berühmtesten Verse als »weinfarbenes Meer«. Das Komische ist, wenn man es einmal gelesen hat, fällt einem dieser Satz wieder ein, wenn man zum ersten Mal die Ägäis sieht. Es lohnt sich!

Griechenland ist Geburtsort großer Reiche. Die Römer übernahmen viel von der griechischen Kultur. Schulkinder lernten früher Griechisch und Latein und verehrten große Denker wie Aristoteles, Plato oder später Cicero. Amerika hat einen Senat, spricht Englisch und besitzt eine Reihe neoklassischer Gebäude, angefangen mit der Union Station in Washington bis hin zum Weißen Haus. Jede Kultur vergisst oder verschmäht Dinge der vorhergehenden, übernimmt aber etwas vom Besten. In den vergangenen zweitausend Jahren gab es natürlich auch andere Einflüsse – Menschen lieben gute Ideen, wo immer sie sie finden –, doch die Akropolis in Athen ist der Ort, wo der Westen erfunden wurde.

4

SPARTA

Der Stadtstaat Sparta lag auf der Halbinsel Peloponnes, die mit dem griechischen Festland durch eine schmale Landbrücke, den Isthmus von Korinth, verbunden ist. Einmal blockierten die Spartaner den Isthmus, während sie berieten, dann machten sie einen Ausfall gegen ihre Feinde. Im Gegensatz zu praktisch allen anderen Städten vom 6. bis zum 3. Jahrhundert v. Chr. besaß Sparta keine Mauern und auch keine Prachtbauten, denn, wie die Spartaner sagten, die Mauern waren sie selbst; und sie selbst waren die Prachtbauten.

Die Spartaner lebten in Lakonien, im Tal des Flusses Evrotas, umgeben von Bergen und unwirtlichem Terrain. Die Gegend war trocken und besaß keinen guten Ackerboden wie das übrige Griechenland. Vielleicht war das einer der Gründe, weshalb die Spartaner Kämpfer heranzogen statt Getreide. Sie duldeten keine Schwäche, trainierten hart und wurden so die gefürchtetsten Krieger der antiken Welt, die zu unerhörten Taten imstande waren. In der Schlacht bei Kunaxa wüteten dreitausend spartanische Söldner als Teil des »Marsches der Zehntausend« schrecklich gegen eine persische Armee. Jeder Spartaner beherrschte vier Waffenarten – Schwert, Speer, Schild und Kopis, ein ziemlich fieses Hiebschwert.

Sparta existiert noch heute, doch es ist eine recht verschlafene Stadt. Gleich außerhalb der altgriechischen Gassen befindet sich eine Fahrstraße. Auf einem Hügel dahinter stehen die spartanische Akropolis sowie Ruinen, die über zweitausend Jahre alt sind. Steinerne Zeugen aus vielen verschiedenen Epochen

mischen sich dort, aber insgesamt hat sich seit der Zeit von König Leonidas nicht allzu viel verändert. Allein deshalb lohnt sich der Besuch. Verglichen mit Athen ist Sparta mühsam zu erreichen, und das trägt zu seinem Zauber bei. Es ist eine Gegend voller Legenden – und der größte Kriegerstaat der Geschichte.

5

DAS FORUM IN ROM

Rom ist ein wunderbares Urlaubsziel mit zahlreichen Sehenswürdigkeiten: Kolosseum, Petersdom, Sixtinische Kapelle, die Bernini-Statuen, der Trevi-Brunnen und so weiter. Dabei ist es – verglichen zum Beispiel mit Shanghai, New York oder London – eine eher kleine Stadt, an einem Nachmittag kann man eine Menge sehen. Das Forum ist ein außergewöhnlicher Ort. Einige Baudenkmäler wie das Haus des Augustus auf dem Palatin sind sogar so gut erhalten, dass man noch die fantastischen Wandmalereien erkennen kann, die vor zweitausend Jahren aufgetragen wurden.

Wie die griechische Agora (Altgriechisch für »offener Platz, Markt«) zuvor war das Forum der Ort in Rom, wo Politik gemacht wurde: Hier wurden Reden gehalten, Briefe laut verlesen, Triumphzüge abgehalten. Aber auch Aufstände nahmen hier ihren Ausgang. Das Forum Romanum liegt etwas unterhalb der modernen Stadt, sodass man an vielen Stellen von außen in die Vergangenheit hinunterschauen kann. Manchmal erinnern ein großer Bogen oder auch nur wenige Säulen an den Ruhm vergangener Zeiten – wie der Tempel der Vesta oder ein Senatsgebäude, das bereits das dritte oder vierte an dieser Stelle war.

Heute kann man von den Ruinen des Pompeius-Theaters über das Kapitol ins Forum gehen – genau wie die Mörder von Julius Caesar es im Jahr 44 v. Chr. taten. Sie zeigten damals ihre blutigen Hände, zum Beweis, dass sie sich nicht für ihre Tat schämten, obwohl das sehr angebracht gewesen wäre. Am Ende entging keiner von ihnen der Bestrafung. Brutus, einer der Verschwörer, stürzte sich in sein Schwert, um der Gefangennahme zu entgehen.

Rom ist voller Geschichten, daher empfehlen wir dir einen guten Reiseführer. Am besten fährst du im Januar oder Februar hin, wenn nicht so viel Trubel herrscht, der Himmel aber manchmal schon tiefblau ist. Rom ist ein fantastischer Ort, der den Titel »Ewige Stadt« wahrhaft verdient hat.

6

POMPEJI

Es gibt nur einen Ort, der es mit Pompeji aufnehmen kann, und das ist Herculaneum, die Nachbarstadt. Auch sie wurde beim Ausbruch des Vesuvs im Jahr 79 n. Chr. verschüttet. Pompeji wurde dabei unter einer dicken Ascheschicht begraben, während Herculaneum unter superheißem Schlamm erstickt wurde, der rasch abkühlte und erstarrte. Dabei blieben Türen und sogar Tische intakt, Mosaike und Tongefäße fanden sich später genau an der Stelle, wo sie bei der schrecklichen Katastrophe verschüttet worden waren. Die Menschen, die damals starben, sind ein erschütternder Anblick. Schon die ersten Archäologen, die dort gruben, stießen auf Hohlräume mit menschlichen Umrissen. Sie füllten die von den Körpern geformten Hohlräume mit Gips und legten sie frei, sodass man heute die Menschen zum Zeitpunkt ihres Todes sieht – Mütter, die sich über ihre Kinder beugen, Väter, die vergeblich versuchen, ihre Familien zu beschützen. Bilder von kaum auszuhaltender Tragik.

In Pompeji kann man über Straßen spazieren, die aus der Zeit des Römischen Reiches stammen. Noch immer sieht man die Furchen, die Wagenräder hinterlassen haben. Bleileitungen verraten, wie Trinkwasser in die Stadt geleitet wurde. Es lohnt sich übrigens, einen Führer zu engagieren, der einem alles erklärt. Man fliegt nach Neapel und sucht sich ein Zimmer an der Amalfiküste. Von da aus gelangt man in einer halben Stunde nach Pompeji. Herculaneum, das gleich neben Pompeji liegt, ist kleiner, aber in gewisser Weise noch tragischer. Vor dem Ausbruch war es ein Hafenstädtchen, in dem viele wohlhabende Römer Häuser be-

saßen. Als der Ascheregen einsetzte, liefen sie zum Strand, wie jeder es machen würde. Dort kamen sie nicht weiter, denn das Meer kochte. Die Ausgrabungen in Herculaneum gestalteten sich viel schwieriger als in Pompeji, und mindestens die Hälfte der Stadt ist noch verschüttet – nicht zuletzt, weil moderne Bebauung die Arbeiten verhindert. Dafür sorgte das harte vulkanische Material in Herculaneum dafür, dass alles besser erhalten ist als in Pompeji. Die Farben sind noch zu erkennen, es findet sich sogar verkohltes Mobiliar. Auch hier braucht man einen Führer, aber nimm dir auch die Zeit, einfach still durch die Ruinen zu wandern. Der Vater von Julias Caesar besaß in Herculaneum ein Ferienhaus. Mithilfe moderner Software gelang es, einige der verbrannten Schriftrollen von dort lesbar zu machen.

Normalerweise ist es auch möglich, auf den Vesuv hinaufzufahren. Dafür nimmst du dir am besten noch einen Tag Zeit. Du gelangst über eine lange, gewundene Straße nach oben. Vom Parkplatz führt ein nicht allzu waghalsiger Weg zum Kraterrand, und die Aussicht ist fantastisch. Aus dem Krater steigt noch immer Rauch auf. Kein Wunder – der Vesuv ist ein aktiver Vulkan. Deshalb besteht eine sehr geringe Wahrscheinlichkeit, dass du nicht mehr herunterkommst. Wer genau hinschaut, dem begegnet überall ringsum die Vergangenheit.

ZEITVERTREIB:
ZWEI TISCHTRICKS

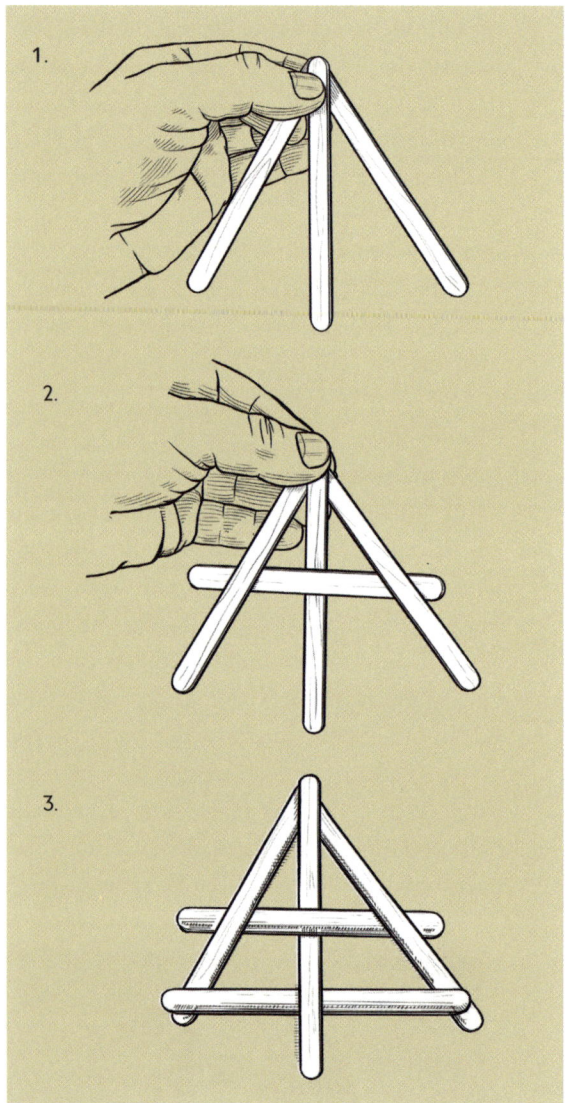

Diese Tricks solltest du unbedingt kennen. Es dauert ein paar Minuten, bis du sie draufhast, aber dann hast du dein ganzes Leben etwas davon.

LUTSCHERSTIEL-KREISEL

Einfach, aber es funktioniert – und man sieht nicht sofort, wie es geht.

Nimm drei Lutscherstiele und halte sie so wie auf der Abbildung. Der mittlere sollte oben liegen.

Jetzt nimmst du einen vierten Stiel und fädelst ihn wie auf Abb. 2 dargestellt durch die ersten drei.

Zum Schluss fädelst du den fünften Stiel ein, und zwar genau andersherum als den vierten. Die gegensätzlichen Kräfte halten das Ganze zusammen.

Jetzt könntest du natürlich noch mit ein paar Tropfen Sekundenkleber verhindern, dass die Konstruktion jemals wieder auseinanderfällt, aber das zerstört irgendwie den Aha-Effekt. Den Kreisel kannst du auf einer geraden Fläche drehen lassen, und wenn er kaputtgeht, setzt du ihn einfach wieder zusammen.

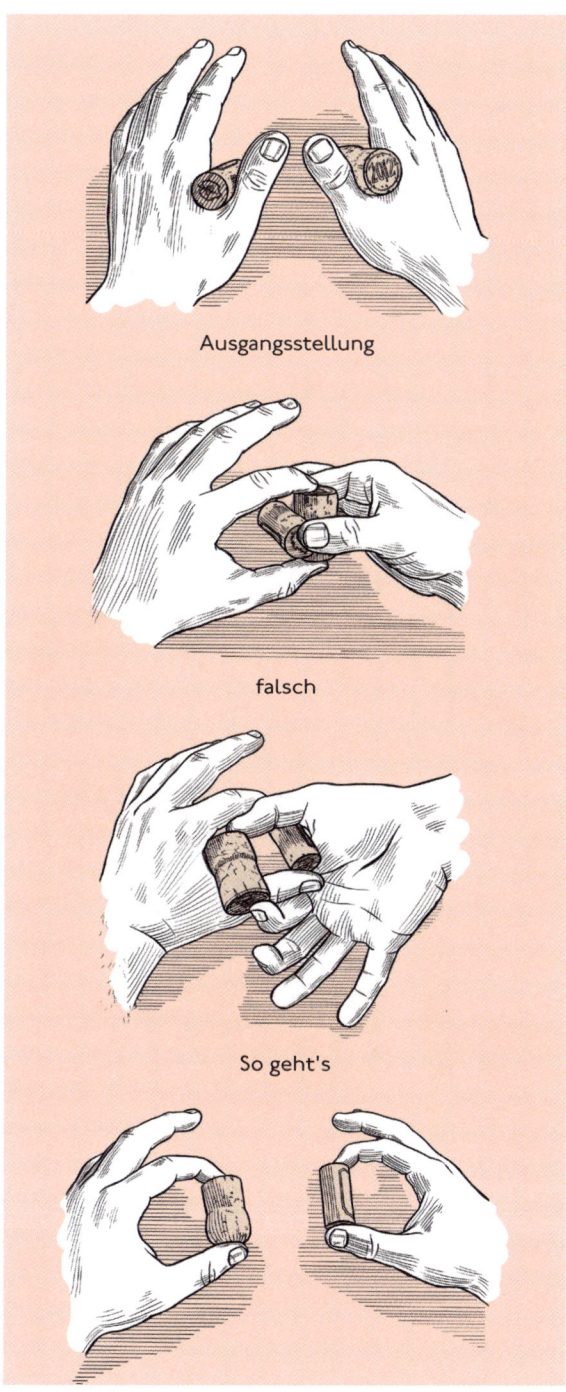

Ausgangsstellung

falsch

So geht's

»ONKEL-MAZ-KORKEN«

Das ist ein Favorit in unserer Familie, dank Mario Arpino, der uns jahrelang damit in den Wahnsinn getrieben hat.

Nimm zwei Korken und halte sie wie auf der Abbildung in der Beuge zwischen Daumen und Zeigefinger.

Ziel ist, die Korken zu vertauschen, aber nur mithilfe von Daumen und Zeigefinger. Der erste Versuch geht normalerweise schief, so wie auf der zweiten Abbildung. Das Lustige ist, dass du immer und immer wieder vorführen kannst, wie man es machen muss, aber nur wenige es nachmachen können. Du zeigst es ihnen, gibst ihnen die Korken, und sie schaffen es nicht. Also fangt ihr wieder von vorn an. Sie schauen genau zu, wie du es machst, bitten dich, dass du es ganz langsam vorführst – und schaffen es immer noch nicht!

Der Trick ist, dass man eine Hand drehen muss, es aber so aussehen lässt, als würde man beide drehen.

Zum Üben lässt du deine linke Hand oben und starr und drehst die rechte dann so, dass die Handfläche auf dich zeigt. Dann musst du beide Korken packen können wie auf der Abbildung, also nur mit Daumen und Zeigefinger. Zieh sie vorsichtig auseinander. Dabei drehst du die rechte Hand wieder zurück, damit die anderen den Trick nicht so leicht erkennen. Am Schluss sieht es dann so aus wie auf dem untersten Bild.

AUSSERGEWÖHNLICHE GESCHICHTEN
Teil 2
ALEXANDER GERST

Es ist der 7. Oktober 2014. An der Internationalen Raumstation ISS beginnt ein heikles Manöver: Ein neues Kabelsystem für den Greifarm muss installiert werden – von außen. Außen heißt: draußen im Weltraum. Dort herrscht Schwerelosigkeit, die kosmische Strahlung ist hoch, und Luft zum Atmen gibt es nicht. Durch die Druckschleuse verlassen zwei Männer die ISS. Einer von ihnen ist der Deutsche Alexander Gerst. Eigentlich sollte sein Außeneinsatz bereits im August stattfinden, doch er wurde verschoben. Nun ist es endlich so weit.

Angst darf hier draußen keiner haben. Schiefgehen darf möglichst auch nichts. Während seiner Ausbildung hat Gerst jeden Handgriff unzählige Male geübt und wiederholt. In seinem sperrigen Raumanzug fällt ihm jede Bewegung schwer, doch ohne Schutzanzug wären er und sein Kollege Reid Wiseman von der NASA in wenigen Minuten tot. Im Weltraum herrscht ein Vakuum, das der Anzug durch Überdruck ausgleicht. Er schützt zugleich vor gefährlicher Strahlung und ermöglicht durch ein eingebautes Sauerstoffgerät die Atmung. Mehr als sechs Stunden dauert der Außenbordeinsatz der beiden Astronauten. Sie sind durch Halteleinen mit der Raumstation verbunden, weil sie in der Schwerelosigkeit sonst ins All davonschweben würden. Die Arbeit außen an der Station ist mühsam, doch am Ende ist das Kabelsystem installiert und auch gleich noch eine defekte Kühlpumpe umgelagert. Außenbordeinsatz erfolgreich beendet!

DER TRAUM
VOM WELTRAUMFLUG

Alexander Gerst, am 3. Mai 1976 in Künzelsau (Baden-Württemberg) geboren, träumt schon als Kind davon, einmal in den Weltraum zu fliegen. Sein Großvater, ein Funkamateur, weckt seine Begeisterung für das Weltall. Von ihm bekommt Alexander auch ein Buch über die Mondlandung, die ihn in ihren Bann zieht. Aber weil er sich für nahezu alle Bereiche der Naturwissenschaften interessiert und besonders von Vulkanen fasziniert ist, studiert er zunächst Geophysik und wird Geowissenschaftler und Vulkanologe. Doch seinen Traum vom Weltall gibt er nicht auf. Als die ESA (kurz für European Space Agency,

die Europäische Weltraumorganisation) im Jahr 2008 neue Bewerber für ein Auswahlverfahren zulässt, versucht er sein Glück. Der junge Forscher will sich aber keine zu großen Hoffnungen machen. Die Wartezeit zieht sich hin, also konzentriert er sich erst mal auf seine Arbeit als Vulkanologe. Zwei Jahre später erhält er für seine Arbeit über einen Vulkan am Südpol den Doktortitel.

AUSWAHLVERFAHREN
UND AUSBILDUNG

Doch im Sommer 2008 befindet er sich gerade mitten im Urwald von Vanuatu, um einen Vulkan zu erforschen, als das Satellitentelefon klingelt: Die ESA lädt ihn tatsächlich zu einer Testrunde ein! Ihn und 8412 weitere Männer und Frauen … Ein Jahr dauert das Auswahlverfahren: fachliche Wissenstests, physiologische, psychologische und medizinische Untersuchungen, Belastbarkeit in Extremsituationen, Teamfähigkeit – alles kommt auf den Prüfstand. Und natürlich spielt auch die körperliche Fitness eine große Rolle. Wie gut, dass Gerst eine Menge sportliche Hobbys wie Fechten, Schwimmen, Laufen, Klettern, Fallschirmspringen, Snowboarden und Tauchen hat und topfit ist.

Er schafft es durch alle Prüfungen und Härtetests! Doch die wahre Herausforderung wartet noch auf ihn: die beinharte Ausbildung zum Astronauten. Europäische Astronauten werden auf der ISS (die englische Abkürzung für International Space Station) eingesetzt. Der irdische Außenposten im All kreist in rund 400 Kilometer Höhe um die Erde. Er ist das größte Bauwerk im Weltall. Auf der Erde würde die ISS nicht auf ein Fußballfeld passen. Die ISS wurde aus vielen Einzelteilen, sogenannten Modulen, im All zusammengebaut. Sie fliegt mit einer durchschnittlichen Geschwindigkeit von 27.700 Kilometern in der Stunde um die Erde – das macht 16 Umkreisungen täglich. In der Nacht kann man die hell leuchtende Raumstation manchmal sogar mit bloßem Auge am Himmel erkennen. Dort arbeiten und forschen – was für ein Abenteuer! Für Gerst wird sein Traum tatsächlich wahr.

Aber zuerst geht es zur einjährigen Grundausbildung in das Europäische Astronautenzentrum in Köln. Raumfahrttechnik, Elektrotechnik und die verschiedenen Weltraumprogramme gehören zu den Unterrichtsfächern. Die Aufbauausbildung dauert ebenfalls ein Jahr. Nun lernen die künftigen Astronauten alles, was sie über Betrieb und Wartung von ISS-Modulen und Transportraumschiffen wissen müssen. Navigation, Robotertechnik, Innen- und Außenbordeinsätze – Alexander Gerst wird auf alle Arbeiten, die während eines Weltraumeinsatzes anstehen, vorbereitet. Das Training findet auch an internationalen Ausbildungsstätten statt, am Lyndon B. Johnson Space Center der NASA in Houston, USA, am Tsukuba Space Center der japanischen Raumfahrtbehörde JAXA in Japan, am John H. Chapman Space Centre der Canadian Space Agency in Longueuil/Québec, Kanada, und im Yuri A. Gagarin Cosmonaut Training Center der russischen Weltraumorganisation Roscosmos in Moskau.

Während der letzten, missionsspezifischen Phase der Ausbildung werden die speziellen Kenntnisse und Fähigkeiten vermittelt, die für die jeweilige Weltraummission benötigt werden. Es ist eine ganz besondere Zeit, in der Teamgeist und Zusammengehörigkeitsgefühl eine große Rolle spielen. Allen ist klar, dass nur eine Handvoll von ihnen es tatsächlich schaffen wird. Natürlich gibt es noch Ersatzteams, aber insgeheim träumt jeder davon, zu den Auserwählten zu gehören, die tatsächlich ins All fliegen dürfen.

Alexander Gerst zieht vor dem Training im Swimmingpool im Kosmonautentrainingszentrum seinen Raumanzug an

DER ERSTE WELTRAUMFLUG

Alexander Gerst wird als einziger Deutscher im Mai 2009 gemeinsam mit fünf anderen für das Astronautenkorps der ESA ausgewählt. Am 28. Mai 2014 startet er schließlich zu seiner ersten Reise ins All. Als Bordingenieur fliegt er an Bord einer russischen Sojus-Rakete zur ISS, um dort zahlreiche wissenschaftliche Experimente durchzuführen. Auf der ISS herrscht Schwerelosigkeit; die perfekte Bedingung für Versuche, die auf der Erde mit ihrer Schwerkraft nicht möglich sind. Biologische und physikalische Experimente, Strahlungsforschung – Alexander Gerst und seine Kollegen haben viel zu tun. Und dann ist da schließlich auch noch der Außenbordeinsatz zu absolvieren, einen Monat, bevor er im November zur Erde zurückkehrt. Wenn er einmal etwas Zeit hat, genießt Gerst den Blick aus dem Weltall auf die Erde. Von der ISS aus sieht unser blauer Planet unvergleichlich schön aus. Er sagt: »Um zu erkennen, wie schön die Erde ist, brauchte ich eine Minute.«

Start zur ISS am 6.6.2018 in Baikonur

DIE ZWEITE WELTRAUMMISSION

Aber die Mission Blue Dot – so der Name seines ersten Einsatzes auf der ISS – ist noch längst nicht der Höhepunkt seiner Karriere, denn Gerst wird noch ein zweites Mal unser Mann im All. Vier Jahre später, am 6. Juni 2018, fliegt er erneut zur ISS, um dort mehr als sechs Monate zu forschen. Während der Horizons-Mission übernimmt er für knapp drei Monate das Kommando auf der Raumstation. Er ist erst der zweite Europäer, der mit dieser Führungsaufgabe betraut wird. Als Kommandant ist er verantwortlich für den reibungslosen Betrieb auf der Station, für die Sicherheit und für das Management im Krisenfall. Zum Glück geht auch bei dieser Mission alles gut. Am 20. Dezember 2018 landet er gemeinsam mit zwei russischen Kollegen wieder auf der Erde.

Und wie geht es weiter für ihn? Einmal Astronaut, immer Astronaut: Ein drittes Mal wird Gerst wohl nicht ins All reisen, doch gehört er weiterhin zum Astronautenkorps. Gemeinsam mit anderen Wissenschaftlern arbeitet er an der Vorbereitung neuer Weltraummissionen. Und wenn seine Zeit es zulässt, hält er Vorträge in der ganzen Welt, um möglichst vielen Menschen klarzumachen, wie einzigartig und schützenswert unser Planet ist: »Der gigantische Rest des Weltraumes ist schwarz, öde und lebensfeindlich. Der wirklich, wirklich besondere Ort darin, das ist unser einzigartiger blauer Heimatplanet.«

WIE WIRD MAN ESA-ASTRONAUT?

Bewerber sollten Naturwissenschaften, Medizin oder Ingenieurwissenschaft studiert haben und mindestens drei Jahre Berufserfahrung vorweisen können. Von Vorteil ist Flugerfahrung als Pilot. Perfekte Englischkenntnisse sind genauso Voraussetzung wie körperliche Fitness, Gesundheit und psychische Belastbarkeit.

Wer alle Tests besteht und ins Ausbildungsprogramm aufgenommen wird, auf den warten ein Jahr Grundausbildung, ein Jahr Aufbauausbildung und eineinhalb Jahre missionsspezifische Ausbildung. Bewerben kannst du dich allerdings nur, wenn gerade Stellen ausgeschrieben sind. Das letzte Auswahlverfahren – an dem auch Alexander Gerst teilnahm – fand 2008 statt.

STRESSBÄLLE UND -ROLLER

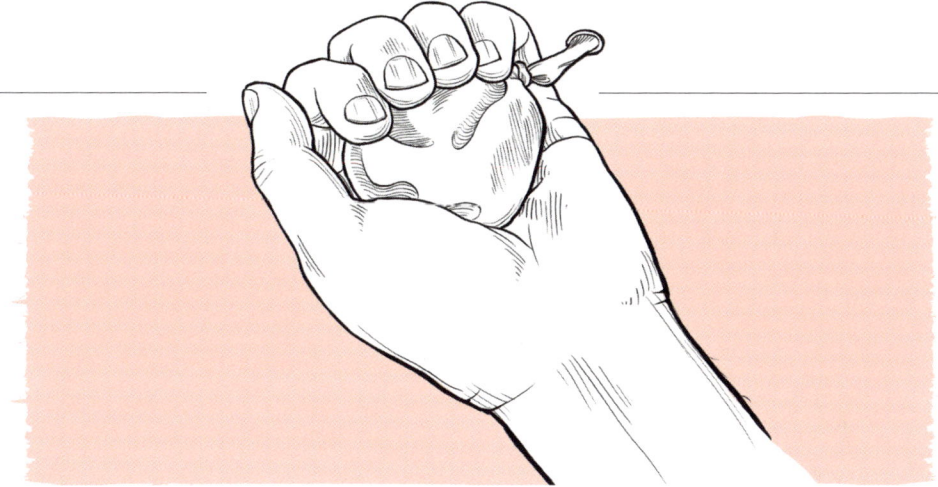

Wer eine harte Arbeitswoche hinter sich hat und nur noch das Wochenende herbeisehnt, ist vielleicht erschöpft. Stress ist etwas anderes. Stress empfinden Menschen, wenn sie glauben, dass sie die Aufgaben, die vor ihnen liegen, nicht bewältigen können. Wenn wir eine Sache – besser gesagt zwei – im Leben gelernt haben, dann dass es hilft, gut zu schlafen, wenn etwas übermächtig scheint. Am nächsten Morgen ist das Problem zwar noch genauso da wie am Abend, aber es wirkt kleiner, weil man besser damit zurechtkommt. Das zweite, was ganz wichtig ist, ist Bewegung. Aber als Sofortmaßnahme hier jetzt erst mal eine schnelle, einfache Anleitung zur Herstellung von Gegenständen, die man drücken kann.

STRESSBÄLLE

Wir haben ein Sortiment verschieden großer Luftballons gekauft. Ganz grob kann man sagen: Je größer sie sind, desto besser.

Wir waren in einem Partyladen, aber das hat nicht annähernd so viel Spaß gemacht, wie wir erwartet hatten. Außerdem haben wir es mit der Größe der Ballons doch ein wenig übertrieben und zwei für je 5 Euro gekauft, die einfach riesig waren und viel zu groß für den eigentlichen Zweck.

Als wir Stressbälle in unserer Kindheit gebaut haben, haben wir uns einfach Mehl aus dem Küchenregal genommen. Weil Mehl ja nichts kostet, dachten wir. Tut es aber doch, wenn auch nicht übermäßig viel. Aber Maismehl tut's auch. Wenn du keinen Trichter hast, bastele dir einen aus Papier. Das obere Loch muss breiter sein als das untere. Fixiere ihn mit Tesa. Pass auf, dass alles drum herum trocken ist – das Einfüllen ist nämlich keine ganz saubere Sache, und mit an Sicherheit grenzender Wahrscheinlichkeit geht etwas von dem Mehl daneben und würde dann mit dem Wasser schön verkleben.

Luftballons dehnen sich nicht, wenn man Mehl hineinfüllt. Aber blas sie vor dem Befüllen ja nicht auf, sonst gibt's das absolute

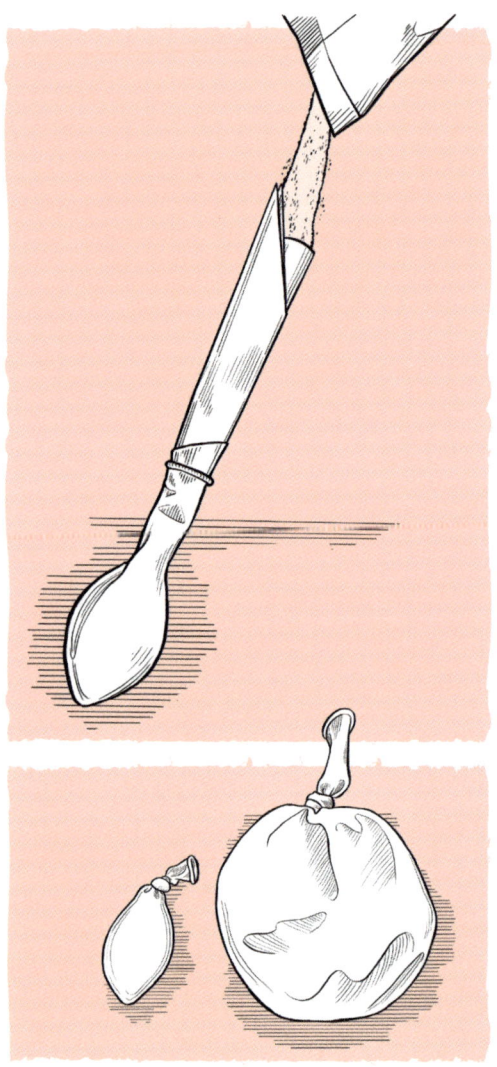

ROLLER

Manchmal kann man nicht recht erklären, warum etwas funktioniert. Unsere Roller sind die einfachste Sache der Welt, aber schon als Kinder haben sie uns Riesenspaß gemacht, und als wir sie jetzt wieder auf dem Küchenfußboden gebastelt haben, war es nicht anders. Nimm ein Stück Alufolie und stülp es über einen kleinen Ball (z. B. einen Golfball oder eine Boccia-Kugel), und zwar so locker, dass der Ball sich problemlos drehen kann. Forme aus der überstehenden Folie einen Schwanz oder schneide ihn mit der Schere zurecht. Wenn du den Ball nun über den Fußboden rollst, sieht es aus, als wäre er lebendig. Falls du je den Film *E. T.* gesehen hast: Es bewegt sich ein bisschen wie E. T. mit einem Laken über dem Kopf. Schnell weg!

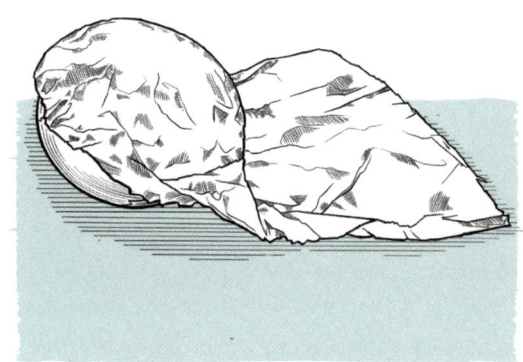

Chaos! Mach es am besten so: Fülle mithilfe des Trichters so viel Mehl in den Ballon, bis er sich voll anfühlt, Knoten reinmachen – fertig. Ob die Dinger bei Stress wirklich helfen, weiß vermutlich kein Mensch, aber es fühlt sich angenehm an, sie zu drücken, und sie halten, bis das Gummi mürbe wird. Unsere Riesenballons sahen übrigens aus wie medizinischer Abfall. Der blaue erinnerte die Leute an einen Beutel für Hundehäufchen.

DREI GRIECHISCHE LEGENDEN, DIE JEDER JUNGE KENNEN SOLLTE

Manche Geschichten sind so bekannt, dass sie in die Alltagskultur eingehen und die klaren Konturen des Historischen verschwimmen. Als man Königin Marie Antoinette während der Französischen Revolution sagte, die Bauern hätten kein Brot, hat sie da wirklich erwidert: »Dann sollen sie doch Kuchen essen!« (besser gesagt: Brioche, auf Französisch)? Unwahrscheinlich, aber das Zitat dient als Beleg für ihre Arroganz, einerlei wie sehr man ihr damit vielleicht Unrecht tut. Hat tatsächlich jemand vorhergesagt, Caesar werde am 15.3., den Iden des März, umgebracht, oder wurde das später hinzugefügt, um seinem Tod etwas Heldenhaftes zu verleihen? Hat Sir Walter Raleigh wirklich mit seinem Mantel eine Pfütze bedeckt, damit Königin Elisabeth I.

trockenen Fußes darüberschreiten konnte? Niemand kann es mit Gewissheit sagen. Geschichte ist nicht nur in Steine eingeschrieben – sie wird mündlich weitergegeben. Wir erzählen von den großen Ereignissen, und was immer wieder durchscheint, sind die Helden und die Schurken – und unsere gemeinsamen Werte. Die Grenze zwischen Geschichte und Mythos verläuft fließend, und die Mythologie trägt stets einen Funken Wahrheit in sich. Durch beides zieht sich ein roter Faden aus wahrem Leben, Parabeln und Bildern von seltsamen Bestien und Seeungeheuern (wie Kalmaren, Walen und Komodowaranen) bis hin zu Prometheus, der das Feuer stahl und schrecklich bestraft wurde – oder der, um es anders auszudrücken, Freud und Last der Erkenntnis kennenlernte.

Ohne diese gemeinsamen Bezugspunkte verlören wir vieles, was die Verständigung erleichtert. Nennt man zum Beispiel eine Aufgabe eine Sisyphusarbeit, dann sollten die Zuhörer wissen, dass jener Sisyphos von Zeus die Aufgabe gestellt bekam, einen Stein einen Berg hinaufzuwälzen, der, endlich fast oben angekommen, gleich wieder herunterrollte – immer wieder, in alle Ewigkeit. Eine nie endende Aufgabe, wirklich tragisch.

Es gibt zahlreiche gute Bücher über die griechischen Legenden, lass sie Teil deiner Allgemeinbildung werden. Denn eins ist sicher: Du wirst es nie bereuen, dass du sie gelesen hast. Hier sind ein paar der bekanntesten Geschichten.

---

①

HERAKLES

Dieser frühgriechische Held war ein Kind von Zeus und einer sterblichen Frau. Bei den Griechen hieß er Herakles, wir kennen ihn heute eher unter seinem römischen Namen Herkules.

Wir wissen nicht sicher, ob die Figur auf einen antiken Krieger zurückgeht, der tatsächlich gelebt hat, auch wenn das wahrscheinlich ist. Mit seiner berühmten Keule und dem Löwenfell ist er jedenfalls einer der ersten Superhelden. Er zeichnete sich durch seine außergewöhnliche Kraft aus. Doch in erster Linie war er eine tragische Gestalt – und dieser Realismus ist es, der die Vermutung nährt, dass er einst tatsächlich gelebt hat.

Das erste Drama über Herakles verfasste der Athener Euripides um 417 v. Chr., zu einer Zeit, als Herakles schon lange verehrt wurde. Im ersten Jahrhundert n. Chr. griff der römische Dichter Seneca den Stoff auf und verfasste das Stück *Hercules furens* – »Der rasende Herkules«. Die groben Züge der Geschichte kennen wir aus der *Bibliotheke* des Apollodor, einer im ersten oder zweiten Jahrhundert entstandenen Sammlung aller antiken Mythen und Legenden Griechenlands. Es gibt auch andere Quellen, doch da dieses Werk über die Jahrhunderte immer wieder kopiert wurde, hat es weitgehend überlebt. Darin steht: »Nehmt eure Kenntnis der Vergangenheit von mir und lest die alten Geschichten gelehrter Kunde. Schaut nicht auf die Seite des Homer, noch auf die Elegie, noch die tragische Muse oder die epische Spannung. Sucht nicht die gerühmten Verse des Zyklus, sondern schaut auf mich, und ihr werdet alles finden, was die Welt enthält.«

DIE ZWÖLF AUFGABEN

Der griechische Gott Zeus war kein treuer Ehegatte, im Gegenteil. Und so reagierte seine Frau Hera stinksauer, als sie erfuhr, dass er ein weiteres Kind mit einer anderen Frau gezeugt hatte: Herakles. Zunächst schickte sie Schlangen, die den Neugeborenen in der Krippe töten sollten, doch schon als Baby war er so stark, dass er die Viecher packte und kurzerhand erwürgte. Später belegte sie den jungen Herakles mit einem Zauber, sodass er in seiner Gemahlin und seinen Söhnen Feinde sah und sie erschlug. Als er begriff, was er getan hatte, überkamen ihn Kummer und Grauen.

Um Buße zu tun, befragte er das Orakel von Delphi, das in vielen altgriechischen Mythen eine entscheidende Rolle spielt und dessen Existenz belegt ist. Das Orakel wurde von

Priesterinnen in einem Tempel betrieben, unter dem vulkanische Schwefeldämpfe aufstiegen. Delphi war ein furchterregender Ort, und die Griechen pflegten sich an das dortige Orakel zu wenden, wenn sie in die Zukunft blicken oder die Lösung für ein Problem erfragen wollten. Das Orakel schickte Herakles zu seinem Halbbruder, König Eurystheus. Der trug ihm zwölf Aufgaben auf: die berühmten Taten des Herakles. (Ursprünglich waren es nur zehn, doch Eurystheus verabscheute offenbar das Dezimalsystem und packte am Schluss noch einmal zwei weitere Aufgaben drauf.)

1. ERLEGUNG DES NEMEISCHEN LÖWEN.
   Früher lebten tatsächlich Löwen in Griechenland. Natürlich sind sie längst ausgerottet.

2. TÖTUNG DER NEUNKÖPFIGEN HYDRA.
   Ein sprichwörtlich gewordenes Monster. Jedes Mal, wenn Herakles der Hydra einen Kopf abschlug, wuchsen ihr zwei neue. Schließlich musste er die Hälse mit Feuer ausbrennen.

3. EINFANGEN DER KERYNITISCHEN HIRSCHKUH. Eine Hirschkuh, die Herakles ein ganzes Jahr jagte, bis er sie endlich einfangen konnte.

4. EINFANGEN DES ERYMANTISCHEN EBERS. Einschließlich etlicher Nebenabenteuer mit Zentauren und Besäufnissen.

5. AUSMISTEN DER RINDERSTÄLLE DES AUGIAS. Eine Tat, die ebenfalls sprichwörtlich geworden ist. Ein Augiasstall ist noch heute eine Bezeichnung für einen stark verdreckten Raum. Herakles säuberte ihn, indem er zwei Flüsse umleitete, die den Mist davontrugen.

6. VERTREIBUNG DER STYMPHALISCHEN VÖGEL. Der Stymphalos ist ein See in Griechenland, und mit den dort hausenden Vögeln war nicht gut Kirschen essen. Herakles schoss sie mit Pfeilen ab, deren Spitzen er ins giftige Blut der Hydra getaucht hatte.

7. EINFANGEN DES KRETISCHEN STIERS.
   Ein gewaltiger weißer Stier, von Poseidon, dem Gott des Meeres, mit Raserei geschlagen. Obwohl es ein furchteinflößendes Tier war, gehört diese Tat zu Herakles' leichteren Aufgaben. Stiere können, ähnlich wie Elefanten, ziemlich rabiat werden. Dass so ein Tier eine Gefahr für die Allgemeinheit darstellt, kann man sich unschwer vorstellen.

8. ZÄHMUNG DER MENSCHEN-FRESSENDEN ROSSE DES DIOMEDES.
   Diese Tat wird oft vergessen. Herakles sollte die menschenfressenden Pferde entführen. Er konnte sie erst zähmen, nachdem er ihnen den einstigen Besitzer zum Fraß vorgeworfen hatte.

9. HERBEISCHAFFUNG DES ZAUBER-GÜRTELS DER AMAZONENKÖNIGIN HIPPOLYTE.
   Hippolyte, die Königin der Amazonen, besaß einen kostbaren Zaubergürtel, der von Herakles gestohlen wurde – je nach Version friedlich oder nachdem er zahlreiche Amazonen getötet hatte.

10. RAUB DER RINDERHERDE DES RIESEN GERYON, eines Monsters mit drei Köpfen. Herakles tötete Geryons Hund und seinen Hirten und schließlich ihn selbst mit einem Pfeil, der in Hydrablut getränkt war. Mit den Rindern erlebte er noch einige Abenteuer, bis er sie schließlich dem Eurystheus brachte.

Nachdem er diese zehn Taten vollbracht hatte, mäkelte König Eurystheus, weder die Hydra noch die Augiasställe würden zählen, weil Herakles dabei von Dritten geholfen worden war. Im zweiten Fall waren die Helfer zwei Flüsse – was als Vorwurf ein bisschen schwach erscheint. Jedenfalls erlegte ihm der König zwei weitere Aufgaben auf:

11. **PFLÜCKEN DER GOLDENEN ÄPFEL DER HESPERIDEN.** Diese wuchsen vermutlich irgendwo im heutigen Portugal, und vielleicht waren es eher Orangen. Jedenfalls pflückte Herakles sie und brachte sie nach Hause.

12. **HERAUFBRINGEN DES KERBEROS AN DIE OBERWELT.** Der Wachhund Kerberos gehörte Hades, dem Gott der Unterwelt. Ziemlich sicher war es Eurystheus' Absicht, dass Herakles von diesem Abenteuer nicht zurückkehren sollte. Der aber fand einen Zugang, stieg hinab und brachte den dreiköpfigen Hund mit nach oben – im Schwitzkasten, um ihm ein bisschen Benehmen beizubringen.

Nachdem er mit dem Kerberos durch Griechenland gezogen war (einen Krieger mit einem riesigen Mastiff, dem später etwas Heroischeres angedichtet wurde, kann man sich doch gut vorstellen, oder?), brachte Herakles den Höllenhund wieder in die Unterwelt, genehmigte sich ein Schlückchen und ruhte ein wenig aus.

Die zwölf Aufgaben sind die Geschichte einer Buße – ein schrecklicher Preis für eine große Sünde. Aber sie sind auch eine tolle Geschichte über das Überleben und den Sieg gegen Feinde, aussichtslose Lagen und eine echt aufgebrachte Göttin.

2

JASON UND DIE ARGONAUTEN

In Thessalien tötete Jasons Onkel Pelias alle Anwärter auf den Thron, der eigentlich Jasons Vater zustand, bestieg diesen selbst und warf seinen eigenen Halbbruder in den Kerker. Der neugeborene Jason entkam dem Gemetzel nur, weil seine Mutter den neuen König Pelias davon überzeugte, dass Jason tot geboren worden sei. Treue Diener retteten ihn. Als Pelias ein Orakel befragte, erhielt er die Antwort, er werde seinen Thron an einen Mann verlieren, der nur einen Schuh trägt.

Jahre später kehrte Jason, inzwischen zum Manne gereift, an Pelias' Hof zurück – mit nur einem Schuh, den anderen hatte er unterwegs verloren. Sein Onkel war nicht gewillt, auf das Orakel zu hören und abzudanken. Stattdessen stellte er Jason in Aussicht, ihm den Thron zu überlassen, wenn dieser ihm das Goldene Vlies bringe – das Fell eines legendären goldenen Hammels, der Jahrhunderte zuvor Zeus geopfert worden war. Jason zögerte nicht lange und scharte fünfzig Helden um sich, darunter Herakles, Orpheus und Theseus. Er ließ ein Schiff bauen, dem er den Namen *Argo* gab – von diesem Namen leitet sich die Bezeichnung »Argonauten« für seine Gefährten ab.

Ehe sie das Objekt ihrer Begierde errangen, hatten Jason und seine Gefährten jede Menge Abenteuer zu bestehen, bei denen sie meist von einer Insel zur nächsten fuhren und dort wahlweise mit Monstern oder seltsamen Frauen kämpften. Rachsüchtige oder zornige Frauen kommen in der griechischen Mythologie überhaupt ziemlich häufig vor.

Medea-Statue in Batumi, Georgien

Auf einer Insel zeugten die Argonauten Kinder, auf der nächsten besiegten sie diverse Riesen, verloren ihren Gefährten Hylas an Nymphen, die ihn ertränkten, ließen aus Versehen Herakles zurück, der nach Hylas suchen wollte, töteten versehentlich einen befreundeten König und retteten einen anderen, indem sie Harpyien töteten – wilde Vogelfrauen, deren Name noch in unserem heutigen Sprachgebrauch eine unangenehm kreischende Frau beschreibt. Die Argonauten überlebten Felsen, die sie zerquetschen sollten, indem sie rasch dazwischen hindurchruderten, und erreichten schließlich Kolchis, wo König Aietes das sagenhafte Vlies sein Eigen nannte.

Auch Aietes war mit allen Wassern gewaschen. Listig versprach er Jason das Vlies, wenn dieser eine Aufgabe erfüllte. Zu sei-

nem Glück bekam Jason Hilfe von Medea, der Tochter des Königs, die nicht nur eine mächtige Zauberin war, sondern zudem – so ein Zufall – jung und schön und auch noch in Jason verliebt. Die Aufgabe bestand darin, die feuerspeienden Stiere mit den ehernen Füßen anzuspannen. Medea gab ihm ein Zaubermittel, das ihn gegen die Hitze des Ochsenfeuers schützte, und er bewältigte die Aufgabe unversehrt.

Der überraschte König Aietes beschloss nun, Jason zu töten. Er stellte ihm eine weitere Aufgabe, nämlich ein Feld mit Drachenzähnen zu säen. Falls du je Gelegenheit hast, den alten, mit Stop-Motion animierten Jason-Film von Ray Harryhausen zu sehen, achte auf diese Szene. Aus den eingesäten Zähnen erwachsen Kämpfer. Doch Medea hat Jason verraten, dass sie mit Steinwürfen zu verwirren seien, was die empfindsamen Drachenzahn-Seelchen so aus dem Konzept brachte, dass Jason sie einen nach dem anderen niedermetzeln konnte.

Der wütende König sah sich gezwungen, Jason die Erlaubnis zu geben, das Vlies zu holen. Sobald Jason aufgebrochen war, beschloss der König aber, die Argonauten zu töten. Doch seine Tochter und Jason konnten das verhindern. Medea schläferte den wachenden Drachen ein, Jason nahm das Vlies an sich und bestieg sein Schiff. Die Argonauten konnten entkommen.

Medea, die wusste, dass ihr Vater sie verfolgen würde, zerstückelte ihren Bruder und verteilte die Stücke, damit der trauernde König die Verfolgung aufgab. Krass, oder? Medea war nicht die bezaubernde junge Dame, als die sie zunächst erschienen war. Auch ihre Beziehung zu Jason sollte Jahre später zur düsteren Tragödie werden.

Auf ihrem Heimweg wurden die Argonauten von einem von Zeus gesandten Sturm abgetrieben. Sie kamen an der Insel der Sirenen vorbei – Fabelwesen, die vorbeifahrende Seeleute mit ihrem unwiderstehlichen Gesang auf die tödlichen Felsen lockten. Doch unter den Argonauten war auch Orpheus, der so schön auf seiner Leier spielte, dass die Musik den Bann brach. Sie segelten weiter nach Kreta, wo ein bronzener Riese sie bedrohte. Mit einem Zauberspruch schläferte Medea ihn ein und zog den Pfropfen aus seinem Knöchel, woraufhin die geschmolzene Bronze aus ihm herausströmte und er starb.

Als Jason schließlich zurückkehrte und König Pelias das Vlies übergab, wollte der sein Wort nicht halten und weigerte sich abzudanken. Daraufhin beschwatzte Medea die Töchter des Königs, sie könnten ihren Vater neu beleben, auf dass er wieder jung und kraftvoll würde. An einem alten Hammel, den sie zerstückelte und kochte, woraufhin das Tier als Lamm dem Kessel entstieg, machte sie vor, wie die Töchter mit ihrem Vater verfahren sollten. Hocherfreut warteten die Frauen, bis ihr Vater eingeschlafen war, dann schnitten sie ihn in Stücke und kochten ihn schön gar. Medea war ein echtes Ungeheuer – aber damit noch nicht genug.

Jason nahm Medea zur Frau, doch die beiden wurden von einem der Söhne des Pelias verbannt, und Jason konnte den Thron nicht besteigen. Na ja, es ist ja auch ein griechischer Mythos und kein Disney-Film.

------ ③ ------

THESEUS

Ehe wir auf den jungen Theseus zu sprechen kommen, müssen wir uns noch einmal mit Medea und Jason befassen. Sie hatten mehrere Kinder, wurden aber nicht glücklich miteinander. Jason verließ Medea für Glauke, die Tochter des Königs von Korinth. Medea war darüber so wütend, dass sie Glauke und ihrem Vater verzauberte Gegenstände schickte, die die beiden umbrachten. Anschließend ermordete sie, um Jason zu bestrafen, tatsächlich ihre gemeinsamen Kinder und floh nach Athen. Es gibt ein englisches Sprichwort: »Die Hölle kennt keine Wut wie die einer betrogenen Frau.« Medea ist das beste Beispiel dafür.

In einer kleinen griechischen Stadt wuchs ein Knabe zu einem starken, jungen Mann heran. Sein Vater, ein König, war vor Jahren durch die Gegend gezogen und hatte ein Kind mit einer jungen Frau gezeugt. Aigeus hieß der König, und bei seiner Abreise verbarg er ein Schwert und Sandalen unter einem Felsblock. Eines Tages, so trug er der werdenden Mutter auf, wenn das Kind stark genug sei, den Stein fortzurollen, solle es zu ihm nach Athen kommen.

Als Theseus alt genug war, führte seine Mutter ihn zu dem Felsbrocken und erzählte ihm, was sein Vater gesagt hatte. Theseus hob den Stein an und warf ihn in den Wald, nahm Schwert und Sandalen und machte sich auf den Weg nach Athen. Da er sich vor niemandem fürchtete, ging er allein zu Fuß und wurde in zahlreiche Kämpfe und Abenteuer verwickelt. Er nahm an der Fahrt der *Argo* teil und half Herakles bei einigen seiner Aufgaben.

Interessanterweise war Theseus ebenso stark wie schlau. Anders als Herakles besiegte er seine Gegner häufig durch eine List. Ein Beispiel: Er wurde von einem Mann bedroht, der eine große Keule trug, die angeblich ganz aus Messing bestand. Theseus zweifelte das an und behauptete, die Keule bestehe nur aus mit Kupfer überzogenem Holz. Da gab ihm der aufgebrachte Mann die Keule, damit er sich selbst überzeugte, und Theseus schlug ihn damit einfach k. o.

Als Theseus schließlich nach Athen kam, ging er an den Hof des Aigeus, der mittlerweile mit der zauberkundigen Medea vermählt war. Medea hatte Aigeus bereits einen Sohn und Erben geboren und wollte keinen Thronfolger mit älteren Rechten an ihrem Hof und schon gar keinen, der die Argonautenfahrt mitgemacht hatte und wusste, mit wem er es zu tun hatte.

Medea mischte Gift in den Kelch für Theseus. Doch der alte König erkannte das Schwert, das Theseus bei sich trug, und schlug ihm den Kelch aus der Hand, ehe er

trinken konnte. Daraufhin floh Medea vom Hof, weil sie Angst hatte, für ihre Boshaftigkeit mit dem Tod bestraft zu werden.

Eine Zeitlang lebte Theseus zufrieden in Athen, bis eines Tages ein Schiff mit schwarzem Segel auftauchte. Es kam von König Minos auf Kreta und forderte einen grausamen Tribut. Ein wilder Stier, der unter dem Namen Minotaurus bekannt war, hauste in einem Labyrinth unterhalb des kretischen Palastes. Der König war ein mächtiger Herrscher, der über eine riesige Flotte und Armee gebot. Als Gegenleistung, damit er Athen verschonte, verlangte er jedes Jahr sieben Jünglinge und sieben Jungfrauen, um sie dem Minotaurus zu opfern.

Theseus überredete seinen Vater, als eines dieser Opfer nach Kreta reisen zu dürfen, doch insgeheim plante er, die furchteinflößende Bestie, die halb Mensch und halb Stier war, zu töten. Widerstrebend stimmte König Aigeus zu, allerdings musste Theseus ihm versprechen, dass er, falls er überleben sollte, bei seiner Rückkehr nach Athen die schwarzen Segel durch weiße ersetzen würde, damit der alte Mann schon von Weitem würde erkennen können, dass er seinen geliebten Sohn nicht verloren hätte.

In Kreta machte Theseus eine so gute Figur als schneidiger junger Prinz aus Athen, dass König Minos' Tochter Ariadne glatt dahinschmolz. So wie Medea einst Jason bot nun Ariadne Theseus ihre Hilfe an, wenn er sie nur heiratete. Als er einwilligte, gab sie ihm ein Knäuel Faden, den er im Labyrinth des Minotaurus abwickeln sollte, um wieder zurückzufinden. Vermutlich hatte er sich was Cooleres erhofft.

Am nächsten Morgen trieb man Theseus und die anderen dreizehn jungen Athener als

Opfer für den Minotaurus in das Labyrinth. Theseus band den Faden ans Tor und wickelte ihn ab, während sie nach dem Untier suchten. Sie trafen es schlafend an, und Theseus riss ihm ein Horn aus. Als der Minotaurus wutschnaubend erwachte, stieß Theseus ihm das Horn ins Genick und tötete ihn.

Gemeinsam mit der treuen Ariadne segelte Theseus zurück nach Athen. Auf dem Weg erschien ihnen der Gott Dionysos und forderte Ariadne, die zuvor bereits ihm versprochen worden sei, für sich. Theseus solle sie auf einer Insel aussetzen. Theseus tat, wie ihm geheißen, und segelte ohne sie weiter. Schwer vorstellbar, dass Theseus, der alte Trickser, das nicht schon die ganze Zeit vorgehabt hatte und sich die Sache mit Dionysos nur im Nachhinein ausdachte.

So oder so – die Strafe folgte auf dem Fuß. Über die turbulenten Ereignisse vergaß Theseus nämlich sein Versprechen, das schwarze durch ein weißes Segel zu ersetzen, und als er nun in Sichtweite Athens kam, dachte sein betagter Vater, der Minotaurus habe Theseus getötet. König Aigeus stürzte sich von den Klippen ins Meer und ertrank. Seitdem ist dieses Meer als das Ägäische bekannt.

Neben diesen längeren Legenden kennst du vielleicht noch die von Pandora, die eine Büchse öffnete und damit alle Plagen über die Welt brachte – eine Metapher für eine böse Tat, die man nicht wiedergutmachen kann. Vielleicht solltest du auch wissen, dass Narziss ein junger Mann war, der sich so sehr in das eigene Abbild verliebte, dass er sich nicht mehr davon losreißen konnte und verhungerte. Eine Blume ist nach ihm benannt, die Narzisse, die an Flussufern wächst und sich auch immer im Wasserspiegel bewundern kann. »Narzisst« nennen wir deshalb einen selbstverliebten Menschen.

Dich interessiert vielleicht auch, dass Athene Stadtgöttin von Athen wurde und nicht Poseidon, weil dieser zwar das Meer brachte, sie jedoch einen Olivenbaum pflanzte – und für die Griechen sind Oliven damals wie heute unverzichtbar. Oder dass das Wort »Arachnida«, das Spinnentiere bezeichnet, von Arachne abgeleitet wurde. Sie meinte, besser weben zu können als Athene, von der sie zur Strafe in eine Spinne verwandelt wurde, sodass sie in alle Ewigkeit Netze spinnen musste. Oder dass Ikaros mit seinen Wachsflügeln der Sonne zu nah kam, oder … hundert andere Beispiele.

Die Ursprünge all dieser Geschichten liegen so weit zurück, dass sie mit mythischen Elementen vermischt wurden – Männer aus Bronze, seltsam singende Sirenen. Es sind die Geschichten – und die Helden –, die die Stückeschreiber in Athen und die Soldaten Spartas und Thebens kannten. Als das Römische Reich auf dem Gipfel seiner Macht stand, waren aus den Geschichten von Zeus die Geschichten Jupiters geworden, aber da waren immer noch Herkules, Jason und Theseus. Sie haben alles, was danach kam, beeinflusst. Sie sind der Faden, der uns durchs Labyrinth der Zeiten heimgeleitet.

ZEITVERTREIB:
ZWEI TISCHSPIELE

In einer größeren Runde aus Angehörigen aller Altersgruppen kannst du mit diesen Spielen einen Riesenspaß haben. Bei dem mit dem Mehl kommt es darauf an, nicht als Erster zu niesen.

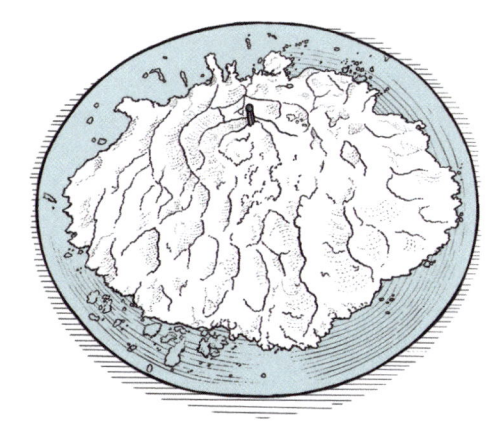

— ① —

MEHL UND STREICHHOLZ

Ihr braucht einen großen Teller, ein Paket Mehl und Streichhölzer. Häuft das Mehl auf dem Teller zu einem Berg an und steckt in den Gipfel des Bergs einen Zahnstocher.

Dann muss reihum jeder Mitspieler mit einem gewöhnlichen Küchenmesser ein Stück von dem Mehlberg »abschneiden«, wobei die Größe der Portion egal ist. Die ersten Stücke geraten vermutlich größer, damit ihr schnell in die Nähe des Zahnstochers kommt, und werden dann immer schmaler. Derjenige, bei dem der Zahnstocher fällt, muss die Hände hinter dem Rücken verschränken und den Zahnstocher mit dem Mund aufheben, was normalerweise mit einem ziemlich bemehlten Gesicht endet. Danach errichtet ihr den Berg samt Zahnstocher neu und fangt von vorn an.

② SCHLAFMÜTZE / FINGERKLOPPE

Diese beiden Spiele sind einander so ähnlich, dass wir sie gemeinsam beschreiben, auch wenn jedes seine eigenen Fans hat.

Für »Schlafmütze« braucht ihr ein Skat-Kartenspiel und Spielsteine, z. B. aus »Malefiz« (einen weniger als Mitspieler). Das Spiel eignet sich auch für größere Gruppen, sechs oder acht Mitspieler sind kein Problem.

Nun sortiert ihr für jeden Mitspieler ein Quartett aus und legt die übrigen Karten beiseite. Also, wenn ihr zu sechst seid, könnt ihr vier Könige, vier Damen, vier Buben, vier Asse, vier Zehnen und vier Neunen aussortieren. Diese Karten werden gemischt.

Nun werden die Karten verteilt, jeweils vier für jeden Mitspieler. Ziel des Spiels ist es, ein Quartett auf die Hand zu bekommen. Hat man zum Beispiel ein Ass, zwei Könige und eine Neun auf der Hand, wird man sich vermutlich auf das Sammeln von Königen konzentrieren und das Ass oder die Neun ablegen.

Jeder Spieler behält also drei Karten, legt eine Karte verdeckt auf den Tisch und schiebt sie dem linken Nebenmann hin. Das sollte so schnell wie möglich geschehen, deshalb bestimmt ihr einen Ansager, der »1, 2, 3 … weitergeben« sagt. Bei dem Wort »weitergeben« schiebt jeder Spieler die Karte, die er nicht mehr will, verdeckt nach links weiter und nimmt die Karte auf, die er vom Mitspieler zu seiner Rechten zugeschoben bekommt. Alle nehmen die neue Karte auf und entscheiden, ob sie sie behalten oder weiterschieben wollen. Ziel ist es, wie gesagt, vier gleiche zu bekommen.

So geht es möglichst schnell immer weiter, bis einer am Tisch ein Quartett auf der Hand

hat. Der Betreffende schnappt sich einen Spielstein – ob offensichtlich oder heimlich, ist egal. Sobald die Mitspieler es bemerken, gibt's ein schönes Tohuwabohu, weil jeder versucht, sich einen der verbliebenen Steine zu schnappen. Derjenige, der keinen erwischt, scheidet aus; er spielt zwar in der nächsten Runde noch mit, darf seine Karten aber nicht mehr anschauen. Und weil er auch keinen Spielstein mehr braucht, wird seiner weggelegt.

Auf diese Weise scheiden immer mehr Spieler aus, bis nur noch zwei übrig sind. Diese beiden setzen sich nun gegenüber, vor sich einen einzigen Stein. Jetzt werden aus den Karten zwei Haufen gebildet und so rechts und links von den Finalisten platziert, dass diese den Kopf drehen müssen, wenn sie beide sehen wollen.

Auf das Kommando »1, 2, 3 … umdrehen« wird jeweils die oberste Karte der beiden Haufen von den Spielern umgedreht. Jetzt müssen beide nach rechts und links gucken, um die beiden Karten zu sehen. Sind sie gleich, also zum Beispiel zwei Asse, greifen die Spieler nach dem letzten Stein – wer ihn erwischt, ist Sieger.

»Fingerkloppe« geht ganz ähnlich, nur dass der Verlierer bestraft wird. Sobald ein Mitspieler ein Quartett auf der Hand hat, legt er seine Karten hin und ruft: »Fingerkloppe!«. Wer als Letzter seine Karten fallen lässt, hat verloren. Er zieht aus dem Kartenstapel eine Karte. Je nach Farbe wird zur Strafe sein Handrücken gestreichelt (Herz), mit den Fingerknochen geratscht (Karo), (sanft) mit der Faust geschlagen (Pik) oder hineingekniffen (Kreuz).

Ehrfurchtgebietend liegt der schneebedeckte Koloss da, 8.848 Meter hoch ragt sein Gipfel in den tiefblauen Himmel. Der Chomolungma, wie der Mount Everest auf Tibetisch heißt, ist der höchste unter den Riesen im Himalaya. Es ist das Jahr 1978. Seit der Erstbesteigung durch Sir Edmund Hillary und Tenzing Norgay 25 Jahre zuvor gilt der Everest als ultimative Herausforderung für Extrembergsteiger. Das liegt unter anderem daran, dass die Luft in dieser Höhe sehr wenig Sauerstoff enthält. Noch nie hat es jemand ohne Sauerstoffgerät bis zum Gipfel geschafft.

Zwei junge Männer wollen das ändern: Reinhold Messner aus Südtirol und der Österreicher Peter Habeler. Die Fachwelt erklärt sie für verrückt. Unmöglich, heißt es: der Sauerstoffmangel, die gefürchtete Höhenkrankheit – es ist viel zu riskant. Doch Messner und Habeler schaffen es! Am 8. Mai 1978 erreichen sie über die Südroute den Gipfel des Everest – ohne zusätzliche Sauerstoffversorgung. Es ist nicht der erste Rekord für Reinhold Messner und schon gar nicht der letzte: Nur zwei Jahre später steht er erneut auf dem höchsten Berg der Welt. Diesmal ganz allein! Für seine Solobesteigung wählt er die Nordroute, die von der chinesischen Seite aus startet. Während der Besteigung entscheidet sich Messner spontan für eine neue Variante: Er durchquert das Norton-Couloir, eine furchteinflößende Steilschlucht unterhalb des Gipfels. Wieder ist er der Erste, der das schafft. Spätestens jetzt gehört er zu den hervorragendsten Bergsteigern der Welt, für viele ist er sogar der beste. »*Das Unmögliche möglich machen* ist mein Lebensmotto,« sagt er.

WIE ALLES BEGANN

Reinhold Messner kommt am 17. September 1944 als zweites von neun Kindern in Brixen in Südtirol zur Welt. Schon seine Eltern gehen gern in die Berge. Der kleine Reinhold besteigt als Fünfjähriger mit seinem Vater, einem Lehrer, den ersten Dreitausender. Als Schuljunge klettert er begeistert in den Alpen herum. Noch bevor er 1966 sein Abitur macht, hat er sich den Ruf eines Extrembergsteigers erworben; kein Wunder, denn Messner hat den Ehrgeiz, so wenig technische Hilfsmittel wie möglich zu benutzen. Kein Gipfel, keine schwierige Route, vor der er zurückschreckt. Aber Bergsteigen als Beruf? Messner studiert erst mal Vermessungskunde in Padua. Ein Jahr lang arbeitet er danach als Mathematiklehrer. Während dieser Zeit lassen ihn die Berge nicht los; wann immer er es einrichten kann, ist er im Fels unterwegs. 1969 unternimmt er seine erste Andenexpedition. An seiner Seite ist Peter Habeler, mit dem er wenige Jahre später den Mount Everest bezwingt. In Südamerika gelingt ihnen die Erstdurchsteigung der Yerupaja-Ostwand bis zum Gipfelgrat und nur wenige Tage später auch noch die Erstbesteigung des Yerupaja Chico, eines 6121 Meter hohen Gipfels in den peruanischen Anden.

1970 wird Messner zu einer großen Himalaya-Expedition eingeladen. Kein Bergsteiger könnte dazu Nein sagen. Das gewaltigste Gebirge der Welt zu erforschen, zu durchsteigen – was für eine Herausforderung! Im Himalaya liegen zehn der vierzehn Berge der Erde, die mehr als 8000 Meter hoch sind. 1970 weiß Messner es noch nicht, aber vielleicht träumt er bereits davon: Er wird der erste Mensch sein, dem es gelingt, alle vierzehn Gipfel zu erklimmen, und alle ohne Sauerstoffgerät.

DER SCHICKSALSBERG

Es beginnt mit der Ersteigung des Nanga Parbat; für Reinhold Messner Triumph und Katastrophe zugleich, denn sein jüngerer Bruder Günther, der bei der Expedition dabei ist, kommt beim Abstieg ums Leben. Reinhold verliert durch Erfrierungen sechs Zehen. Der Nanga Parbat lässt ihn nicht los. Fünf Mal bricht er dorthin auf, aber nur noch ein weiteres Mal, 1978, gelangt er auf den Gipfel. Wieder stellt er einen Rekord auf: Er ist der Erste, der es allein und ohne Sauerstoffgerät auf einen Achttausender schafft. So geht es weiter, Berg für Berg, Achttausender für Achttausender. Einige bewältigt der Extrembergsteiger mehrmals, alle ohne zusätzlichen Sauerstoff, zwei im Alleingang.

ABENTEUER ANTARKTIS

Reinhold Messner hat als Bergsteiger alles erreicht, was man sich nur denken kann. Und er sucht sich immer neue Herausforderungen: Gemeinsam mit dem Abenteurer und Polarforscher Arved Fuchs durchquert er von

November 1989 bis Februar 1990 zu Fuß die Antarktis. Mehr als 2500 Kilometer durch Schnee, Eis und grausame Kälte, ohne Hunde und ohne technische Unterstützung – also ganz so, wie Messner es immer gehalten hat. Ihren Schlitten mit 130 Kilo Gepäck ziehen die beiden Männer selbst. Nach 92 Tagen erreichen sie den neuseeländischen Stützpunkt Scott Base im McMurdo-Sund, gerade rechtzeitig vor Beginn des antarktischen Winters. Messner und Fuchs haben allen Widrigkeiten zum Trotz die weltweit erste Antarktisdurchquerung zu Fuß geschafft.

NEUE HORIZONTE

Was kommt als Nächstes? Etwas ganz anderes: Von 1999 bis 2004 wird Messner ins Europäische Parlament gewählt, wo er die italienischen Grünen vertritt. Seit Langem engagiert er sich für den Umweltschutz, nun wird er politisch aktiv.

2004, Messner ist inzwischen 60 Jahre alt, will er es noch einmal wissen: Ganz allein und wieder zu Fuß durchquert er die Wüste Gobi in Zentralasien.

In den Folgejahren wird es etwas ruhiger um den Bergsteiger und Abenteurer. Heute widmet sich Reinhold Messner seinem großen Museumsprojekt, dem Messner Mountain Museum. An sechs verschiedenen Standorten in Südtirol und Belluno können sich Besucher zum Beispiel über die heiligen Berge der Welt, die Geschichte der Dolomiten oder die Kunst des Bergsteigens informieren.

In vielen Büchern und Vorträgen hat Reinhold Messner von seinen Abenteuern berichtet. Über sich sagt er: »Grenzgänger zu sein bedeutet nicht, Grenzen zu verschieben oder neue Grenzen zu erreichen, es bedeutet zuallererst, seine eigenen Grenzen zu erkennen.«

PARFÜM HERSTELLEN

Es ist ganz erstaunlich, wie viele von uns schon einmal versucht haben, als Geschenk Parfüm selbst herzustellen. Es war genial einfach – und billig dazu. Die Rosen haben wir einfach in unserem Garten gepflückt und, ja, okay, auch in ein paar Gärten der Umgebung. Die Massen von Blütenblättern haben wir dann auf dem Küchenherd geköchelt, stundenlang. Anschließend wurde das Wasser durch Küchenpapier in eine hübsche alte Parfümflasche gefiltert – und feierlich der Mutter oder einer Tante bei passender Gelegenheit überreicht.

Nicht so schön war, dass das Rosenwasser aussah wie braune Plörre. Was zu vernachlässigen gewesen wäre, hätte es wenigstens gut geduftet. Leider war der Duft auch nicht besonders.

Das hat mich lange gewurmt – aber jetzt können wir die Sache endlich geraderücken. Auf französischen Bauernhöfen wird etwas betrieben, das »Enfleurage« heißt – was in etwa so viel bedeutet wie »Blumenduftgeben«. Es handelt sich um ein Verfahren zur Herstellung haltbarer Düfte, die zusammen mit einer hübschen Flasche tatsächlich als Geschenk taugen. Sinnvoll ist es übrigens, wenn man die zu beschenkende Person vorher unauffällig fragt, welchen Blumenduft sie gern mag, also etwa so: »Riechen diese Rosen nicht fantastisch?« Und wenn die Betreffende dann antwortet: »Igitt, ich hasse Rosen!«, dann hat man viel Zeit und Mühe gespart.

WAS DU BRAUCHST

- Weißes Schweineschmalz, das bekommst du im Supermarkt.
- Duftende Blütenblätter nach Wahl. Wir haben Glyzinien benutzt, weil die gerade geblüht haben, als wir anfingen. Man braucht Zugang zu wenigstens einer duftenden Pflanze – im Winter wird das nicht klappen.
- Kosmetischen Alkohol, den dir wahrscheinlich ein Erwachsener in der Apotheke besorgen muss. Kosmetischer Alkohol ist beinahe geruchlos. Die Menge hängt davon ab, wie viel Parfüm du herstellen möchtest. Normalerweise ist er in 250-ml-Flaschen abgefüllt.
- Eine kleine Flasche Aromatherapie-Öl – Ambra oder Bergamotte.
- Ein Einmachglas oder eine Flasche mit Schraubverschluss sowie eine hübsche Flasche zum Verschenken.
- Einen kleinen Plastiktrichter zum Umfüllen.

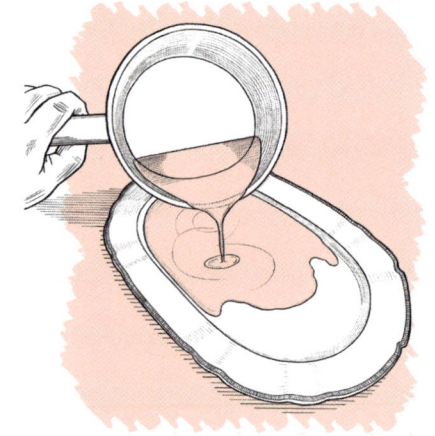

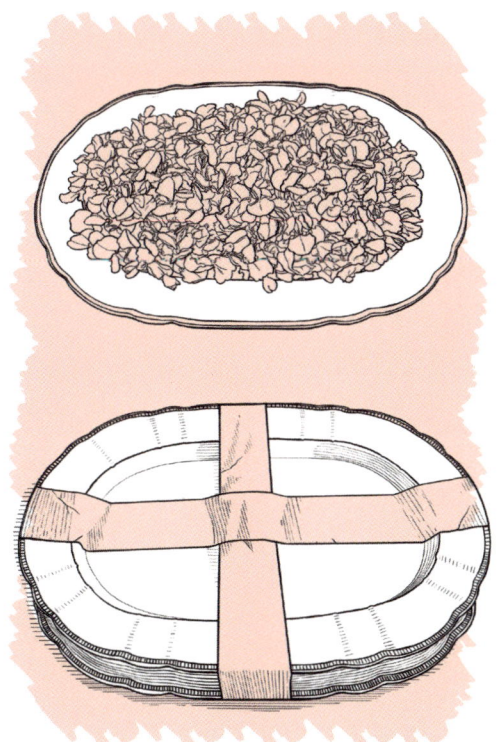

Und so geht's: Das Schmalz bei geringer Hitze in einer Pfanne schmelzen. Gieß das dickflüssige Schmalz auf einen Teller und schneide die Oberfläche ein, während es aushärtet.

Press eine etwa zweieinhalb Zentimeter dicke Schicht Blütenblätter in das Schmalz und leg einen weiteren Teller darüber. Mit Klebeband zusammenkleben und ein bis zwei Tage stehenlassen. Dadurch geht der Blumenduft hoffentlich auf das Schmalz über.

Nach zwei Tagen entfernst du die alten Blütenblätter und ersetzt sie durch neue. Mach das noch zwei oder drei Mal im Verlauf einer Woche. Bei Zimmertemperatur im Sommer war das eine ziemlich schmutzige Sache. Wir mussten die Glyzinienblätter einzeln mit den Fingern und einer Gabel herauspulen.

Wenn du die Blätter zum dritten Mal herausgepopelt hast, stellst du den Teller kurz in den Gefrierschrank, damit das Schmalz hart wird. So lässt es sich gut in Stücke teilen.

Dann füllst du das Schraubglas zur Hälfte mit Schmalzstücken. Wenn die Öffnung eng ist, kannst du die Stücke mit einem Gabelgriff oder so hineinbugsieren. Jetzt mit dem kosmetischen Alkohol auffüllen und das Glas verschließen. Falls du Krepp- oder Isolierband zur Hand hast, kannst du damit den Deckel zusätzlich abdichten. Der Alkohol soll ja nicht verfliegen.

Das Glas lässt du drei Monate an einem kühlen, dunklen Ort stehen. Ab und zu kannst du es schütteln, wenn dir danach ist, aber darum musst du dir eigentlich keine Sorgen machen. Wichtiger ist, dass du es nicht vollkommen vergisst und erst wieder drauf stößt, wenn du ausziehst.

Nach drei Monaten sollte der Alkohol den Duft vom Schmalz aufgenommen haben. Filtere das Ganze durch ein Tuch und trichtere es in die Geschenkflasche. Der Alkohol will immer noch entweichen, deshalb musst du ein paar Tropfen Aromatherapie-Öl hinzufügen. Dadurch wird der Duft stabil und haltbar. Das Öl hat seinen eigenen Duft, der den Duft der Blütenblätter aber nicht übertönen sollte.

GOLDENE GROSSREICHE

Ausgestritten, ausgerungen
Ist der lange, schwere Streit,
Ausgefüllt der Kreis der Zeit,
Und die große Stadt bezwungen.

Friedrich Schiller »Das Siegerfest«

Seit Beginn der Geschichtsschreibung haben Menschen immer wieder versucht, große Flecken Erde und Wasser unter ihre Kontrolle zu bringen. Frühe Herrscher und Stadtstaaten strebten nach dem Reichtum, der Macht und der Sicherheit, die nur erringen konnte, wer andere Städte mitsamt ihrer Bevölkerung eroberte.

Manche dieser Reiche existierten gerade mal ein Menschenleben lang, andere bestanden Jahrhunderte. Wenn man jedes durch eine Farbe darstellen und das Ganze im Schnelldurchlauf betrachten würde, sähen sie aus wie Blumen, die im Lauf der Jahrtausende aufblühen und wieder verwelken. Sie sind interessante Beispiele für den Drang, immer wieder nach Höherem zu streben. Hier kann man Imperien und Mondlandungen im selben Atemzug nennen, weil sie demselben Antrieb entspringen – dem, der uns eines Tages zum Mars und noch weiter führen wird.

Oftmals ähnelt sich das Muster: Eine junge, aggressive Kultur unterwirft die Stämme der Umgebung. Eine Weile lang wächst sie immer weiter, indem sie die Ressourcen jeder Eroberung nutzt, um weiter und schneller voranzukommen. Gemeinsam werden die Menschen reich und mächtig – eine Plateauphase, während der oft große Kunstwerke entstehen. Irgendwann werden sie dann selbstgefällig und haben keine Lust mehr, all das zu verteidigen, was sie erreicht haben – bis eines Tages eine neue Armee junger Soldaten auftaucht. »Wer seid ihr, uns herauszufordern?«, fragen sie dann. »Wir sind Perser«, lautet die Antwort, oder: »Wir kommen aus Rom.« So widerfuhr es den Menschen im antiken Reich von Karthago, als sie auf Sizilien zum ersten Mal auf römische Soldaten trafen. Für die Kaufleute aus Karthago war Sizilien nur ein entfernter Außenposten des Reichs. Für die Römer war es ein Sprungbrett zu viel mehr – unter anderem den Ländereien, die unter der Herrschaft Karthagos standen. Die Römer machten Karthago so gründlich dem Erdboden gleich, dass es tausend Jahre vollkommen in Vergessenheit geriet, bis seine Ruinen im heutigen Tunesien entdeckt wurden. Vielleicht kann man aus diesen alten Landkarten ja etwas lernen. Oder es ist einfach ein Kapitel über die »Besten Großreiche aller Zeiten« – quasi ein Quartett der größten Eroberungen.

———————— 1 ————————

MESOPOTAMIEN/SUMER
(ca. 2500 v. Chr.)

Die Armeen und Königreiche auf dem Gebiet Mesopotamiens (der heutige Irak) haben sich schon seit Jahrtausenden immer wieder in der Wolle gehabt – schon bevor die Schrift erfunden wurde. Deshalb gibt es kaum Aufzeichnungen, aber der Name Sargon von Akkad ist immer noch ein Begriff. Er herrschte im 24. Jahrhundert v. Chr. über Mesopotamien. (Manche Internetseiten und Bücher nutzen inzwischen auch v. u. Z., also vor unserer Zeitrechnung, was ziemlich sinnlos ist, weil trotzdem vom Jahr 0 als der Geburt Christi ausgegangen wird.)

Sargon von Akkad ist erwähnenswert, weil er die sumerischen Stadtstaaten eroberte und eine Dynastie begründete, die etwa hundert Jahre lang bestand – ähnlich wie Dschingis Khan dreitausend Jahre später. Sargon wird auch das erste multinationale Reich zugeschrieben (oder zumindest *eines* der ersten). Sein Andenken wurde bis ins persische Reich um ca. 400 v. Chr. bewahrt. Doch seinen richtigen Namen kennen wir nicht, sondern nur den, den er sich selbst gegeben hat, als er König wurde. Selbst dieser geriet irgendwann in Vergessenheit und wurde erst 1870 wiederentdeckt. Der britische Archäologe Sir Henry Rawlinson stieß bei Ausgrabungen in Ninive auf Schriften über den »Großen König Sargon von Akkad«. Ninive war die antike Stadt im Irak, die heute Mossul heißt.

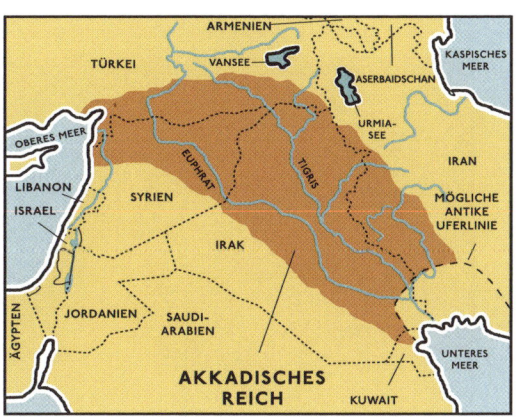

Das Akkadische Reich

Wie groß Sargons Reich einmal gewesen ist, können wir nur erahnen. Man weiß nicht einmal, wo sich seine Hauptstadt befunden hat – irgendwo am Euphrat wohl. Fest steht allerdings, dass er aus einfachen Verhältnissen stammte, angeblich wurde er als Baby auf dem Fluss ausgesetzt und von einem Wasserträger bei Hofe aufgenommen. So wurde er zum getreuen Mundschenk des Königs, bis er irgendwann Sumer und das Gebiet Mesopotamiens eroberte. Im Westen kam er möglicherweise bis Zypern, der Mittelmeerinsel, die so ziemlich jedes Großreich einmal erobert hat.

Sargon baute Straßen, standardisierte Gewichte und Maßeinheiten und brachte Frieden – zumindest nachdem die sumerischen Stadtstaaten aufgehört hatten, ihn zu bekämpfen. Großreiche werden anscheinend immer aus Schrecken und Grausamkeit geboren, aber wenn sie bestehen bleiben, erleben sie oftmals ein goldenes Zeitalter, das es ohne sie sicher nie gegeben hätte. Kunst und Wissenschaft blühen in solchen Reichen auf – ein ganz wichtiger Punkt.

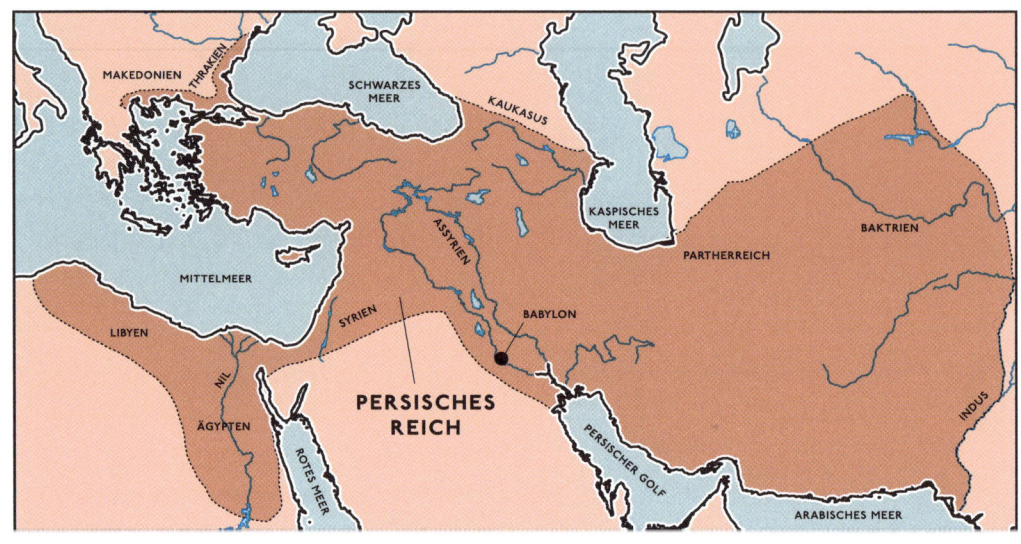

Persien um ca. 500 v. Chr.

PERSIEN – DAS ACHÄMENIDEN-REICH (ca. 550 – 330 v. Chr.)

Die Achämeniden waren die herrschende Dynastie während der ersten großen Blütezeit des Persischen Reichs, das sich – kaum zu glauben – von der Westküste der Türkei, Libyen und Ägypten weit nach Osten bis an die Grenze Indiens erstreckte. Es war das erste Großreich der Geschichte – ein Superstaat mit außergewöhnlicher Bürokratie und einer riesigen Armee. Das Motto der amerikanischen Post – »Weder Schnee noch Regen noch Hitze noch Dunkelheit halten diese Boten davon ab, die ihnen übertragene Aufgabe mit der größtmöglichen Geschwindigkeit zu erledigen« – geht auf eine Übersetzung des Griechen Herodot zurück, der darüber schrieb, wie persische Kuriere auf ihren Pferden über die breiten Königsstraßen quer durch das ganze Reich jagten.

Um zu einer solchen Größe anzuwachsen, führte Persien über Generationen Krieg. Nach und nach unterwarf es alle vorherigen Reiche und anderen Völker der Gegend, darunter die Babylonier, Meder und Assyrer. Dieses Reich wuchs rasant, weil es sich kleinere Reiche einfach einverleibte. Erst die griechischen Stadtstaaten konnten die Perser aufhalten – und zwar zu Wasser und an Land. Alexander der Große erschien etwa 334 v. Chr. auf der Bildfläche und besiegte die persischen Truppen auf ihrem eigenen Gebiet, was genauso erstaunlich ist, wie es klingt.

DAS REICH ALEXANDERS DES GROSSEN (356 – 323 v. Chr.)

Wer auch immer es mit dem Persischen Reich aufnehmen und es schlagen konnte, verdient es, hier erwähnt zu werden. Alexander war ein genialer und charismatischer Anführer,

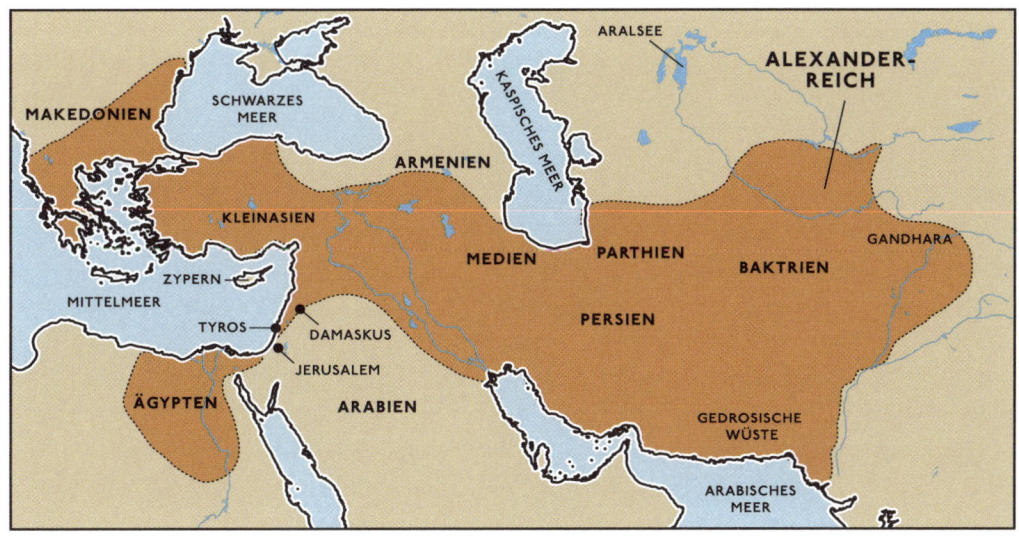

Alexanderreich

dessen Armee damals die weltweit am besten geführte, ausgestattete, ausgebildete und motivierte gewesen sein muss. Mit ihr konnte er ziehen, wohin er wollte. Weil Alexander so jung starb, währte diese Blütezeit nur kurz. Nach ihm wurden mehrere Städte benannt, Alexandria in Ägypten trägt seinen Namen heute noch. Dort wurde auch seine Leiche in einem gläsernen Sarg aufgebahrt. Julius Caesar, der Alexander verehrte, besuchte das Grab. Caesars Großneffe Kaiser Augustus fuhr ebenfalls nach Ägypten und beugte sich so nah über den mumifizierten Leichnam, dass angeblich dessen Nase abbrach. Später stahl Kaiser Caligula Alexanders Brustpanzer aus dem Sarkophag. In den Jahrhunderten danach ist der Leichnam verlorengegangen, und niemand kann sagen, was aus ihm geworden ist.

Abgesehen von Alexanders Eroberungen, brachten die außerordentlichen kulturellen Veränderungen im Griechenland des 5. und 4. Jahrhunderts v. Chr. Reiche hervor, die anders waren als die anderen. Sparta legte keinen Wert darauf, neue Gebiete zu erobern, die Spartaner ließen sich allerdings als Söldner anwerben. Athen war eher an Handel interessiert. Zwar bekämpften sich die Griechen mehrere Jahrhunderte untereinander, aber sie eroberten auch ein paar Inseln und errichteten Kolonien rund um Neapel und in Süditalien. Außerdem haben sie die Demokratie und die Philosophie erfunden, wofür wir ihnen dankbar sein müssen.

④

MAYA-REICH (ca. 250 – 900 n. Chr.)

Die Maya-Völker haben nur im weiteren Sinne ein »Reich« gebildet. Es handelte sich eher um eine Ansammlung von Stadtstaaten mit gemeinsamer Kultur als um ein richtiges Reich. Besonders groß war es auch nicht. Daran ändert auch ein Tempel auf der Insel Java

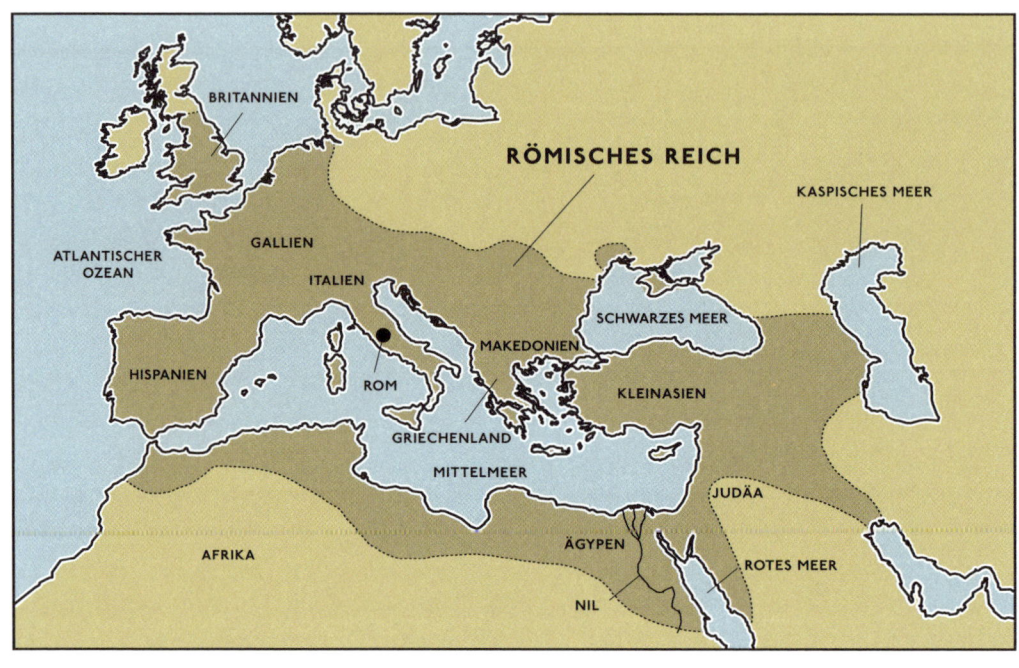

Das Römische Reich

nichts, die sich Tausende Meilen westlich mitten im Pazifik befindet, obwohl er einem Maya-Tempel verblüffend ähnlich sieht. Das Gebiet der Maya in Mittelamerika erstreckte sich vom heutigen Süden Mexikos bis nach

Nicaragua. Erste Siedlungen gab es schon ab 2000 v. Chr., aber die Städte und Tempel wurden hauptsächlich zwischen dem 3. und 6. Jahrhundert n. Chr. erbaut. Die Kultur bestand bis zum Eintreffen der Spanier im 16. Jahrhundert weiter.

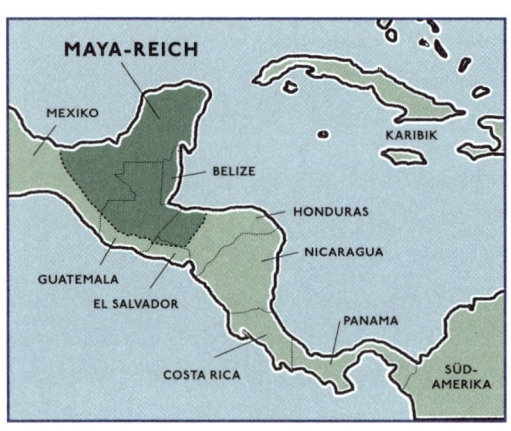

Das Maya-Reich

5

RÖMISCHES REICH
(ca. 300 v. Chr. – 1453)

Die meisten Historiker sind sich einig, dass die Großmacht, die mit der Besiedlung der sieben Hügel um den Staatstadt Rom herum geboren wurde und mit dem Sturz ihrer östlichen Hauptstadt Konstantinopel (das heutige Istanbul) unterging, ungefähr 1.800 Jahre lang existierte. Nach dem Vorbild Griechenlands machten sich die Römer wie die-

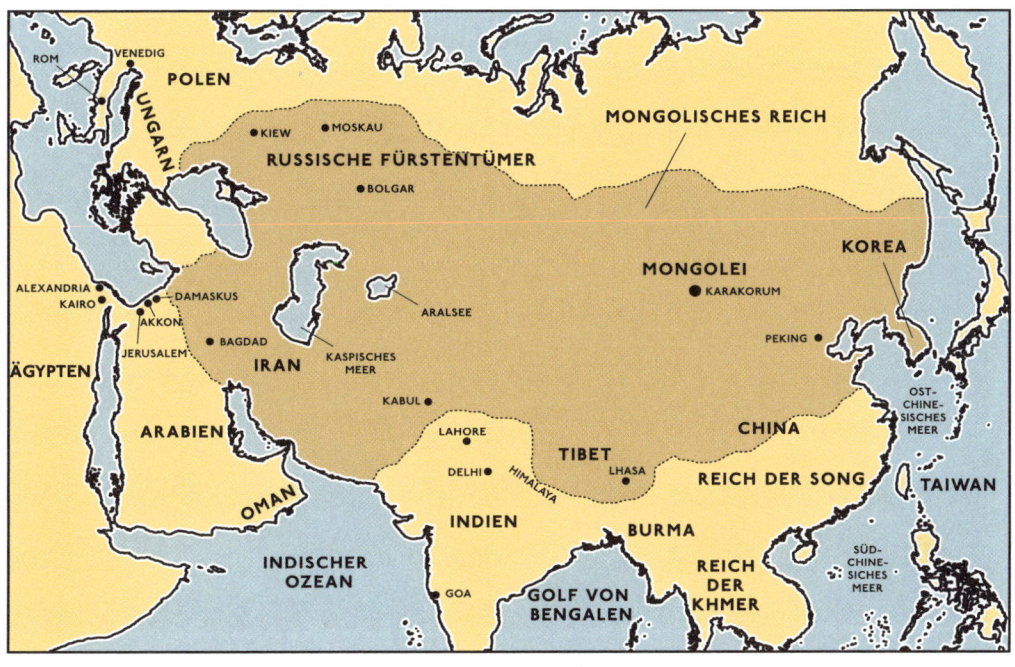

Das Mongolische Reich

bische Elstern über andere Kulturen her und übernahmen von Göttern über Speisen und Technologien bis hin zu Militärtechnik alles, was sie nützlich oder interessant fanden. Mit den professionellen Legionen, die Julius Caesars Onkel Gaius Marius aufstellte und gegen wilde Horden in Gallien, Spanien und Britannien antreten ließ, erlangten die Römer eine absolute militärische Vormachtstellung. Natürlich gab es auch Desaster – im Kapitel über die zwölf Caesaren geht es um einige davon. Dennoch gelang ihnen die *Pax Romana*, der Römische Friede, der Kunst und Wissenschaft auf dem ganzen Kontinent zu einer jahrhundertelangen Blütezeit verhalf. Nachklänge des Griechischen und Römischen sind selbst bei Shakespeare und Goethe zu finden und machen die Hälfte der Wortstämme in vielen heutigen europäischen Sprachen aus.

MONGOLISCHES REICH
(ca. 1210 – 1360)

Dschingis Khan wurde etwa 1160 geboren. Sein Vater war der Anführer eines kleinen Nomadenstamms in der Mongolei. Als er getötet wurde, überließ man seine Familie einfach ihrem Schicksal. Seine Frau und sechs Kinder, von denen eins noch ein Baby war, fanden sich inmitten der mongolischen Steppe wieder, einer der unwirtlichsten Gegenden der Erde. Der Junge namens Temüdschin kam also aus extremer Armut, stand kurz vor dem Verhungern, und wurde später trotzdem zum Herrscher über die gesamte Mongolei, das größte zusammenhängende Herrschaftsgebiet der Geschichte. Zweifellos war er als Feind skrupellos, aber als Bruder, Vater und

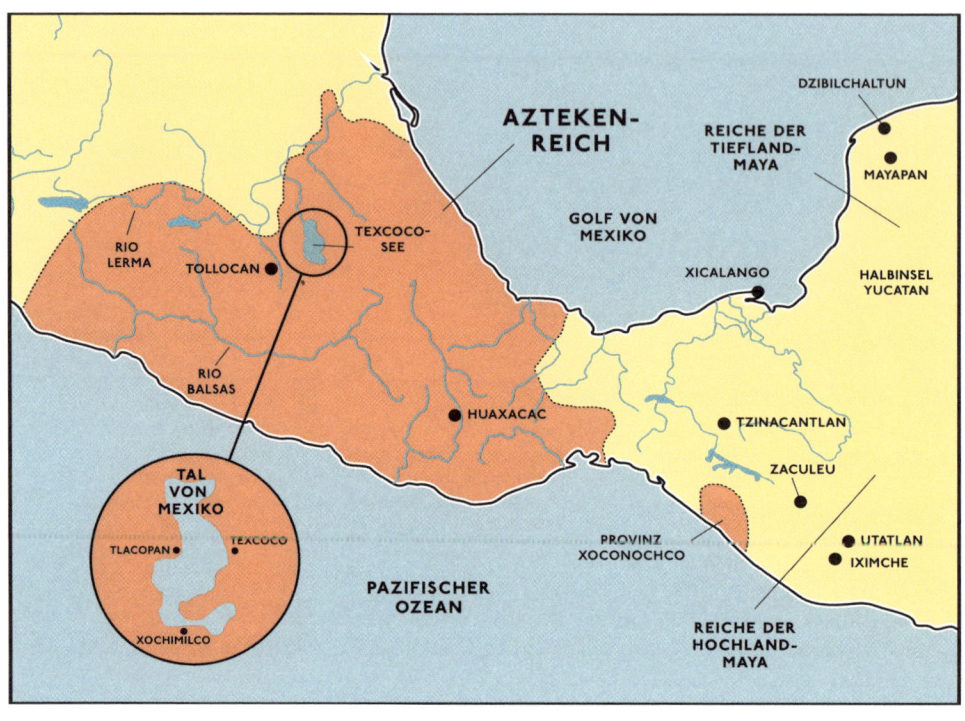

Das Aztekenreich um 1520

Großvater kümmerte er sich um seine Familie. Sein Enkel Kublai Khan herrschte über ganz China und war der reichste und mächtigste Mann der Welt. Einmal zogen mongolische Meisterbogenschützen im Winter bis tief nach Russland und nahmen Kiew ein. Sie kamen bis Ungarn, wo sie zum ersten Mal auf Ritter in Rüstungen trafen und den Kampf gegen sie aufnahmen. Auf dem Schlachtfeld waren sie allen überlegen, und nur ein Zufall – der Herzinfarkt eines Khans führte zum Abzug der Truppen – verhinderte, dass sie noch weiter nach Ost und West vordrangen.

Die Yuan-Dynastie von Kublai Khan bestand nicht lange, ist aber noch heute im Namen der chinesischen Währung verewigt. Dschingis Khan und seine Nachfolger sind

einfach Teil der tollsten Underdog-Geschichte aller Zeiten und ein Beweis dafür, wie sehr ein einziges Menschenleben den Lauf der Weltgeschichte verändern kann.

— 7 —

DIE AZTEKEN
(14. – 16. Jahrhundert)

Ähnlich wie beim Römischen Reich begann auch der Aufstieg der Aztekenkultur mit dem Wettstreit von Stadtstaaten, in dem Fall in Zentral-Mexiko. Endlose Kriege zwangen sie dazu, sich miteinander zu verbünden und dann andere, schwächere Gruppen anzugreifen. Etwa dreihundert Jahre lang gerieten immer größere Gebiete unter die Herrschaft eines einzigen Throns – genau wie bei der Ent-

Das Osmanische Reich im Jahr 1914

OSMANISCHES REICH
(13. – 20. Jahrhundert)

Mit dem antiken Byzantion/Konstantinopel als Hauptstadt erstreckte sich das Osmanische Reich bis in den Nahen Osten und umfasste die gesamte Türkei. Nachdem Sultan Süleyman I. 1520 den Thron bestiegen hatte, erreichte das Osmanische Reich im 16. und 17. Jahrhundert in Sachen Macht und Einfluss seinen Höhepunkt – zur gleichen Zeit, als die Spanier Mittelamerika erreichten. Süleyman war in erster Linie Feldherr und eroberte zunächst Gebiete in Ungarn, bevor er seine Aufmerksamkeit gen Osten wandte. Aber er hatte auch ein Herz für die Dichtkunst, und wieder einmal folgte auf all die Eroberungen eine Ära, in der Kunst und Bauwesen aufblühten. Das von ihm errichtete Reich blieb ein Machtfaktor bis zum Ersten Weltkrieg, als es sich auf die Seite Deutschlands stellte. Nach anfänglichen Erfolgen wurde es von Russland, Frankreich und Großbritannien angegriffen, Konstantinopel wurde von den Alliierten besetzt. Das Osmanische Reich fand sein Ende durch Feuer und Schwert – letztlich die Keimzelle, aus der die moderne Türkei hervorging. Heute erinnern wir uns an das Osmanische Reich auch wegen des Völkermords an 1,5 Millionen Armeniern.

stehung Persiens. Als diese eine vorherrschende Kultur erst mal begründet war, gediehen Kunst und Architektur. Die Azteken bauten riesige Tempel, betrieben Handel und Landwirtschaft. Sie beteten eine ganze Welt aus Göttern an, darunter Quetzalcoatl, die Schwanzfederschlange, und Tlaloc, den Regengott. Im 16. Jahrhundert hatte ihre Hauptstadt Tenochtitlan mindestens 200.000 Einwohner. Genau wie die Maya haben die Azteken das Aufeinandertreffen mit den Spaniern nicht überlebt, die ihnen mit ihren modernen Schiffen und Waffen wahrscheinlich wie aus einer Zauberwelt entsprungen erschienen. Die Kultur ging unter, als die Hauptstadt von den Eindringlingen brutal geplündert und zerstört wurde.

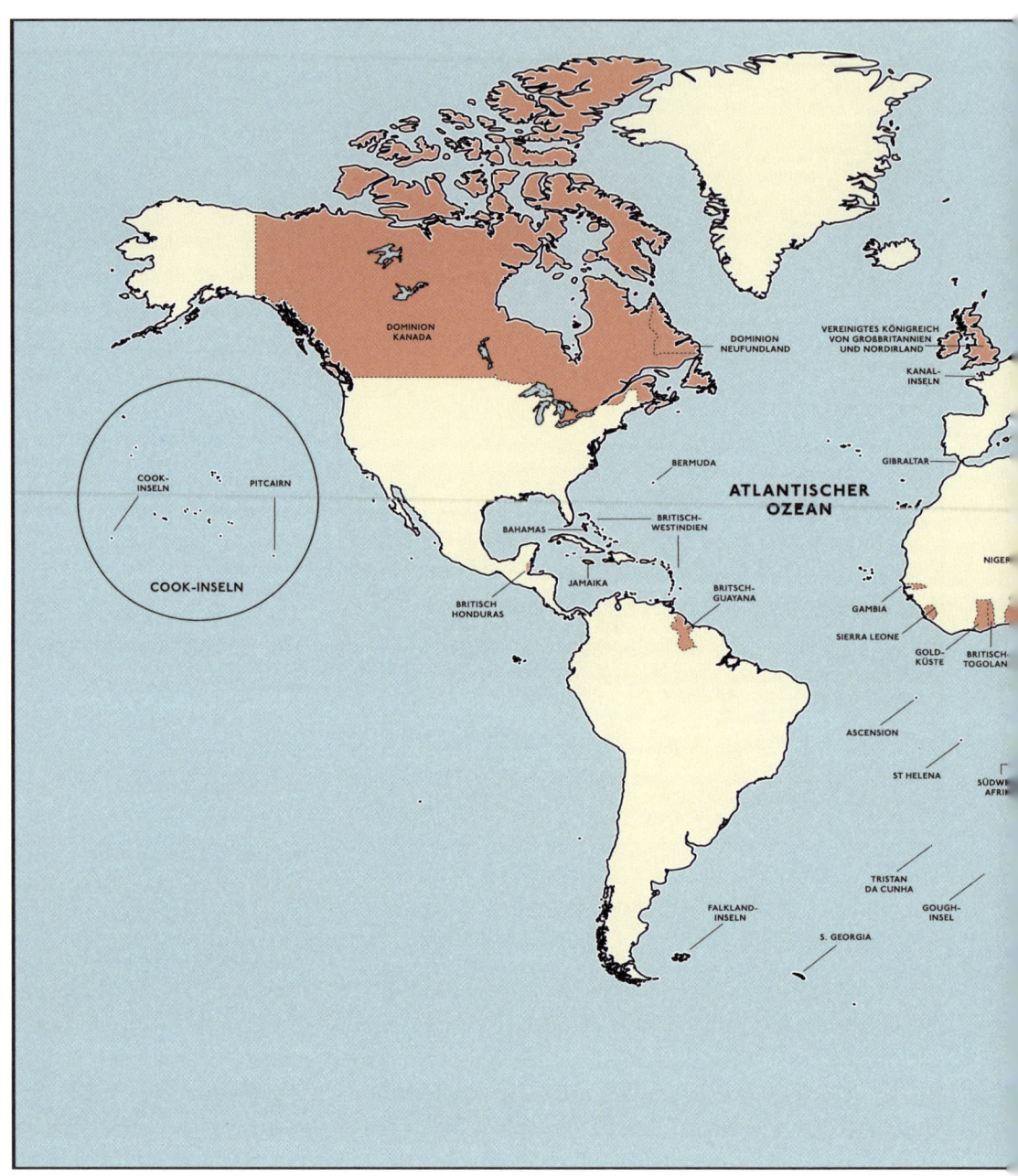

DOMINION
KANADA

DOMINION
NEUFUNDLAND

VEREINIGTES KÖNIGREICH
VON GROSSBRITANNIEN
UND NORDIRLAND

KANAL-
INSELN

BERMUDA

GIBRALTAR

ATLANTISCHER
OZEAN

BRITISCH-
WESTINDIEN

BAHAMAS

NIGER

JAMAIKA

BRITSCH-
GUAYANA

GAMBIA

BRITISCH
HONDURAS

SIERRA LEONE

GOLD-
KÜSTE

BRITISCH-
TOGOLAN

COOK-
INSELN

PITCAIRN

COOK-INSELN

ASCENSION

ST HELENA

SÜDW
AFRI

TRISTAN
DA CUNHA

GOUGH-
INSEL

FALKLAND-
INSELN

S. GEORGIA

9

BRITISCHES WELTREICH (1497 – 1997)

Von der Landung John Cabots in Neufundland 1497 im Auftrag König Heinrichs VII.

bis zur Rückgabe Hongkongs an China 1997
(ein perfektes Beispiel für gelungenen Handel) vergingen fünfhundert Jahre, in denen
von der Industriellen Revolution bis zum Beginn des modernen Zeitalters viel passierte.

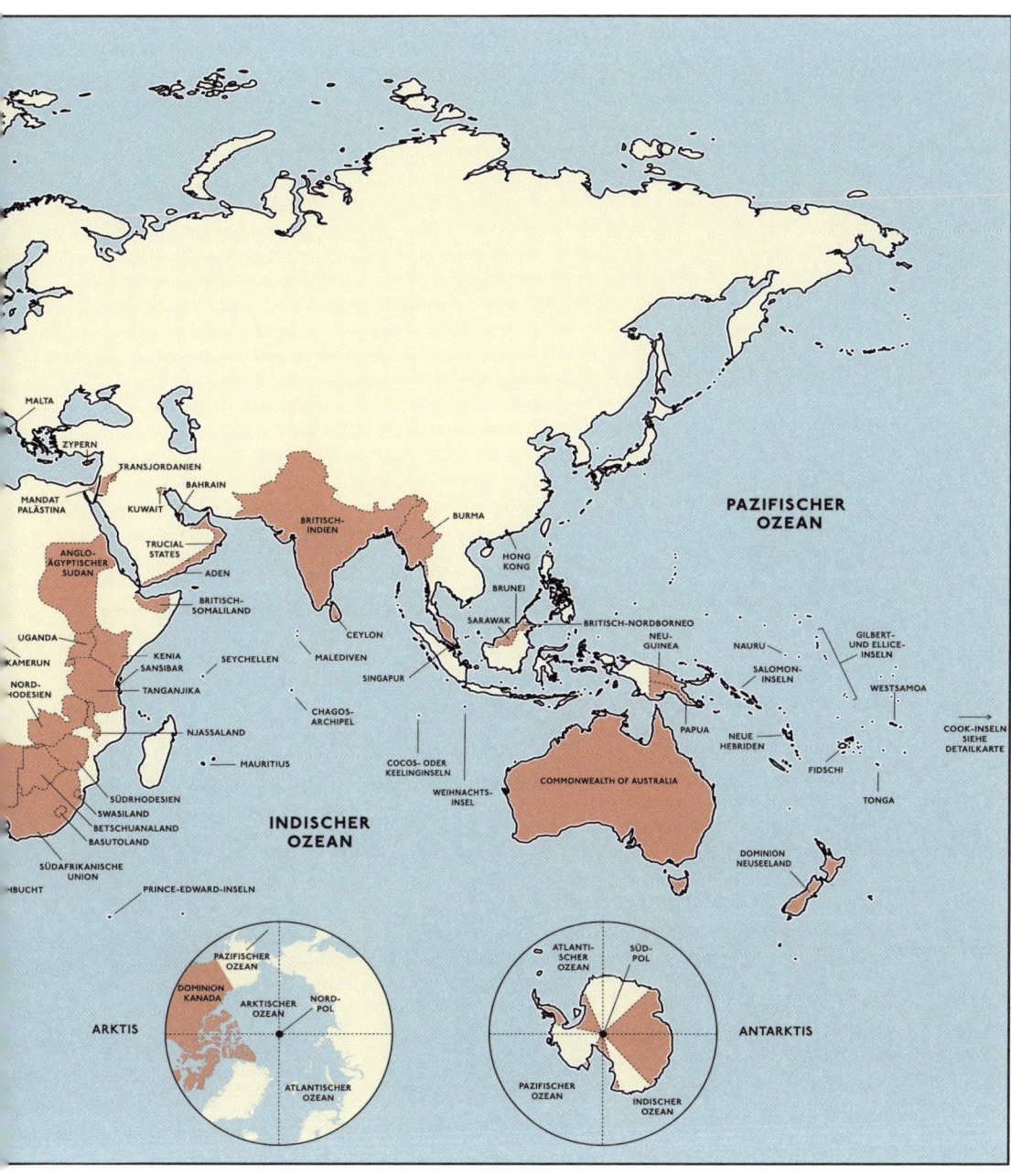

Das Britische Empire war das größte Reich der Geschichte, es umfasste 1922 ein Viertel der Landfläche der Erde und hatte über 450 Millionen Einwohner.

Das britische Empire ist 1931 friedlich im *Commonwealth of Nations* aufgegangen.

MATHERÄTSEL II

Hier sind sechs weitere – die Lösungen stehen am Ende.

DAS KAPUTTE SCHACHBRETT

Ein Schachbrett hat eigentlich 64 Felder, aber bei diesem hier fehlen zwei gegenüberliegende Eckfelder, also sind es nur noch 62. Albert hat 31 Dominosteine, die jeweils genau zwei Felder abdecken. Die Frage lautet: Kann er das kaputte Brett mit seinen 31 Dominosteinen komplett abdecken?

ZU VIELE KÄSTCHEN

Hier haben wir ein Quadrat, das aus 64 kleineren Quadraten besteht – genau wie ein Schachbrett.

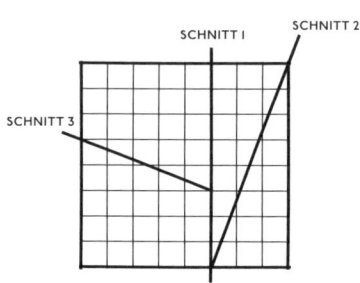

Jetzt schneiden wir das Quadrat drei Kästchen vom rechten Rand einmal senkrecht durch: Schnitt 1.

So erhalten wir zwei Rechtecke – eins mit 5 × 8 Kästchen = 40, und eins mit 3 × 8 Kästchen = 24. Zusammen ergibt das wie vorher 64 Kästchen.

Jetzt schneiden wir das 3 × 8 Kästchen große Rechteck diagonal durch: Schnitt 2.

Zum Schluss schneiden wir das 5 × 8 Kästchen große Rechteck von der dritten Reihe links bis zur fünften Reihe rechts schräg durch: Schnitt 3.

Jetzt haben wir zwei Dreiecke und zwei Flächen mit vier Seiten. Diese können wir ganz leicht zu einem neuen Rechteck zusammenfügen, das allerdings fünf Kästchen hoch und dreizehn Kästchen breit ist. 5 × 13 = 65 Kästchen. Die Frage lautet nun: Woher kommt das zusätzliche Kästchen?

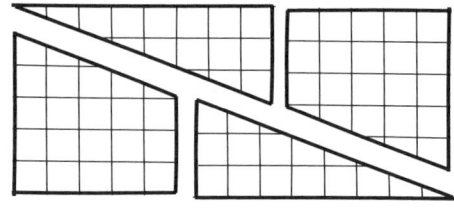

9

ABWÄGEN

Man darf alles wiegen – so steht es schließlich im Waagerecht. In diesem Rätsel geht es aber darum, Gewichte auf zwei Waagschalen zu verteilen. Mit dieser Methode kann man jedes Gewicht von 1 bis 120 Einheiten bestimmen. Die Frage lautet: Welche fünf Gewichte braucht man dafür?

10

EIN SEIL UM DIE ERDE

Ein Typ hat mal ein Seil um die Erde gespannt, vielleicht ist das auch nur Seemannsgarn …

Das Seil müsste 40.000 km lang sein, denn das entspricht dem Erdumfang.

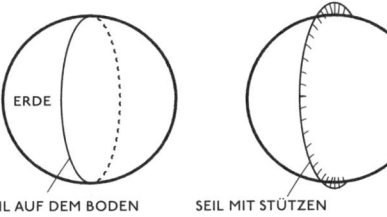

SEIL AUF DEM BODEN   SEIL MIT STÜTZEN

Naturschützer merkten allerdings an, dass das Seil Schnecken, Nacktschnecken und andere kleine Tiere in Bedrängnis bringen würde, weil sie nicht darüberklettern könnten. Also beschloss der Mann, das Seil um die ganze Erdkugel herum auf Stützen zu legen, damit die armen Tiere darunter durchkriechen können.

Er benutzte Stützen, die einen Meter hoch waren. Die Frage lautet: Wie viel länger muss jetzt das Seil sein, damit es auf den einen Meter hohen Stützen immer noch um die Erde herumreicht?

11

DAS GESTRANDETE MÄDCHEN UND DER TOLLKÜHNE PILOT

Ein junges Mädchen sitzt traurig am Flughafen auf ihrem Koffer. Jemand hat ihre Tasche, ihr Geld und ihre Kreditkarten gestohlen. Wie soll sie jetzt bloß nach Hause kommen? Ein tollkühner junger Mann ist toll und kühn genug, sie zu fragen, was mit ihr los ist. Als sie es ihm erzählt, erwidert er: »Keine Sorge, ich bin Pilot. Ich kann dich mitnehmen und am Ziel absetzen, ohne einen Umweg zu machen!« Die Frage lautet: Wohin fliegt er?

12

WO DER BÄR BEGRABEN LIEGT

Ein Typ geht mit seiner Kamera auf die Jagd und hofft, einen Bären zu erwischen und ein Foto von ihm machen zu können. Also verlässt er sein Camp und geht 5 km genau nach Süden. Keine Bären zu sehen. Also geht er weiter 5 km genau nach Osten. Dort erblickt er dann tatsächlich einen Bären. Leider sieht der Bär ihn und rennt auf ihn zu. Deshalb wendet sich der Mann nach Norden und rennt 5 km, wobei er von dem Bären verfolgt wird. Der gibt aber schon nach etwa einem Kilometer auf. Nach 5 km ist der Mann erstaunt, wieder in seinem Camp angekommen zu sein. Die Frage lautet: Welche Farbe hatte der Bär?

Lösungen

DAS KAPUTTE SCHACHBRETT

Nein, kann er nicht. Die beiden fehlenden Felder haben dieselbe Farbe, und wenn du es versuchst, siehst du, dass kein Dominostein zwei Felder derselben Farbe abdecken kann. Wenn man zwei weiße Felder entfernt, bleiben immer zwei schwarze Felder diagonal zueinander übrig – und ein Dominostein. Also ist es leider unmöglich, die 62 Felder mit 31 Dominosteinen abzudecken.

8

ZU VIELE KÄSTCHEN

Das Rätsel klärt sich auf, wenn man sich die diagonalen Linien auf der Abbildung genauer ansieht. Wenn du ein Modell des ursprünglichen Quadrats von 8 × 8 Kästchen anfertigst, es erst sorgfältig zerschneidest und dann das neue Rechteck von 5 × 13 Kästchen zusammensetzt, dann siehst du, dass die Teile nicht genau zusammenpassen. An der diagonalen Linie bleibt eine kleine Lücke. Und diese kleine Lücke entspricht genau dem zusätzlichen Kästchen.

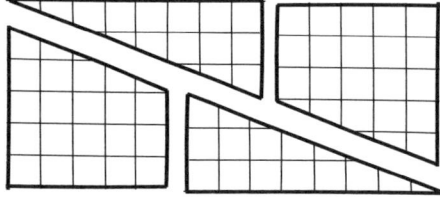

9

ABWÄGEN

Die Gewichte müssen diese sein: 1 Einheit, 3 Einheiten, 9 Einheiten, 27 Einheiten und gewaltige 81 Einheiten. Zusammen ergeben sie 121 Einheiten, sodass man alle Einheiten von 1 bis 120 damit abwägen kann, wenn man eine einfache Waage mit zwei Waagschalen hat. Ein paar Beispiele:

2 Einheiten wägt man mit 3 Einheiten auf einer Seite und 1 Einheit auf der anderen. Die Differenz sind 2 Einheiten.
7 Einheiten wägt man mit 9 + 1 Einheiten auf einer Seite und 3 Einheiten auf der anderen. 10 − 3 = 7.
90 Einheiten kann man mit 9 + 81 Einheiten auf einer Seite abwägen.
100 Einheiten kann man mit 81 + 27 + 1 auf einer Seite und 9 Einheiten auf der anderen Seite wägen.
105 ist 81 + 27 − 3.

EIN SEIL UM DIE ERDE

Das 40.000 km lange Seil müsste auf Stützen von einem Meter Höhe gelegt 40.000 km plus ca. 6,28 Meter lang sein. Das liegt an π (Pi).

Egal, aus welchem Winkel man eine Kugel betrachtet, man sieht einen Kreis. Bei einem Kreis kann man eigentlich nur 2 Dinge messen – den Durchmesser und den Umfang. Egal, wie groß der Kreis ist, der Umfang ist immer π mal Durchmesser. π ist 3,14159 … Die Dezimalstellen gehen unendlich weiter, aber eine nützliche Abkürzung der Kreiszahl ist 3 1/7 oder 3,14. Um sein Seil um die Erde zu spannen, braucht unser Freund also einen Durchmesser, der zwei Meter breiter ist. Also braucht er 2 × 3,14 = 6,28 Meter mehr Seil – mehr nicht! Eine runde Sache.

11

DAS GESTRANDETE MÄDCHEN UND DER TOLLKÜHNE PILOT

Er fliegt entweder an einen Punkt genau auf der anderen Seite des Globus oder einmal um die Erde und wieder zurück zum Ausgangspunkt. Nur auf eine dieser beiden Weisen kann er sie zu jedem Ort auf der Welt bringen und dann weiterfliegen, bis er wieder zu Hause ankommt.

12

WO DER BÄR BEGRABEN LIEGT

Der Bär muss weiß sein, weil es ein Eisbär sein und der Mann sein Camp genau am Nordpol errichtet haben muss. Wenn er erst fünf Kilometer nach Süden, dann fünf Kilometer nach Osten und am Ende wieder fünf Kilometer in Richtung Norden laufen würde, wäre er wieder am Nordpol angekommen, wo es nur Eisbären gibt.

Eine andere Frage: Hätte das Camp auch irgendwo anders sein können? Hätte der Mann statt eines Eisbären auch einen Pinguin sehen können? Denk erst darüber nach, bevor du die folgende Antwort liest.

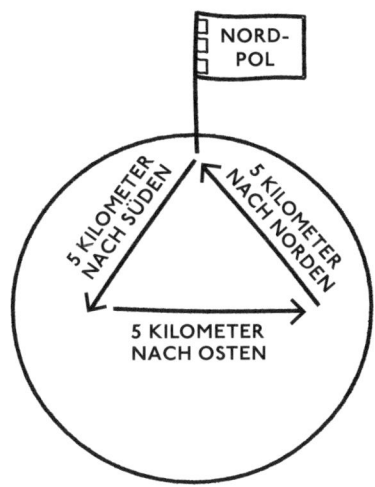

Die Antwort lautet, dass das Camp sich an unendlich vielen Orten in der Nähe des Südpols befinden könnte. Stellt euch einen Kreis um den Südpol vor, der genau fünf Kilometer lang ist. Der wäre ungefähr 1,6 km vom Südpol entfernt. Wenn das Camp sich also irgendwo fünf Kilometer nördlich des Kreises befindet, kann er fünf Kilometer nach Süden laufen und dann fünf Kilometer entlang des Kreises nach Westen oder Osten und dann fünf Kilometer nach Norden – und er wäre wieder an seinem Camp angekommen. Aber dafür gibt es unendlich viele mögliche Standorte.

ZWEI TOLLE KARTENSPIELE

DOPPELKOPF

Doppelkopf ist eines der beliebtesten und spannendsten Kartenspiele in Deutschland. Entstanden ist es vermutlich aus dem Schafkopf-Spiel, das vor allem in Süddeutschland gern gespielt wird. Bei den Doppelkopfregeln gibt es viele regionale Unterschiede und Besonderheiten. Wer sich noch nicht so gut auskennt, fängt am besten mit dem sogenannten Normalspiel an. Wichtig: Vor Spielbeginn müssen sich alle Spieler und Spielerinnen über die Regeln einig sein.

DIE KARTEN

Gespielt wird mit 48 Karten, einem doppeltem 24er-Kartenspiel. Von jeder Farbe – so werden Kreuz, Pik, Herz und Karo genannt – gibt es also jeweils zwei Sätze mit Karten von der Neun bis zum Ass.

Das Ass ist die höchste Karte, sie zählt elf Punkte oder Augen. Dann folgt die Zehn mit zehn Augen, der König mit vier Augen, die Dame mit drei und der Bube mit zwei Augen. Die Neun hat keinen Wert.

DIE SPIELER

Doppelkopf wird immer mit vier Spielern gespielt. Jeder Spieler bekommt zwölf Karten. Gleich zu Beginn wird es schon spannend, denn der Zufall bestimmt das Zusammenspiel: Die beiden Spieler mit der Kreuz-Dame treten gemeinsam gegen die beiden ohne Kreuz-Dame an. So ergeben sich immer wieder unterschiedliche Kombinationen unter den vier Spielern.

Beim Normalspiel spielen zwei Zweierteams gegeneinander. Die Spieler mit einer Kreuz-Dame sind die Re-Partei, ihre Gegenspieler die Contra-Partei. Das Vertrackte ist allerdings: Am Anfang wissen die Spieler meist nicht, wer mit wem zusammenspielt. Das können sie erst im Laufe des Spiels durch Reaktionen ihrer Mitspieler herausfinden. Wenn zum Beispiel ein Spieler schon seine Kreuz-Dame gespielt hat, weiß sein Partner, dass er ihm Karten mit hohen Punktzahlen zuspielen sollte, um die Gewinnchancen zu erhöhen. Daran erkennt dann der erste Spieler, wer Spielpartner und wer -gegner ist.

STICH UND TRUMPF, VORBEHALT ODER »GESUND«

Ziel des Spiels ist es, möglichst viele Stiche und damit Punkte zu sammeln. Stich heißt: Der Spieler mit der höchsten Karte darf alle anderen Karten, die gelegt (man sagt auch: bedient) wurden, an sich nehmen.

Bei einem sogenannten Normalspiel sind die beiden Herz-Zehner, die Damen, Buben und alle Karo-Karten Trumpf. Als Fehlfarben gelten die Karten, die kein Trumpf sind: Kreuz, Pik und Herz (bis auf die Herz-Zehn!). Wenn ein Spieler ein Farb-Solo spielt (das kann er entscheiden, wenn er seine Karten in der Hand hat und die Zusammensetzung entsprechend günstig ist, z. B. viele Kreuz oder Pik oder Herz), darf er ansagen, welche Farbe Trumpf ist. Dann gelten für dieses Spiel nur Karten dieser Farbe – also Kreuz, Pik, Herz oder Karo – als Trumpf.

Zu Beginn des Spiels wird in der Runde gefragt, ob einer der Spieler einen »Vorbehalt« anmelden möchte. Macht das jemand, kann er zum Beispiel ein Solo spielen. Der häufigste Vorbehalt ist die Hochzeit (siehe auch unten): Wenn sich beide Kreuz-Damen in der Hand eines Spielers befinden, tritt dieser gegen die übrigen drei an. Er kündigt das vorher an mit der Ansage: »Hochzeit!«.

Wer keinen Vorbehalt anmelden möchte, sagt: »Gesund«. Sind alle Spieler »gesund«, wird ein Normalspiel gespielt.

LOS GEHT'S!

Der Geber mischt und teilt dann an jeden Spieler verdeckt 12 Karten aus. Ein Spieler legt die erste Karte offen auf den Tisch; es ist meist der, der links vom Geber sitzt. Man sagt auch: Der Spieler kommt heraus. Die anderen Spieler müssen nun der Reihe nach ebenfalls eine Karte auf den Tisch legen, dabei aber bedienen. Das bedeutet, sie müssen Karten der gleichen Farbe ablegen. Hat einer der Spieler keine passende Karte, darf er auch eine andere spielen. Man unterscheidet zwischen Abwurf (einer Fehlkarte) oder Stechen: mit Trumpf den Stich machen. Trumpf zu nehmen ist nur dann erlaubt, wenn der Spieler die geforderte Farbe nicht in seinem Sortiment hat.

Dabei ist immer die zuerst gespielte Farbe (also die zuerst abgelegte Karte) entscheidend. Ein Beispiel: Wurde die Pik-Neun – die für sich genommen keine Punktzahl hat – ausgespielt und ein Spieler kann nicht bedienen, kann er zwar ein Herz-Ass drauflegen, die Pik-Neun ist dennoch ausschlaggebend und würde in diesem Fall den Stich machen. Es sei denn, Herz wurde als Trumpffarbe angekündigt – dann macht Herz den Stich. Den Stich macht also immer der Spieler, der die stärkste Karte ausspielt. Der Sieger der jeweiligen Runde darf alle vier Karten einziehen und legt sie verdeckt vor sich auf einen Stapel. Er erhält die Gesamtzahl der Augen auf sein Punkte-Konto. Deshalb ist es besonders am Anfang ratsam, zu Beginn möglichst ein Ass auszuspielen. Dann ist die Wahrscheinlichkeit groß, den Stich selbst zu machen. Denn alle anderen Spieler können ja nur die entsprechende Fehlfarbe mit kleinerer Punktzahl bedienen; selbst das zweite Ass sticht nicht das zuerst gelegte!

DIE PUNKTZAHL

Bei einem Normalspiel gewinnen am Ende die beiden Spieler, die zusammen die meisten Punkte (der höchsten Augenzahl) erzielen. Wurde ein Solo angesagt, muss der Solo-Spieler am Ende mindestens 121 Punkte haben, nur dann ist er Sieger. Erzielen seine drei Gegenspieler zusammen mehr als 120 Punkte, hat er verloren.

LUST AUF MEHR?
EIN PAAR SONDERREGELN …

Wenn du schon Spielerfahrung hast, lohnt es sich, ein paar Variationen auszuprobieren und – wenn dein Blatt das möglich macht – Soli zu spielen. Wichtig ist nur, dass sich alle Spieler vor Beginn darüber verständigen.

DAMEN-SOLO: Nur die acht Damen sind Trumpf. Die Fehlfarben haben die Reihenfolge Ass, Zehn, König, Bube, Neun.

BUBEN-SOLO: Nur die acht Buben sind Trumpf. Die Fehlfarben haben die Reihenfolge Ass, Zehn, König, Dame, Neun.

FARB-SOLO: Jede Farbe kann als Farb-Solo angesagt werden. Beim Karo-Solo (auch Trumpf-Solo genannt) bleibt alles wie beim Normalspiel. Bei den anderen drei Farben werden die vier Karo-Trümpfe (Ass, Zehn, König, Neun) und die Herz-Zehn durch die gewählte Farbe ausgetauscht.

HOCHZEIT: Hat ein Spieler beide Kreuz-Damen, meldet er: »Hochzeit!«. Aber Achtung: Er kann diese Tatsache auch verschweigen, dann wird »Stille Hochzeit« gespielt. In diesem Fall weiß nur der Spieler mit den beiden Damen von Anfang an, dass er gegen die drei anderen spielt. Normalerweise wird er mit zwei Kreuz-Damen auf der Hand aber eine »Hochzeit« ansagen. Partner ist, wer den ersten Stich macht und dessen erste Karte kein Trumpf ist (also der Mitspieler mit dem ersten Fehlstich, nicht Trumpf-Stich). Wenn nach drei Stichen kein Partner ermittelt wurde oder der Spieler die Hochzeit nicht bekannt gibt (Stille Hochzeit), so spielt er ein Trumpf-Solo mit Karo, also quasi ein Normalspiel als Solo, nur mit beiden Kreuz-Damen in einer Hand.

FLEISCHLOSES SOLO: Keine Trümpfe, nur Fehlfarben, es kann also nicht gestochen werden, alle Trumpfkarten sind einsortiert in die übliche Reihenfolge: Ass, Zehn, König, Dame, Bube, Neun.

ARMUT: Nur drei oder noch weniger Trümpfe auf der Hand? Dann kannst du drei Karten zum nächsten Spieler schieben, der, wenn er nicht die Annahme verweigert, drei Karten zurückgibt. Ihr beide spielt dann zusammen. Wenn bei Annahmeverweigerung auch der nächste und übernächste Spieler nicht die drei verdeckt geschobenen Karten nehmen will, wird neu gemischt.

SCHWEINCHEN: Beide Karo-Asse auf einer Hand? Das sind dann die höchsten Trümpfe, sie liegen also noch über der Herz-Zehn, wenn du es entsprechend verkündest. Erst beim Ausspielen des ersten Schweinchens – des ersten Karo-Ass – musst du bekanntgeben, dass du die Schweinchen hast.

WILDE SAU: Die Antwort auf das Schweinchen; nun sind die beiden Karo-Zehn die höchsten Trümpfe. Die Wilde Sau darf nur gelegt werden, wenn vorher ein Schweinchen gespielt wurde.

— ② —

SCHUMMELLIESCHEN

Trotz der Schummelei ein tolles Spiel für die ganze Familie! Die Regeln sind unglaublich einfach, aber es ist bei Weitem das lauteste Kartenspiel, das wir kennen.

Mischt die Karten und gebt aus. Lasst den Spielern einen Moment Zeit, sie zu sortieren – die Farben sind unwichtig, also ordnet man meist nach Zahlen. Der Spieler links des Gebers fängt an.

Ziel des Spiels ist es, alle seine Karten loszuwerden. Dazu kann jeder Spieler reihum eine, zwei, drei oder vier Karten verdeckt ablegen. Dabei muss man ansagen, was man hat, zum Beispiel »zwei Königinnen«.

Der nächste Spieler kann dann nur die gleiche Farbe, die darüber oder die darunter ablegen. In unserem Beispiel also Königinnen, Buben oder Könige. Wenn jemand ein Ass ablegt, muss der Nächste Asse, Königinnen oder Zweien ablegen. Wer keine dieser Karten hat, muss andere ablegen und lügen. Eine verbreitete Taktik sieht so aus, dass man dann nur eine Karte auf den Stapel

legt. Die anderen Spieler glauben vielleicht an »eine Vier«, aber »drei Vieren« muss man erst mal überzeugend rüberbringen – vor allem, wenn jemand anderes selbst zwei davon hat.

Nach jedem Ablegen ist kurz Zeit, »Schummellieschen!« zu rufen. Das muss passieren, bevor die nächste Karte abgelegt wird – und natürlich wird der nächste Spieler es eilig haben, seine Karten loszuwerden. Wenn jemand »Schummellieschen!« gerufen hat, muss der Spieler, der gerade dran war, seine abgelegten Karten aufdecken und sie den anderen am Tisch zeigen. Wenn die »drei Buben« sich dann als zwei Siebenen und eine Vier entpuppen, muss er oder sie den ganzen Stapel auf die Hand nehmen. Dabei kann man echt viele Karten abkriegen, wenn man Pech hat. Wenn es allerdings wirklich drei Buben waren, muss derjenige, der »Schummellieschen!« gerufen hat, den ganzen Stapel aufnehmen. Es birgt also immer ein gewisses Risiko, jemanden des Mogelns zu bezichtigen. Das Spiel soll schnell reihum gespielt werden »Zwei Vieren« … »Drei Fünfen« … »Eine Fünf« … »Zwei Sechsen« … »Drei Siebenen« … »Schummellieschen!«

Man kann auch schummeln, indem man drei Karten ablegt und »Zwei Buben« sagt, als wären es nur zwei.

Am meisten wird aber geschummelt, wenn ein Spieler zum Beispiel nach einer Vier Dreien, Vieren oder Fünfen ablegen muss und keine davon hat. Wenn dann ein anderer schon mehrmals Karten nehmen musste und vielleicht alle Karten von der betreffenden Zahl auf der Hand hat, weiß derjenige genau, dass gleich jemand schummeln muss, und freut sich diebisch.

DIE PAPIERSCHACHTEL

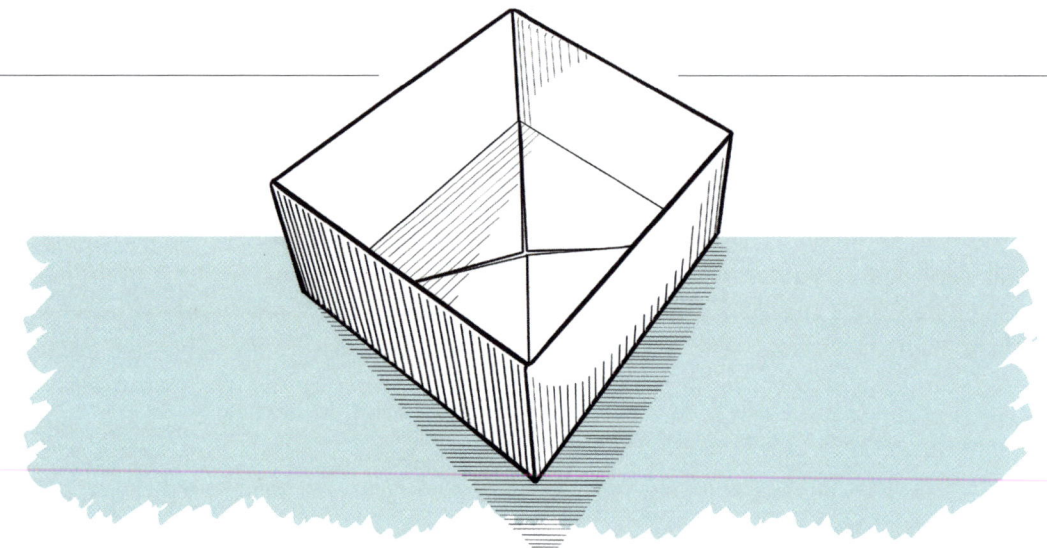

A bgesehen vom Offensichtlichen – man kann Sachen hineintun, und außerdem wird sie eine Weile schwimmen, mindestens so gut wie das Papierschiff aus dem ersten Buch – hat die Schachtel keinen besonderen Nutzen. Das ist schwer zu erklären, und manche werden einfach nicht verstehen, was diese Bastelei dann überhaupt soll. Aber genau wie der Mount Everest sind manche Sachen eben einfach da. Wenn du allerdings zwei Schachteln bastelst und sie ineinandersteckst, hast du eine prima Geschenkbox. Es lohnt sich also, das zu können. Du brauchst ein A4-Blatt Papier und eine Schere. Mehr nicht.

Mach aus dem rechteckigen Blatt zuerst ein Quadrat, indem du es einmal diagonal faltest. Dann schneide mit der Schere den überschüssigen Streifen ab – je sauberer, desto besser wird das Ergebnis.

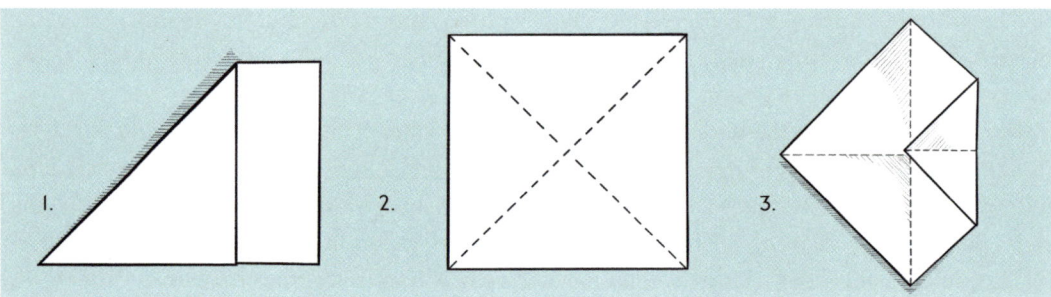

Das fertige Quadrat wird dann noch einmal gefaltet, um die zweite diagonale Falz zu erzeugen. Anschließend musst du alle vier Ecken zur Mitte hin falten. Streiche die Falten ordentlich glatt, damit die Linien deutlich zu sehen sind.

Jetzt sollte dein Blatt etwa so aussehen wie auf Bild 4. Dann faltest du von zwei Seiten ein Rechteck zur Mitte.

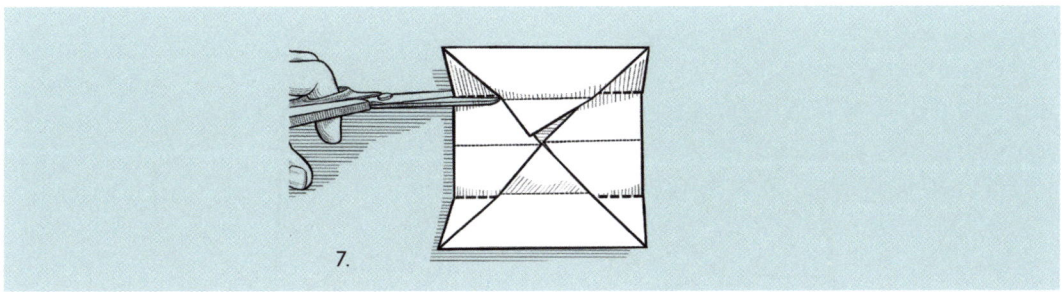

Mach den letzten Schritt wieder rückgängig und schneide mit der Schere entlang der gestrichelten Linien auf dem Bild. Die Linien brauchst du vorher nicht einzuzeichnen. Die Schnitte sollten gerade sein und genau so weit, dass das Dreieck nicht mit angeschnitten wird. Das ist eigentlich der einzige schwierige Teil des Ganzen. Der Rest besteht nur aus Falten.

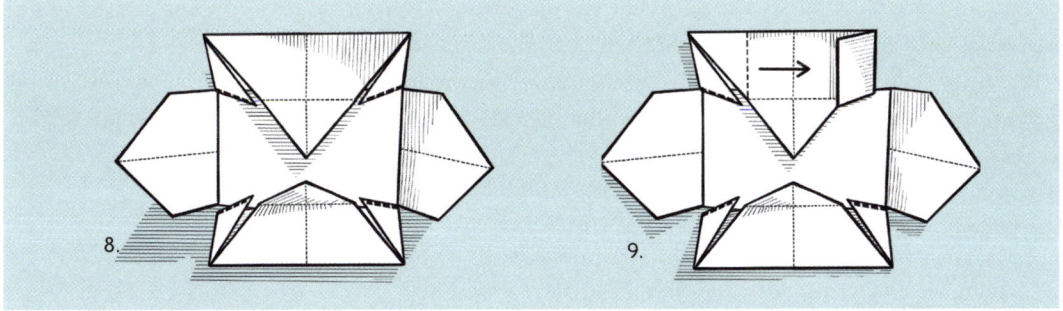

Dank der vier Schnitte kannst du die Schachtel jetzt wie gezeigt auffalten. Falte jetzt wie auf Abbildung 9 eine Lasche nach innen. Danach wiederholst du das gegenüber und auf der anderen Seite.

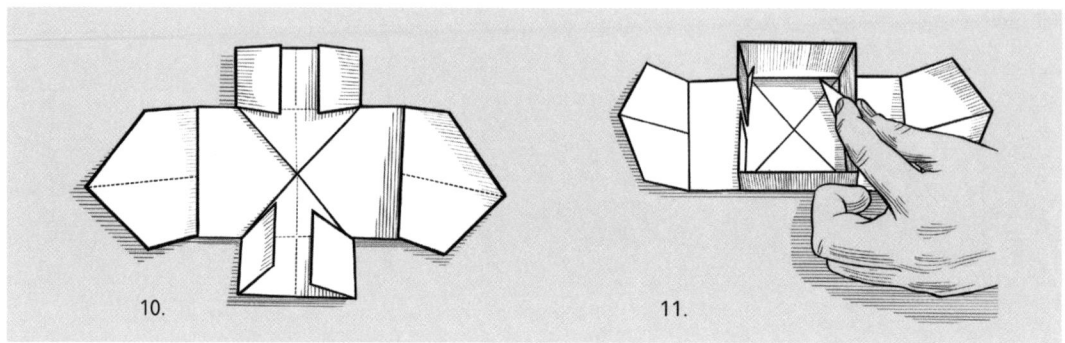

Richte die vier Laschen auf und öffne sie. Jetzt siehst du schon ganz gut, wie die Schachtel aussehen wird (Bild 11). Fast fertig.

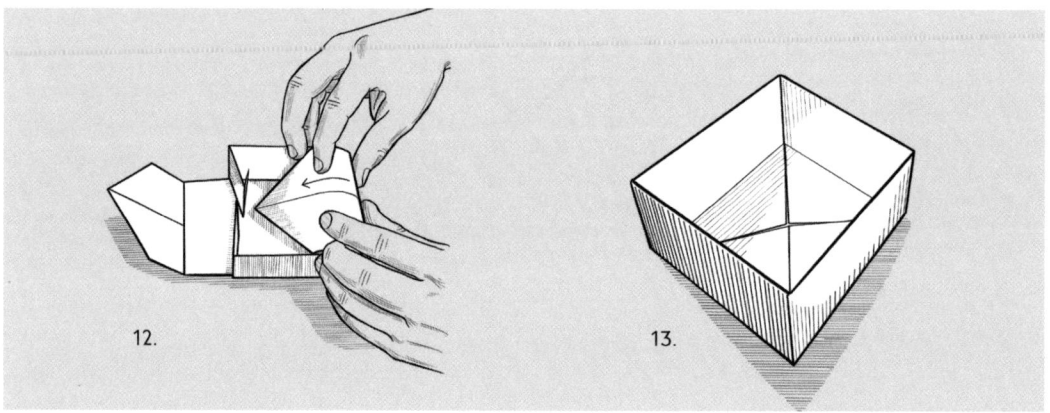

Nun musst du die Laschen festhalten, das Seitenstück darüberfalten und gut nach unten drücken, damit es hält. Das ist eine ziemliche Fummelarbeit. Wiederhol den Vorgang auf der anderen Seite. Drücke und streiche fest über die Falze, damit sie so stabil wie möglich sind.

Wenn du deine schicke neue Schachtel genug bewundert hast, kannst du eine zweite, etwas kleinere basteln und die erste als Deckel daraufsetzen. Ein ziemlich tolles Ergebnis aus nichts weiter als zwei Blättern Papier.

Bei Menschen kann man viel erreichen, wenn man nur die richtigen Worte findet. Im Laufe der Geschichte haben immer wieder Redner vor Publikum gestanden und es zum Handeln aufgerufen, ihrer Trauer Ausdruck verliehen oder Rache geschworen. Aus Platzgründen können wir hier nur ein paar kurze Auszüge abdrucken, aber du solltest sie laut vorlesen, nein, nicht nur vorlesen – deklamieren: Stell dich aufrecht hin – Kopf hoch, Schultern gerade – und sprich langsam und deutlich, mach bei jedem Komma und jedem Punkt eine Pause, kurz gesagt: Nimm den ganzen Raum ein!

①

»MITBÜRGER, FREUNDE, RÖMER!«

Die Grabrede für Julius Caesar, gehalten von seinem Konsul Marcus Antonius, stammt zwar aus dem Shakespeare-Stück, aber Marcus Antonius hat nach dem Mord an Caesar tatsächlich zu den Römern gesprochen. Das einfache Volk Roms betrauerte einen großen Mann. Marcus Antonius zeigte ihnen nicht nur die zerrissene und blutbefleckte Toga, die Caesar getragen hatte, sondern auch ein wächsernes Abbild seines Körpers, in dem dreiundzwanzig Wunden sichtbar waren. Langsam, aber sicher wiegelte Antonius die Menge gegen die Mörder auf. Bis dahin hatten Männer wie Brutus und Cassius noch behauptet, sie hätten Rom von einem Tyrannen befreit. Aber nach dieser Rede mussten sie die Beine in die Hand nehmen, weil die wütende Meute sie sonst in Stücke gerissen hätte.

Mitbürger! Freunde!
Römer! Hört mich an!
Begraben will ich Caesarn,
   nicht ihn preisen.
Was Menschen Übles tun,
   das überlebt sie,
Das Gute wird mit ihnen oft begraben.

So sei es auch mit Caesarn!
 Der edle Brutus
Hat euch gesagt, dass er voll
 Herrschsucht war;
Und war er das, so war's
 ein schwer Vergehen,
Und schwer hat Caesar
 auch dafür gebüßt.
Hier, mit des Brutus Willen und
 der andern – Denn Brutus ist
 ein ehrenwerter Mann,
Das sind sie alle, alle ehrenwert –,
Komm ich, bei Caesars Leichenzug
 zu reden.
Er war mein Freund,
 war mir gerecht und treu;
Doch Brutus sagt, dass er
 voll Herrschsucht war,
Und Brutus ist ein ehrenwerter Mann.
Er brachte viel Gefangne
 heim nach Rom,
Wofür das Lösegeld den Schatz gefüllt.
Sah das der Herrschsucht
 wohl am Caesar gleich?
Wenn Arme zu ihm schrien,
 so weinte Caesar;
Die Herrschsucht sollt aus
 härterm Stoff bestehn.
Doch Brutus sagt, dass er
 voll Herrschsucht war,
Und Brutus ist ein ehrenwerter Mann.
Ihr alle saht, wie am Lupercusfest
Ich dreimal ihm die Königskrone bot,
Die dreimal er geweigert.
 War das Herrschsucht?
Doch Brutus sagt, dass er
 voll Herrschsucht war,
Und ist gewiss ein ehrenwerter Mann.
Ich will, was Brutus sprach,
 nicht widerlegen;

Ich spreche hier von dem nur,
 was ich weiß.
Ihr liebtet all ihn einst
 nicht ohne Grund;
Was für ein Grund wehrt euch,
 um ihn zu trauern?
O Urteil, du entflohst
 zum blöden Vieh,
Der Mensch ward unvernünftig! –
 Habt Geduld!
Mein Herz ist in dem Sarge
 hier beim Caesar,
Und ich muss schweigen,
 bis es mir zurückkommt.

Achte auf die Wirkung der Wiederholung! Viermal nennt Marcus Antonius Brutus einen ehrenwerten Mann, bis klar wird: Er meint das genaue Gegenteil.

---

② DIE GETTYSBURG-REDE

Als Präsident Abraham Lincoln 1863 auf dem Friedhof von Gettysburg stand, war er sich mehr als bewusst, wie viele Leben dort gerade einmal ein Jahr zuvor ausgelöscht worden waren, als mehr als fünfzigtausend Menschen während einer der brutalsten Schlachten des Amerikanischen Bürgerkriegs starben.

Vor vier mal zwanzig und sieben Jahren gründeten unsere Väter auf diesem Kontinent eine neue Nation, ersonnen in Freiheit und dem Grundsatz verpflichtet, dass alle Menschen gleich sind.
 Nun stehen wir in einem großen Bürgerkrieg, der prüfen wird, ob diese Nation

oder jede andere, die so ersonnen und verpflichtet ist, lange bestehen kann.

Wir stehen auf einem mächtigen Schlachtfeld dieses Krieges. Wir sind gekommen, um einen Teil dieses Feldes jenen zur letzten Ruhestätte zu weihen, die ihr Leben gegeben haben, damit die Nation weiterleben kann. Dies ist nur recht und billig.

Doch in einem höheren Sinne können wir diesen Boden nicht weihen, wir können ihn nicht segnen, können ihn nicht heiligen. Die tapferen Männer, die, seien sie lebendig oder tot, hier gekämpft haben, haben diesen Boden bereits mehr gesegnet, als es unsere armseligen Kräfte vermögen. Die Welt wird kaum Notiz von dem nehmen, was wir hier sagen, und es alsbald wieder vergessen, aber sie kann niemals vergessen, was sie hier vollbracht haben.

Nun ist es an uns, den Lebenden, uns des unvollendeten Werkes anzunehmen, welches jene edelmütigen Kämpfer hier vorangebracht haben. Es ist an uns, uns der großen Aufgabe zu stellen, die hier vor uns liegt – dass uns diese edlen Toten mit wachsender Hingabe für die Sache erfüllen, der sie selbst hier das höchste Maß an Hingabe erwiesen haben –, schwören wir an Ort und Stelle, dass diese Toten nicht vergeblich gestorben sein mögen, dass diese Nation unter Gott eine Wiedergeburt der Freiheit erleben möge – und dass die Herrschaft des Volkes, durch das Volk und für das Volk, nie wieder von der Erde verschwinden möge.

③

»BLUT, MÜHSAL, TRÄNEN UND SCHWEISS«

Er hat auch ein paar andere Verdienste, aber nebenbei ist Winston Churchill einer der berühmtesten Redner der britischen Geschichte. Seine Stimme spornte das Britische Empire zum Durchhalten an, selbst als alles verloren schien. Diese Worte richtete er 1940, während des Zweiten Weltkriegs, an das Parlament, nachdem er zum Premierminister ernannt worden war:

Im Angesicht dieser Krise sei es mir hoffentlich verziehen, wenn ich heute nicht in voller Länge zum Haus spreche. Ich hoffe weiterhin, dass meine Freunde und Kollegen, oder ehemaligen Kollegen, die von diesem politischen Wechsel betroffen sind, verstehen, dass wir gänzlich ohne Zeremoniell zu Werke gehen mussten.

Ihnen hier im Parlament sage ich ebenso wie den Mitgliedern der Regierung: ›Ich habe nichts anzubieten außer Blut, Mühsal, Tränen und Schweiß.‹ Vor uns liegt eine schmerzliche Prüfung. Vor uns liegen viele, viele lange Monate voller Kampf und Verzweiflung.

Nun fragen Sie, was ist unsere Politik? Darauf erwidere ich: Krieg zu führen zu Wasser, an Land und in der Luft, und zwar mit aller Macht und aller Stärke, die Gott uns zu geben vermag, Krieg zu führen gegen eine monströse Gewaltherrschaft, die in der finsteren und beklagenswerten Geschichte menschlicher Verbrechen ihresgleichen sucht. Das ist unsere Politik.

Nun fragen Sie, was ist unser Ziel?

Darauf kann ich mit einem Wort antworten: Sieg. Sieg um jeden Preis, Sieg jedem Terror zum Trotz, Sieg, egal, wie lang und schwer der Weg dorthin sein mag, denn ohne Sieg kein Überleben.

Seien Sie sich dessen gewiss. Das Britische Weltreich wird ohne Sieg nicht überleben, nichts von dem, wofür es einmal stand, die jahrhundertealten Ambitionen und Bestrebungen werden nicht überleben, dass die Menschheit vorwärts gerichtet auf ihr Ziel zusteuert. Doch ich nehme diese Aufgabe voller Schwung und Hoffnung an. Ich bin mir sicher, dass die Menschen es nicht zulassen werden, dass unser Anliegen scheitert.

In diesem Augenblick erlaube ich mir Anspruch auf die Hilfe aller zu erheben und sage: ›Nun kommt, lasst uns gemeinsam und mit vereinten Kräften weitergehen.‹

4

»WIR FLIEGEN ZUM MOND«

In diesem Auszug aus einer viel längeren Rede verkündete Präsident John F. Kennedy 1962, dass die Amerikaner noch vor Ende des Jahrzehntes auf dem Mond landen würden. Damals war das eine erstaunliche Aussage. Kennedy sollte nicht mehr miterleben, wie sein Traum Wirklichkeit wurde, denn gut ein Jahr später wurde er ermordet. Aber 1969 betraten Neil Armstrong und Buzz Aldrin tatsächlich den Mond.

Wir haben beschlossen, zum Mond zu fliegen. Wir werden noch in diesem Jahrzehnt zum Mond fliegen und all die anderen Ziele erreichen, nicht weil es einfach ist, sondern weil es schwer ist, weil dieses Ziel es uns erlauben wird, unsere

Energie und unsere Fähigkeiten bestmöglich zu sammeln und zu erproben, weil wir uns der Herausforderung stellen werden, sie nicht aufschieben wollen. Und wir wollen erfolgreich sein, genau wie bei unseren anderen Zielen.

[…] Vor vielen Jahren wurde der große britische Entdecker George Mallory, der später auf dem Mount Everest sterben sollte, gefragt, warum er den Berg erklimmen wolle. Er sagte: »Weil er da ist.«

Nun, das Weltall ist auch da, und wir werden es erklimmen, ebenso sind der Mond und die Planeten da, und mit ihnen neue Hoffnungen auf Wissen und Frieden.

Deshalb setzen wir die Segel und bitten Gott um seinen Beistand für das gefährlichste, gewagteste und großartigste Abenteuer, zu dem sich die Menschheit jemals aufgemacht hat.

5

MARTIN LUTHER KING

Mit nur sechsundzwanzig Jahren wurde Martin Luther King Anführer der schwarzen Bürgerrechtsbewegung gegen die Rassentrennung. Seine berühmte Rede »I have a dream« hielt er 1963 vor 250.000 Menschen in Washington D. C. Ein Jahr später wurde die Rassentrennung per Gesetz aufgehoben.

Deswegen sage ich Ihnen, meine Freunde, dass ich immer noch einen Traum habe, obwohl wir den Schwierigkeiten von heute und morgen entgegensehen. Es ist ein Traum, der seine Wurzel tief im amerikanischen Traum hat, dass sich diese Nation eines Tages erheben wird und der wahren Bedeutung ihres Glaubensbekenntnisses, wir sehen diese Wahrheiten als offensichtlich an, dass alle Menschen gleich geschaffen sind, gerecht

wird. Ich habe einen Traum, dass eines Tages die Söhne von früheren Sklaven und die Söhne von früheren Sklavenbesitzern auf den roten Hügeln von Georgia sich am Tisch der Brüderlichkeit gemeinsam niedersetzen können. Ich habe einen Traum, dass eines Tages selbst der Staat Mississippi, ein Staat, der unter der Hitze der Ungerechtigkeit und der Hitze der Unterdrückung schmort, in eine Oase der Freiheit und Gerechtigkeit verwandelt wird. Ich habe einen Traum, dass meine vier kleinen Kinder eines Tages in einer Nation leben werden, in der sie nicht wegen der Farbe ihrer Haut, sondern nach dem Wesen ihres Charakters beurteilt werden.

ICH HABE EINEN TRAUM!

Ich habe einen Traum, dass eines Tages unten in Alabama mit seinen brutalen Rassisten, mit einem Gouverneur, der immer wieder »Einspruch« erhebt und Dinge für »null und nichtig« erklärt, dass eines Tages selbst in Alabama kleine schwarze Jungen und Mädchen mit kleinen weißen Jungen und Mädchen als Schwestern und Brüder zusammenleben können.

ICH HABE EINEN TRAUM!

Ich habe einen Traum, dass eines Tages jedes Tal erhöht und jeder Hügel und Berg erniedrigt werden. Was uneben ist, soll gerade, und was hügelig ist, soll eben werden, und die Herrlichkeit des Herrn soll offenbart werden und alles Fleisch miteinander wird es sehen. Dies ist unsere Hoffnung. Dies ist der Glaube, mit dem ich in den Süden zurückkehren werde.

Mit diesem Glauben werden wir aus dem Berg der Verzweiflung einen Stein der Hoffnung hauen. Mit diesem Glauben werden wir gemeinsam arbeiten können, gemeinsam beten können, gemeinsam kämpfen können, gemeinsam in das Gefängnis gehen können, um gemeinsam für Freiheit einzutreten, mit dem Wissen, dass wir eines Tages frei sein werden. Und dies wird der Tag sein. Dies wird der Tag sein, wenn alle Kinder Gottes mit neuer Bedeutung singen können: Mein Land, es ist über dir, süßes Land der Freiheit, über das ich singe, Land, wo meine Väter starben, Land des Pilgerstolzes, von jedem Berghang, lass die Glocken der Freiheit läuten. Wenn Amerika eine großartige Nation sein soll, dann muss dies wahr werden.

Lass daher die Glocken der Freiheit von den wunderbaren Hügeln New Hampshires läuten. Lass die Glocken der Freiheit läuten von den mächtigen Bergen New Yorks. Lass die Glocken der Freiheit von den Höhen der Alleghenies in Pennsylvania läuten. Lass die Glocken von den schneebedeckten Gipfeln der Rockies in Colorado läuten. Lass die Glocken der Freiheit vom Lookout Mountain in Tennessee läuten. Lass die Glocken der Freiheit von jedem Hügel und Maulwurfshügel in Mississippi läuten. Von jedem Berghang lass die Glocken der Freiheit läuten.

Wenn dies geschieht, und wenn wir erlauben, dass die Glocken der Freiheit läuten und wenn wir sie von jedem Dorf und jedem Weiler, von jedem Staat und jeder Stadt läuten lassen, werden wir diesen Tag schneller erleben, wenn alle Kinder Gottes, Schwarze und Weiße, Juden und Christen, Protestanten und Katholiken einander an den Händen halten können und die Worte des alten Spirituals *Endlich frei, endlich frei. Danke Gott, Allmächtiger, endlich frei* singen.

Eine tolle Rede kann den Grundstein einer Nation oder einer Ehe bilden. Ein einziger Satz kann uns durchhalten lassen, wo es sonst keine Hoffnung mehr gibt. Wenn man diese unglaubliche Macht bedenkt, ist Reden eine Fähigkeit, die zu erlernen sich auf jeden Fall lohnt. In der Öffentlichkeit mit Zuversicht zu sprechen und unter Druck die richtigen Worte zu finden ist sehr wichtig. Es kann sogar Leben retten.

ZEITVERTREIB:
SPIELE ZUM VERRÜCKTWERDEN

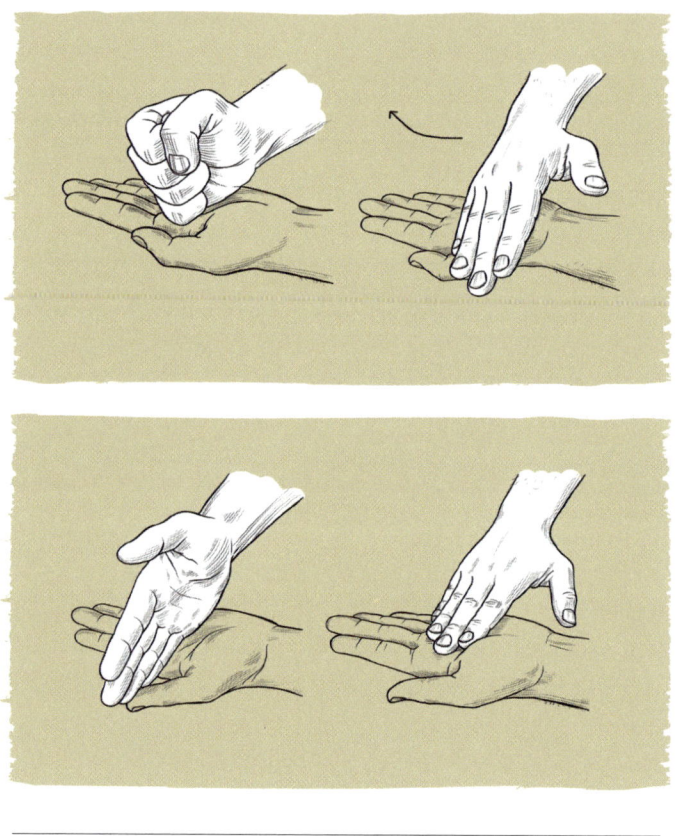

Wie viele?

Diese Spiele funktionieren nur, wenn deine Freunde bereit sind, es eine ganze Weile zu versuchen, bis sie nach der Lösung rufen. Am besten läuft es mit einer Gruppe von Leuten, die wirklich unbedingt herauskriegen wollen, was los ist, wenn man es ihnen nicht sagt.

So oder so sollte erwähnt werden, dass jeder, der die Lösung erraten hat, sie demjenigen zuflüstern kann, der das Spiel angezettelt hat, um sich seine Vermutung bestätigen zu lassen. Aber derjenige sollte es dann nicht laut verkünden oder weitersagen. Ideal wäre es, wenn alle am Tisch es irgendwann verstanden hätten – bis auf eine arme Schnarchnase vielleicht, die einfach nicht draufkommt.

»DAS HIER IST DAS ZEIGESPIEL«

Der Spielleiter zeigt nacheinander auf alle in der Runde und sagt: »Das hier ist das Zeigespiel. An wen denke ich?«

Dann wartet er, bis jemand rät.

Jemand rät dann zum Beispiel »Leon« oder »Papa«, und der Spielleiter antwortet: »Nein, Susanne!« – und fängt von vorn an. »Das hier ist das Zeigespiel … «

Die Lösung kommt von demjenigen, der zuerst spricht – er oder sie *ist dann die Lösung*. So einfach und so gemein ist es, und es funktioniert großartig.

WIE VIELE?

Wer das Spiel kennt, beginnt mit ein paar einfachen Gesten. Je ernster ihr das wirken lasst, desto besser das Ergebnis.

Die Gesten sehen folgendermaßen aus: geschlossene Faust auf offener Handfläche; mit der flachen Hand auf die andere Hand schlagen und darüberstreichen, als würde man Staub abwischen; die Handkante auf die Handfläche schlagen wie beim Karate; die eine Handfläche auf die andere schlagen und dort verharren lassen. Macht diese Gesten in beliebiger Reihenfolge, aber bleibt dabei todernst.

Nehmen wir als Beispiel folgende Abfolge: geschlossene Faust, geschlossene Faust, streichen, geschlossene Faust … und dann die Frage: »Wie viele sind das?« Dann wird es jemand mit einer Antwort versuchen.

»Zwei?«

»Nein, vier.«

Die nächste Sequenz ist dann vielleicht eine langsam gesenkte Faust, gefolgt von einem einzigen Wischen.

»Wie viele?«

»Vier?«

»Nein, zwei.«

Und so weiter. Wenn jemand anders es selbst versuchen will, geht das natürlich auch. »Mach doch mal, wenn du willst. Ich sag dir dann, ob es stimmt.«

Das funktioniert unter anderem, weil es nach Mathe aussieht. Die Gruppe wird sich wie verrückt den Kopf zerbrechen und versuchen, den Gesten Zahlen zuzuordnen und sie dann zu addieren oder subtrahieren, um auf die Lösung zu kommen.

Aber die Antwort ist viel einfacher: Es ist einfach die Anzahl der Wörter nach den Gesten.

»Wie viele sind das?« – Vier.

»Wie viele?« – Zwei.

Erwartungsvolle Stille. – Null.

»Was glaubt ihr, wie viele das waren?« – Sieben.

ÜBER KREUZ / NICHT ÜBER KREUZ

Dieses Spiel wirkt so einfach, dass es eigentlich gar nicht klappen dürfte. Aber wir müssen gestehen, dass einer der Autoren es auf Klassenfahrt zwei Stunden lang nicht herausbekam und man es ihm am Ende sagen musste.

Ihr braucht einen großen Löffel oder einen Kochlöffel. Stellt vorher klar, dass niemand, der es raushat, es verraten darf. Der- oder diejenige soll einfach weiter mitspielen und sein Wissen unter Beweis stellen, indem er oder sie es immer richtig macht.

Setzt euch alle in einen Stuhlkreis, und dann wird der Löffel in der Runde herumgereicht. Der Spielleiter fängt an und über-wacht das Ganze. Er reicht den Löffel in immer anderen Mustern weiter, die die Mit-spieler dann zu deuten versuchen.

Zum Beispiel kann er den Löffel von der linken in die rechte Hand nehmen und dann beim Weitergeben laut »Über Kreuz« sagen.

So geht es immer weiter. Jeder, der den Löffel bekommt, wird versuchen, den Code zu erraten und entweder »Über Kreuz« oder »Nicht über Kreuz« sagen und den Löffel weitergeben. Der Spielleiter sagt jedes Mal, ob der Mitspieler es richtig gemacht hat oder nicht. Seid ganz begeistert, wenn es jemand richtig macht: »Genau! Über Kreuz! Gut gemacht!«, und schüttelt traurig den Kopf, wenn es nicht stimmt: »Oh nein, das war auf jeden Fall *nicht* über Kreuz, tut mir leid.«

Es geht ganz einfach darum, ob der Spieler die Beine übereinandergeschlagen – also über Kreuz – hat oder nicht. Das sollte, ehrlich gesagt, wirklich nicht funktionieren. Aber ir-gendwie tut es das trotzdem.

———————— 4 ————————

»DER MOND IST RUND«

Bei all diesen Spielen muss man irgendwie um die Ecke denken, weil die Lösung nicht offensichtlich ist. Das kann einen richtig ver-rückt machen, ist aber unter Freunden sehr lustig.

Bei diesem hier sagt der erste Spieler: »Der Mond ist rund, hat zwei Augen, eine Nase und einen Mund.«

Währenddessen malt derjenige einen Kreis für den Mond, zwei Punkte als Augen, einen Strich als Nase und eine gebogene Linie als Mund in die Luft. Dann wird der Nächste bestimmt.

Nachdem er es dann genauso nachgemacht hat, sagt der erste Spieler: »Nein, das war nicht richtig.«

So geht es reihum weiter, und alle versu-chen, die einfache Luftzeichnung nachzuma-chen. Der Spielleiter macht es immer wieder vor, aber niemand bekommt einen zufrieden-stellenden Mond hin.

Hierbei besteht das Geheimnis darin, dass man sich vor dem Zeichnen immer räuspert. Wirklich erstaunlich, wie vielen Menschen dieses harmlose Geräusch nicht auffällt. Macht es aber nicht zu offensichtlich.

Falls du dir jetzt sagst: Wenn sie in diesem Buch stehen, kennt doch sicher jeder die Lö-sungen zu diesen Spielen. Zuerst einmal liest leider nicht jeder dieses Buch. Zweitens ver-gisst man so etwas auch schnell wieder. Ver-such es zunächst mit Menschen in deinem Umfeld – Familie, Freunde, deine Pfadfin-dergruppe, in der Schule. Oder du prägst sie dir erst mal einfach ein, damit du in zwan-zig Jahren an einem ruhigen Abend sagen kannst: »Das hier ist das Zeigespiel …«

DIE GESCHICHTE DER NAVIGATION

In der Geschichte der Navigation ging es immer darum, das Unbekannte zu erobern, und das meist mit gehörigem Risiko. Seit der Antike sind Kaufleute, Soldaten und Segler nachts dem Polarstern und tagsüber dem Lauf der Sonne gefolgt. Das ist die einfachste Art, sich zu orientieren – zu wissen, wo sich das Ziel befindet und in welche Richtung man gehen muss. Viel schwieriger ist es, zu wissen, *wo man ist*.

DIE ANTIKE

Mit einiger – oder besser gesagt großer – Wahrscheinlichkeit ist viel hart erkämpftes Wissen auch wieder verloren gegangen. Im Britischen Museum ist eine Linse aus Bergkristall zu bestaunen, die auch als die **Linse von Nimrud** bekannt ist und aus dem alten Assyrien stammt. Vermutlich wurde sie etwa 1000 v. Chr. angefertigt. Vielleicht hat man sie benutzt, um Feuer zu machen, oder einfach als Vergrößerungsglas – oder man hat sie mit einer zweiten Linse zu einem Teleskop verbunden. Das werden wir leider nie erfahren, aber es ist schon interessant, dass die Assyrer den Saturn als von einem Ring aus Schlangen umgeben beschrieben. Die Ringe des Saturn kann man mit bloßem Auge nicht erkennen, also ist das entweder ein Zufall – oder sie hatten eine wie auch immer geartete Sehhilfe, die dann leider Kriegen und Eroberungen zum Opfer fiel.

Einige der ältesten Aufzeichnungen zum Thema Navigation finden sich in den in Stein gemeißelten Hieroglyphen der **alten**

Ägypter. Aus ihren Sternkarten können wir erfahren, dass die Ägypter schon vor fünftausend Jahren die Länge des Jahres und den Mondzyklus notierten. Da sie sich die Sonne als Gott namens »Ra« vorstellten, wollten sie natürlich unbedingt wissen, was der so machte. Sie wussten außerdem von der Tag-und-Nacht-Gleiche – wenn Tag und Nacht genau gleich lang sind – und von den Sonnenwenden, dem längsten und dem kürzesten Tag des Jahres. Dieses Wissen über die Himmelsgestirne lernten und strukturierten sie mithilfe der Tierkreiszeichen (Löwe, Zwillinge, Krebs usw.). Außerdem bauten sie Leuchttürme, damit Handelsschiffe vom Meer aus den Eingang des Hafens fanden. Große Entdecker waren die Ägypter allerdings nicht. Sie bauten zwar Schiffe aus Akazienholz und Papyrus, um damit Kanäle und Flüsse zu befahren oder Küstenhandel zu betreiben, für das offene Meer waren die aber nie robust genug. Dabei ist guter Schiffbau wahnsinnig wichtig für Entdecker.

Zur gleichen Zeit überwanden am anderen Ende der Welt die **Polynesier** riesige Strecken, um Insel für Insel zu besiedeln. (Ihre eigentliche Herkunft ist nicht bekannt, manche vermuten, sie seien aus Taiwan oder von den Philippinen gekommen.) Auch sie beobachteten nachts die Sterne und erkannten die Konstellation, die wir als Kreuz des Südens kennen, das genau nach Süden zeigt, sowie die Reise der Sonne von Osten nach Westen. In kleinen Booten ruderten und segelten sie unglaublich weite Strecken und verstanden es dabei, das Meer und den Wind zu »lesen«. Sie schafften es bis nach Neuseeland, Fidschi, Tonga und an andere wunderschöne Orte, deren Kulturen alle einen gemeinsamen Ursprung haben.

Die Polynesier machten sich Wissen über Meeresströme, den Sonnenstand, Vogelflug, Sämlinge im Wasser, Meeresalgenarten und Wolkenformationen über Land zunutze, um sich zurechtzufinden. Sie prägten sich das alles mithilfe von Liedern und Gesängen ein – Wissen, das auf dem offenen Meer den Unterschied zwischen Leben und Tod bedeuten konnte. Diese Lieder ähneln denen der Aborigines, mit denen sie sich durch die Wüste navigierten – oder besser gesagt: sangen. In den 1960er-Jahren segelte Briton David Lewis gemeinsam mit polynesischen Navigatoren über 2.700 Kilometer von Tahiti nach Neuseeland und bediente sich dabei nur dieser uralten Techniken.

Etwa 2000 v. Chr. navigierten die **Minoer** aus Kreta im alten Griechenland mithilfe des Nachthimmels, indem sie die Tag-und-Nacht-Gleiche und den Auf- und Untergang bestimmter Sterne aufzeichneten, um zum Beispiel nach Ägypten zu finden. Der griechische Autor der Odyssee, Homer, lebte irgendwann zwischen dem 12. und dem 8. Jahrhundert vor Christus. In der klassischen Seereise des Odysseus lässt Homer den Helden von einer Göttin beraten, welche Sterne ihn nach Hause geleiten werden.

Ungefähr 400 v. Chr. betrieben die Athener Handel mithilfe großer Flotten und zogen damit auch in den Krieg; in Persien wurden mit Schiffen ganze Heere transportiert. Diese Schiffe, die man Galeeren nannte, wurden zumeist von Männern auf Ruderbänken angetrieben. Antike Quellen, die von den »weißen Schwingen« der Schiffe sprechen, meinen damit die sonnengebleichten Ruder und keine Segel. Damals bestand die zuverlässigste Methode der Navigation immer noch darin, die

Küste nicht aus den Augen zu verlieren. Das funktioniert auch ganz gut, aber irgendwer will immer wissen, was hinter dem Horizont liegt.

Im 1. Jahrhundert v. Chr., etwa zur Zeit der Geburt Julius Caesars, sank ein griechisches Schiff vor der Küste der Insel Antikythera in der Ägäis. Als man es 1901 entdeckte, wurde auch der »Mechanismus von Antikythera« gehoben. Obwohl die Vorrichtung extrem verrostet war, kann man noch immer über dreißig Räder und Zahnräder erkennen, die anscheinend zur Navigation dienten. Der Fund ist einzigartig. Im Rom des 1. Jahrhunderts v. Chr. beschrieb Cicero ein Gerät, mit dem man den Lauf der Sonne, des Mondes und der fünf damals bekannten Planeten vorhersagen konnte, aber was auch immer das gewesen ist, uns bleibt nur dieser eine frustrierend kleine Einblick.

Nach dem Untergang des Weströmischen Reiches im 5. Jahrhundert n. Chr. waren **Wikinger** in kleinen Gruppen über weite Strecken unterwegs. Sie setzten in Ländern wie Dänemark und Schweden die Segel und erreichten Britannien, Grönland, Kanada und sogar Amerika – Jahrhunderte vor Kolumbus. Vom 8. Jahrhundert an waren sie quer über endlose und weglose Ozeane hinweg auf der Suche nach Land. Eine ihrer Methoden bestand darin, auf Deck ihrer Langschiffe Krähen in Käfigen zu halten. (Kurze Schiffe hatten sie auch, aber damit kamen sie nicht weit. Klingt wie ein Witz, ist aber wahr.) Morgens ließen sie die Sonne hinter sich, um in Richtung Westen zu fahren, und folgten ihr, wenn sie sich gegen Abend dem Horizont entgegenneigte. Trotzdem gingen ihnen manchmal Essen und Trinkwasser aus, und dann wollten sie dringend an Land. Also

ließen sie eine der Krähen frei. Erst flatterte der Vogel dann wie verrückt in die Höhe, aber Krähen sind Landvögel und mögen den Anblick des endlosen Meeres gar nicht. Also drehte die Krähe große Kreise und hielt nach einer Spur von Grün Ausschau. Wenn sie Land erblickte, hörte sie auf zu kreisen und flog direkt darauf zu – und die Wikinger unten folgten ihr.

Neues Land zu entdecken ist eine Sache. Um genauer navigieren zu können, musste ein Kapitän allerdings wissen, wo er sich befand. Hier kommt der **magnetische Kompass** ins Spiel. Der kam zum ersten Mal 2500 v. Chr. in China zum Einsatz. Damals benutzte man ein Stück Stein, das von Natur aus magnetisch war. Im 12. Jahrhundert n. Chr. setzte man im Westen einen nadelförmigen Magneten ein, der in einer Schale mit Öl und Wasser trieb. Eine Scheibe mit Gradeinteilung – die Windrose – zeigte unter der Nadel den magnetischen Norden und damit auch die anderen Richtungen an. Damals erschien das vielen Menschen noch wie Zauberei – Metall, das sich von ganz allein bewegte.

Die Richtung war entscheidend, aber nur, wenn man auch die Geschwindigkeit kannte, konnte man die eigene Position genau bestimmen. Eine der ältesten Methoden bestand darin, ein Log am Bug des Schiffes ins Wasser zu lassen und zu messen, wie lange es dauerte, bis es am Heck ankam – die Entfernung (= die Länge des Schiffs) war ja bekannt. Besser einschätzen konnte man die Zeitspanne allerdings erst im 16. Jahrhundert, als es Sanduhren gab. Man knotete im Abstand von sieben Faden (etwa 12,6 Meter) Knoten in ein dünnes Seil mit einem Stück Holz am Ende. Dann warf ein Seemann das

Log am Heck ins Wasser und rief »Messen«, während ein anderer die Sanduhr umdrehte, um eine halbe Minute abzumessen. Der erste Seemann zählte nun die Knoten, die ihm durch die Finger rannen, bis der Zweite »Halt!« rief, wenn die Zeit abgelaufen war. Wenn während dieser Zeit zum Beispiel fünf **Knoten** gezählt wurden, dann fuhr das Schiff fünf Seemeilen pro Stunde – oder fünf Knoten. Sogenannte Klipper – schnelle Segelschiffe – nutzten dieses »Wurflog« noch bis ins 20. Jahrhundert.

Mit einigem Wissen über Geschwindigkeit und Himmelsrichtungen konnte ein Navigator seine Position mithilfe einer Technik berechnen, die man **Koppelnavigation** nennt. Bereits im 12. Jahrhundert verstanden Seefahrer, dass der Sonnenstand je nach ihrem Standort variierte – und entdeckten damit den Schlüssel zur Navigation auf See. Von einem Schiff aus gesehen ist der Horizont der eine Punkt, der immer unveränderlich bleibt. Sobald man Werkzeuge und Methoden entwickelt hatte, die sich dieser Tatsache bedienten, machte die Navigation einen Sprung nach vorn.

Die **geografische Breite** gibt an, wie weit nördlich oder südlich man sich vom Äquator aus gesehen befindet. Das haben wir bereits im ersten *Dangerous Book* erklärt. Daraus ergibt sich im Wesentlichen, dass die Sonne

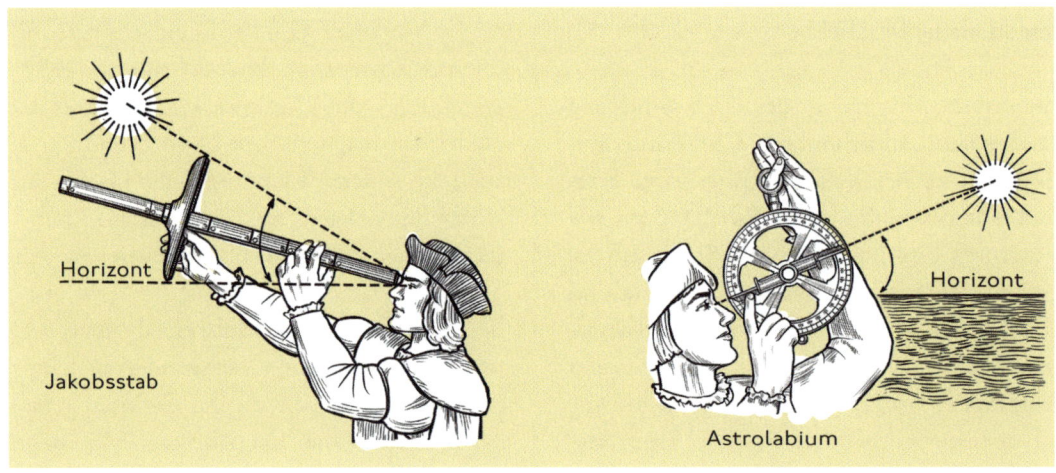

Jakobsstab

Horizont

Horizont

Astrolabium

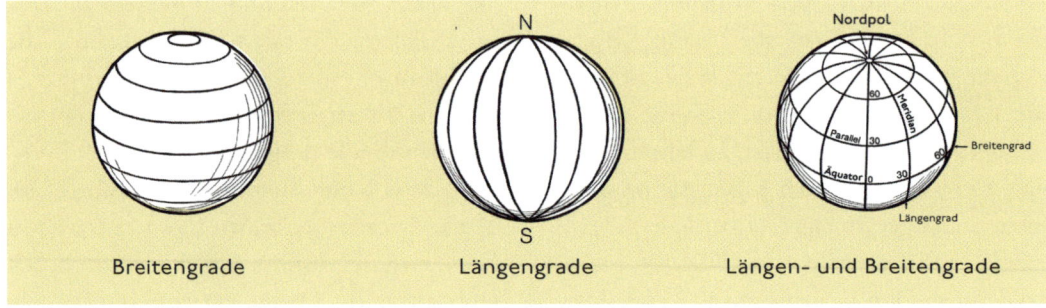

Breitengrade

Längengrade

Längen- und Breitengrade

mittags je nach Standort auf der Erdoberfläche eine unterschiedliche Entfernung zur Horizontlinie hat. Wenn man zur Mittagszeit die Höhe des Sonnenstandes messen kann, kennt man den Breitengrad, an dem man sich befindet. Man muss nur je nach Jahreszeit noch Anpassungen vornehmen, weil die Neigung der Erdachse Einfluss auf das Ergebnis hat.

Eine der frühesten Methoden, mit denen man das bewerkstelligt hat, war der **Jakobsstab** oder Kreuzstab. Eine Variante davon war schon den alten Griechen und den Seefahrern im Nahen Osten bekannt. Irgendwann im 13. oder 14. Jahrhundert hielt das Werkzeug Einzug in Westeuropa. Es konnte mithilfe eines beweglichen Schiebers oder mehrerer Stäbe den Sonnenstand zur Mittagszeit messen. Leider musste der Anwender dazu direkt in die Sonne schauen, was unangenehm und gefährlich ist. Zur gleichen Zeit war außerdem eine Erfindung namens Astrolabium im Einsatz, die man auch Sternhöhenmesser nannte. Diesen hielt man zur Sonne empor und las den Winkel zum Horizont ab. Dahinter verbirgt sich im Grunde ein mechanischer Winkelmesser mit beweglichem Zeiger, um den Winkel abzulesen. Diese Systeme funktionierten und waren zusammen mit Kompass und Log die wichtigsten Werkzeuge, um die Welt zu entdecken und zu kartografieren.

Eine weitere Verbesserung stellte der **Englische Quadrant** dar, 1595 vom Navigator John Davis erfunden und daher auch Davisquadrant genannt. Er war leichter zu handhaben als der Jakobsstab oder das Astrolabium und bestimmte den Winkel des Sonnenschattens, also musste auch niemand direkt in die Sonne gucken. Die Methode war revolutionär genau und wurde mehr als 200 Jahre lang angewandt. John Davis war der englische Entdecker, der 1592 die Falklandinseln entdeckte, sie kartografierte und an ihren Küsten anlegte. Das Logbuch dieser grauenerregenden Reise diente Samuel Taylor Coleridge als Vorlage für sein Gedicht *Die Ballade vom alten Seemann.*

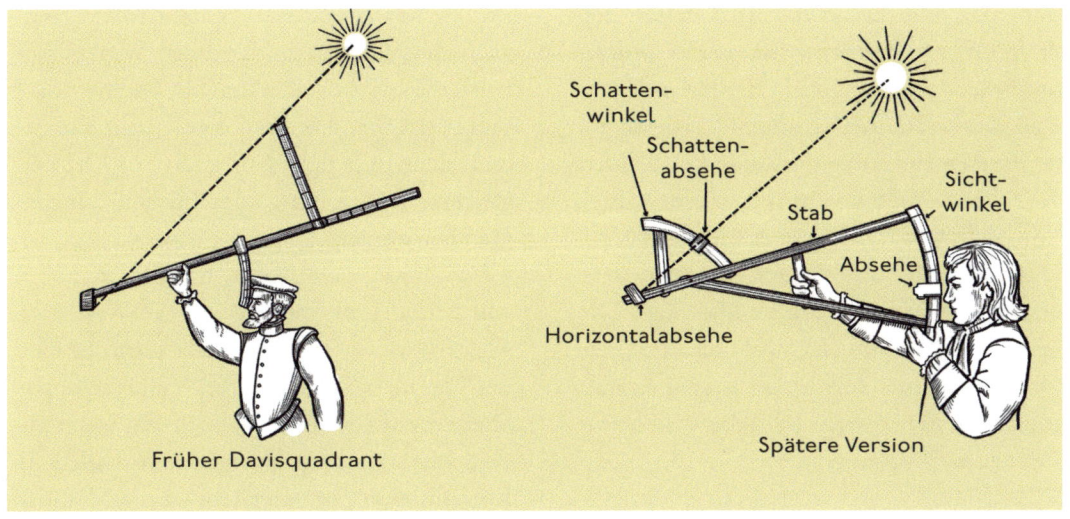

Früher Davisquadrant

Schattenwinkel

Schattenabsehe

Sichtwinkel

Stab

Absehe

Horizontalabsehe

Spätere Version

Anpeilen eines Fixsterns

Issac Newton erfand 1699 den **Oktanten**, auch Spiegelquadrant genannt. Das war ein Quantensprung in Sachen Genauigkeit gegenüber dem Davisquadranten. Obwohl er die Einzelheiten an Edmond Halley weitergab (das ist der mit dem Halleyschen Kometen), wurden sie erst nach dessen Tod veröffentlicht. Bis dahin hatte ein anderer Engländer namens John Hadley im Jahr 1730 den Sextanten erfunden – wie so oft war die Zeit einfach reif gewesen für die Idee. Der Name »Oktant« bedeutet ein Achtel, denn er deckt 45°, also ein Achtel eines Kreises ab. Mithilfe von Schatten konnte man so messen, wie hoch die Sonne über dem Horizont stand. Normalerweise schaute man dabei durch ein Teleskop, oft kam aber auch einfach ein Zielfernrohr oder das Visier einer Waffe zum Einsatz.

1767 erschien der erste **Nautical Almanac**, ein Jahrbuch mit exakten Mondwinkeln bekannter Sterne. Mit diesem Wissen war es Navigatoren möglich, erst einen dieser Fixsterne und dann den Mond anzupeilen und den Winkel zwischen beiden zu bestimmen. Aus der Tabelle ließ sich dann die Greenwich-Zeit ablesen, zu der dieser Winkel auftritt – also die korrekte Zeit am Nullmeridian in Greenwich, London. Diese Zeit konnte man dann mit der Mittagszeit vor Ort vergleichen und so den tatsächlichen Längengrad bestimmen.

Das beste Instrument für das Anpeilen von Mond und Sternen war die Weiterentwicklung des Oktanten: der **Sextant**. Er wird noch heute benutzt, um die Winkelhöhe von Sternen oder der Sonne abzulesen, wenn andere Methoden zur Navigation ausfallen. In Kombination mit einer Uhr ist die Methode

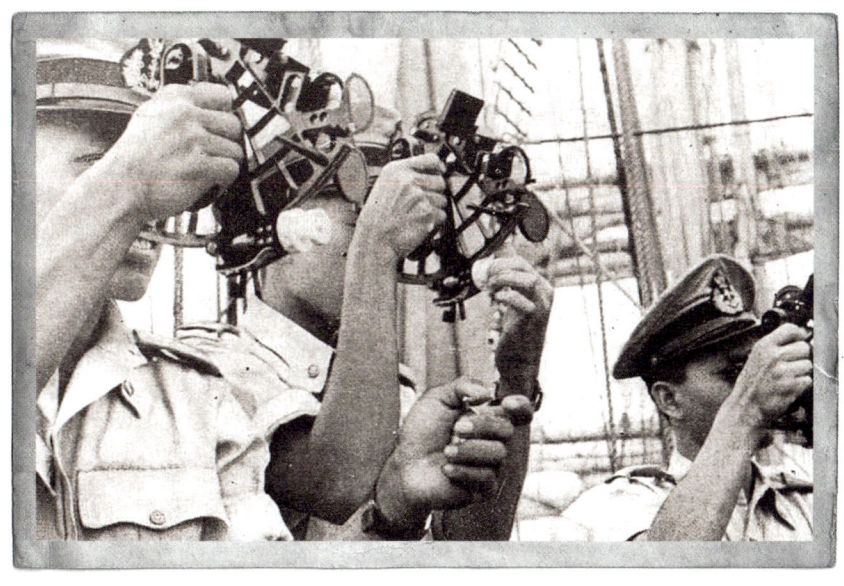

Sextanten in Gebrauch

extrem genau – und nicht auf Batterien angewiesen. Den Vorgang, den Winkel zwischen einem Himmelsgestirn – meistens die Sonne oder ein Stern – und dem Horizont zu bestimmen, nennt man Anpeilen. Man kann auch Objekte an Land anpeilen und dann mithilfe von Trigonometrie berechnen, wie weit sie entfernt sind. Der Sextant war im 18. und 19. Jahrhundert das wichtigste Navigationsinstrument. Der Name kommt aus dem Lateinischen und bedeutet ein Sechstel eines Kreises, also 60°.

Besonders genial am Sextanten ist, dass er mithilfe von Spiegeln ein doppeltes Bild erzeugt, das der Benutzer anpassen kann. Erst peilt man den Horizont an, dann bewegt man den Zeigerarm, bis die Sonne im Horizontspiegel auf gleicher Höhe wie der Horizont erscheint. Nun kann man den Winkel ablesen und die geografische Breite berechnen oder einer Tabelle entnehmen.

Die **geografische Länge** gibt an, wie weit westlich oder östlich man sich vom Nullmeridian entfernt befindet. Das steht ebenfalls im ersten *Dangerous Book*. Die Erde dreht sich von Westen nach Osten um die eigene Achse und braucht für eine komplette Umdrehung einen Tag. Wegen dieser Rotation kann man die Entfernung vom Nullmeridian – also 0° –

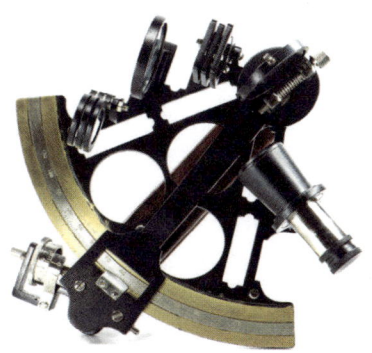

sowohl in Zeiteinheiten als auch in einem Winkel in Grad angeben. Eine Zeitstunde entspricht dabei 15° geografischer Länge. Anders gesagt rotiert die Erde alle vier Minuten ein Grad weiter. Wenn man sich also 15 Grad östlicher Länge (in Richtung des Sonnenaufgangs) befindet, ist man der Greenwich-Zeit (auch westeuropäische Zeit genannt) eine Stunde voraus, und wer sich 15 Grad westlicher Länge befindet (in Richtung des Sonnenuntergangs), ist eine Stunde zurück. Wenn man also weiß, wie spät es am Nullmeridian ist (Greenwich-Zeit, GMT), und diese Angabe mit der Zeit am eigenen Standort vergleicht, kann man den eigenen Meridian oder Längengrad berechnen. Wo dieser Längengrad sich mit dem Breitengrad kreuzt, ist dein aktueller Standort auf der Erde.

Wenn du keinen Breitengrad oder eine verlässliche Positionslinie hast, kannst du mit einem Sextanten die Winkelhöhe verschiedener Sterne, Planeten und des Mondes bestimmen. Wo sich all diese Positionslinien kreuzen, ist dein Standort auf der Erde. Diese Berechnung ist einfache sphärische Trigonometrie. Weil die Erde sich im Weltall wie eine Kugel verhält, wird die geografische Länge in einen Kreis mit 360 Grad unterteilt, bei dem jedes Grad aus 60 »Minuten« besteht, und jede Minute aus 60 »Sekunden«. Alle Längengrade treffen am Nord- und Südpol zusammen und sind am Äquator am weitesten voneinander entfernt. Dort entspricht eine Bogenminute einer Seemeile, also 1.852 Metern (eine Landmeile ist 1.609 Meter lang). Deshalb werden große Distanzen in See- und Luftfahrt auch in Seemeilen angegeben und nicht in Kilometern.

Früher haben alle Städte und Dörfer die Mittagszeit daran abgelesen, dass die Sonne am höchsten über dem Kirchturm oder dem Rathaus stand, und ihre Uhren entsprechend eingestellt. Die Mittagszeit in Edinburgh und Cardiff, die sich beide etwa 4° westlicher Länge von London entfernt befinden, ist ein paar Minuten später als in London. Erst als die Zugfahrpläne des ganzen Königreiches aufeinander abgestimmt werden mussten, wurde die Uhrzeit im ganzen Land vereinheitlicht. Andere Länder folgten dem Beispiel, und man vereinbarte, dass die Uhrzeit in aller Welt sich nach dem Nullmeridian in Greenwich richten sollte. Es ist eine schöne Übung, herauszubekommen, wann genau die jeweilige Mittagszeit von London, Edinburgh, Cardiff und Belfast vorher war.

John Harrison aus Yorkshire spielte eine wichtige Rolle in der ganzen Längengrad-Geschichte. Er entwickelte eine Uhr, die sogar auf hoher See bei allen Schwankungen und Neigungen noch richtig ging. Ihr Geheimnis waren eine Feder und ein schwingendes Rad. Im Jahr 1761 legte die Uhr eine neunwöchige Reise von Britannien nach Jamaika zurück und verlor dabei nur fünf Sekunden.

GLOBALES POSITIONSBESTIMMUNGSSYSTEM (GPS)

Das erste **Satellitennavigationssystem** entstand daraus, dass die Amerikaner Satelliten in die Erdumlaufbahn schossen. Es funktioniert nach einem ähnlichen Prinzip wie das Anpeilen von Fixsternen. Wenn man eine Linie vom Navigator zu einem weit entfernten Objekt zieht, kann man den Kurs – also den Winkel – des Navigators ermitteln. Wenn man dann noch einen oder drei oder vier weitere Punkte anpeilt, kann man eine mehr oder weniger exakte Position berechnen. Das moderne GPS-System ging 1994 mit 24 NAVS-TAR-Satelliten an den Start, die sich auf einer geostationären Umlaufbahn um die Erde befinden. Heute schweben Tausende davon durchs All. Ein Auto-GPS kann gut und gerne mit acht oder neun Satelliten in Kontakt stehen und so seine Position sehr präzise bestimmen. Das System wird sogar von selbstfahrenden Autos zur Navigation eingesetzt, zusammen mit Radar und Kameras.

Es gibt auch ein russisches globales Navigationssystem (GLONASS), weitere sind in Arbeit.

MARS

In der Umlaufbahn des Mars gibt es keine Satelliten, aber vielleicht ändert sich das bald. Um den Roten Planeten zu erreichen, müssen unsere Raketen die Erde hinter sich anpeilen, um den richtigen Kurs zu bestimmen. Da gerät man leicht in Versuchung, die Ähnlichkeit zum Jakobsstab festzustellen – zumindest theoretisch. Marslandungsmissionen haben nicht mal Kameras, mit denen man nach vorn schauen und den herannahenden Mars sehen kann. Die ganze Reise wird mit Messungen von zu Hause gesteuert. »Deep Space Network«-Antennen auf der Erde behalten das Landefahrzeug im Auge und teilen ihm ununterbrochen per Funk mit, wo es sich befindet. Die Erde und der Mars bewegen sich beide durchs Weltall, deshalb muss die Rakete nicht auf den Mars zugesteuert werden, sondern auf seine zukünftige Position. Sie zu bestimmen ist eine beeindruckende Leistung der Mathematik.

Die mobilen Marslabore, die bisher auf der Oberfläche des Planeten gelandet sind, konnten das nur, indem sie individuell auf Winkel und Geschwindigkeit reagiert und ihre Flugbahn angepasst haben. Die Distanzen waren einfach zu riesig, um sie von der Erde aus zu steuern. Einen Roboter haben wir verloren, weil er seine Solarmodule nicht ausklappen konnte. Es geht also nicht immer alles gut.

Wenn man ein Fahrzeug über die Oberfläche eines 230 Millionen Kilometer entfernten Planeten navigieren will, muss man sehr sorgfältig sein. Die Signalverzögerung beträgt auf einfacher Strecke etwa dreizehn Minuten, das heißt, man bemerkt es erst nach fast einer halben Stunde, wenn das Gerät auf einen Abhang zusteuert, und kann erst dann bremsen oder den Rückwärtsgang einlegen. In der Realität werden deshalb ferngesteuerte und selbstständige Befehle kombiniert – man sagt dem Mars Rover also, er soll zu einer markanten Stelle fahren und überlässt ihn dann mehr oder weniger sich selbst. Wenn er einmal umkippt, war es das – bis ihn jemand bei einer bemannten Marsmission wieder umdrehen kann, also in vierzig oder fünfzig Jahren.

Wir Menschen wollten schon immer wissen, was hinter dem nächsten Hügel liegt. Wir haben einen großen Teil unseres Planeten erforscht, auch wenn den Meeresboden und einige Unterwasserhöhlen noch niemand kartografiert hat. Aber jenseits unserer blaugrünen Erdkugel gibt es noch mehr Planeten, die wir entdecken könnten, wie den Mars, aber selbst darüber hinaus warten neue Horizonte. Heute hat die NASA mehr als einhundert Planeten identifiziert, auf denen ähnliche Bedingungen herrschen müssten wie auf der Erde. Die sind natürlich unfassbar weit entfernt – aber das war Australien auch mal.

IN KUNSTHARZ GIESSEN

Zu Anfang sollte festgehalten werden, dass es in diesem Kapitel um eher unangenehme Materialien geht. Damit solltest du nur zusammen mit Erwachsenen hantieren. Wir haben durchsichtiges Polyesterharz benutzt, und darauf standen folgende Warnhinweise:

Kann die Atemwege reizen.
Kann für schwere Augenreizungen sorgen.
Kann für Hautreizungen sorgen.
Kann bei längerem oder wiederholtem Kontakt
Organschäden verursachen.

Du bist also gewarnt. Wenn du es trotzdem ausprobieren willst, dann am besten an einem warmen sonnigen Tag und irgendwo, wo viel frische Luft hereinkommt. Wir haben Gummihandschuhe angezogen und es bei geöffnetem Fenster in der Küche gemacht. Später haben wir dann nicht mehr auf die Sicherheitshinweise geachtet und in einer kleinen Werkstatt ohne Frischluft und ohne Handschuhe gearbeitet. Jetzt kann einer von uns die Siebenerreihe des kleinen Einmaleins nicht mehr, macht das also lieber nicht nach.

Wie dem auch sei, manche Menschen betrachten das Harzgießen als Hobby, und man kann auch echt tolle Sachen damit machen.

Wenn du schon mal ein Insekt gesehen hast, das in einem Würfel aus Plastik eingeschlossen war, dann wurde das genauso gemacht. Gießharz bekommt ihr in Bastelläden oder im Internet. Bei unserem waren neben dem Harz an sich noch Gummihandschuhe, Holzstäbchen zum Rühren, Plastikbecher zum Anrühren und Härter dabei. Darüber hinaus brauchst du noch eine Form. Da kann man Gefrierdosen benutzen, aber eine Silikonform funktioniert am besten – rechteckig oder eine runde Schale. Perfekt ist ein absolut glattes Material. Wir haben eine Weile gebraucht, um Münzen gießen zu können, da ist uns das Harz zweimal gerissen und ungewöhnlich heiß geworden. Nach Zugabe von 1 % Härter hat sich das Harz weder verfärbt noch Risse bekommen, aber es brauchte fast anderthalb Stunden, um fest genug für eine Münze zu werden. Eigentlich sollte bei der Reaktion keine Hitze freigesetzt werden – du kannst die Form die ganze Zeit über in der Hand halten. Wenn es doch heiß wird, hast du wahrscheinlich zu viel Härter benutzt.

WAS DU BRAUCHST

* 1 Dose Polyesterharz (1 kg)
* Peroxid-Härter MEKP
* eine Plastikspritze zum Abmessen (bis 5 ml)
* Holzstäbchen (z. B. von Eis am Stiel)
* Plastik- oder Pappbecher zum Anrühren
* eine rechteckige Form
* Trennspray
* Schleifpapier, nass und trocken (bis Körnung 2000)
* Zahnpasta

Die Idee ist ganz einfach: Königreiche kommen und gehen, aber ein Plastikwürfel wird

sie alle überdauern. Wenn du etwas Kleines hast, das du gern für immer behalten – oder verschenken – willst, kannst du es so für die Ewigkeit konservieren. Der Vater eines der Autoren (und Großvater der anderen beiden) hat in seinem Garten früher Bohnen angebaut. Einige dieser Bohnen kommen wieder in die Erde, damit der Kreislauf des Lebens immer weitergeht. Zwei davon haben wir in Harz gegossen, um zu sehen, wie das funktioniert.

Normalerweise versuchen wir, die Kosten gering zu halten, weil nicht jeder mal eben 20 oder 30 Euro zur Verfügung hat. Hier kommt man allerdings nicht ums Geldausgeben herum, aber mit einer Dose von dem Zeug kann man je nach Größe acht bis zehn Abgüsse machen. Als Härter nimmt man Methylethylketonperoxid. Schau nach, ob ein Messbehältnis dabei ist, zum Beispiel eine Spritze, oder ob man beim Ausgießen die Tropfen zählen kann. Das Verhältnis von Harz zu Härter darf maximal 100:2 betragen. Das funktioniert bei kleinen Mengen gut, aber wenn wir mehr als 200 ml angerührt haben, ist das Harz nur mit 1 % Härter durchsichtig ausgetrocknet.

Zuerst haben wir etwas von dem Trennspray in eine Plastikform gesprüht, die wir im Internet gekauft haben, und es trocknen lassen. Dann haben wir in einem Becher Harz und Härter angerührt und dabei alles ganz genau abgemessen. Du hast genug Zeit, also rühre und gieße langsam, damit sich keine Luftblasen bilden. Blasen sind der Feind. Du kannst sie später aber noch entfernen, also gerate nicht in Panik, falls du doch welche siehst.

Dann haben wir die Form etwa zur Hälfte mit dem Harz aufgefüllt. Wenn du zu viel angerührt hast, kannst du mit dem Rest nichts weiter anfangen, also kipp es zum Trocknen aus und hol dir noch einen Becher.

Wie lange es dauert, bis das Harz fest genug ist, um dein Objekt zu tragen, hängt vom Anteil des Härters im Harz und der Raumtemperatur ab. Uns ist aufgefallen, dass die Blasen grüppchenweise nach oben steigen und man sie dann mit einem Zahnstocher oder Holzstäbchen abschöpfen und an einer Serviette oder einem alten Lappen abstreichen kann. Das lohnt sich und ist ganz einfach.

Beim ersten Versuch haben wir unsere Objekte, die Bohnen, zu früh in die Form gelegt, nach etwa einer halben Stunde. Sie sind in der Masse untergegangen, was aber einen interessanten Nebeneffekt hatte. Dass sie so vor dem zweiten Versenken schon in Plastik gehüllt waren, schien Luftblasen vorzubeugen. Später haben wir es mit einer benutzten Patrone von einem Gewehr ähnlich gemacht und sie zuerst mit übrig gebliebenem Harz gefüllt, damit sich beim richtigen Gießen des Hohlkörpers nicht so viele Blasen bilden.

Nach etwa einer Dreiviertelstunde war unsere Mischung mit 2 % Härter fest genug, um die Bohnen zu tragen. Wir haben sie auf das Harz gelegt und noch einmal eine identische Mischung angerührt, mit der wir die Form dann bis obenhin gefüllt haben. So sieht es aus, als würde das Objekt im Würfel schweben und nicht auf den Grund sinken. Das klappt sehr gut, und man sieht den Übergang zwischen den beiden Schichten wirklich kaum.

Die zweite Schicht braucht genauso lange wie die erste, um auszuhärten, aber lass sie lieber deutlich länger trocknen. Leg die Form vierundzwanzig Stunden lang ins Regal. Hab Geduld und fass sie nicht an! Bis das Harz komplett getrocknet ist, nimmt es besser Fingerabdrücke als das FBI!

Wenn du vorher an das Trennspray gedacht hast, sollte sich das Harz schon aus der Form lösen, wenn du nur von unten dagegen tippst. Es schrumpft beim Trocknen ein wenig, auch deshalb sollte man es ziemlich leicht aus der Form bekommen. Wenn es schön durchsichtig ist, brauchst du vielleicht nicht mehr zu tun, als die Kanten etwas glattzuschleifen. Aber wahrscheinlich kann es eine Runde Polieren vertragen. Bei uns hat das mit Trocken-und-Nass-Schleifpapier gut funktioniert. Wir haben ein Stück davon am Tisch festgeklebt und es die ganze Zeit feucht gehalten, so konnten wir Unebenheiten von der Oberfläche des Harzstücks entfernen, indem wir es immer wieder darüberrieben. Dazu haben wir mit Körnungen von 600, 1000, 1500 und 2000 gearbeitet. Als wir schon dachten, es würde niemals schön klar aussehen, haben wir es einfach mit Zahnpasta versucht. Einen ordentlichen Klecks davon mit einem Tuch zu verschmieren ist der letzte Schliff. Letzten Endes ist Zahnpasta ja auch nichts anderes als ein schwaches Scheuermittel.

Dieser letzte Schritt ist ziemlich zeitaufwendig, aber etwas auf diese Weise zu polieren ist an und für sich schon eine handwerkliche Fähigkeit. Lass dir Zeit, mach langsam und übe nicht zu viel Druck aus. Schau immer wieder nach, ob es besser wird. Vergiss nicht, der fertige Abguss wird wahrscheinlich in hundert Jahren noch existieren. Also macht es nichts, wenn es ein paar Stunden dauert, ihn blank zu polieren. Schneide noch ein Stück Filz für die Unterseite zu, falls du einen selbst gemachten Briefbeschwerer verschenken möchtest.

Für die Münze brauchten wir drei Versuche. Dazu haben wir eine konvexe runde Form gekauft und sie wie oben beschrieben befüllt – aber mit 1 % Härter, das ist ganz wichtig. Trotzdem ist die Münze dreimal untergegangen und musste wieder herausgefischt werden. Dafür haben wir auch Gummihandschuhe getragen. Aller guten Dinge waren drei, und beim dritten Versuch ist es wunderbar transparent ausgetrocknet, ganz ohne Hitzeentwicklung.

Wenn du einen Gegenstand mit einer ungewöhnlichen Form vervielfältigen willst, zum Beispiel eine Schachfigur, kannst du ihn mit Flüssiglatex bestreichen – trag genug Schich-

ten auf, bis du das Original herausdrücken kannst. Dann kannst du langsam Kunstharz in die fertige Latexform gießen.

Zum Schluss empfehlen wir noch Familienfotos und natürlich tote Insekten als Objekte. Aber denk daran, sie vorher mit einer Schicht zu bedecken, damit sich keine dicken Blasen bilden.

Der Block mit den Bohnen steht übrigens neben mir auf dem Schreibtisch, während die anderen Bohnen draußen grün und rot werden.

FÜNF GEDICHTE,
DIE JEDER JUNGE KENNEN SOLLTE

---

① RAINER MARIA RILKE: DER PANTHER

Im Jardin des Plantes, Paris

Sein Blick ist vom Vorübergehn der Stäbe
so müd geworden, dass er
　nichts mehr hält.
Ihm ist, als ob es tausend Stäbe gäbe
und hinter tausend Stäben keine Welt.

Der weiche Gang geschmeidig
　starker Schritte,
der sich im allerkleinsten Kreise dreht,
ist wie ein Tanz von Kraft um eine Mitte,
in der betäubt ein großer Wille steht.

Nur manchmal schiebt der Vorhang
　der Pupille
sich lautlos auf –. Dann geht
　ein Bild hinein,
geht durch der Glieder
　angespannte Stille –
und hört im Herzen auf zu sein.

② JOHANN WOLFGANG VON GOETHE: EIN GLEICHES

Über allen Gipfeln
Ist Ruh,
In allen Wipfeln
Spürest du
Kaum einen Hauch;
Die Vögelein schweigen im Walde.
Warte nur, balde
Ruhest du auch.

3

JOACHIM RINGELNATZ: WAR EINMAL EIN SCHWEFELHOLZ

War einmal ein Schwefelholz,
Das sich mit erhabnem Stolz
Einen Anarchisten nannte
Und ein ganzes Haus verbrannte.
Dieses war schon ungewöhnlich,
Doch es kannte auch persönlich
Meyers Taschenlexika,
Ganz speziell das Bändchen »A«,
Weshalb es sich nach dem Brande
An besagtes Bändchen wandte
Mit den Worten: »Sag, was ist
Eigentlich ein Anarchist?«

4

FRIEDRICH SCHILLER: DIE BÜRGSCHAFT

Zu Dionys, dem Tyrannen, schlich
Möros, den Dolch im Gewande;
Ihn schlugen die Häscher in Bande.
»Was wolltest du mit dem Dolche, sprich!«
Entgegnet ihm finster der Wüterich.
»Die Stadt vom Tyrannen befreien!«
»Das sollst du am Kreuze bereuen.«

»Ich bin«, spricht jener, »zu sterben bereit
Und bitte nicht um mein Leben,
Doch willst du Gnade mir geben,
Ich flehe dich um drei Tage Zeit,
Bis ich die Schwester dem Gatten gefreit,
Ich lasse den Freund dir als Bürgen,
Ihn magst du, entrinn ich, erwürgen.«

Da lächelt der König mit arger List
Und spricht nach kurzem Bedenken:
»Drei Tage will ich dir schenken.
Doch wisse! Wenn sie verstrichen,
      die Frist,
Eh du zurück mir gegeben bist,
So muß er statt deiner erblassen,
Doch dir ist die Strafe erlassen.«

Und er kommt zum Freunde:
      »Der König gebeut,
Daß ich am Kreuz mit dem Leben
Bezahle das frevelnde Streben,
Doch will er mir gönnen drei Tage Zeit,
Bis ich die Schwester dem Gatten gefreit,
So bleib du dem König zum Pfande,
Bis ich komme, zu lösen die Bande.«

Und schweigend umarmt ihn der
   treue Freund
Und liefert sich aus dem Tyrannen,
Der andere ziehet von dannen.
Und ehe das dritte Morgenrot scheint,
Hat er schnell mit dem Gatten die
   Schwester vereint,
Eilt heim mit sorgender Seele,
Damit er die Frist nicht verfehle.

Da gießt unendlicher Regen herab,
Von den Bergen stürzen die Quellen,
Und die Bäche, die Ströme schwellen.
Und er kommt ans Ufer mit
   wanderndem Stab,
Da reißet die Brücke der Strudel hinab,
Und donnernd sprengen die Wogen
Des Gewölbes krachenden Bogen.

Und trostlos irrt er an Ufers Rand,
Wie weit er auch spähet und blicket
Und die Stimme, die rufende, schicket,
Da stößet kein Nachen vom
   sichern Strand,
Der ihn setze an das gewünschte Land,
Kein Schiffer lenket die Fähre,
Und der wilde Strom wird zum Meere.

Da sinkt er ans Ufer und weint und fleht,
Die Hände zum Zeus erhoben:
»O hemme des Stromes Toben!
Es eilen die Stunden, im Mittag steht
Die Sonne, und wenn sie niedergeht
Und ich kann die Stadt nicht erreichen,
So muß der Freund mir erbleichen.«

Doch wachsend erneut sich
   des Stromes Wut,
Und Welle auf Welle zerrinnet,
Und Stunde an Stunde entrinnet.

Da treibt ihn die Angst, da faßt er
   sich Mut
Und wirft sich hinein in die
   brausende Flut
Und teilt mit gewaltigen Armen
Den Strom, und ein Gott hat Erbarmen.

Und gewinnt das Ufer und eilet fort
Und danket dem rettenden Gotte,
Da stürzet die raubende Rotte
Hervor aus des Waldes nächtlichem Ort,
Den Pfad ihm sperrend,
   und schnaubet Mord
Und hemmet des Wanderers Eile
Mit drohend geschwungener Keule.

»Was wollt ihr?« ruft er,
   für Schrecken bleich,
»Ich habe nichts als mein Leben,
Das muß ich dem Könige geben!«
Und entreißt die Keule
   dem nächsten gleich:
»Um des Freundes willen erbarmet euch!«
Und drei mit gewaltigen Streichen
Erlegt er, die andern entweichen.

Und die Sonne versendet
   glühenden Brand,
Und von der unendlichen Mühe
Ermattet sinken die Knie.
»O hast du mich gnädig aus Räubershand,
Aus dem Strom mich gerettet ans heilige
   Land,
Und soll hier verschmachtend verderben,
Und der Freund mir,
   der liebende, sterben!«

Und horch! da sprudelt es silberhell,
Ganz nahe, wie rieselndes Rauschen,
Und stille hält er, zu lauschen,

Und sieh, aus dem Felsen,
  geschwätzig, schnell,
Springt murmelnd hervor ein
  lebendiger Quell,
Und freudig bückt er sich nieder
Und erfrischet die brennenden Glieder.

Und die Sonne blickt durch
  der Zweige Grün
Und malt auf den glänzenden Matten
Der Bäume gigantische Schatten;
Und zwei Wanderer sieht er
  die Straße ziehn,
Will eilenden Laufes vorüberfliehn,
Da hört er die Worte sie sagen:
»Jetzt wird er ans Kreuz geschlagen.«

Und die Angst beflügelt
  den eilenden Fuß,
Ihn jagen der Sorge Qualen,
Da schimmern in Abendrots Strahlen
Von ferne die Zinnen von Syrakus,
Und entgegen kommt ihm Philostratus,
Des Hauses redlicher Hüter,
Der erkennet entsetzt den Gebieter:

»Zurück! du rettest den Freund
  nicht mehr,
So rette das eigene Leben!
Den Tod erleidet er eben.
Von Stunde zu Stunde gewartet' er
Mit hoffender Seele der Wiederkehr,
Ihm konnte den mutigen Glauben
Der Hohn des Tyrannen nicht rauben.«

»Und ist es zu spät,
  und kann ich ihm nicht
Ein Retter willkommen erscheinen,
So soll mich der Tod ihm vereinen.
Des rühme der blutge Tyrann sich nicht,

Daß der Freund dem Freunde gebrochen
  die Pflicht,
Er schlachte der Opfer zweie
Und glaube an Liebe und Treue.«

Und die Sonne geht unter,
  da steht er am Tor
Und sieht das Kreuz schon erhöhet,
Das die Menge gaffend umstehet,
An dem Seile schon zieht man den
  Freund empor,
Da zertrennt er gewaltig
  den dichten Chor:
»Mich, Henker!« ruft er, »erwürget!
Da bin ich, für den er gebürget!«

Und Erstaunen ergreifet das Volk umher,
In den Armen liegen sich beide
Und weinen für Schmerzen und Freude.
Da sieht man kein Auge tränenleer,
Und zum Könige bringt
  man die Wundermär,
Der fühlt ein menschliches Rühren,
Läßt schnell vor den Thron sie führen.

Und blicket sie lange verwundert an.
Drauf spricht er: »Es ist euch gelungen,
Ihr habt das Herz mir bezwungen,
Und die Treue, sie ist doch
  kein leerer Wahn,
So nehmet auch mich zum Genossen an,
Ich sei, gewährt mir die Bitte,
In eurem Bunde der Dritte.«

(5)

THEODOR FONTANE:
HERR VON RIBBECK AUF RIBBECK
IM HAVELLAND

Herr von Ribbeck auf Ribbeck
  im Havelland,
Ein Birnbaum in seinem Garten stand,
Und kam die goldene Herbsteszeit
Und die Birnen leuchteten weit und breit,
Da stopfte, wenn's Mittag vom Turme
  scholl,
Der von Ribbeck sich beide Taschen voll,
Und kam in Pantinen ein Junge daher,
So rief er: »Junge, wiste 'ne Beer?«
Und kam ein Mädel, so rief er:
  »Lütt Dirn,
Kumm man röwer, ick hebb 'ne Birn.«

So ging es viel Jahre, bis lobesam
Der von Ribbeck auf Ribbeck
  zu sterben kam.
Er fühlte sein Ende. 's war Herbsteszeit,
Wieder lachten die Birnen weit und breit,
Da sagte von Ribbeck:
  »Ich scheide nun ab.
Legt mir eine Birne mit ins Grab.«
Und drei Tage drauf, aus dem
  Doppeldachhaus,
Trugen von Ribbeck sie hinaus,
Alle Bauern und Büdner mit Feiergesicht
Sangen »Jesus meine Zuversicht«,
Und die Kinder klagten, das Herze
  schwer:
»He is dod nu. Wer giwt uns nu 'ne Beer?«

So klagten die Kinder.
  Das war nicht recht,
Ach, sie kannten
  den alten Ribbeck schlecht,

Der *neue* freilich, der knausert und spart,
Hält Park und Birnbaum
  strenge verwahrt.
Aber der alte, vorahnend schon
Und voll Mißtrauen gegen den
  eigenen Sohn,
Der wußte genau, was damals er tat,
Als um eine Birn' ins Grab er bat,
Und im dritten Jahr, aus dem stillen Haus
Ein Birnbaumsprößling sproßt heraus.

Und die Jahre gehen wohl auf und ab,
Längst wölbt sich ein Birnbaum
  über dem Grab,
Und in der goldenen Herbsteszeit
Leuchtet's wieder weit und breit.
Und kommt ein Jung' übern Kirchhof her,
So flüstert's im Baume: »Wist 'ne Beer?«
Und kommt ein Mädel, so flüstert's:
  »Lütt Dirn,
Kumm man röwer, ich gew di 'ne Birn.«

So spendet Segen noch immer die Hand
Des von Ribbeck auf Ribbeck im Havelland.

BERÜHMTE SCHLACHTEN:
DIE VARUSSCHLACHT

Germanien im Jahr 9 nach Christus: Das Land, das wir heute Deutschland nennen, gibt es noch nicht. Undurchdringliche Wälder erstrecken sich von Höhenzug zu Höhenzug, in den Ebenen lauern tückische Moore und Sümpfe. Eine unwirtliche Gegend mit barbarischen Bewohnern! Da sind sich zumindest die Römer einig. Die verschiedenen Stämme östlich des Rheins, die die Römer »Germanen« nennen, sind berüchtigt für ihre Wildheit und Grausamkeit. Immer wieder liefern sie sich Scharmützel mit den römischen Besatzern. Nach Ansicht Roms wird es höchste Zeit, die Barbaren zu unterwerfen und die germanischen Gebiete ein für alle Mal zu einer römischen Provinz zu machen.

Seit drei Jahren ist Publius Quintilius Varus Oberbefehlshaber am Rhein. Nun soll er auch östlich des großen Flusses für Ordnung nach römischer Vorstellung sorgen: Die Barbaren unterwerfen, das römische Reich um weitere Provinzen erweitern, die Macht sichern. Statt jedoch politisch klug zu agieren und sich Verbündete zu suchen, ist er so überzeugt von der römischen Überlegenheit, dass er die Germanen wie Sklaven behandelt. Er fordert so hohe Abgaben und Tributzahlungen, dass die Menschen in Armut leben. Gleichzeitig erwartet er, dass sie mit Freuden die römische Lebensart übernehmen. Das kann nicht lange gut gehen. Innerhalb kurzer Zeit hat Varus sich eine Menge Feinde geschaffen. In den germanischen Stämmen brodelt es. Die Römer müssen weg!

Aber nicht allein deren militärische Übermacht lässt die Stammesführer zögern. Untereinander sind sie uneinig, teilweise sogar verfeindet. Wer soll unter diesen Bedingungen die Führung übernehmen? Ohne einen Anführer, dem alle folgen, scheint die Lage aussichtslos.

Doch unter den römischen Soldaten befindet sich ein junger Mann namens Arminius, der die Lösung sein könnte. Vermutlich um 17 v. Chr. geboren, ist er bereits in sehr jungen Jahren in die römische Armee eingetreten und hat dort eine für einen Nichtrömer beachtliche Karriere gemacht. Nun gehört er zum Kreis derer, die dem Feldherrn Varus helfen sollen, die Provinz Germanien zu sichern.

WER IST ARMINIUS WIRKLICH?

Vieles aus der Vergangenheit dieses Mannes liegt im Dunkeln. Sicher ist, dass er aus dem Fürstengeschlecht der Cherusker stammt. Die Cherusker waren einer der vielen germanischen Stämme, ihr Stammesgebiet lag zwischen Weser und Elbe, also etwa im heutigen Niedersachsen. Wurde Arminius bereits als Kind als eine Art Pfand nach Rom gebracht? Das war eine gängige Methode der Römer, um sich die Gefolgschaft hochrangiger Stammesführer zu sichern. Es könnte aber auch sein, dass Arminius nie in Rom war, aber bereits in seiner Heimat auf der Seite der Römer stand. Denn unter den Cheruskern wie auch unter den anderen Germanenstämmen gab es durchaus Männer, die versuchten, mit den Römern klarzukommen. Nicht alle sind gegen die Besatzer. Besonnene Köpfe glauben, dass es besser ist, sich mit den Römern zu arrangieren, da man diesen übermächtigen Gegner ohnehin nicht besiegen kann.

Der junge Arminius kennt beide Seiten. Als cheruskischer Fürst führt er germanische Hilfstruppen an, die das römische Heer unterstützen. Er spricht Latein, er hat militärische Erfahrung, besitzt sogar das römische Bürgerrecht. Sicher genießt er auch die kultivierte römische Lebensart. Zugleich sieht er die Arroganz und Brutalität, mit der Varus als Statthalter vorgeht.

Wann genau beschließt Arminius, Rom nicht mehr zu folgen? In seiner Funktion als eine Art Verbindungsoffizier zwischen Römern und Germanen geht er im Römerlager ein und aus. Er hält sich in der Nähe von Varus auf und weiß über dessen Pläne Bescheid. Doch erst einmal steht der Winter vor der Tür, eine denkbar ungünstige Jahreszeit für militärische Unternehmungen. Im September des Jahres 9 n. Chr. machen sich die römischen Truppen auf den langen Weg zurück nach Xanten am Rhein, um dort ihr Winterlager aufzuschlagen.

DER HINTERHALT

Spielt Arminius ein doppeltes Spiel? Es wird vermutet, dass er Varus ausgerechnet jetzt ganz offiziell vor einem germanischen Aufstand im Hinterland warnt, den er womöglich selbst angezettelt hat. Der römische Feldherr ist jedenfalls gezwungen zu handeln. Xanten muss warten. Mit seinen drei Legionen und weiteren Hilfstruppen, schätzungsweise etwa 20.000 Mann, bricht Varus auf in unbekanntes Gebiet.

Regen und Kälte machen den Römern zu schaffen. Den Strategen unter ihnen ist angesichts der Marschroute äußerst unwohl: Auf der einen Seite Hügel und bewaldete Höhenzüge, auf der anderen Seite Sumpf und Morast. Was dazwischenliegt, lässt sich kaum als Weg bezeichnen. Höchstens vier Legionäre können nebeneinander marschieren, von den Reitern und Wagen ganz zu schweigen. Das riesige Heer wird mehr und mehr in die Länge gezogen, bis sich der ganze Tross wie ein Bandwurm auf einer Länge von rund 15 Kilometern durch Germanengebiet schlängelt. Völlig unmöglich, unter diesen Bedingungen die Flanken zu schützen. Die Legionäre beschleicht ein unheimliches Gefühl: Werden sie schon seit Tagen verfolgt und beobachtet? Immer wieder wandern die Blicke zwischen den dichten Bäumen die Hänge hinauf. War da ein Schatten, ein Huschen? Knackte eben ein Zweig unter einem Fuß, oder ist es der prasselnde Regen, der den Ohren Streiche spielt? Als vor ihnen ein mannshoher Wall aus Erde und Grassoden auftaucht, erkennen sie, dass sie in einen Hinterhalt gelockt wurden.

Von dem Wall aus greifen Arminius und seine Krieger an. Drei Legionen und ihre Hilfstruppen sitzen hilflos in der Falle. Die Römer, deren gefürchtete Stärke vor allem in ihrer geordneten Kampfformation besteht, haben keinen Platz, um sich zu formieren, und sehen sich in einen Mann-gegen-

Mann-Kampf geworfen. Drei Tage dauert das schreckliche Gemetzel, dann ist das römische Heer aufgerieben und vernichtet. Varus weiß, dass er ein toter Mann ist. Nie wieder kann er dem römischen Kaiser und seinem Volk unter die Augen treten. Er setzt seinem Leben ein Ende und stürzt sich ins Schwert. Sein Kopf aber wird als deutliche Botschaft der Sieger nach Rom geschickt. Quintili Vare, legiones redde!, soll Kaiser Augustus gerufen haben, als er von dem unfassbaren Gemetzel erfuhr: »Quintilius Varus, gib die Legionen zurück!«

NACH DER SCHLACHT IST VOR DER SCHLACHT

Für das Imperium Romanum, das römische Reich, bedeutet das Jahr 9 n. Chr. eine einzige Katastrophe. Nicht nur, dass die bis dahin glorreichen Römer von Barbaren besiegt wurden, die im Ansehen weit unter ihnen stehen; die Schlacht vernichtet schätzungsweise ein Zehntel des gesamten römischen Heeres.

Rom wäre jedoch nicht Rom, wenn es sich das gefallen ließe. Es entsendet weitere Feldherren und Legionen nach Germanien. Zunächst müssen neue Legionäre her. Augustus lässt Soldaten aus dem Ruhestand holen und sogar Sklaven rekrutieren. Schon im Folgejahr nach der Varusschlacht schickt er seinen Stiefsohn Tiberius mit diesem provisorischen Heer nach Germanien. Tiberius sichert vor allem die Grenzen. Als Augustus stirbt, wird Tiberius Kaiser und bestimmt seinen Neffen Germanicus zum Oberkommandierenden am Rhein. Germanicus unternimmt etliche Feldzüge, er stößt auch bis

zum Schlachtfeld der Varus-Niederlage vor und bestattet die unzähligen Toten, die dort immer noch liegen. Von 14 bis 16 n. Chr. befindet sich das Imperium Romanum im Krieg mit Germanien, doch die Opfer, die Rom bringen muss, sind hoch, die Kosten für den Unterhalt der Armee drohen ins Unermessliche zu steigen. Schließlich befiehlt Kaiser Tiberius im Jahr 16 das Ende der Feldzüge.

ARMINIUS' ENDE

Nach dem Sieg über die Römer gibt es unter den germanischen Stämmen Streit um die Führerschaft. Arminius muss sich außerdem mit familiären Problemen herumschlagen, weil er Thusnelda, die Tochter eines anderen einflussreichen Cheruskerfürsten namens Segestes, gegen dessen Willen zur Frau genommen hat. Es heißt sogar, Segestes habe versucht, aus Rache den Plan des Arminius an Varus zu verraten, doch der Römer habe ihm keinen Glauben geschenkt. Im Jahr 21 jedenfalls wird Arminius nach zermürbenden innenpolitischen Spannungen und vielen Kämpfen um die Herrschaft über Germanien von Verwandten ermordet.

Heute erinnert eine riesenhafte Statue aus Kupferplatten an den Cheruskerfürsten: Das Hermannsdenkmal – Arminius wurde kurzerhand in Hermann umbenannt – steht bei der Ortschaft Hiddesen auf einer Anhöhe im Teutoburger Wald.

Das Hermannsdenkmal

WO WURDE GEKÄMPFT?

Bis heute weiß man das nicht mit völliger Sicherheit. Vieles spricht für Kalkriese bei Osnabrück als Ort des Geschehens. 1987 machte der britische Major und Hobby-Archäologe Tony Clunn in der Kalkrieser-Niewedder Senke einen Fund, der sofort das Interesse der Forscher weckte: Römische Silbermünzen und Schleuderbleie (Wurfgeschosse, die mit einer Steinschleuder abgeschossen wurden) legten nahe, dass hier ein Kampf stattgefunden hatte.

Die landschaftlichen Merkmale stimmen: Auf der einen Seite die Ausläufer des Wiehengebirges, auf der anderen Seite das Große Moor, dazwischen der Engpass, wo Arminius die Römer in die Falle gelockt haben könnte. Zudem gibt es zahlreiche Funde wie Münzen, Pfeil- und Lanzenspitzen, einen eisernen Wurfspeer, Pilum genannt, und Wurfgeschosse. Das spektakulärste Fundstück ist die Eisenmaske eines römischen Reiters, außen ursprünglich wohl mit Silber beschlagen, innen mit Stoff oder Leder ausgepolstert. Wurde sie während der Varusschlacht getragen? Darüber können die Forscher nur Vermutungen anstellen. Fest steht aber, dass bei Kalkriese eine große Schlacht getobt hat. Ob es tatsächlich die zwischen den Legionen des Varus und den germanischen Kriegern war, lässt sich nicht mit Bestimmtheit sagen.

AUF DEN SPUREN DER RÖMER

Mit dem Ende der Feldzüge des Kaisers Tiberius ist Roms Kampf gegen die germanischen »Barbaren« nicht vorbei. Mehr als zwei Jahrhunderte später behaupten die Römer immer noch ihre Machtstellung. Als Beweis gilt die Schlacht am Harzhorn in Südniedersachsen. Dank archäologischer Fundstücke wissen wir, dass zwischen den heutigen Ortschaften Kalefeld-Oldenrode und Ildehausen im Jahr 235 n. Chr. germanische Verbände einen Tross der römischen Armee überfielen. Die Römer befanden sich zu der Zeit unter Kaiser Maximinus Thrax auf einem neuen Feldzug. Wie Arminius und seine Gefolgsleute lauerten die Germanen ihren Feinden auch in diesem Fall an der engsten Stelle auf. Forscher vermuten allerdings, dass es den Römern diesmal gelang, ihre Angreifer in die Flucht zu schlagen, wenn auch mit großen Verlusten.

Und es gibt noch mehr Orte, an denen römische Legionäre um die Zeit der Varusschlacht ihre Spuren hinterlassen haben. Bei Wilkenburg nahe Hannover wurde 2015 ein römisches Marschlager aus der Zeit um Christi Geburt entdeckt. Es bot genügend Platz für etwa 20.000 Soldaten, also drei Legionen plus Hilfstruppen. Vielleicht rasteten hier die Legionen von Varus!

Ein weiteres Römerlager aus dieser Zeit liegt bei Hedemünden; auch hier ist eine Verbindung zur Varusschlacht nicht unwahrscheinlich.

DAS SOMMERMENÜ

In Italien ist Kochen eher Frauensache, aber die Männer bringen zumindest eine gute Soße und ein Lieblingsgericht zustande. Einer der Autoren hat einmal gemeinsam mit einem italienischen Geschäftsmann einen lustigen Nachmittag damit verbracht, Würstchenketten zu machen – die Art, die Cartoon-Hunde gerne von Cartoon-Metzgern stibitzen. Die Zutaten waren: Schweinehack, eine Menge Rotwein, Salz, Pfeffer und Fenchel. Sie wurden direkt aus dem Fleischwolf in Kameldärme gedrückt. (Ja, wir haben uns auch gewundert, aber die sind wirklich prima für Würstchen.) Das war offen gestanden ein tolles Erlebnis, aus achtzig Pfund Schweinefleisch unfassbar viele Würstchen zu machen.

Wir finden, dass jeder Junge oder junge Mann in der Lage sein sollte, ein paar einfache Gerichte zuzubereiten. Das beeindruckt nicht nur zukünftige Freundinnen (mehr als du denkst!), es gibt einem auch selbst ein richtig gutes Gefühl. Rezepte für ein paar Gerichte zu lernen, die dir gut schmecken, ist auch ein guter Weg, immer wieder in deren Genuss zu kommen. Du bekommst viel eher eine gute Lasagne zu essen, wenn du selber eine machen kannst.

Du solltest nicht einfach nur das Rezept befolgen, sondern es so gut kennen, dass du gar nicht mehr reingucken musst. Das Ganze spielt sich bei hohen Temperaturen ab, also sei vorsichtig, benutze Ofenhandschuhe und lass vielleicht einen Erwachsenen aufpassen.

Steck nicht den Kopf in den Ofen, um zu schauen, was da drin vor sich geht.

DIE VORSPEISE

ZUTATEN:

- 2–3 große Tomaten, auch Fleischtomaten genannt
- Mozzarella, eine Kugel je 2 Personen
- frisches Basilikum
- Salz, Pfeffer, Balsamicoessig und Olivenöl

Mozzarella ist eigentlich ein Käse aus Büffelmilch, der im Supermarkt wird aber meistens aus normaler Kuhmilch gemacht. Er schwimmt in einer wässrigen Flüssigkeit, die du erst abgießen musst – das dauert zwei Sekunden und ist ganz einfach.

Schneide die Mozzarellakugeln in Scheiben, ungefähr so dick wie Brotscheiben. Drei Scheiben pro Teller, jede Kugel reicht für zwei Esser.

Wasche und schneide die Tomaten in Scheiben. Leg zwei oder drei dicke Scheiben auf jeden Teller und dekorier sie mit ein paar Basilikumblättern. Die werden mitgegessen. Grün, Weiß und Rot sind die Farben der italienischen Flagge, es handelt sich also um eine sehr italienische Vorspeise. Beträufele alles vor dem Servieren mit Balsamico und Olivenöl. Salz und Pfeffer kann jeder Gast nach Belieben darüberstreuen.

(Eine andere Vorspeise wäre etwas Öl und Balsamicoessig auf einer Untertasse mit frischem, knusprigem Brot zum Dippen. Eine erstaunlich leckere Kombination.)

DER HAUPTGANG: LASAGNE

ZUTATEN:

- 5 Dosen geschälte Tomaten
- Olivenöl
- 1 Knoblauchzehe
- 1,2 kg Rinderhackfleisch
- eine Handvoll frische Basilikumblätter
- 35 g Butter
- 6 gehäufte Teelöffel Mehl
- ca. 300 ml Milch
- 225–280 g Käse (z. B. Gouda oder Emmentaler)
- 400 g Mozzarella
- 140–170 g Parmesan
- ein paar Löffel Frischkäse
- Lasagneplatten
- Salz und evtl. Knoblauchsalz

ERSTER SCHRITT: ALLES VORBEREITEN

Schau nach, was ihr vorrätig habt, und kauf die restlichen Zutaten ein. Du brauchst außerdem eine Auflaufform und eine Alu-miniumschale (ca. 30 cm x 23 cm x 5 cm) oder, wenn ihr keine Auflaufform habt, zwei Aluminiumschalen. Eine davon kommt später gefüllt ins Gefrierfach. Die vier Hauptbestandteile der Lasagne sind Käse, Rindfleisch, Tomaten und Nudelplatten. Das klingt vielleicht kompliziert, aber Kochen ist genauso ein Handwerk wie jedes andere. Es macht Spaß, wenn man es kann.

Bereite zuerst die Tomatensoße zu. (Eine Variante der typischen italienischen Pastasoße – wer die kann, muss nie hungern.)

Öffne alle Tomaten-Dosen. Zerkleinere die Tomaten mit Messer und Gabel in einer großen Schüssel. Das dauert etwa fünf Minuten. Wenn ihr einen Mixer habt, kannst du auch den benutzen. (Dann wird die Tomatensoße glatter und lässt sich leichter verteilen, aber wir wollten ein Rezept, für das man keine elektrischen Geräte braucht.) Füll ein bisschen Wasser in die leeren Dosen und spül sie damit nacheinander aus, damit auch der letzte Rest Tomaten in der Soße landet. Dann wirf die Dosen in den Recyclingmüll.

Gib 1 ½ bis 2 Esslöffel Olivenöl in einen großen Topf.

Schneide die Enden der Knoblauchzehe ab, schäle sie und schneide sie in fünf oder sechs Scheiben.

Schalte die Herdplatte unter dem Topf auf eine hohe Stufe und gib die Knoblauchstückchen zum Öl. Warte, bis es sich erhitzt hat.

(Wenn du jetzt klassische italienische Tomatensoße machen würdest, müsstest du Tomatenmark zu Öl und Knoblauch hinzufügen. Für Lasagne braucht man aber nicht so eine dicke Soße, deshalb sparen wir uns das. Merk es dir aber trotzdem. Dosentomaten, Tomatenmark, Öl, Knoblauch, Salz nach

Belieben – und schon hast du das Herzstück
Tausender italienischer Gerichte.)

Zurück zur Lasagne. Wenn das Öl nach etwa
einer Minute um den Knoblauch herum anfängt zu blubbern, füg die Tomaten hinzu.
Sei vorsichtig, das heiße Öl kann dabei in
deine Richtung spritzen!

Rühr mit einem Kochlöffel um und bring
die Soße auf hoher Stufe zum Kochen. Dann
dreh den Herd herunter, bis sie nur noch kö-
chelt. Deck den Topf mit einem Deckel ab,
aber nicht komplett, sonst wird die Soße zu
wässrig. Lass das Ganze ungefähr 30 Minuten
köcheln. Tomaten verändern beim Kochen
ihren Geschmack, salze also erst am Schluss,
sonst wird es zu viel.

Um das Rinderhack zu braten, nimmst du
eine Pfanne ohne Öl und stellst die Herdplatte auf eine hohe Stufe. Wenn die Pfanne
heiß ist, gibst du das Fleisch komplett hinein
und zerteilst es etwas mit einer Gabel. Das
Fleisch enthält selbst Fett und Wasser, deshalb bildet sich schnell Saft in der Pfanne.
Rühre mit einem hölzernen Löffel, bis das
Fleisch leicht angebräunt ist. Das dauert ungefähr 10 Minuten. Rühre in der Zwischen-
zeit immer mal die Tomatensoße um, damit
sie nicht anbrennt.

Wenn das Hackfleisch leicht braun ist und
brutzelt, streue je einen Teelöffel Knoblauchsalz und Salz darüber (oder zwei Löffel Salz).
Rühr gut um, schalte die Herdplatte aus und
lass alles abkühlen. Glückwunsch! Läuft doch
ganz gut so weit. Aber vergiss nicht: Hoch-
mut kommt vor dem Fall. Atme tief durch
und mach weiter.

BÉCHAMELSOSSE
Die helle Soße macht man aus Milch, Mehl
und Butter. Ohne sie wird die Lasagne nicht
so schön cremig. Schmelze zuerst die Butter in
einem kleinen Topf, bei niedriger Temperatur.

Während die Butter schmilzt, kannst du
schon mal die Tomatensoße salzen. Geschmä-
cker sind verschieden, aber es sollte ungefähr
ein Teelöffel voll sein. Gib das Salz nach und
nach dazu, rühr um und probier zwischendurch. Denk dran, du kannst immer noch
nachsalzen, aber rückgängig machen kannst
du nichts. Dann kommen noch ein paar
Blätter Basilikum in die Tomatensoße.

Zurück zur Béchamelsoße: Gib das Mehl
zur geschmolzenen Butter und rühr dabei mit
einem Schneebesen um, bis alles eine zähe
Masse ergibt. Gieß bei geringer Hitze nach
und nach die Milch dazu und rühr dabei kräftig weiter, bis eine glatte Soße entsteht.

Schalte nach 30 Minuten die Herdplatte
mit der Tomatensoße aus und lass sie stehen. Sie sollte jetzt eingedickt sein. Füg noch
einen halben Teelöffel (Knoblauch-)Salz zur
hellen Soße hinzu. Rühr um und schalte die
Herdplatte aus. Lass sie etwas ziehen.

Reibe den Käse, damit du ihn später auf
die Lasagne streuen kannst. Schneide den
Mozzarella in kleine Stücke. Reibe den Parmesan. (Reibe ruhig mehr, als du brauchst,
Käse kann man immer noch auf Toast essen.)

Füll die geriebenen Käse jeweils in eine Schüssel, damit du schnell danach greifen kannst, wenn du sie brauchst. Jetzt bist du bereit für den zweiten Schritt – das Zusammenfügen der Lasagne.

ZWEITER SCHRITT:
DIE LASAGNE ZUBEREITEN

Halte alles, was du brauchst, auf der Arbeitsfläche bereit: die Tomatensoße, die Pfanne mit dem Hackfleisch, den Topf mit der Béchamelsoße, die drei Käsesorten und den Frischkäse, Salz (und Knoblauchsalz), Pfeffer und die Lasagneplatten.

Gib ein paar Kellen Tomatensoße in die erste Auflaufform und verteile sie, bis sie den gesamten Boden bedeckt. Leg die Lasagneplatten so darauf, dass sie sich berühren. Wenn die Form abgerundete Ecken hat, brich die Ecken der Platten so ab, dass sie reinpassen. Wir wollen die ganze Form ausfüllen, also brich sie so in Stücke, dass eine geschlossene Fläche entsteht.

Bedeck die Platten nun mit Tomatensoße und achte darauf, auch die Ränder zu erwischen. Wenn du dabei ein Stück Knoblauch findest, entferne es ruhig, falls du Knoblauch nicht besonders magst.

Nun verteil etwas Hackfleisch auf der Lasa-

gne. Sei großzügig, alles bedecken musst du damit jedoch nicht. Benutz dafür einen Pfannenwender mit Schlitzen oder halte beim Rausnehmen des Fleischs die Pfanne ein wenig schräg, damit du nicht zu viel Flüssigkeit erwischst.

Streu den Käse darüber: Käse, Parmesan, Mozzarellastückchen, alles kreuz und quer. Alle drei bedecken nun das Hackfleisch darunter. Dann kommen noch etwa zwei Teelöffel Frischkäse dazu. Teil sie in ein paar kleine Kleckse auf und verstreiche sie.

Träufle etwa zwei Esslöffel Béchamelsoße auf die Käseschicht. Würze mit Salz und Pfeffer nach, indem du eine Prise von beiden über die Oberfläche streust. Damit ist die erste Schicht fertig.

Nun folgen zwei weitere Schichten nach dem gleichen Schema: Platten, Tomatensoße, Fleisch, Käse, Frischkäse, Soße, Salz und Pfeffer.

Die oberste Schicht besteht aus Lasagneplatten, Tomatensoße und Parmesan.

Noch einmal zur Sicherheit der gesamte

Aufbau: Erste Schicht: Tomatensoße, Platten, Fleisch, Käse, Salz und Pfeffer; zweite Schicht: Platten, Tomatensoße, Fleisch, Käse, Salz und Pfeffer; dritte Schicht: Platten, Tomatensoße, Fleisch, Käse, Salz und

Pfeffer; oberste Schicht: Platten, Tomatensoße, Parmesan. Insgesamt haben wir also vier
Schichten Lasagneplatten und drei Schichten
Fleisch. So dürfte die Lasagne in alle gängi-
gen Formen passen und für sechs Personen
reichen.

Die Zutaten in diesem Rezept reichen genau für zwei normale Aluminiumformen.
Lasagne kann man nämlich gut einfrieren.
Und es ist toll, wenn du irgendwann, wenn es
dir nicht so gut geht oder keiner Lust hat zu
kochen, eine Lasagne aus dem Tiefkühlfach
ziehen kannst. Also esst eine Lasagne direkt
auf und friert die andere vor dem Backen ein.

Bedecke die Auflaufform mit Alufolie, bevor du sie in den Ofen (oder das Gefrierfach)
schiebst. Überbacke sie bei 200 °C ungefähr
40 Minuten lang. Serviere sie mit dem einfachsten grünen Salat der Welt.

DER EINFACHSTE GRÜNE SALAT
DER WELT

Wasch einen Eisbergsalat und schneide ihn
klein. Du kannst auch irgendeinen anderen
Blattsalat nehmen. Ein Esslöffel Olivenöl,
zwei Esslöffel Zitronensaft, eine Prise Salz.
Durchmischen und servieren.

DAS DESSERT: TIRAMISU

Tiramisu bedeutet »zieh mich hoch« – es enthält Kaffee, damit die Gäste nach dem Essen
wieder wach werden. Dieses sehr berühmte
italienische Dessert ist dazu noch ganz einfach
zu machen, deshalb passt es prima in unser
Menü. Wir wollen hier ja schließlich nicht
zu Sterneköchen werden. Uns geht es darum,
dass unsere Leser ein halbwegs schmackhaftes
Essen komplett selber machen können. An-

genehmerweise lassen sich sowohl das Tiramisu als auch die Lasagne vorbereiten und im
Kühlschrank aufbewahren. Nur die Vorspeise
und den Salat musst du frisch anrichten.

ZUTATEN:

* 3 frische Eier
* 5 gehäufte Esslöffel Zucker
* 500 g Mascarpone
* ca. 560 ml Espresso (oder 10 Espressotas-
  sen, Instantkaffee geht notfalls auch)
* 2 Packungen Löffelbiskuit – genug für
  2 Schichten in einer Auflaufform. (Ob die
  eckig oder oval ist, ist nicht so wichtig, aber
  hoch genug sollte sie sein. Savoiardi-Löffel-
  biskuits sind am besten, aber die aus dem
  Supermarkt tun es auch. Wir haben zwei
  Packungen mit je 28 Stück gekauft und 20 je
  Schicht gebraucht, also insgesamt 40.)
* Kakaopulver
* eine Prise Salz

Hinweis: Wie jedes Dessert mit rohen Eiern
ist Tiramisu tabu für Schwangere.

Trenn bei den drei Eiern das Eigelb vom Eiweiß, indem du es immer wieder zwischen
den beiden Hälften der Eierschale hin- und

hergleiten lässt. Es darf kein bisschen Eigelb im Eiweiß landen, sonst kannst du das Eiweiß nicht mehr steif schlagen. Du brauchst zwar sowohl das Eigelb als auch das Eiweiß, aber in verschiedenen Arbeitsschritten. Füll den Zucker und das Eigelb in eine Rührschüssel. Verrühr es mit einem Schneebesen, bis du eine dicke Masse hast. Mit einem Handrührgerät geht das schneller.

Schlag das Eiweiß in einer zweiten Schüssel mit einer Prise Salz steif – das dauert mit dem elektrischen Handmixer fünf Minuten und mit einem (sauberen!) Schneebesen zehn.

Gib den Mascarpone zu der Eigelbmischung und rühre, bis du eine zähe Masse hast. Rühr nicht zu lange, sonst wird es flüssig! Hebe die Creme einfach unter, bis alles gleichmäßig hellgelb ist.

Jetzt kommt der Eischnee dazu, bis eine glatte Masse entstanden ist. Sei ganz vorsichtig, damit das Ganze beim Rühren nicht komplett zusammenfällt, sondern fluffig bleibt.

Gieß den Espresso in eine breite Schüssel und lass ihn abkühlen. Jetzt kannst du das Tiramisu zubereiten. Stell es dir als eine Art Lasagne aus Löffelbiskuit und Kaffee vor. Oder lieber doch nicht. Das klingt ja furchtbar.

Verteile eine Schicht der Mascarponecreme in der Auflaufform, etwa ein Drittel der Mischung. Tauch dann jedes Löffelbiskuit einzeln auf einer Seite in den Kaffee und zähl dabei bis vier, dann hat es sich vollgesogen. Dann hältst du es über den Kaffee und lässt es abtropfen, während du wieder bis vier zählst. Eintauchen … eins, zwei, drei, vier … Hochheben … eins, zwei, drei, vier … Dreh es um und platzier es in der Form. So machst du immer weiter, bis die ganze Schicht aus Löffelbiskuit fertig ist.

Verteil das zweite Drittel der Creme darauf, dann die nächste Schicht Löffelbiskuit. Nach dem italienischen Familienrezept, das wir benutzt haben, sollen die Löffelbiskuits der zweiten Schicht quer zu denen der ersten Schicht angeordnet werden.

Zum Schluss folgt die letzte Schicht der Creme, auf die du dann das Kakaopulver streust. Stell das Tiramisu mindestens vier Stunden in den Kühlschrank, am besten über Nacht. Es reicht für acht Personen. Ein wirklich toller Nachtisch. Man kann es auch abwandeln und Himbeersaft oder Zitrone statt Kaffee benutzen. Genießt es gut gekühlt an einem warmen Sommerabend.

VERGESSENE ENTDECKER

Die Menschen wollten schon immer wissen, was hinter dem nächsten Berg ist. In der Geschichte ging es immer darum, den Horizont zu erweitern – ob nun Cortez einen Gipfel in Panama bestieg und dahinter die unendlichen Weiten des Pazifiks erblickte, Drake genau den gleichen Gipfel erklomm und schwor, die Spanier mit einem englischen Schiff zu überfallen, oder Kolumbus 1492 Amerika erreichte. Mit primitiven Mitteln haben diese Entdecker Flüsse, Küsten und Ozeane kartografiert, damit ihre Nachfolger weiter vorankommen und Gefahren meiden konnten. Diese Nachfolger waren Kaufleute, Baumeister und Familien, die sich auf einer Lichtung inmitten der Wildnis eine Farm aufbauen wollten. Aber mit der Zeit verblassen die Erinnerungen. Manche Geschichten geraten in Vergessenheit, während andere hervorgehoben und ausgeschmückt werden. Hier sind einige der vergessenen Namen – und ein paar, die immer noch berühmt sind. Alle haben sie Wichtiges geleistet.

SIR MARTIN FROBISHER
(ca. 1535 – 1594)

Kapitän aus Yorkshire, der dreimal versuchte, die sagenumwobene Nordwestpassage zu finden – den Seeweg von Britannien durch das Nordpolarmeer bis zum Pazifik und nach Asien. (Heutzutage fliegen Flugzeuge auf der Strecke von London nach New York auch in der Nähe des Nordpols entlang, weil das am kürzesten ist.) Er entdeckte eine große geschützte Bucht vor der Baffininsel an der Küste Kanadas. Die Frobisher-Bucht ist etwa 230 Kilometer lang. Später diente Frobisher als Admiral unter Francis Drake, dessen Flotte 1588 in den Kampf gegen die spanische Armada zog. Er starb 1594, nachdem er beim Sturm auf eine spanische Festung verwundet worden war.

SIR FRANCIS DRAKE
(ca. 1540 – 1596)

Gegen die Spanier unternahm er ein paar berühmte Feldzüge, und Drake war auch der erste Brite, der die Welt umsegelte (und der erste Entdecker, der lebend zurückkehrte – Magellan starb auf halber Strecke). Er erstellte eine Karte der bis dahin unbekannten Westküste Amerikas und segelte daran entlang bis hinauf nach Kanada. Die Drakes Bay in Costa Rica wurde nach ihm benannt, ebenso wie die Drakestraße zwischen der Antarktis und Kap Hoorn. Passenderweise wurde der große Freibeuter vor der Küste Panamas auf See bestattet.

HENRY HUDSON
(ca. 1565 – 1611)

Auch Hudson versuchte, von England aus einen Weg nach Japan und China zu finden, der am Nordpol entlangführte. Nach weiteren Entdeckungsfahrten wurden die Hudson Bay, die Hudsonstraße und der Hudson River nach ihm benannt. Seine Entdeckungen bildeten die Grundlage des ursprünglichen Gebietes, auf das England Anspruch erhob und das heute zu Kanada gehört. König Karl II. verlieh 1670 der Handelsgesellschaft Hudson's Bay Company das königliche Privileg – die Firma existiert noch heute.

MARIA SIBYLLA
MERIAN (1647 – 1717)

Schon als Kind zeichnete Maria Sibylla Merian leidenschaftlich gerne. Zu ihrem künstlerischen Talent gesellte sich ein großes Interesse an der Natur, vor allem an Insekten – im 17. Jahrhundert absolut unüblich für eine Frau. Noch »skandalöser« war, dass Merian ihren Mann verließ, mit ihren beiden Töchtern von Frankfurt nach Amsterdam zog und 1699, im Alter von 52 Jahren, nach Surinam reiste. Ihre jüngere Tochter Dorothea begleitete sie dabei. Ein strapaziöses Abenteuer, denn dieser Teil Südamerikas war damals nahezu unerforscht. Merian widmete sich vor allem dem Studium von Käfern, Raupen, Schmetterlingen und exotischen Pflanzen. Daraus entstand das von ihr selbst prachtvoll illustrierte Werk »Metamorphosis insectorum Surinamensium«, das bis heute als Standardwerk der Insektenforschung gilt.

WILLIAM DAMPIER
(1651 – 1715)

Entdecker, Navigator und Pirat, der die Welt dreimal umsegelte und einen Großteil der Küste Nordaustraliens erkundete und dabei Exemplare der dortigen Tier- und Pflanzenwelt sammelte und Karten zeichnete. Er wurde wegen Grausamkeit aus der Royal Navy entlassen, aber als der Krieg gegen Spanien ausbrach, ging er als Freibeuter wieder an Bord. Bei einer Expedition unter Dampiers Kommando wurde der Seefahrer Alexander Selkirk auf einer Insel ausgesetzt, weil er sich über die mangelnde Seetüchtigkeit des Schiffs beschwert hatte. Selkirk war die Inspiration hinter Robinson Crusoe. In Gullivers Reisen wird Dampier als Meisternavigator erwähnt, und sein wissenschaftlicher Ansatz hatte großen Einfluss auf seine Nachfolger.

GEORG FORSTER
(1754 – 1794)

Bereits der Vater von Georg Forster, der Pastor und Naturforscher Johann Reinhold Forster, war gern unterwegs. Er nahm seinen zehnjährigen Sohn mit auf eine Studienreise an die Wolga; damit war Georgs Reiseleidenschaft geweckt. Als sein Vater das Angebot erhielt, den berühmten Captain James Cook auf dessen zweiter Weltumsegelung zu begleiten, durfte Georg, inzwischen 17 Jahre alt, als Zeichner mitkommen. Er hielt nicht nur die Reise in Bildern fest, sondern leistete auch wissenschaftliche Arbeit auf dem Gebiet der Botanik und vor allem der Völkerkunde. So lernte er sogar die verschiedenen Sprachen, die auf den polynesischen Inseln gesprochen wurden. Nach seiner Rückkehr veröffentlichte Georg Forster 1777 in London den Reisebericht »A Voyage Around The World«, der ein Jahr später auch in Deutschland erschien. Bis heute gilt Forster als Begründer der modernen Reiseliteratur.

SIR JAMES CLARK ROSS (1800 – 1862)

Ross begann seine Karriere 1818 damit, dass er gemeinsam mit seinem Onkel nach der Nordwestpassage suchte. Außerdem verortete er den magnetischen Nordpol in Kanada. Am meisten im Gedächtnis geblieben ist er jedoch für seine Erkundungen der Antarktis rund um den Südpol. Als er einen großen Küstenabschnitt kartografierte, benannte er Viktorialand, die Admiralitätsstraße und zwei erloschene antarktische Vulkane: Mount Terror und Mount Erebus (nach seinen Schiffen). Das Rossmeer und das bedrohliche Ross-Schelfeis tragen seinen Namen.

SIR JOHN FRANKLIN (1786 – 1847)

Seine lange und abwechslungsreiche Karriere beinhaltete einen Job als Seekadett in Nelsons Marine, Arktisexpeditionen und das Amt des Gouverneurs von Tasmanien am anderen Ende der Welt. Im Jahr 1845 machte sich Franklin zu seiner letzten Reise auf – mit denselben beiden Schiffen, mit denen Sir James Clark Ross in die Antarktis gesegelt war, der *Terror* und der *Erebus*, die jetzt allerdings mit Dampfmotoren ausgestattet waren. Die gesamte Expedition ist in der Arktis verschollen – ein Rätsel, das das viktorianische England in seinen Bann zog. In späteren Berichten kam die Vermutung auf, Franklin und seine Männer seien im Lauf von zwei Jahren verhungert, nachdem sie im Eis eingeschlossen worden waren. Zwar hatten beide Schiffe dicke Wände, aber irgendwann froren sie ein und barsten. Zu Königin Victorias Zeiten wurde Franklin als Held verehrt, aber inzwischen ist er kaum noch ein Begriff. Die Wracks seiner Schiffe wurden 2014 und 2016 entdeckt.

CHARLES DARWIN (1809 – 1882)

Darwin ist besonders für sein Werk »Über die Entstehung der Arten« und seine Evolutionstheorie berühmt. Von 1831 bis 1836 unternahm er eine legendäre Forschungsreise mit der *HMS* (Her/His Majesty's Ship) *Beagle*. Sie führte ihn nach Kap Verde im Atlantik, wo er hoch oben an den Klippen Muscheln entdeckte, nach Argentinien, wo er riesige fossile Knochen fand, und nach Chile, wo er ein Erdbeben miterlebte. Außerdem sammelte er Pflanzen und Tiere auf den Galapagosinseln vor Ecuador und fuhr dann weiter nach Australien, wo er die Blue Mountains bei Sydney besuchte. Er war erstaunt über die Artenvielfalt dort und sammelte Dutzende, die bis dahin noch nirgends verzeichnet waren. Von Australien aus machte sich das Schiff auf den Weg nach Kapstadt in Südafrika und kehrte dann nach Hause zurück. Während der fünfjährigen Expedition kartografierte und sammelte Darwin so viel, dass er genug Material hatte, um die Theorien aufzustellen und die Bücher zu schreiben, für die er berühmt wurde. Die Stadt Darwin in Australien ist ebenso nach ihm benannt wie der Charles Darwin Walk in den Blue Mountains. Es gibt drei mögliche Routen durch oder entlang der Spitze Südamerikas: Die Magellanstraße durch die Meerenge im Norden und die Drakestraße durchs offene Meer im Süden. Dazwischen verläuft die Strecke, die der 26-jährige Darwin nahm: der Beagle-Kanal.

LUDWIG LEICHHARDT (1813 – 1848)

Mitte des 19. Jahrhunderts war Australien noch größtenteils unerforscht. Das änderte sich mit Ludwig Leichhardt, der 1842 nach Sydney reiste und von dort aus die Tier- und Pflanzenwelt erforschte. Zudem erkundete der Naturforscher aus der Mark Brandenburg auch die Geologie des Kontinents. Insgesamt drei Expeditionen unternahm Leichhardt, bei denen er tief ins Landesinnere vordrang. Von seiner dritten Expedition kehrte er nicht mehr zurück, er und seine Begleiter blieben im Outback verschollen. Die Veröffentlichung seines Tagebuchs mit dem Titel »Journal of an Overland Expedition in Australia« ebnete späteren Forschern den Weg durch den unbekannten und oft lebensfeindlichen Kontinent. In Australien ist Leichhardt heute sehr bekannt. Viele geologische Wahrzeichen wie der Leichhardt River und die Leichhardt Range, ein Höhenzug in Queensland, wurden nach ihm benannt. Auch Pflanzen und Tiere, die er entdeckt hat, tragen seinen Namen, darunter Leichhardts Sägerochen.

REIFEN FLICKEN IN 10 SCHRITTEN

SCHRITT EINS:

FAHRRAD AUF DEN KOPF stellen.

SCHRITT ZWEI:

MANTEL ABHEBEN UND SCHLAUCH HERAUSZIEHEN. Das machst du mit den Reifenhebern. Es gibt Reifenheber aus Kunststoff und aus Metall. Günstig sind abgewinkelte Reifenheber, die du an einer Speiche fixieren kannst. Zuerst wird der Heber vorsichtig zwischen Felge und Mantel geschoben, dann mit der Einkerbung an einer Speiche festgeklemmt. Den nächsten Heber setzt du auf die gleiche Weise ein paar Speichen weiter ein. Meist genügen zwei Heber, um den Mantel zu lösen, du kannst aber auch noch einen dritten einsetzen. Dann ziehst du den Schlauch heraus. Wenn das Loch in der Nähe des Ventils ist, musst du das Ventil aus der Felge lösen. Aber das ganze Rad musst du für die Reparatur nicht abmontieren.

SCHRITT DREI:

LOCH FINDEN. Wenn du Glück hast, kannst du es mit bloßem Auge erkennen. Manchmal steckt sogar noch das Steinchen, eine Schraube oder der Glassplitter darin, der das Problem verursacht hat. Wenn du weniger Glück hast, musst du suchen. Pump den Schlauch dazu auf. Meist siehst oder fühlst du, wo die Luft gleich wieder entweicht. Falls du zu Hause bist und an eine Schüssel mit Wasser kommst, kannst du auch den Wassertest machen. Halte den Schlauch Stück für Stück ins Wasser. Wo Luftbläschen aufsteigen, sitzt das Loch. Stelle gut merken oder mit einem Stift markieren!

SCHRITT VIER:

LUFT WIEDER ABLASSEN. Dreh dazu das Ventil weit auf.

SCHRITT FÜNF:

STELLE AUFRAUEN. Dazu benutzt du das Schleifpapier oder die Raspel aus dem Flickset. Dieser Teil ist ein bisschen knifflig: Du darfst nicht zu kräftig rubbeln, damit keine neuen Löcher entstehen. Trotzdem muss die Stelle gut aufgeraut sein, damit die Vulkanisierflüssigkeit richtig einziehen kann. Tipp: Das Gummi sieht dann mattschwarz aus. Die angeraute Fläche sollte übrigens etwas größer sein als der Flicken, den du später aufsetzt. Pass auf, dass du die Stelle nicht mit den Fingern berührst, sonst hält der Kleber nicht!

SCHRITT SECHS:

VULKANISIERFLÜSSIGKEIT in der Größe des Flickens um das Loch herum auftragen. Vulkanisieren klingt nach Feuer und Gefahr, bedeutet in diesem Fall aber einfach nur, dass ein spezieller Gummiklebstoff für eine feste und trotzdem elastische Verbindung zwischen Schlauch und Flicken sorgt. Achtung: Mit anderem Klebstoff funktioniert das nicht, probier es also gar nicht erst! Nach dem Auftragen dauert es etwa fünf Minuten, bis der Flicken aufgelegt werden kann. Du erkennst den richtigen Zeitpunkt daran, dass die bestrichene Stelle nicht mehr feucht glänzt.

SCHRITT SIEBEN:

FLICKEN AUFLEGEN. Dazu musst du zuerst die silberne Folie auf der Rückseite ablösen. Die durchsichtige Folie auf der Vorderseite bleibt noch drauf. Pass auf, dass du die Klebestelle nicht mit dem Finger berührst! Auch wenn sie mit Staub oder Dreck verunreinigt wird, klebt sie nicht mehr. Sobald der Flicken aufliegt, drückst du ihn fest an. Tipp: Leg den Schlauch auf einen leicht gerundeten und harten Gegenstand, zum Beispiel auf einen Stein oder auf eine Trinkflasche. Dann kannst du besser Druck ausüben. Du kannst auch die Reifenheber zum Drücken benutzen. Press den Flicken rundherum so richtig gut fest.

SCHRITT ACHT:

FOLIE auf der Vorderseite des Flickens abziehen. Das kannst du machen, nachdem du etwa zwei bis drei Minuten gepresst hast. Nun sollten sich Flicken und Schlauch dank der Vulkanisierlösung sicher und dauerhaft verbunden haben.

SCHRITT NEUN:

TESTEN, ob es funktioniert hat. Dazu pumpst du den Schlauch erneut auf. Sind noch verdächtige Geräusche zu hören? Fühlst du noch einen Lufthauch an den Fingern, wenn du den Schlauch abtastest? Sprudelt es, sobald du die geflickte Stelle ins Wasser hältst?

Alle Fragen mit Nein beantwortet? Sehr gut, das Wichtigste ist geschafft! Jetzt lässt du die Luft wieder ab, damit du alles montieren kannst.

SCHRITT ZEHN:

ZUSAMMENBAUEN. Zuerst steckst du das Ventil wieder durch das dafür vorgesehene Loch in der Felge. Dann wird der Mantel über den Schlauch gestülpt. (Vorher guckst du natürlich genau nach, ob noch ein Steinchen oder Splitter im Mantel steckt!) Pump den Schlauch leicht auf, damit er sich gut einbetten lässt. Mit den Daumen drückst du den Mantel nun zentimeterweise zurück in die Felge. Zuletzt musst du wahrscheinlich einen Reifenheber benutzen. Nun kannst du den Reifen richtig aufpumpen.
Und dann: Gute Fahrt!

Noch zwei Ratschläge: Sollte dein Schlauch gleich zwei oder mehr Löcher haben, lohnt das Flicken nicht. Dann ist es besser, einen neuen zu kaufen. Das Gleiche gilt für den Fall, dass eine bereits einmal geflickte Stelle erneut undicht geworden ist. Auf altem Kleber hält ein neuer Flicken nicht.

GROSSE EREIGNISSE,
GENIALE SPIELER

DAS BALLSPIEL DER GÖTTER

Zum ersten großen Fußballereignis müssen wir gut dreitausendvierhundert Jahre in der Zeit zurückreisen, und zwar nach Mittelamerika. Hier wurde bereits um 1400 v. Chr. ein fußballähnliches Ballspiel gespielt – also lange bevor Kolumbus Amerika entdeckte. Ob die Azteken oder die Maya die Erfinder waren oder eine andere frühe Kultur, ist bis heute nicht ganz klar. Auch über die Regeln wissen wir nicht sehr viel. Vermutlich diente das Ballspiel nicht als Freizeitspaß, sondern war ein religiöses Ritual zu Ehren der Götter. Alte Reliefdarstellungen lassen sogar darauf schließen, dass manches Spiel mit Menschenopfern endete. Unabhängig davon war es aber sicher auch kein Vergnügen, aus Versehen mit dem Ball angeschossen zu werden: Er bestand aus Kautschuk und wog einige Kilogramm.

Etwa zur gleichen Zeit kannte man auf der anderen Seite der Erde ebenfalls eine Art Fußballspiel, und zwar in China. Hier spielte man mit einem Ball, der bereits Ähnlichkeit mit heutigen Fußbällen hatte: Er war aus Lederstücken zusammengenäht und mit Federn, Haaren oder Stoffresten gefüllt.

Wir können also davon ausgehen, dass Menschen in verschiedenen Teilen der Welt unabhängig voneinander auf die Idee kamen, einen runden Ball vor sich herzutreiben – mit den Füßen, aber oft auch mit

den Händen. Jahrhundertelang gab es die unterschiedlichsten Regeln, manchmal auch gar keine. So manches Spiel endete in einer wilden Rauferei, blutende Nasen und Platzwunden waren an der Tagesordnung. Das ändert sich erst mit der Gründung der Football Association.

1863: DER ERSTE FUSSBALLCLUB DER WELT

Die Football Association wird 1863 in London ins Leben gerufen – nicht zuletzt deshalb gilt England als das Mutterland des Fußballs. Nun entsteht ein einheitliches Regelwerk, sportliches Fairplay löst das wilde Durcheinander auf dem Fußballplatz ab. Britische Reisende und Studenten bringen den neuen Sport auch auf das europäische Festland. Die Menschen sind begeistert! Es dauert nicht lange, bis Fußball richtig populär wird. 1900 gründet sich in Leipzig der Deutsche Fußballbund, der DFB.

1903: DIE ERSTE DEUTSCHE MEISTERSCHAFT

Drei Jahre nach Gründung des DFB findet das erste wichtige Fußballereignis auf deutschem Boden statt: die erste deutsche Meisterschaft. Im Endspiel am 31. Mai 1903 stehen sich der VfB Leipzig und der DFC

Prag gegenüber. Austragungsort ist Altona, allerdings verzögert sich der Anpfiff um eine Dreiviertelstunde, weil kein spielbarer Ball zur Hand ist. Der Altonaer Fußballclub kann aushelfen, aber der Ball muss erst aus dem Vereinsheim geholt werden. Nach dem etwas holprigen Start erzielt Leipzig ein sensationelles 7:2. Die Torschützen sind die Brüder Walter und Adalbert Friedrich sowie mit je drei Toren Heinrich Riso und Bruno Stanischewski.

1954: DAS WUNDER VON BERN

Ungarns legendärer Mannschaftskapitän Ferenc Puskás (r.) gratuliert am 04.07.1954 dem deutschen Spielführer Fritz Walter zum Gewinn des Weltmeistertitels.

Zum ersten Mal seit dem Ende des Zweiten Weltkriegs darf Deutschland wieder an einer Fußballweltmeisterschaft teilnehmen. Die WM findet in der Schweiz statt, Außenseiter Deutschland schafft es ins Endspiel, der Gegner, Ungarn, gilt als haushoher Favorit. Doch die deutsche Elf um Trainer Sepp Herberger erkämpft sich einen 3:2-Vorsprung. Fritz Walter behält im Mittelfeld den Überblick, Helmut Rahn schießt in der Schlussphase das Siegtor. Torwart Toni Turek wehrt mit fabelhaften Paraden alle ungarischen Torschüsse bis zum Schlusspfiff ab. Deutschland gerät in einen Freudentaumel. Dieses Weltmeisterspiel geht als Wunder in die Geschichte ein, weil es eine ganze Nation aus der Depression der Nachkriegszeit reißt und den Deutschen hilft, mit neuer Hoffnung in die Zukunft zu blicken. Legendär ist auch die Berichterstattung des Radioreporters Herbert Zimmermann, dessen sich vor Begeisterung überschlagende Stimme heute wahrscheinlich jeder kennt: »Tooor! Tooor! Tooor! Deutschland ist Weltmeister!«

1960: REAL MADRID – EINTRACHT FRANKFURT

Endspiel um den Europapokal der Landesmeister (Vorgänger der heutigen Champions League). Im Hampden Park in Glasgow drängen sich 134.000 Zuschauer. Real Madrid läuft mit seinen Superstars Alfredo di Stéfano und Ferenc Puskás auf. Frankfurt führt seit der 18. Minute mit einem Tor. Der Jubel ist groß, doch kurz vor Ende der ersten Halbzeit liegen die Spanier dann 3:1 vorn. Die Frankfurter könnten nun aufgeben, die Stars von Madrid sich zurücklehnen. Nichts dergleichen geschieht, stattdessen erleben die Zuschauer traumhafte Fußballkunst. Beide Teams spielen sich in einen regelrechten Rausch; Frankfurt gelingen zwei weitere Treffer, Real Madrid geht mit 7:3 als Sieger aus der Partie hervor. Zurück in Deutschland erwarten nicht etwa Enttäuschung und Häme die Frankfurter, sondern Begeisterung über ein grandioses Spiel.

1970: ITALIEN – DEUTSCHLAND

Das WM-Halbfinale von 1970 im Aztekenstadion von Mexico-City gilt als Jahrhundertspiel, und das aus ganz verschiedenen Gründen: tropische Hitze auf dem Platz, zwei üble Fouls an Franz Beckenbauer, ein weiteres an Kapitän Uwe Seeler, die fälligen Elfmeter dafür jedoch vom Schiedsrichter verweigert. Beckenbauer spielt nach schmerzhafter Schulterprellung mit dem Arm in der Schlinge weiter. Deutschland kämpft, aber es fehlt immer das entscheidende Quäntchen Glück, die Italiener führen 1:0. In der Nachspielzeit fällt der Ausgleich zum 1:1. Das Spiel geht in die Verlängerung, und ein Nervenkrieg beginnt. Gerd Müller schafft das 1:2, doch Italien legt nach – 2:2, dann

3:2. Noch einmal Gerd Müller: 3:3. Nur 14 Sekunden später steht es 4:3 für Italien. Dennoch werden die Deutschen als Fußballhelden gefeiert, denn alle wissen: Hier hat eine Mannschaft gegen alle Widrigkeiten gekämpft und Großes geleistet.

1971: DAS BÜCHSENWURFSPIEL

Ein 7:1 gegen Inter Mailand – Mönchengladbach wähnt sich im Achtelfinale des Europacups schon im Fußballhimmel. 2:1 steht es, als in der 29. Minute aus der Gladbacher Ecke eine Coladose auf den Platz fliegt. Roberto Boninsegna wird getroffen und fällt um. Kleine Dose, große Wirkung oder einfach Schauspielerei, wie Beobachter meinen? Boninsegna lässt sich jedenfalls vom Platz tragen. Das Spiel geht weiter, die erste Halbzeit endet 5:1, die zweite 7:1. Torschützen sind zweimal Netzer, zweimal Heynckes, zweimal le Fevre, einmal Sieloff. Doch dem Jubel folgt die Ernüchterung: Inter Mailand protestiert. Wegen des Büchsenwurfs wird das Spiel annulliert.

1974: DIE WASSERSCHLACHT VON FRANKFURT

Deutschland und Polen stehen vor dem Einzug ins WM-Finale. Im Frankfurter Waldstadion soll die Entscheidung fallen – doch was zuerst fällt, ist Regen. Und noch mehr Regen. 14 Liter Wasser pro Quadratmeter stürzen eine gute halbe Stunde vor Anpfiff vom Himmel. Riesige Wasserlachen verwandeln den Rasen in eine Seenlandschaft. Zunächst versucht man mit schweren Walzen, das Nass aus dem Grün zu drücken. Schließlich rückt die Feuerwehr an und saugt das Wasser mit Schläuchen ab. Der österreichische Schiedsrichter Erich Linemayr erklärt den Platz tatsächlich für bespielbar. Nie vorher und auch nicht danach hat es bei einem Turnier derart irreguläre Verhältnisse gegeben. Immer wieder versumpft der Ball in einer der zahllosen Pfützen, die Spieler rutschen und schlittern. Deutschland gewinnt 1 : 0, Torschütze ist Gerd Müller.

1986: DAS WUNDER VON DER GROTENBURG

Bayer 05 Uerdingen steht in der Viertelfinal-Rückrunde des Europapokals Dynamo Dresden gegenüber. Zur Halbzeitpause befindet sich Uerdingen mit 1 : 3 im Rückstand. Die ersten Fans verlassen bereits enttäuscht die Grotenburg-Kampfbahn in Krefeld. Voreilig, wie sich zeigen wird, denn es kommt zu einer der spannendsten Aufholjagden in der Fußballgeschichte. In der 58. Minute fällt der Startschuss durch einen Elfmeter: Wolfgang Funkel erzielt das 2 : 3. Dann geht es Schlag auf Schlag, nur 21 Minuten später steht es 6 : 3 für Uerdingen. Die Dresdner erspielen sich zwar noch zwei echte Chancen, doch Uerdingens Torwart Werner Vollack pariert souverän. Stürmer Wolfgang Schäfer schießt schließlich in der 68. Minute das siebte Tor.

WM 2014: BRASILIEN – DEUTSCHLAND

Das Halbfinale am 8. Juli 2014 sorgt für eine Riesenüberraschung – und eine herbe Niederlage für die Fußballnation Brasilien: Sieben Tore muss die brasilianische Elf einstecken, fünf davon gleich innerhalb der ersten 29 Minuten. Im Gegenzug landet sie nur einen Treffer. Bis dahin war Brasilien mit fünf Titelgewinnen noch Rekordweltmeister. Als nach Abpfiff viele der brasilianischen Nationalspieler am Boden zerstört sind, gehen Thomas Müller, Toni Kroos, Per Mertesacker, Philipp Lahm und andere deutsche Nationalspieler herum und versuchen, die Gegner mit tröstenden Worten wieder aufzurichten – auch das eine Besonderheit dieses historischen Spiels.

GENIALE SPIELER

Die aufregendsten Fußballspiele verdanken wir großartigen Spielern – Ballzauberern, Kämpfernaturen und kaltblütigen Strategen. Die Liste der Fußballstars ist natürlich lang, und sie wird jedes Jahr länger. Hier nur eine kleine und sehr anfechtbare Auswahl von Spielern, die Fußballgeschichte geschrieben haben.

FRITZ WALTER (31.10.1920 – 17.6.2002)

Walter spielte von 1940 bis 1958 für die deutsche Nationalmannschaft und führte bei der WM 1954 sein Team als Kapitän zum Sieg. 30-mal war er Kapitän der deutschen Nationalmannschaft und ein Idol für viele Nachwuchsfußballer. Er absolvierte 61 Länderspiele und schoss 33 Tore. Fritz Walter wurde außerdem zum ersten Ehrenspielführer der Nationalelf ernannt.

UWE SEELER (Geb. 5.11.1936)

Der gebürtige Hamburger spielte Zeit seines Fußballerlebens nur bei einem einzigen Verein: dem HSV. Von 1961 bis 1970 war er Kapitän der deutschen Nationalmannschaft. Seeler war in seiner aktiven Zeit trotz seiner geringen Körpergröße ein hervorragender Mittelstürmer; er absolvierte 72 Länderspiele und erzielte dabei 43 Tore. Bis heute ist er einer der beliebtesten Fußballer aller Zeiten, seine Fans nennen ihn »Uns Uwe«.

GÜNTER NETZER (Geb. 14.9.1944)

Der eigenwillige Mittelfeld-Regisseur mit den langen Haaren spielte zehn Jahre für Borussia Mönchengladbach und drei Jahre für Real Madrid. Von 1965 bis 1975 gehörte er zur deutschen Nationalmannschaft, in dieser Zeit absolvierte er 37 Länderspiele.

SEPP MAIER (Geb. 28.2.1944)

Maier ist Rekordtorhüter der deutschen Nationalelf und galt während seiner Laufbahn als einer der besten Torhüter der Welt – und als großer Spaßmacher. 95-mal stand er für Deutschland im Tor. Sein Verein war der FC Bayern München. Dort spielte er 17 Jahre lang.

PELÉ (Geb. 23.10.1940)

Edson Arantes do Nascimento, wie Pelé mit bürgerlichem Namen heißt, war von 1957 bis 1971 brasilianischer Nationalspieler. In 92 Spielen erzielte er 77 Treffer. Damit ist Pelé bis heute der Rekordschütze Brasiliens. Er spielte mit beiden Füßen gleichermaßen stark und galt als großartiger Techniker mit geradezu magischem Ballgefühl.

DIEGO MARADONA (Geb. 30.10.1960)

Der argentinische Nationalspieler ist für viele bis heute der beste Mittelfeldspieler aller Zeiten. Für seine Nationalmannschaft absolvierte er von 1979 bis 1994 91 Länderspiele und schoss dabei 34 Tore. Seine Dribblings und seine Passgenauigkeit brachten die Gegner zur Verzweiflung. Bei der WM 1986 schoss er gegen England das »Tor des Jahrhunderts«.

ZINÉDINE ZIDANE (Geb. 23.6.1972)

Zidane war von 1994 bis 2008 Mitglied der französischen Nationalmannschaft und als offensiver Mittelfeldspieler bei 108 Spielen dabei. Zidane wurde drei Mal zum Weltfußballer des Jahres gewählt. Heute ist er als Trainer erfolgreich.

DAVID BECKHAM (Geb. 2.5.1975)

Der Brite begann seine Karriere als Mittelfeldspieler bei Manchester United und gehörte in 115 Spielen zur britischen Nationalmannschaft. Von sich reden machte er nicht nur durch legendäre Freistöße, sondern auch durch seine kreativen Frisuren und sein Familienleben.

CRISTIANO RONALDO (Geb. 5.2.1985)

Seit 2003 spielt Ronaldo für die portugiesische Nationalmannschaft. Er ist ein begnadeter Spielmacher, ein instinktsicherer Torschütze und äußerst disziplinierter und ehrgeiziger Sportler. Kaum ein anderer Spieler hat so viele Preise gewonnen und Rekorde gebrochen wie er. So war er u. a. fünfmal Weltfußballer des Jahres und wurde in drei verschiedenen Ländern Meister und Fußballer des Jahres.

HEIMISCHE VÖGEL

DAS GOLDHÄHNCHEN

Winter- und Sommergoldhähnchen sind mit nur 9 cm Länge geradezu winzig und die kleinsten Vögel Europas. Beide haben einen gelbgrünen Rücken und einen grauweißen Bauch. Das Sommergoldhähnchen trägt einen goldfarbenen Scheitel und ist häufig in Mischwäldern anzutreffen. Wintergoldhähnchen halten sich fast nur in Nadelwäldern auf.

DIE ELSTER

Die Elster gehört zu den kleinsten der Rabenvögel. An dem langen dünnen Schwanz und der typischen Schwarz-Weiß-Färbung ist sie gut zu erkennen. Elstern leben in lebenslanger Monogamie und gehören wohl zu den intelligentesten Vögeln. Ihnen wird zwar Diebeslust nachgesagt, das aber zu Unrecht. Aus eigenem Antrieb stehlen sie keine schimmernden Objekte, sie können aber gezähmt und abgerichtet werden.

DER FELDSPERLING

Vom Haussperling gut zu unterscheiden durch den dunklen Wangenfleck und einen kastanienbraunen Scheitel. Mit 14 cm Länge bleibt der Feldsperling auch etwas kleiner als sein Verwandter. Der reine Körnerfresser lebt vor allem in ländlichen Gebieten.

DAS ROTKEHLCHEN

Das Rotkehlchen gehört zu den beliebtesten Gartenvögeln, was sicher am perlenden Gesang und der drolligen Gestalt liegt. Seinen Namen verdankt es seinem rotorange gefärbten Brustgefieder. Es singt auch im Winter bei uns und nähert sich Menschen sogar vorsichtig, wenn es in der Nähe einen Wurm in der Erde zu finden gibt.

DIE AMSEL

Die Amsel wird auch Schwarzdrossel genannt. Der männliche Vogel hat einen gelben Schnabel und schwarzes Gefieder. Die weibliche Amsel dagegen hat braunes und leicht geflecktes Gefieder. Einer der Autoren dieses Buchs hat als Kind eine tote Amsel gefunden, auf dem Küchentisch seziert und es seinen Eltern bis heute verschwiegen.

DER HAUSSPERLING

Einer unserer bekanntesten Vögel, besser bekannt als Spatz, der die Nähe des Menschen nicht scheut. Die Männchen haben einen grauschwarzen Latz und einen grauen Scheitel, die Weibchen sind unauffällig graubraun. Beide werden bis zu 15 cm groß.

Gold-
haehnehen

Elster

Feld-
sperling

Rot-
kehlchen

Haussperling

Gartenrot-
schwanz

Amsel

Blaumeise

Buchfink

Gruenfink

Eichelhaeher

Kohlmeise

DER GARTENROTSCHWANZ

Orangeroter Schwanz und Bürzel: Der Gartenrotschwanz ähnelt dem etwas häufigeren Hausrotschwanz. Beide werden etwa so groß wie ein Sperling und brüten gern in Halbhöhlen. Meist überwintern sie im Mittelmeerraum.

DER BUCHFINK

Der Singvogel zeichnet sich durch die braunrote Brust und Kopfseiten aus, jedenfalls das männliche Exemplar. Kopf und Bürzel sind graublau, die Flügel schwarz und weiß. Wo es Samen aller Art gibt, Beeren oder Insekten, pickt der Buchfink sie schnell auf.

DIE BLAUMEISE

Mit rund 11 cm Länge einer unserer kleinsten Gartenvögel – was der Blaumeise den Vorteil verschafft, Bruthöhlen besetzen zu können, in denen andere Vögel keinen Platz finden. Typisches Unterscheidungsmerkmal zur Kohlmeise: Scheitel, Flügel und Schwanz sind blau.

DER GRÜNFINK

Er ist etwa so groß wie der Spatz, trägt aber ein grüngelb schillerndes Federkleid. Sein Gesang erinnert an den des Kanarienvogels, und er brütet in Hecken oder Gebüschen. Das ganze Jahr über kann man Grünfinken in unseren Gärten beobachten.

DER EICHELHÄHER

In der Nähe von Wäldern ist dieser Rabenvogel mit den charakteristisch blauschwarz gefärbten Flügeln und dem schwarzen Bartstreifen am häufigsten anzutreffen. Denn er ernährt sich von Eicheln und kann sogar zehn Stück auf einmal im Kehlsack transportieren. Er ist bekannt dafür, mit seinem lauten Ruf vor Gefahren zu warnen, aber auch andere Vogelstimmen zu imitieren.

DIE KOHLMEISE

Kopf, Kehle und ein Streifen auf der Brust der Kohlmeise sind schwarz – wie Kohle, daher ihr Name. Kohlmeisen sind bei uns weit verbreitet, sie ziehen auch gern in Nistkästen im Garten ein. Ihr Ruf klingt wie »Zizidäh«.

Wenn du beim nächsten Ausflug ins Grüne einem dieser Vögel begegnest, kannst du ihn beim Namen nennen!

FÜNF GROSSE MATHEMATIKER

Mathematik ist der Versuch, die dem Universum zugrunde liegenden Gesetze zu verstehen und auszudrücken. Seit der erste Mensch sich gefragt hat, wie er die Höhe einer Felswand messen könnte, ohne auf das verdammte Ding klettern zu müssen, verbindet man damit eine gewisse Feingeistigkeit. Wer gut in Mathe ist, ist oft auch gut in Schach, Musik und Bridge. Außerdem haben Mathe-Asse Durchhaltevermögen, denn dass Mathe einfach wäre, hat nun wirklich niemand behauptet. Die Perfektion mathematischer Formeln kann viel Freude bereiten – aber das sieht natürlich nicht jeder so. Wäre auch seltsam. Große Teile unserer modernen Welt verdanken ihre Existenz Mathematikern. Von der Berech-

nung von Dreiecken im antiken Griechenland bis zur Bestimmung eines Ausweichkurses für die Internationale Raumstation – die Grundlage von alldem ist Mathematik.

Fangen wir mit **PYTHAGORAS** an, den kennt wirklich jeder. Er wurde im 6. Jahrhundert v. Chr. im alten Griechenland geboren und etwa fünfundsiebzig Jahre alt, was für die damalige Zeit ein geradezu biblisches Alter ist. Zu Lebzeiten war er vor allem wegen seines guten Aussehens und seiner langen Haare bekannt. Er glaubte, schon viele frühere Leben gelebt zu haben, und beschrieb diese erstaunlich detailreich. Um seine Behauptung zu prüfen, er sei ein Phryger namens Euphorbos gewesen, Sohn des Panthoos, wurde er zum Tempel der Hera geführt, wo er den Schild des Euphorbos identifizieren sollte, der dort zwischen vielen anderen hing. Er deutete ohne zu zögern darauf. Angeblich benutzte Pythagoras den Buchstaben Y als persönliches Zeichen – für ihn ein Symbol, das den Scheideweg zwischen dem Pfad der Tugend und dem des Lasters darstellt. Er war ein früher Verfechter der Theorie, Krankheiten seien auf Ungleichgewichte im Körper und nicht auf verärgerte Götter zurückzuführen. Pythagoras war der Meinung, die Gesellschaft könne und müsse nach moralischen Prinzipien handeln und befürwortete den Verzicht auf Fleisch und Alkohol.

EUKLID wurde ungefähr 325 v. Chr. ebenfalls im alten Griechenland geboren. Im Alter zwischen 20 und 30, also um 300 v. Chr., lehrte er im ägyptischen Alexandria. Euklid wurde in eine außergewöhnliche Blütezeit von Demokratie, Theater, Philosophie und Mathematik hineingeboren, aus der unsere moderne Welt hervorgegangen ist.

Jahrhundertelang nannte man Geometrie in England nur »Euklid«, weil sie auf seinem Werk »Elemente« basierte – die Bücher, in denen höchst komplex zuerst ein Punkt, dann eine Gerade und dann ein Dreieck und so weiter definiert werden. Euklids »Elemente« waren seit Cicero in Rom jedem Gelehrten und gebildeten Erwachsenen bis ins 20. Jahrhundert bekannt, bis sie von neuen Büchern verdrängt wurden, denen sie als Grundlage dienten. Man kann sich in der ganzen Menschheitsgeschichte kaum einen einflussreicheren Mathematiker vorstellen als Euklid – oder Eukleides, um ihn bei seinem richtigen Namen zu nennen.

ISAAC NEWTON (1642 – 1726)
»Natur und Naturgesetze sah man nicht in dunkler Nacht; Gott sprach: Es werde Newton! Und alles ward ans Licht gebracht.« Alexander Pope, 1730.

Issac Newton war tonangebend in einer Gruppe bedeutender Männer wie Edmond Halley, Christopher Wren und Robert Hooke. Sie alle waren Mitglieder der Königlichen Gesellschaft, die sich in Cafés traf, um drängende Fragen aus Mathematik, Architektur und Physik zu diskutieren. Halley veröffentlichte Newtons »Principia« auf eigene Kosten, weil er dessen Genialität erkannt hatte. Das Buch bedeutete einen großen Schritt für

Mathematik und Physik. Daraus stammen auch die berühmten »Drei Grundgesetze der Bewegung«, die ursprünglich auf Lateinisch verfasst wurden.

1. Ein Körper, auf den keine Kräfte einwirken, bleibt in Ruhe oder bewegt sich geradlinig mit konstanter Geschwindigkeit. (Zum Beispiel würde ein Stein unendlich lange durchs All fliegen, bis er auf ein anderes Objekt trifft.)
2. Je größer die Masse eines Körpers ist, desto mehr Kraft muss angewendet werden, um ihn zu beschleunigen.
   Kraft = Masse x Beschleunigung (Formel, um zum Beispiel die Kraft zu berechnen, die man braucht, um ein stehendes Auto anzuschieben.)
3. Jede Kraft geht mit einer gleich großen, aber entgegengesetzten Kraft einher. (Um eine Rakete oder ein Ruderboot vorwärts zu bewegen, müssen wir in die entgegengesetzte Richtung Kraft ausüben.)

Alle Menschen sind zu einem gewissen Grad Produkte ihrer Zeit und stehen auf den Schultern derer, die vor ihnen da waren. Trotzdem könnte man Isaac Newton als den größten Denker betrachten, den die Menschheit je hervorgebracht hat. Die Physik beförderte er für die nächsten dreihundert Jahre auf neue Wege. Er verblüffte sogar Halley – dabei war Halley derjenige, der Mathematik und die

Bewegung der Planeten so gut verstand, dass er einen Kometen vorhersagen konnte, der am Ende nach ihm benannt wurde, obwohl er erst nach seinem Tod auftauchte.

Die Geschichte, dass Newton seine Theorie der Schwerkraft entwickelte, als er im Garten einen Apfel vom Baum fallen sah, ist übrigens keine Legende. Sie wurde wohl dem französischen Schriftsteller Voltaire von Newtons Nichte persönlich erzählt, einer gewissen Mrs. Conduitt. Die ganze Sache geschah im Garten von Newtons Familie in Lincolnshire. Dass der Apfel ihm auf den Kopf gefallen sein soll, wurde allerdings später hinzugedichtet.

Newton war ein rastloses Genie mit tausend Interessen – er befasste sich mit dem Spektrum des Lichts und operierte sich selbst am Auge, um zu verstehen, wie es funktioniert. Er war der erste Große im Zeitalter der Wissenschaft und beeinflusste alle seine Nachfolger. Interessanterweise starb er genau in der Übergangszeit vom julianischen zum gregorianischen Kalender, deshalb kann man sagen, er sei 1726 gestorben – oder eben 1727. In diesem Sinne können wir uns auch für metrische und angloamerikanische Maßeinheiten, Schaltjahre sowie Fahrenheit und Celsius bedanken. Das alles zeigt, wie wir die Welt in Ketten gelegt haben.

ALBERT EINSTEIN (1879 – 1955)
»Jedenfalls bin ich überzeugt, dass der [Gott] nicht würfelt.«
Albert Einstein, 1926

Einsteins erstes großes Werk bestand darin zu erkennen, dass Newtons »Principia« unvollständig waren. Einige Aspekte des Universums deckte die Newton'sche Mechanik nicht ab – zum Beispiel die Lichtgeschwindigkeit.

Einstein arbeitete einige Jahre beim Schweizer Patentamt und veröffentlichte 1905 vier Abhandlungen zur Physik, die die Welt verändern und schließlich zu seiner Allgemeinen Relativitätstheorie führen sollten, einem besseren Verständnis des Lichts – und der Formel $E = mc^2$ (Die Energie eines Atoms ist gleich die Masse des Atoms mal Lichtgeschwindigkeit zum Quadrat). Im Jahr 1921 gewann er den Nobelpreis für seine Forschungen zum photoelektrischen Effekt, seinem Frühwerk. Er machte schnell Fortschritte und stellte fest, dass das Licht mit Raum und Zeit in Verbindung stehen könnte, und war auf der Suche nach einer allgemeinen Theorie, die das ganze Universum erklärt. Seine Gleichungen sagten voraus, dass das Universum sich ausdehnt – was später bewiesen wurde. (Interessanterweise zeigt eine Uhr, wenn sie mit einer anderen Uhr synchronisiert wird und dann bei hoher Geschwindigkeit in einem Kampfjet herumfliegt, nach der Landung nicht mehr exakt die gleiche Zeit wie die zweite Uhr. Sie geht minimal nach, weil die Zeit für sie langsamer vergangen ist. Das ist ein einfacher Nachweis dafür, dass Einstein richtiglag, und wirklich erstaunlich.)

Weil er Jude und in Deutschland nicht mehr sicher war, verließ Einstein 1933, als Adolf Hitler zum Reichskanzler ernannt wurde, sein Geburtsland und ging nach Amerika. Seine mathematische Formel war eine der Voraussetzungen für die Entwicklung der Atombombe, mit deren Hilfe der Krieg später beendet wurde. Einstein selbst war lebenslang Pazifist und setzte sich dafür ein, dass solche Waffen nie wieder benutzt werden.

Er war nicht nur der berühmteste Wissenschaftler des 20. Jahrhunderts, mit seiner wilden Frisur und seinem Humor war er das Gesicht der Wissenschaft. Genau wie bei Newton stellen seine Erkenntnisse einen Meilenstein in der Physik und der Mathematik dar.

STEPHEN HAWKING (1942 – 2018)

Hawking ging erst nach Oxford und führte dort die Rudermannschaft an, die ihn für einen ziemlichen Draufgänger hielt – während man am Institut für Physik sein außergewöhnliches Genie erkannte. Als er 1963 die Diagnose Motoneuron-Erkrankung bekam, gab man ihm noch zwei Jahre zu leben. Die Krankheit führte zu Muskelschwäche und einem langsamen Verfall aller körperlichen Kräfte, bis er schließlich fast vollkommen gelähmt war. Sein Verstand blieb davon allerdings unberührt, und mithilfe von Technik konnte er weiter kommunizieren, nachdem er schon längst nicht mehr sprechen konnte.

Nach seiner Zeit in Oxford war Hawking Inhaber des wichtigen Lucasischen Lehrstuhls für Mathematik in Cambridge, genau wie Isaac Newton lange vor ihm. Er gilt als größter theoretischer Physiker seit Einstein und erforschte die Schwerkraft ebenso wie die Strahlung Schwarzer Löcher – oder die Hawking-Strahlung, wie sie seitdem heißt.

In den 1970er-Jahren formulierte Hawking Grundsätze über Schwarze Löcher und erforschte die Quantengravitation und Mechanik. Sein Buch »Eine kurze Geschichte der Zeit« erschien 1988, verkaufte sich zehn Millionen Mal und machte die Physik einem völlig neuen Publikum bekannt. Die Wette, man würde das Higgs-Boson, das sogenannte Gottesteilchen, niemals entdecken, verlor er – und empfahl Peter Higgs für den Nobelpreis, nachdem es diesem gelungen war. Hawking überarbeitete und ergänzte sein Werk sein ganzes Leben lang, sobald neue Entdeckungen gemacht wurden, genau wie schon Einstein vor ihm. Er war Wissenschaftler durch und durch. Obwohl sein Körper ihn komplett im Stich ließ, hielt er durch, arbeitete immer weiter und war zweimal verheiratet. Er starb 2018 und liegt in der Westminster Abbey begraben – zusammen mit Charles Darwin und Isaac Newton.

Genau wie die anderen Forscher in diesem Kapitel profitierte Hawking von der Arbeit seiner Vorgänger – und seine wird alle inspirieren, die noch kommen. Es gibt nicht viele wie diese fünf. Eigentlich ist es schon ein Wunder, dass es sie überhaupt gegeben hat.

DIE BESTEN PAPIERFLIEGER DER WELT
Version zwei

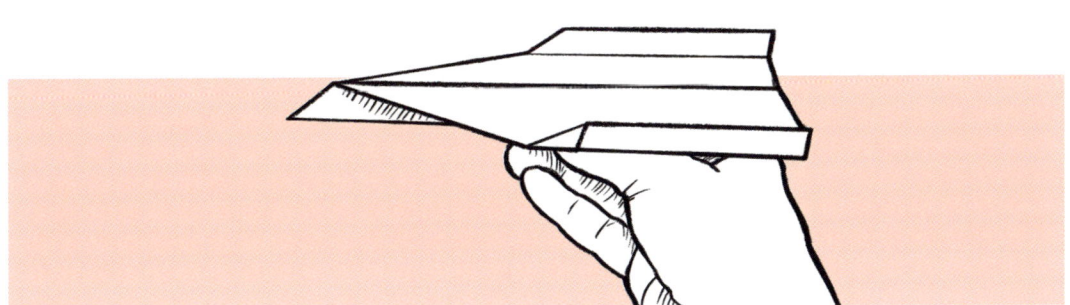

Das Leben kann manchmal merkwürdig sein. Kurz nach der Veröffentlichung des *Dangerous Book for Boys* ging einer der Autoren gerade die Straße entlang, als er einen Vater sah, der mit seinem Sohn einen Papierflieger bastelte. Vielleicht lächelte er kurz wissend, immerhin war der Autor Experte in Sachen Papierflieger. Natürlich kein weltbekannter, aber er hatte immerhin schon ein Buch veröffentlicht, in dem eine Bastelanleitung stand, die wirklich funktionierte. Da war schon ein

bisschen Selbstgefälligkeit im Spiel – bis er den Flieger fliegen sah und erkannte, dass der in seinem Buch nur der zweitbeste Papierflieger der Welt war.

Also sprach ich den Vater an und erklärte ihm, warum ich den Papierflieger unbedingt haben musste. Es gab ein kleines Handgemenge – die Einzelheiten sind hier nicht so wichtig. Herausgekommen ist die Anleitung in diesem Kapitel. Sie ist wirklich erstaunlich und beginnt genau wie die erste Version. Probiere sie aus!

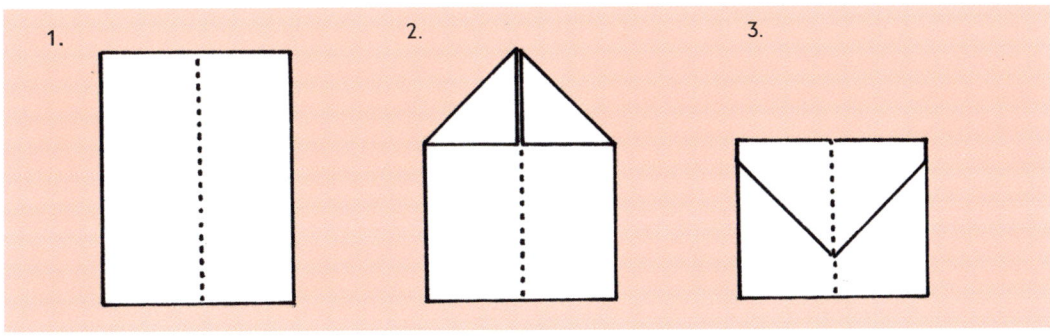

1. Falte ein A4-Blatt der Länge nach.

2. Falte zwei Ecken zur Falz.

3. Falte die Spitze nach unten. Etwa zwei Zentimeter bleiben bis zum unteren Rand.

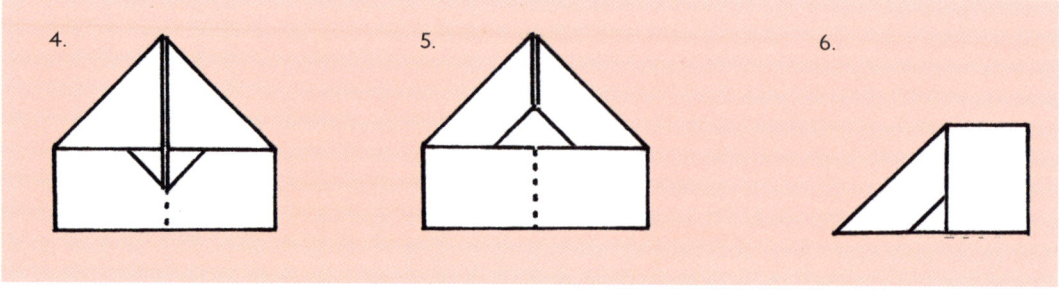

4. Falte wieder zwei Ecken nach unten, sodass ein Dreieck darunter hervorschaut.

5. Falte dieses Dreieck nach oben, um die Falz zu stabilisieren.

6. Falte den Flieger wieder in der Mitte zusammen, sodass das Dreieck außen ist. So weit kein Unterschied zum letzten Mal.

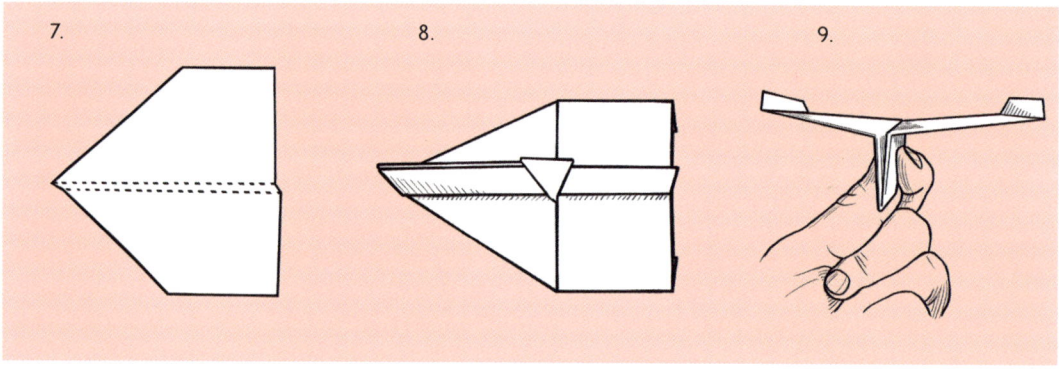

7. Falte einen Flügel parallel zum Rumpf auf, etwa so hoch wie das Dreieck. Wir haben festgestellt, dass ein etwas dickerer Rumpf besser ist.

8. Falte den zweiten Flügel. Leg den Flieger auf den Kopf, die Flügel liegen waagerecht.

9. Falte an den Seiten der Flügel jeweils einen schmalen Streifen parallel nach oben wie auf der Zeichnung.

Wirf ihn nach vorn und schau ihm beim Fliegen zu. Für drinnen fliegt er viel zu gut. Bastele also gleich ein halbes Dutzend – und ab nach draußen damit!

WIE MAN EINEN LIEBESBRIEF SCHREIBT

Stell dir vor, du bist verliebt, aber das Mädchen, das du toll findest, hat nicht die leiseste Ahnung von deinen Gefühlen. Was machst du? Es gehört einiges dazu, der Angebeteten direkt zu sagen, wie sehr du sie magst. Vielleicht bringst du den Mut noch nicht auf. Schreiben ist eine elegante Lösung. Aber bloß keine SMS, das kommt gar nicht gut an! Ein Liebesbrief ist viel romantischer, und vor allem zeigt er, dass du dir Gedanken gemacht und viel Mühe gegeben hast. Ideal ist es natürlich, wenn du weißt, ob das Mädchen dich auch schon ein bisschen mag.

Der Liebesbrief, mit dem du dich offenbarst, ist eine Option; nennen wir sie Variante 1.

Variante 2 ist für einen anderen Fall gedacht: Vielleicht hast du schon eine Freundin? Sie wird sich garantiert sehr über deinen Brief freuen. Vielleicht schreibst du ihn zum Kennenlern-Jubiläum? Der Valentinstag ist auch ein guter Anlass, oder ihr Geburtstag. Oder du schreibst ihr einfach so, weil ihr nach wie vor so verliebt seid wie ganz am Anfang.

Keine Angst, ein Liebesbrief ist weder peinlich, noch ist er schwierig zu verfassen. Wenn du ein paar einfache Tipps beachtest, wird er dir leicht von der Hand gehen und garantiert Eindruck machen.

VARIANTE I:

1. Vorbereitung ist alles! Einen Liebesbrief schreibst du natürlich nicht unter Zeitdruck, auch nicht mal eben so nebenbei. Zieh dich an einen Ort zurück, an dem du dich wohlfühlst und wo du nicht gestört wirst. Schaff dir eine angenehme Atmosphäre – wenn du entspannt bist, kommen dir die besten Ideen. Auch deine Lieblingsmusik kann helfen.

   Mach dir eine Liste mit all den Dingen, die du an dem Mädchen, dem du schreiben willst, gut findest. Notier dir – einfach nur für dich –, wann sie dir zum ersten Mal aufgefallen ist, ruf dir die Situation so genau wie möglich in Erinnerung. Je lebendiger deine Gefühle, desto echter und glaubwürdiger werden auch deine Sätze auf dem Papier.

2. Mach dir klar, dass dein Brief für das Mädchen eine Überraschung sein wird (es sei denn natürlich, sie kann hellsehen). Ein Umstand, den du direkt ansprechen kannst: »Liebe X, du wunderst dich wahrscheinlich, dass ich dir schreibe …«, oder auch: »Vielleicht fragst du dich, warum du einen Brief von mir bekommst …«

3. Ehrlichkeit ist sympathisch! Die meisten Mädchen mögen es, wenn du zugibst, dass du etwas aufgeregt oder sogar schüchtern bist: »Ich habe eine Weile gebraucht, aber jetzt traue ich mich endlich, aufzuschreiben, was ich dir sagen möchte …«

   »Es ist das erste Mal, dass ich einen solchen Brief schreibe, und ich habe lange überlegt, wie ich am besten anfange.«

4. Ganz wichtig: Was gefällt dir an dem Mädchen, dem du schreiben willst, besonders gut? Hier kommt deine Liste zum Einsatz. Du musst natürlich nicht alles aufzählen, das könnte leicht übertrieben wirken. Was ist dir zuerst an ihr aufgefallen? Ihre Augen, die Haare? Oder ihr lustiges Lachen? Eine Situation, in der sie etwas von ihrer Persönlichkeit gezeigt hat?

   »Mir geht dauernd im Kopf herum, wie du mir auf dem Schulhof zugelächelt hast …«

   »Ich wollte dir schon lange sagen, dass ich dich sehr nett finde.«

   »Mir ist aufgefallen, was für schöne Augen du hast …«

   »Ich muss immer wieder daran denken, wie du XY vor allen in Schutz genommen hast / wie selbstbewusst du auf die blöden Sprüche von Z reagiert hast / wie witzig deine Performance in der Theater AG war …«

5. Wenn du einfach nur mitteilen möchtest, wie toll du das Mädchen findest, ist dein Brief hier schon fast zu Ende. Aber mal ehrlich: Am liebsten möchtest du dich doch verabreden, oder? Genau das kannst du schreiben. Am besten machst du gleich einen konkreten Vorschlag. Wenn du schon herausgefunden hast, ob ihr gemeinsame Interessen oder Hobbys habt, ist das ein idealer Anknüpfungspunkt – egal, ob es sich um Meerschweinchen, Gruselfilme oder Comics handelt.

   »Ich würde mich gern mal in Ruhe mit dir über … unterhalten … Hast du vielleicht Lust auf einen gemeinsamen Spaziergang?«

Du bist nicht sicher, ob ihr für das erste Date genug Gesprächsstoff habt? Kino ist eine gute Lösung. Während des Films muss man nicht reden, und hinterher habt ihr ein gemeinsames

Thema. Wenn ihr beide gerne auf Jahrmärkte oder Flohmärkte geht, könnt ihr euch natürlich auch dazu verabreden. Oder mag sie vielleicht Computerspiele, so wie du?

Und wenn sie ablehnt oder wenn alles schiefgeht und sie dich sogar auslacht? Das kann allerdings passieren. Aber auf jeden Fall hast du dir dann selbst bewiesen, dass du einen Liebesbrief schreiben kannst. Nicht aufgeben, irgendwann klappt es bestimmt!

VARIANTE 2:

In gewisser Weise ist Variante 2 einfacher zu schreiben als der allererste Liebesbrief. Ihr kennt einander schon, du weißt, was deiner Freundin gefällt und was nicht, vor allem aber habt ihr gemeinsame Erlebnisse und schöne Erinnerungen. Natürlich brauchst du nicht unbedingt einen Anlass, um ihr zu schreiben – aber mit dem Anknüpfen an einen glücklichen Moment hättest du gleich einen guten Einstieg.

1. Lass Erinnerungen wach werden!
   »Liebe X, weißt du noch? Heute vor … Tagen / Wochen / Monaten haben wir uns kennengelernt / habe ich dir zum ersten Mal geschrieben / haben wir unseren geheimen Treffpunkt entdeckt …«
2. Sei kreativ!
   Du kannst deinen Brief mit lauter Anspielungen auf gemeinsame Erlebnisse schmücken und eine richtige Collage daraus machen: Tickets vom letzten Kinobesuch, Bonbonpapier (von Bonbons ihrer Lieblingssorte), eine witzige Zeichnung – was auch immer dir einfällt.

3. Schreib deiner Freundin, was dir auf Anhieb an ihr gefallen hat und was du immer noch richtig toll an ihr findest. Das passt auch ohne besonderen Anlass und kommt immer gut an.
4. Wage einen Ausblick auf die Zukunft: »Ich wünsche mir, dass wir uns auch weiterhin so gut verstehen / so viel miteinander lachen / uns immer aufeinander verlassen können / eine Menge Spaß zusammen haben …«

Und wenn du dich traust, beendest du deinen Brief mit den berühmten drei Worten, die einfach zu einer Liebeserklärung gehören. Na?

UND HIER NOCH EIN PAAR GRUNDSÄTZLICHE TIPPS:

Deine wohlformulierten Gedanken und Gefühle verdienen einen schönen Rahmen. Also reißt du nicht einfach eine Seite aus deinem Collegeblock, sondern besorgst dir richtiges Briefpapier. Es gibt Briefbögen und Umschläge in verschiedensten Farben. Du kannst natürlich auch schlichtes weißes Papier nehmen.

Wähle einen Stift aus, der dir gut in der Hand liegt und der flüssig schreibt. Nichts nervt mehr als ein Kuli, der plötzlich nicht mehr will, oder ein klecksender Füller.

Unleserliche Handschrift? Du musst nicht Schönschrift üben, aber ein bisschen Mühe solltest du dir schon geben. Übrigens: Es schadet auch nichts, den Brief erst einmal vorzuschreiben. Dann kannst du noch letzte Änderungen vornehmen, bevor du alles ins Reine schreibst.

Viel Glück!

DIE ZWÖLF CAESAREN

Gaius Suetonius Tranquillus, besser bekannt als Sueton, war ein römischer Gelehrter, Jurist, Adliger und Historiker. Er wurde etwa 70 n. Chr. geboren und arbeitete als Leiter der Kanzlei Kaiser Hadrians, wo er Briefe und Akten verwaltete. Deshalb hatte Sueton außergewöhnlich guten Zugriff auf die Archive der Epoche. Sein bekanntestes Werk »De vita caesarum« (»Die Kaiserbiografien«, auch »Die zwölf Caesaren«) erzählt die Geschichte der Männer, die auf Julius Caesar folgten. Es konnten zwar viele Römer lesen und schreiben, trotzdem gibt es kaum andere Überlieferungen, und wir wissen über jene frühen Kaiser nicht viel mehr als das, was Sueton in verstaubten Archiven zusammengetragen hat.

Aus Platzgründen folgen hier nur kurze Abrisse. Im Original erwecken persönliche Details die Caesaren in all ihrer Großartigkeit – und Grausamkeit – zum Leben. Manche Einzelheiten des Werks, die wir hier ausgelassen haben, sind außerdem nichts für junge Leser. Wir hoffen trotzdem, dass die kurzen Vorstellungen hier einen Eindruck der Republik vermitteln, die zum Großreich wurde. Am Ende kennst du wenigstens die ersten zwölf Caesaren in der richtigen Reihenfolge.

①

GAIUS JULIUS CAESAR
(ca. 100 – 44 v. Chr.)

Herrscher der Republik. Der Beste von allen. Julius Caesar verlor seinen Vater im Alter von fünfzehn Jahren. Er heiratete Cornelia, die Tochter eines Konsuls, die kurz darauf ein Kind namens Julia zur Welt brachte. Daraufhin überwarf sich der junge Caesar mit dem politischen Rivalen des Konsuls, musste Rom verlassen und zum Militär gehen.

Den ersten Kampf erlebte Caesar im Osten, wo er sich beim Sturm auf eine Festung das Recht verdiente, den »Eichenkranz« zu tragen, für besondere Tapferkeit. Er kehrte nach Rom zurück und ließ sich zum Juristen und in Rhetorik ausbilden. Er verlor einen wichtigen Fall und flüchtete nach Rhodos, während sich die Wogen wieder glätteten. Dort wurde er von Piraten gefangen genommen und festgehalten, bis seine Freunde eine hohe Summe als Lösegeld beschafften. Er sagte seinen Geiselnehmern, er werde sie finden und kreuzigen lassen, doch sie lachten den jungen Mann nur aus. Aber als er endlich befreit wurde, organisierte er eine Flotte und löste sein Versprechen ein.

Bei seiner Rückkehr nach Rom wurde Caesar zum Tribun ernannt, eine mächtige Position. Weil er ein begnadeter Redner war, wurde er beim einfachen Volk Roms, der Plebs, immer bekannter. Er wurde nach Spanien versetzt, wo ihn eine Statue Alexanders des Großen zum Weinen brachte, weil der im gleichen Alter schon die Welt erobert hatte. Als er wieder nach Rom zurückkehrte, mischte sich Caesar mitten ins politische Geschehen und arbeitete an seinem Aufstieg. Er lieh sich ein Vermögen und veranstaltete einen ausschweifenden Gladiatorenkampf. Dank der Plebs kam an ihm langsam niemand mehr vorbei. Er erhielt den Posten des Pontifex Maximus, des Oberpriesters von Rom – ein Titel, den der Papst noch heute trägt.

Seine erste Frau starb früh, und Caesar wurde zum ersten Mal Konsul – einer von drei Herrschern Roms. Er heiratete Calpurnia, Tochter eines anderen Konsuls, und verheiratete seine eigene Tochter mit Gnaeus Pompeius Magnus, einem Senator. Caesar suchte sich Gallien als besondere Herausforderung aus, das Land war zum damaligen Zeitpunkt noch nicht erobert. Er war neun Jahre lang Statthalter in Gallien, was ihm Macht, Einfluss und so viel Vermögen einbrachte, dass der Wert des Goldes in Rom um ein Drittel zurückging. Er überquerte den Rhein und marschierte kurz in Britannien ein. Dann wurde er wegen zahlreicher Probleme zurück nach Rom gerufen und kandidierte erneut als Konsul. Er verteilte Gold in alle Richtungen und eroberte mit seiner bemerkenswerten Großzügigkeit das Herz mächtiger Frauen und Männer. Wenn

man sich ihm widersetzen oder ihn aufhalten wollte, brachte er Legionen aus Gallien mit nach Rom, die ihm treu zu Diensten waren. Gemeinsam mit ihnen überquerte er den Fluss Rubikon, um Rom zu drohen – was nach Römischem Gesetz verboten war. Daraus folgte ein Bürgerkrieg gegen Gnaeus Pompeius, der in einer Schlacht zwischen römischen Streitkräften im griechischen Pharsalos gipfelte. Pompeius flüchtete nach Ägypten, und Caesar verfolgte ihn. Als er nach Alexandria kam, überreichte man ihm Pompeius' Kopf und Ring. Statt sich einen römischen Bürgerkrieg im eigenen Land einzuhandeln, hatten die Ägypter ihn lieber gleich hingerichtet. Caesar weinte, weil ein großer Mann so gedemütigt worden war.

In Ägypten traf er auf Kleopatra und verhalf ihr gegen den Willen ihres jüngeren Bruders und des Hofes zurück auf den Thron. Auf dem Rückweg nach Rom schlug er eine Armee so schnell, dass er sagte: »Ich kam, sah und siegte« – Veni, vidi, vici.

In Rom bekam er noch mehr Macht und Titel verliehen. Man ernannte ihn zum »Diktator auf Lebenszeit«, und er erhielt das Recht, als Gott verehrt zu werden. Er nahm große Bauvorhaben in Angriff, gestaltete die Stadt und das Herrschaftsgebiet Roms völlig um. Kaiser war er zwar offiziell nie, aber seine Macht kannte trotzdem keine Grenzen.

Am 15. März im Jahr 44 v. Chr., dem Tag, der im römischen Kalender »Iden des März« hieß, wurde er von einer Gruppe Senatoren ermordet. Angeführt wurden sie von Marcus Brutus – einem jüngeren Freund. Laut Sueton sagte Caesar zu ihm: »Auch du, mein Sohn?«, als er Brutus unter den Attentätern erkannte. Das gab Shakespeare später als »Et tu, Brute?« (»Brutus, auch du?«) wieder.

In den Jahrhunderten nach seinen Lebzeiten bekam der Name Caesar die Bedeutung »König«. Die Russen hatten bis Anfang des 20. Jahrhunderts »Zaren«, und die Deutschen hatten einen »Kaiser« – beides gar nicht so weit entfernt von dem ursprünglichen Wort Caesar. Julius Caesar wurde in eine Republik geboren, doch er erfand die Welt um sich herum komplett neu.

2

AUGUSTUS
(63 v. Chr. – 14 n. Chr.)

Er herrschte einundvierzig Jahre über Rom. Offizieller Titel: Princep, der »Erste Roms«. Als Caesar ermordet wurde, hatte er noch Unmengen an Plänen. Plötzlich war er fort – und sein Großneffe Octavian tat sich mit dem Konsul Marcus Antonius zusammen, um die Mörder zu stellen und zu töten. Keiner der Mörder Julius Caesars starb eines natürlichen Todes. Brutus warf sich am Ende lieber selbst in sein Schwert, als sich gefangen nehmen zu lassen.

Mit ungefähr achtzehn Jahren war Octavian Julius Caesars offizieller Erbe, denn der hatte ihn adoptiert. Octavian hatte seinen leiblichen Vater schon mit vier Jahren verloren, und in gewisser Weise war Caesar wie ein zweiter Vater für ihn gewesen. Als er den letzten Verschwörer besiegt hatte, ließ Octavian die Köpfe der Toten nach Rom bringen und vor die Füße von Caesars Statue werfen.

Octavian akzeptierte weder Marcus Antonius noch irgendjemanden sonst neben sich als Herrscher Roms. Am Ende fuhr er mit einer Flotte nach Alexandria, wo Antonius sich zusammen mit Kleopatra aufhielt. Octavian befahl Antonius, sich das Leben zu nehmen. Kleopatra ließ sich lieber von einer Giftnatter beißen, als sich gefangen nehmen zu lassen. Octavian ermordete auch Caesars Sohn, der damals ungefähr siebzehn Jahre alt war. Damit legte er eine Skrupellosigkeit an den Tag, die auch die Herrscher nach ihm kennzeichnen sollte. Man könnte sagen, »Die zwölf Caesaren« ist eine Geschichte voller Gold und Blut – nur dass man am Ende vom Gold kaum noch etwas sieht.

Der Beiname Augustus bedeutet »der Erhabene«. Als Augustus Caesar oder Kaiser Augustus herrschte Octavian jahrzehntelang über Rom. Nach dem Bürgerkrieg verhalf er Rom zur dringend benötigten Einheit und sorgte – vielleicht sogar noch mehr als sein Großonkel Julius Caesar – dafür, dass das Reich so lange existieren konnte. Augustus reformierte die Armee, benannte einen Monat nach sich selbst, baute römische Städte wieder auf und erließ die Gesetze und Regeln, die Rom den »Römischen Frieden« bescherten – eine goldene Ära. Er benutzte den Titel »Imperator«, sah sich als militärischen Führer. Formal war er zwar nie Kaiser, aber er gilt trotzdem als der erste.

Augustus war bis ins hohe Alter glücklich mit seiner Frau Livia verheiratet. Er war bereits ihr zweiter Mann, und als Augustus sein Ende nahen sah, adoptierte er eines ihrer

Kinder aus erster Ehe, um es zu seinem Erben zu machen. Gemeinsam sandten sie eine Mitteilung an die Legionen und Nationen des Reichs, dass man Tiberius als Kaiser anzuerkennen habe. Auf dem Sterbebett wollte Augustus Folgendes als letzte Worte hinterlassen: »Ich fand ein Rom aus Lehm vor und hinterließ eines aus Marmor.« Aber dann flüsterte er seiner Frau zu: »Habe ich meine Rolle gespielt?« Sie sagte Ja, dann starb er.

---3---

TIBERIUS CAESAR
(42 v. Chr. – 37 n. Chr.)

Kaiser von 14 bis 37 n. Chr. Tiberius war ein Mann, der von der Macht verdorben wurde. Als sein Vater starb, war Tiberius erst neun. Seine Mutter heiratete Augustus und verschaffte ihren beiden Söhnen dadurch unbegrenzten Reichtum und Macht.

Tiberius war selbst verheiratet und hatte einen Sohn, doch dann musste er sich scheiden lassen und Augustus' Tochter Julia heiraten – politisch gesehen eine bessere Partie. Aber er hasste seine neue Ehefrau. Obwohl man ihn für fünf Jahre zum Konsul und zum Tribun ernannt hatte, gab Tiberius alle Ämter zurück, verließ seine Frau und segel-

te nach Rhodos, wo er ein einfaches Leben führte – die Art »einfaches Leben«, für das man viele Bedienstete, Unmengen Geld und die Macht über Leben und Tod der Einheimischen braucht. Zum Beispiel äußerte Tiberius einmal den Gedanken, er wolle die Kranken von Rhodos besuchen, um ihnen Trost zu spenden. Daraufhin zerrten seine Bediensteten die Kranken und Sterbenden aus den Häusern und reihten sie auf der Straße auf, damit ihr Herr sie begutachten konnte.

Nach sieben Jahren kehrte Tiberius nach Rom zurück. Augustus' leibliche Erben hießen Gaius und Lucius. Als sie beide starben, wurde Tiberius offiziell als Sohn und Erbe adoptiert. Etwa zur gleichen Zeit starb auch sein Bruder. Daraufhin musste Tiberius die Kinder seines Bruders adoptieren, darunter auch einen gewissen Germanicus und einen Claudius. Tiberius erhielt die Befehlsgewalt über das Heer, um Germanien zu befrieden. Drei Legionen fielen, aber Tiberius ging trotzdem mit neuem Ansehen und allseits respektiert aus dem Kampf hervor.

Als Augustus schließlich starb, war Tiberius schon sechsundfünfzig Jahre alt. Er begann seinen Aufstieg recht bescheiden, zumindest nach außen hin. Er legte ein Veto gegen den Beschluss ein, den September in Tiberius umzubenennen. Außerdem gab er dem Senat etwas von seiner Macht zurück, sah das aber als großzügiges Geschenk seinerseits. Dann verließ er Rom wieder einmal überstürzt und veranstaltete jahrelang immer wildere und geschmacklosere Partys auf der Insel Capri, während das Reich langsam auseinanderfiel. Auf seine alten Tage wurde er ein richtig unmoralisches Ungeheuer – und das ganz ohne schlechtes Gewissen. So hatte er es beispielsweise nicht nötig, zur Beerdigung seiner Mutter zu gehen, und ließ sie nicht begraben. Zwei seiner Enkel ließ er lieber hinrichten, als sie anzuerkennen. Jeden Tag fanden Exekutionen statt, und jedes noch so kleine Verbrechen zog die Todesstrafe nach sich. Nach fast dreiundzwanzigjähriger Herrschaft starb er im Alter von siebenundsiebzig. Er war unbeliebt, und niemand trauerte um ihn. Aber er blieb nicht nur als eine Schande in Erinnerung, er brachte auch seinen Nachfolger hervor – den berühmtesten Tyrannen von allen.

4

CALIGULA
(12 – 41 n. Chr.)

Er war nur vier Jahre lang Kaiser. Sein Name sollte zum Synonym für Wahnsinn werden, doch der kleine Junge, dessen Spitzname »Caligula« (Stiefelchen) war, weil er immer eine Kinderuniform trug, war letztlich das Ergebnis von Tiberius' Grausamkeit. Gaius Caligula musste mit ansehen, wie sein Vater Germanicus vergiftet und seine beiden Brüder hingerichtet wurden und wie seine Mutter Agrippina sich lieber zu Tode hungerte, als Tiberius zu dienen. Gaius war einer der wenigen Verwandten, die Tiberius' Schre-

ckensherrschaft überlebten. Welche Chance hatte er da überhaupt, ein normales Leben zu führen? Oder ein gerechter und vernünftiger Herrscher zu sein? Caligula wurde nicht als Monster geboren, er wurde dazu gemacht.

Nach seiner furchtbaren Kindheit wurde Caligula im Alter von neunzehn Jahren auf die Insel Capri beordert, wo er täglich Folterungen und Hinrichtungen zu sehen bekam. So wurde er mindestens so brutal und grausam wie Tiberius. Angeblich überlegte er, Tiberius wegen seiner Verbrechen zu töten. Beim Tod des alten Kaisers war Caligula auf jeden Fall anwesend – vielleicht ließ er ihn auch vergiften oder ersticken. Wenn das wahr ist, muss man sagen, dass Tiberius dieses Ende verdient hat.

Ab diesem Zeitpunkt war Caligulas Herrschaft von erschreckender Verschwendung, Spielen, Wagenrennen und Zirkus für das Volk geprägt – und von Strafen und Hinrichtungen für jeden, der ihn verärgerte. Er konnte extrem großzügig oder geradezu kindisch gnadenlos sein, je nachdem, wie ihm gerade zumute war, und so terrorisierte er ganz Rom. Seine Opfer waren sowohl Frauen als auch Männer, er ließ Bräute an ihrem Hochzeitstag zu sich nach Hause verschleppen und auf Menschenmengen einprügeln, bis es zu Aufständen kam. Er konnte keiner Frau den Hals küssen, ohne zu flüstern: »Und diesen schönen Hals wird man durchschneiden, wann immer ich es will.« Kurz gesagt liebte er es, Angst und Schrecken zu verbreiten – manche Geschichten sind so fürchterlich, dass wir sie hier nicht erzählen können. Die Wahrheit ist immer noch seltsamer und grausamer als die Dichtung – wegen Tyrannen wie Caligula.

Nach nur knapp vier Jahren Herrschaft wurde er von Mitgliedern seiner eigenen

Leibgarde ermordet – mit gerade einmal neunundzwanzig. Zur gleichen Zeit wurden auch seine Frau und seine Tochter getötet, obwohl Letztere völlig unschuldig war. Die Angst vor Caligula war so groß, dass man noch Wochen danach befürchtete, alles sei nur ein Trick gewesen, um Verräter zu entlarven, und er würde bald wieder auftauchen und sie lachend das Fürchten lehren.

—————————— 5 ——————————

CLAUDIUS
(10 v. Chr. – 54 n. Chr.)

Er war 13 Jahre lang Kaiser, von 41 bis 54 n. Chr. Tiberius' Bruder Drusus hatte einen Sohn namens Claudius, der überlebte – er war der Bruder von Germanicus und damit Caligulas Onkel. Auch Claudius hatte als Kind zu leiden. Er war kurzsichtig und sabberte. Außerdem humpelte und stotterte er und hörte schlecht. Insgesamt also ein eher harmloser Mann, den man schnell übersah – was ihm während Caligulas wahnsinniger Herrschaft wahrscheinlich das Leben rettete. Während Caligulas Ermordung versteckte Claudius sich hinter einem Vorhang, aber ein Soldat erspähte seine Füße. Wieder einmal rettete ihn seine Unscheinbarkeit, und er wurde an Ort und Stelle im Alter von fünfzig

Jahren zum Kaiser ernannt. Er stellte sich als der Mann heraus, den Rom nach Jahren des Chaos dringend brauchte.

Claudius überlebte mehrere Mordanschläge – bei einem versteckte der Attentäter sich in seinem Schlafzimmer. Er erwies sich als ziemlich zäh, auch wenn er manchmal wieder in alte Muster verfiel und sich herumschubsen ließ, wie er es zu Caligulas Zeiten hatte erdulden müssen. Im Vergleich zu Caligula war Claudius kein Tyrann, sondern ein cleverer, geduldiger Mann.

Am bekanntesten ist er als der Kaiser, der Britannien eroberte. (Das hatte Julius Caesar als Erster versucht, und zwar 55 und 54 v. Chr.) Gallien war längst eingenommen worden und diente als Stützpunkt für einen Großangriff auf die Kreidefelsen der englischen Küste. Im Jahr 43 schloss sich Claudius seinen Legionen an, als sie britische Stämme im Süden unterwarfen und Festungen und Straßen errichteten. Damit begann die römische Besetzung Britanniens, die bis 410 andauerte – 367 Jahre.

Zu Hause veranstaltete Claudius Pantherjagden und Gladiatorenspiele, bei denen auch britische Kämpfe und Seeschlachten mit zwei Dutzend Trieren auf einem See nachgestellt wurden. Er war viermal verheiratet und hatte einen Sohn, den er Britannicus nannte. Seine letzte Frau war seine Nichte Agrippina die Jüngere. Sie war eine Nachfahrin von Kaiser Augustus und politisch gesehen eine gute Partie. Ihr Sohn aus einer früheren Ehe war demzufolge Claudius' Großneffe – Nero. Claudius adoptierte ihn, wie es damals üblich war.

Claudius gab sich alle Mühe, sich beliebt zu machen, indem er sich mit Günstlingen umgab und sie mit großzügigen Geschenken verwöhnte. Aber auch er konnte boshaft und aufbrausend sein, und wer sein Missfallen erregte, konnte verhaftet und hingerichtet werden, bevor er überhaupt wusste, was los war. Einmal ließ Claudius fünfunddreißig Senatoren und dreihundert ihrer Anhänger ermorden, weil sie ihn verärgert hatten. Das römische Recht sah schon immer strenge Strafen vor, aber in dieser Willkür und grausamen Launenhaftigkeit zeigt sich der Einfluss Caligulas – und der von Tiberius vor ihm, der immer noch unheilvoll über allem schwebte.

Im Alter von dreiundsechzig Jahren wurde Claudius möglicherweise von seiner Frau vergiftet, aber das weiß man nicht genau. Im ersten Jahrhundert kam der Tod schnell und unerwartet, und es lag nicht immer Absicht darin. Nach seinem Tod wurde sein Adoptivsohn Nero Kaiser.

6
NERO
(37 – 68 n. Chr.)

Er war vierzehn Jahre lang Kaiser, von 54 bis 68 n. Chr. Neros Großeltern waren Germanicus und Agrippina – die beiden, die Tiberius adoptiert und so grausam behandelt hatte. Nero war der letzte Nachkomme von Augustus – und somit von Julius Caesar – auf dem Thron Roms. Seine Mutter, Agrippina die Jüngere, war eine von Caligulas tragischen Schwestern und hatte die brutale Herrschaft von Tiberius und Caligula überlebt. Es würde an ein Wunder grenzen, wenn sie nach allem, was sie mit angesehen und hatte erleiden müssen, keinen Schaden genommen hätte.

Nero war sechzehn, als Claudius starb. Er wurde von der Leibgarde zu Claudius' Nachfolger ernannt und hielt dessen Grabrede. Genau wie Tiberius war Nero zu Anfang bescheiden und ehrenhaft, trainierte auf dem Campus Martius vor den Toren der Stadt und veranstaltete Wagenrennen. Genau wie seine Vorgänger konnte er außerordentlich großzügig sein und bedachte die Menschen um sich herum mit luxuriösen Geschenken, Titeln, Perlen und lebendigen Vögeln, Sklaven und Anwesen.

Nero war kein Eroberer, und unter seiner Herrschaft gab es kein Wachstum des Reichs. Aber er liebte Musik – er sang und spielte die Leier, ein Instrument aus dieser Zeit, das einer kleinen Harfe ähnelte. Er trat zudem gern öffentlich als Schauspieler und Sänger auf, wobei ihm viele Menschen Applaus spendeten, die dafür bezahlt wurden.

Doch auch bei Nero kamen irgendwann Gier und Grausamkeit zum Vorschein, und niemand konnte seinen Ausschweifungen Einhalt gebieten. Nero fand einfach Gefallen an Gewalt und stach gern auf Menschen ein, die auf der Straße an ihm vorbeigingen – einfach so zum Spaß. Er raubte römische Geschäfte aus und verkaufte sein Diebesgut. Das alles war nur der Anfang, seine wilde Jugend – am Ende wurde es immer schlimmer. Er vergiftete seinen einzigen möglichen Rivalen Britannicus, indem er ihm die tödliche Dosis selbst verabreichte.

Wieder einmal stand das arme Rom unter der Schreckensherrschaft eines Wahnsinnigen, genau wie bei Caligula. Nero verschwendete so viel Gold, dass die reichste Stadt der Welt in den Ruin zu treiben drohte. Er reiste nur in Begleitung Tausender Kutschen, gezogen von Maultieren, die mit Silber beschlagene Hufe hatten. Er gab enorme Bauprojekte in Auftrag, die er von Sklaven und Gefangenen ausführen ließ.

Am Ende war er pleite und bestahl römische Familien mit einer neuen Erbschaftssteuer in Höhe von fünf Sechsteln des Vermögens. Er überwarf sich mit seiner Mutter und ließ sie erstechen. Deshalb wurde er Zeit seines Lebens von Schuldgefühlen geplagt und sah ihr blutiges Gesicht auf Schritt und Tritt vor sich. Trotzdem ermordete er auch noch seine Tante und Hunderte andere. Er war also erschreckend gewalttätig. Eigentlich merkwürdig, dass Caligula berühmter ist.

Am bekanntesten ist Nero dafür, dass er seinen Dienern befahl, Rom in Brand zu stecken. Sie liefen mit brennenden Fackeln durch die Straßen der Stadt, und niemand wagte es, sich ihnen in den Weg zu stellen. Rom brannte eine Woche lang, und Nero war ganz entzückt davon. Er »fiedelte« zwar nicht vor sich hin, während Rom brannte, weil Geigen noch gar nicht erfunden waren, aber er sang und begleitete sich vielleicht auf der Leier.

Am Ende erhob sich das römische Volk gegen ihn. Ein paar Soldaten wollten ihn lebend gefangen nehmen, aber er erstach sich selbst, bevor es ihnen gelang. Er war einunddreißig Jahre alt. Mit ihm endete die Erbfolge Julius Caesars, aber die war durch Tiberius ohnehin vergiftet. Zum Glück hat sich der Name, den Nero für den April bestimmt hat, nie durchgesetzt: Neroneus.

7

GALBA
(3 v. Chr. – 69 n. Chr.)

Der erste im »Vierkaiserjahr«. Er regierte von 68 bis Januar 69. Zu diesem Zeitpunkt war der Titel »Caesar« bereits wichtiger Bestandteil der Herrschaft über Rom. Obwohl Servius Galba bei Neros Tod nur Statthalter und ranghoher Offizier war, nahm er als Absichtserklärung den Namen »Augustus Caesar« an. Galba stammte von Konsuln ab – darunter einer der Mörder Julius Caesars.

Galba war streng, sehr sportlich und hatte eine Hakennase. Er war ein enger Freund von Kaiser Claudius. Während Neros übelster Eskapaden hatte Galba wichtige Positionen in Spanien und Afrika inne und war schon so gut wie im Ruhestand.

Erst als er erfuhr, dass Nero ihn töten lassen wollte, ergriff Galba Maßnahmen gegen den Kaiser. Heimlich organisierte er einen Militäraufstand. Dieser fiel mit der nachlassenden Unterstützung Neros in Rom zusammen, also konnte Galba einen glatten Durchmarsch hinlegen. Er hatte einfach riesiges Glück mit seinem Timing, aber er war vor allem für gnadenlose militärische Disziplin bekannt, und sein plötzliches Auftauchen stieß beim römischen Volk nicht nur auf Gegenliebe.

Es verwundert kaum, dass Galba in Friedenszeiten kein guter Herrscher war – das liegt einem General meistens weniger. Die Überraschung ist eher, dass er seine Versprechen gegenüber den Soldaten nicht eingehalten hat, die ihm zur Macht verhalfen. Er verärgerte sogar die berühmte Leibgarde, indem er viele von ihnen entließ und sie nicht ausreichend entlohnte. Galba wurde vor Vergeltung gewarnt. Er erklärte sich bereit, unter seiner Toga eine dicke Leinenweste zu tragen, aber das sollte nicht reichen. Er wurde in die Falle gelockt. Galba erfuhr, dass ein Kollege namens Marcus Salvius Otho das Kommando über die Leibgarde übernommen hatte. Daraufhin entsandte Galba vier Legionäre und eilte zum Forum, wo die Falle zuschnappte. Als er auftauchte, wurde er von Kavalleristen getötet. Er war zweiundsiebzig Jahre alt und erst seit sieben Monaten im Amt.

8

MARCUS SALVIUS OTHO
(32 – 69 n. Chr.)

Zweiter im Vierkaiserjahr. Er regierte von Januar bis April 69. Otho kam aus einer angesehenen römischen Familie – sein Vater hatte einmal eine Intrige gegen Claudius aufgedeckt und war für seine Loyalität ausgezeichnet worden. Otho war einer von Neros Freunden, hatte jedoch einen besseren Charakter als die meisten anderen. Er zerstritt sich wegen einer Frau mit Nero und musste für zehn Jahre ins Exil, was ihm wahrscheinlich das Leben rettete. Sobald Galba seinen Widerstand gegen Nero anzettelte, schloss Otho sich ihm an. Galba wurde Kaiser, und Otho hatte eigentlich gute Chancen, sein Nachfolger zu werden – bis Galba einen Sohn adoptierte.

Otho war hochverschuldet. Er hatte darauf spekuliert, sich seinen Schuldnern entziehen zu können, indem er Kaiser wurde. Aber diese Möglichkeit rückte nun in weite Ferne. Da schmiedete er kurzerhand den Plan, Galba ermorden und sich selbst zum Kaiser ernennen zu lassen. Solch ein Verrat war für jemanden, der Caligula und Nero persönlich gekannt hatte, kaum der Rede wert. Otho schickte die Kavalleristen, die Galba töteten. Seinen Unterstützern hatte er großen Reichtum versprochen, und die waren voll des Lobes. Er bestand darauf, in jener Nacht Galbas Geist gesehen zu haben und schreiend und in seine Laken gewickelt aufgewacht zu sein.

Otho war nicht der Einzige, der sich Chancen auf den Titel des Kaisers ausrechnete, wenn er nur schnell und skrupellos genug handelte. Otho mag zwar in Rom geherrscht haben, aber ein anderer Feldherr, der römische Legionen in Germanien befehligte, hatte seine eigene Gefolgschaft: Vitellius. Als dieser nach Italien vorrückte, marschierte ihm Otho mit seiner Armee nach Norden entgegen. Seine Legionen verloren einen kurzen Kampf. Otho beschloss, lieber Selbstmord zu begehen, als einen Gegenangriff zu starten. Er schrieb in seinem Lager noch Briefe, schlief in aller Ruhe und erstach sich am nächsten Morgen selbst.

9

VITELLIUS
(15 – 69 n. Chr.)

Dritter im Vierkaiserjahr. Er herrschte acht
Monate lang im Jahr 69. Vitellius stammte
entweder von einem alten Adelsgeschlecht
oder von befreiten Sklaven ab. Manches weiß
man einfach nicht. Sein Vater war dreimal
Konsul gewesen und hatte sich bei mehr als
einem Kaiser eingeschmeichelt. Am Ende
wurde er jedoch des Verrats beschuldigt und
starb kurz darauf. Aulus Vitellius verbrachte
einen Teil seiner Jugend bei Tiberius auf Capri, genau wie Caligula. Der Schatten des alten
Scheusals schwebte über all diesen Männern.

Nach diesem frühen Einfluss überrascht es
wenig, dass Vitellius sich am Hof von Caligula, Claudius und Nero gut schlug. Von
seinem Vater hatte Vitellius das Einschmei-
cheln gelernt und kam so an alle möglichen
Titel, unter anderem an den eines Statthal-
ters in Afrika. Seit einem Unfall mit einem
Streitwagen, den Caligula gefahren hatte,
humpelte er. Er gab ein Vermögen aus, um
seine Stellung zu halten, und häufte einen
enormen Schuldenberg an. Als Galba ihn
zum Statthalter in Niedergermanien ernannte, musste Vitellius seine Familie auf einem
Dachboden unterbringen und sein eigenes
Haus vermieten, um genug Geld zusammen-

zubekommen, damit er seinen neuen Posten
antreten konnte. Außerdem versetzte er eine
Perle aus dem Ohrring seiner Mutter.

Als er zu den Legionen in Germanien stieß,
hatten diese schon genug von Galba. Vitellius
meisterte die Situation mit Leichtigkeit, auch
weil er klug genug war, Galbas brutale Bestra-
fungen aus den Regularien des Heeres zu streichen. Bevor überhaupt jemand erfahren hatte, dass Otho Galba ermordet hatte und nun
Herrscher Roms war, hatten die erfreuten Soldaten bereits Vitellius zu ihrem neuen Kaiser
erkoren. Sie schenkten ihm ein Schwert, das
Julius Caesar gehört hatte, und trugen ihn auf
ihren Schultern durchs Lager. Das Schicksal
hatte Vitellius weiter gebracht, als er in seinen
kühnsten Träumen zu hoffen gewagt hatte.

Nach Othos Selbstmord war der Krieg
schon wieder vorbei, bevor er richtig begonnen hatte. Vitellius marschierte durch Itali-
en, und sein Verhalten erinnerte von Anfang
an an Nero und Caligula. Das arme Rom bekam es schon wieder mit einem verdorbenen
Mann zu tun.

Vitellius ließ sich zum Konsul auf Lebenszeit
ernennen und wurde zum Meister der Völle-
rei, indem er drei oder vier Bankette pro Tag
veranstaltete und sich dann übergab, damit er
weiteressen konnte. Vitellius verschlang ge-
wissermaßen ganz Rom und verlor sich völlig
in seinen selbstsüchtigen Genüssen.

In Sachen Grausamkeit konnte er es mit
Nero oder Caligula aufnehmen. Als ein
Freund Fieber hatte und ihn um Wasser bat,
vergiftete Vitellius es. Er ließ alte Schuldner
bestellen und vor seinen Augen ermorden –
genau wie alle anderen, die ihn verärgert
hatten. Aber wie schon bei Otho vor ihm
wollte auch ihm jemand den Thron streitig
machen: Vespasian.

Während Vitellius eine Reihe von Feinden lebendig in einem Tempel verbrannte, marschierten Vespasians getreue Legionen in die Stadt ein. Bei ihrer Ankunft flohen die letzten seiner Unterstützer. Er legte einen Gürtel mit aufgenähtem Gold an und verschanzte sich in einem Schrank im Haus seines Vaters. Die Soldaten, die ihn entdeckten, fragten, wo Vitellius sei. Einer erkannte ihn jedoch. Vitellius wurde durch die Straßen geschleift, ermordet und in den Tiber geworfen.

---
(10)

VESPASIAN
(9 – 79 n. Chr.)

Der Letzte im Vierkaiserjahr. Regierte Rom von Dezember 69 bis 79. Vespasian war fünf, als Augustus starb. Er war während der Herrschaft Caligulas Senator und hochrangiger Offizier in Claudius' Streitmacht, die Britannien überfiel. Vespasian heiratete früh und hatte zwei Söhne und eine Tochter. Seine Frau und seine Tochter starben, aber die Söhne Titus und Domitian überlebten. Während Nero über Rom herrschte, führte Vespasian ein unauffälliges Leben. Als er einmal mit Nero in Kontakt kam, beleidigte er ihn, indem er während einer musikalischen Darbietung des Kaisers einschlief, und wur-

de vom Hof verwiesen. Du kannst dir sicher vorstellen, wie froh Vespasian war, mit dem Leben davongekommen zu sein.

Nach langer Zeit im Exil wurde dem fähigen Mann die Aufgabe übertragen, in Judäa für Ordnung zu sorgen, wo die Judäer sich erhoben und einen Legionsadler, ein wichtiges militärisches Abzeichen, gestohlen hatten. Er kämpfte an der Seite seines Sohnes Titus, der ebenfalls dort im Einsatz war. Bald erfuhr man, dass Nero, Galba und Otho tot waren und der unwürdige Vitellius nun Rom regierte. Vespasian war bei Weitem besser geeignet. Er zeigte den anderen einen Brief von Otho, in dem der ihn bat, Rom von Vitellius zu befreien. Ob das eine Fälschung war, wissen wir natürlich nicht, aber es half. Vespasian schickte ein paar Truppen voraus und machte sich selbst auf den Weg nach Rom. Er konnte nicht wissen, wie schwach Vitellius' Position inzwischen war. Bevor Vespasian die Stadt erreichte, war Vitellius schon getötet und in den Fluss geworfen worden. Die Stadt und die Legionen hatten genug von Tyrannen wie Nero und Caligula. Nun hatten sie endlich einen würdigen Herrscher gefunden.

Vespasians Vater war Zollbeamter und Bankier in der Schweiz gewesen. Sein Sohn widmete sich der Regierungsarbeit des Reiches mit ähnlicher Sorgfalt und Disziplin. Anders als seinen Vorgängern lag ihm nichts an protzigen Zurschaustellungen seines Reichtums. Er sorgte dafür, dass Rom effizient und gut funktionierte. Er gestattete es neuen Eigentümern, verfallene Gebäude zu übernehmen, von denen es eine Menge gab, und ließ viele neue errichten. Er reformierte den Senat – und zwar nicht bösartig und willkürlich, sondern mit der ruhigen Hand eines durch und durch anständigen Mannes. Er ließ weder Unschuldige ermorden, noch spannte er ihnen die Frauen aus. Wie erleichtert die Römer gewesen sein müssen! Aber nach all dem Chaos war die Stadt beinahe bankrott. Vespasian verkaufte so ziemlich alles, von der Freiheit der Sklaven bis zu Begnadigungen für Verbrecher. Er beförderte Leute in wohlhabende Positionen, um ihnen Gold aus den Rippen leiern zu können. Das verdiente Geld gab er dann für Pensionen, Lehrer und Baumaßnahmen aus.

Nach zehn Jahren als Kaiser hatte Vespasian die Stadt auf Vordermann gebracht. Kurz vor seinem siebzigsten Geburtstag starb er an einer Krankheit. Nach ihm wurde sein Sohn Titus Kaiser – die erste friedliche Machtübergabe seit Augustus. Vespasian wurde das Recht zuerkannt, als Gottheit verehrt zu werden.

---
(11)

Titus
(39 – 81 n. Chr.)

Er hieß eigentlich wie sein Vater Vespasian, ist aber eher als Titus bekannt. Genau wie sein Vater nahm er später den Beinamen Caesar an. Er regierte Rom von 79 bis 81. Titus war vierzig Jahre alt, als sein Vater starb und er zum Kaiser ernannt wurde. Er war in Germanien und Britannien im Einsatz und hatte an Vespasians Seite in Judäa gekämpft. Der übertrug ihm dort die Verantwortung, als er zurück nach Rom eilte. Im Kindesalter war Titus dabei gewesen, als Nero Claudius' Sohn Britannicus vergiftete. Sie waren gute Freunde gewesen, und Titus vergaß ihn nie. Er war seinem Vater gegenüber loyal und weigerte sich, die Spielchen zu spielen, die Rom zuvor an den Rand des Abgrunds geführt hatten. Er und sein Vater mochten einander, und Vespasian vertraute ihm die Verwaltung Roms guten Gewissens an. In dieser Rolle entledigte sich Titus schnell und gnadenlos seiner Feinde, um seinen Vater zu schützen.

Als er selbst Kaiser wurde, war er zurückhaltend und aufrichtig. Er förderte Gladiatorenkämpfe, die er liebte, und mischte sich in den öffentlichen Bädern Roms unters einfache Volk. Auf Katastrophen wie einen Ausbruch des Vesuvs reagierte er umsichtig, indem er Geld und Hilfe zur Verfügung stellte, und das sogar, indem er seine eigenen Villen öffnete. Außerdem zeigte er keine Gnade gegenüber Spitzeln, die er verachtete. Titus wurde zum Pontifex Maximus ernannt und schwor, er würde lieber sterben, als zu töten.

Das einzige Haar in der Suppe des guten großen Bruders war der dumme kleine Bruder – Domitian. Der war ein junger Wilder und heckte ständig Intrigen aus. Trotzdem weigerte sich Titus, ihn hinrichten zu lassen, und stellte klar, dass Domitian sein Nachfolger sein sollte. Leider starb Titus schon mit einundvierzig im Haus seines Vaters an einem Fieber. Rom trauerte um einen guten Mann, von denen es damals wahrlich nicht viele gab.

⑫

DOMITIAN (5I – 96 n. Chr.)

Der letzte der zwölf Caesaren. Er regierte von 81 bis 96. Domitian war einer derjenigen, die Vitellius bei lebendigem Leib in einem Tempel verbrennen wollte, bevor sein Vater Vespasian in Rom eintraf. Domitian gelang zusammen mit einer Gruppe von Priestern die Flucht, indem er sich als Anhänger der Göttin Isis verkleidete. Anders als sein Bruder Titus zog Domitian unangemessene Freude aus der Tatsache, Sohn eines Kaisers zu sein. Er hatte zahlreiche Affären und war eifersüchtig auf Titus' Erfolg. Sein Vater und Titus schienen sich gut zu verstehen, während Domitian bei offiziellen Veranstaltungen eher im Hintergrund schmollte.

Nach Vespasians Tod wollte Domitian ihn beerben, aber der ältere Titus erhielt natürlich den Vorzug, was den Jüngeren so sehr verärgerte, dass er sogar behauptete, man habe das Testament seines Vaters gefälscht. Als Titus zwei Jahre später krank wurde, führte sich Domitian schon als Kaiser auf, als sein Bruder noch am Leben war.

Domitian war ein großer und gut aussehender Mann, aber auch dumm, jähzornig, gehässig und neidisch. In seiner Freizeit fing er Fliegen und spießte sie auf. Außerdem ver-

anstaltete er Wagenrennen und Schaukämpfe fürs Volk, ebenso Jagden auf wilde Tiere und Gladiatorenwettkämpfe. Er verteilte großzügig Geschenke und baute Tempel in der Stadt wieder auf oder völlig neu. Außerdem befahl er militärische Einsätze, ob sie nun gerechtfertigt waren oder nicht, und führte persönlich Feldzüge an. Solche Aktionen verhalfen ihm beim Volk und den Legionen zu Ansehen – und ermöglichten es ihm, eine Parade in Rom abzuhalten, was er toll fand. Zumindest war er seinem Vater darin ähnlich, dass er Bestechlichkeit und Korruption verabscheute und einen großen Teil davon aus dem öffentlichen Leben verbannte.

Domitian ließ mehrere Senatoren hinrichten, zum Teil schon, wenn er eine Verschwörung auch nur erahnte, aber manchmal auch aus der gleichen kleinlichen Boshaftigkeit, die wir bei seinen Vorgängern schon gesehen haben. Langsam wurde Domitian immer grausamer. Er erfand Foltermethoden und machte sich einen Spaß daraus, mit Männern zu speisen, deren Ermordung er bereits angeordnet hatte, ohne dass sie etwas davon ahnten.

Als er in Geldnot geriet, dachte er sich Anschuldigungen aus, auf deren Grundlage er das Eigentum reicher Senatoren konfiszieren konnte, sodass diese sich davor fürchteten, seine Aufmerksamkeit zu erregen. Ein achtloses Wort oder die Lügen eines Feindes waren genug, um einem Domitians Soldaten auf den Hals zu hetzen. Um Gnade zu bitten war sinnlos – es gab keine. Domitian ließ sich als »Herr und Gott« anreden und benannte den Oktober in »Domitianus« um, was sich nie durchgesetzt hat.

Domitian war abergläubisch und hatte sich seit Langem vor einem ganz bestimmten Tag gefürchtet, an dem er Visionen zufolge sterben würde. Genau wie der Tod Julius Caesars mit den Iden des März in Verbindung stand, glaubte Domitian, er würde in der fünften Stunde sterben. Als es so weit war, fragte er laut nach der Uhrzeit. Seine verängstigten Diener sagten, es sei die sechste Stunde. Erleichtert ging er ins Schlafzimmer, wo er von fünf Attentätern erstochen wurde, die dort auf ihn gelauert hatten. Er starb im Alter von vierundvierzig Jahren nach knapp fünfzehn Jahren Herrschaft. Der Senat ließ Bildnisse und Schilde von ihm entfernen und tat sein Bestes, alle Erinnerungen an seine Regierungszeit auszulöschen.

Hier endet Suetons Nacherzählung. Er war vernünftig genug, nicht bis zum damals aktuellen Kaiser Hadrian weiterzumachen, der so eine direkte Art der Beschreibung seiner Taten vielleicht nicht so schön gefunden hätte. Falls es dich interessiert, folgt hier eine kurze Liste der Kaiser nach Domitian:

NERVA (30 – 98 n. Chr.). Ein alter Mann, der vom Senat gewählt wurde. Überwachte die Verhaftung der Mörder Domitians. Regierte von 96 bis 98 n. Chr.

TRAJAN (53 – 117 n. Chr.). Geboren in Spanien, großer Herrscher. Unter ihm wuchs das Reich auf seine größte Ausdehnung an. Regierte von 98 bis 117 n. Chr.

HADRIAN (76 – 138 n. Chr.). Baute Mauern an der englischen Grenze des Reichs. Lange und stabile Herrschaft – ein wohltätiger Diktator. Regierte von 117 bis 138 n. Chr.

ANTONINUS PIUS (86 – 161 n. Chr.). Baute den Antoninuswall in Schottland. Friedliche Herrschaft. Nachfolger waren seine Adoptivsöhne. Regierte von 138 bis 161 n. Chr.

MARK AUREL (121 – 180 n. Chr.) und **LUCIUS VERUS (130 – 169 n. Chr.).** Waren gemeinsam Kaiser: Aurel regierte von 161 bis 180, Verus bis 169 n. Chr. Lange und stabile Herrschaft.

COMMODUS (161 – 192 n. Chr.). Regierte von 177 bis 180 gemeinsam mit seinem Vater und anschließend allein bis 192 n. Chr.

Mit Mark Aurel und Commodus endete das goldene römische Zeitalter. Danach kam ein Fünfkaiserjahr – eine komplizierte und verzwickte Angelegenheit. Das Reich zog sich immer weiter aus seinen eroberten Gebieten zurück – aus Britannien, Germanien, immer weiter, bis der Römische Friede Geschichte war. Wenn auch unvergessen. Die ersten zwölf Caesaren sind eine Tragödie, eine Reihe von Männern im Bann des bösen alten Tiberius. Wir werden nie erfahren, was passiert wäre, wenn Augustus einen anderen Mann als seinen Nachfolger bestimmt hätte.

DER HÜPFENDE PAPIERFROSCH

Der jüngste Mitautor dieses Buches – er ist zehn – bekam diesen Basteltipp von einem Schulfreund. Der Frosch springt erstaunlich weit, wenn man bedenkt, dass er nur von gefaltetem Papier angetrieben wird. Außerdem ist es eine schön komplizierte Bastelarbeit, für die man nur ein einziges Blatt Papier braucht. Für die Leser des ersten *Dangerous Book*: Der Frosch wird ganz ähnlich gefaltet wie die Wasserbombe. Wenn du die hinbekommst, kannst du das hier auch.

1. Mach aus einem A4-Blatt ein Quadrat, indem du ein Dreieck faltest und das überschüssige Rechteck abreißt.
2. Falte das Quadrat in der Mitte, sodass ein Rechteck entsteht.
3. Falte beide Ecken von oben zur Mitte und drück die Falze ordentlich fest. Falte die Ecken wieder zu einem Rechteck auf, drehe es um 180° und falte die anderen beiden Ecken ebenfalls nach unten. (Das machst du nur, damit der nächste Schritt einfacher wird.) Falte die Ecken wieder auf, sodass du das Rechteck von eben wieder hast.

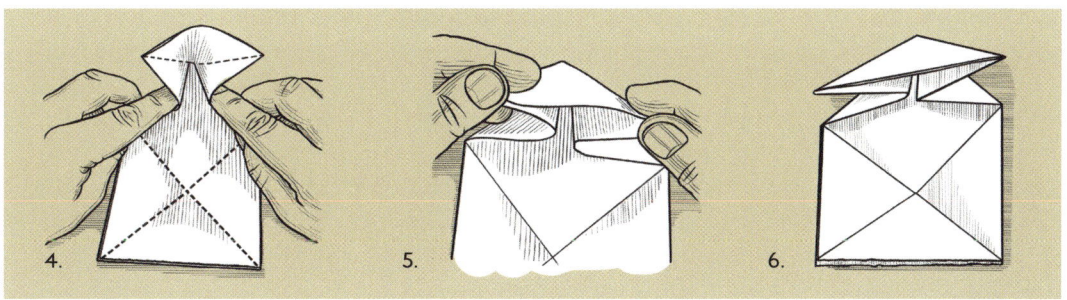

4. bis 6. Diese Schritte sind am schwierigsten, genau wie bei der Wasserbombe im ersten Buch. Wenn du die Diagonalen schon vorgefaltet hast, sollte es einfacher gehen.

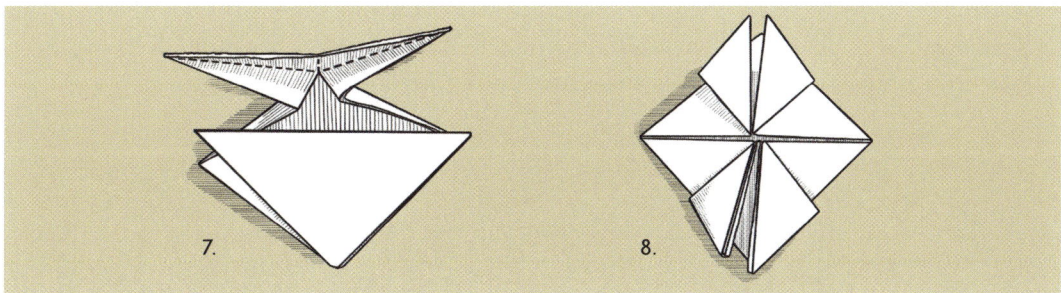

7. Geh auf der anderen Seite genauso vor, bis du ein kleines Quadrat hast.

8. Falte die Seiten der Dreiecke nach innen, sodass sie oben eine offene Spitze bilden.

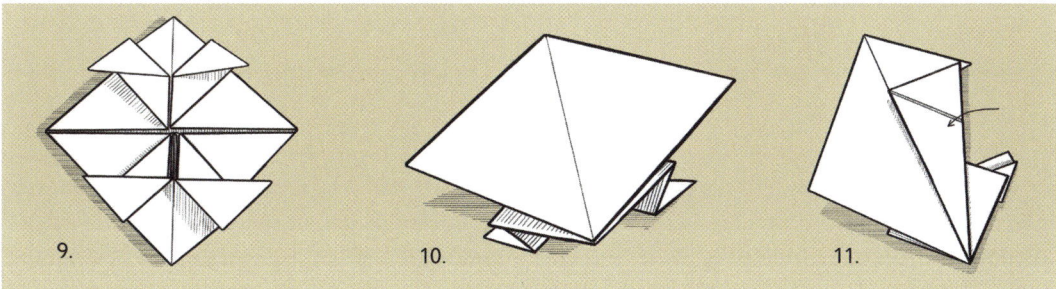

9. Falte von jedem dieser kleinen Dreiecke die Hälfte im rechten Winkel zur Seite, um die Beine zu bilden.

10. Dreh den Frosch um. So sollte er jetzt aussehen.

11. Falte auf beiden Seiten schmale Dreiecke nach oben, bis du eine Drachenform hast. Zieh die Falze fest nach. Je gerader sie sind, desto besser klappt alles am Ende.

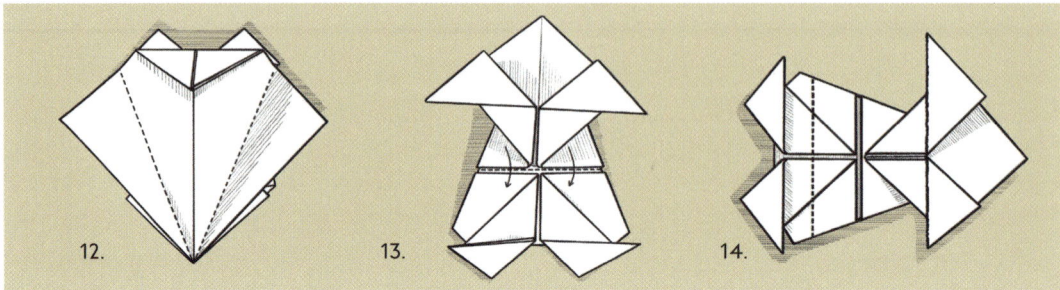

12. Falte die Spitze nach unten und dann die dreieckigen Seiten darüber. Das ist das Hinterteil des Froschs.

13. und 14. Zum Schluss kommen die »Sprungfalten«. In der Mitte des »Bauches« ist ein natürlicher Falz. Falte den Frosch an dieser Stelle, als würde er seine Zehen berühren wollen. Dann falte ungefähr an der gestrichelten Linie auf dem Bild in die andere Richtung. So sollen Knie oder eine Art Ziehharmonika entstehen, wie im nächsten Bild zu sehen ist.

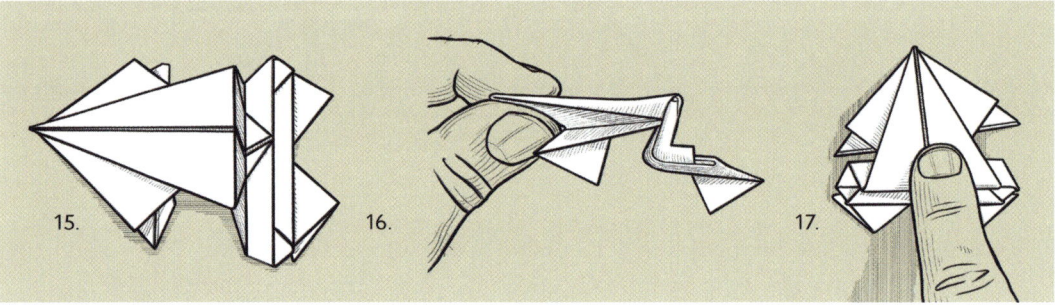

15. Von oben gesehen.

16. Von der Seite gesehen.

17. Drück den Finger auf das Hinterteil. Zieh den Finger zurück und sieh dem Frosch beim Hüpfen zu.

Genau wie bei der Wasserbombe erscheint das Ganze erst mal ziemlich schwierig, also bastele einfach ein Dutzend von den Dingern. Man sollte nichts sein lassen, nur weil es schwierig ist. Im Gegenteil, es ist eine gute Gelegenheit, Experte in etwas zu werden, was andere nicht können. Nach einer Weile kannst du deinen Freunden beibringen, wie man die Frösche bastelt – und Wetthüpfen veranstalten. Noch dazu sind die kleinen Kerle ganz putzig. Du kannst sie auch bemalen, zum Beispiel mit Augen, oder gleich grünes Papier benutzen.

AUSSERGEWÖHNLICHE GESCHICHTEN
Teil 4
DIE BRÜDER GRIMM

ES WAR EINMAL …

… ein Brüderpaar namens Jacob und Wilhelm Grimm. Den beiden verdanken wir eine der berühmtesten Märchensammlungen der Welt. Aber die Brüder haben noch viel mehr erreicht, als Schneewittchen, Dornröschen und andere sagenhafte Gestalten in aller Welt bekannt zu machen. Um einen Blick in ihr spannendes Leben zu werfen, reisen wir zurück das Jahr 1812 und treffen Jacob Grimm in äußerst schlechter Laune an …

Wenn nur dieser elend lange Weg nicht wäre! Sieben Kilometer von der Kasseler Altstadt den Berg hinauf, sieben Kilometer wieder hinunter. Und das bei Wind und Wetter, in glühender Sommerhitze oder im Schnee. Missmutig stapft Jacob Grimm hinauf zur Wilhelmshöhe, wo er seinem Arbeitgeber mal wieder Bericht erstatten muss. Seit der Eroberung durch die Franzosen im Winter 1806/1807 residiert oben im Schloss Jérôme Bonaparte, der französische König von Kassel, von seinem Bruder Napoleon höchstpersönlich dazu ernannt.

Jacob bleibt kurz stehen, um zu verschnaufen. Er kann froh sein, in diesen schwierigen Zeiten bei seiner Exzellenz in Lohn und Brot zu stehen. So kann er wenigstens etwas zum Lebensunterhalt seiner Geschwister Carl, Ferdinand, Ludwig Emil und Lotte beitragen. Seit dem Tod der Mutter ist Jacob das Familienoberhaupt. Leider ist Wilhelm, sein ein Jahr jüngerer Bruder, oft krank und findet deshalb keine Anstellung. Jacob dagegen ist zunächst zum Privatbibliothekar des Königs ernannt worden, dann zum Staatsauditor, er arbeitet also als staatlicher Rechnungsprüfer.

Man kann schon von Pech reden, dass die Franzosen sich ausgerechnet zu dem Zeitpunkt in Kassel breitmachten, als Jacob und Wilhelm von ihrem Studium in Marburg zurückkehrten. Juristen sollten sie werden, genau wie ihr früh verstorbener Vater, der Hofgerichtsadvokat und Stadtschreiber von Hanau, Philipp Wilhelm Grimm. Der Mutter Dorothea fehlte das Geld, um all ihren Kindern eine gute Ausbildung zukommen zu lassen. Ihre beiden Ältesten aber hatte sie nach Kassel auf das Lyceum Fridericianum geschickt. Dann folgte das Studium in Marburg, und nun sind sie also wieder hier.

NICHT NUR FÜR KINDER

Jacob schreitet erneut aus, er muss pünktlich sein. In Gedanken ist er aber noch in Marburg. Wer hätte gedacht, dass Wilhelm und er ein anderes Thema als die Juristerei sehr viel spannender finden würden? Die Sprach- und Literaturwissenschaft ist zu ihrem eigentlichen Steckenpferd geworden, beide können sich mit Fug und Recht Philologen nennen. Auch der Volkskunde haben

sie sich zugewandt – und schließlich damit begonnen, Volkslieder, Märchen und Sagen zu sammeln. Die waren bis dahin vor allem mündlich weitererzählt worden.

An diesem Punkt seiner Überlegungen bessert sich Jacobs Laune erheblich. Denn in Kürze, gerade rechtzeitig zum Weihnachtsfest 1812, soll der erste Band ihrer »Kinder- und Hausmärchen« erscheinen. Schade, dass die Mutter das nicht mehr erlebt. Die Geschichten hätten ihr gefallen, aber sie ist seit vier Jahren tot.

Ein wenig ermüdet vom langen Weg, aber in besserer Laune als zu Beginn seines Weges, gelangt Jacob am Schloss an und lässt sich dem König melden. Ein weiterer Tag im Dienst der Franzosen liegt vor ihm. Aber sobald seine Zeit es zulässt, wird er mit Wilhelm weiter an ihrem gemeinsamen Projekt arbeiten. Jacob und Wilhelm haben zuvor schon andere Bücher veröffentlicht, doch ihre Märchensammlung wird sie unsterblich machen.

SCHNEEWITTCHEN, DORNRÖSCHEN UND CO.

Der erste Band der »Kinder- und Hausmärchen« erscheint am 20. Dezember 1812. Drei Jahre später, 1815, geben Jacob und Wilhelm einen zweiten Band heraus. Hänsel und Gretel, Rotkäppchen und der Wolf, das tapfere Schneiderlein, Aschenputtel, Rapunzel, Froschkönig, die zwölf Brüder, der Wolf und die sieben Geißlein … Die Liste von Grimms Märchenfiguren scheint endlos. Menschen in aller Welt kennen und lieben die Geschichten, die in mehr als 170 Sprachen übersetzt wurden. Was jedoch damals wie heute nur wenige wissen: Die Brüder Grimm sammeln ihre Märchen nicht selbst. Sie haben ein fleißiges Heer meist weiblicher Mitarbeiter. Dorothea Viehmann, Annette von Droste-Hülshoff und ihre Schwester Jenny, die Schwestern Hassenpflug und etliche mehr liefern den Grimms die Geschichten und Sagen, die in der Bevölkerung in unterschiedlichsten Versionen kursieren. Die Märchensammlung ist also eine Art Gemeinschaftsprojekt. Auch Jacobs und Wilhelms Bruder Ludwig Emil, ein Maler, trägt etwas dazu bei: Er gestaltet die Bilder zu den Märchen. Sechs Auflagen erscheinen in den nächsten Jahrzehnten, immer wieder überarbeitet und um neue Märchen ergänzt. Bereits zu Lebzeiten der Grimms sind die Bücher ein großer Erfolg.

UND WENN SIE NICHT GESTORBEN SIND …

Wie geht es weiter für Wilhelm und Jacob? Schon im Jahr 1813 weht wieder ein anderer politischer Wind, die Franzosen müssen Kassel verlassen. Der hessische Kurfürst Wilhelm I. kehrt in die Stadt zurück. Obwohl Jacob kurz zuvor noch im Dienst des Feindes gestanden hat, ernennt der Kurfürst ihn zum Legationssekretär. Jacob ist nun ein höherer Beamter im auswärtigen Dienst. Bis zum Sommer 1814 arbeitet er als Diplomat in Paris. Danach wartet eine neue historische Aufgabe auf ihn: Von September 1814 bis Juni 1815 gehört er der kurhessischen Delegation zum Wiener Kongress an. Mit den Eroberungsfeldzügen des französischen Feldherrn und Kaisers Napoleon hat sich die politische Landkarte Europas vollkommen verändert.

Nun müssen die Grenzen neu ausgehandelt und festgelegt werden. Das geschieht auf dem Wiener Kongress. Es ist ein schwieriges und langwieriges Unterfangen. Und Wilhelm? Er arbeitet bereits seit 1814 als Sekretär in der hessischen Landesbibliothek. 1816 findet auch Jacob hier eine Anstellung als Bibliothekar. Für die Brüder Grimm beginnen nun vergleichsweise ruhige und fruchtbare Arbeitsjahre. 1830 folgt ein neuer Karriereschritt: Wilhelm arbeitet nun als Bibliothekar und Jacob als Professor an der Universität Göttingen.

DIE GÖTTINGER SIEBEN

Doch 1837 kommt es zu einem politischen Skandal: Gemeinsam mit fünf anderen Professoren protestieren Jacob und Wilhelm gegen Ernst August, den neuen König in Hannover. Seit 1833 besitzt Hannover eine recht fortschrittliche Verfassung, die Ernst August nun wieder rückgängig machen will. Er erklärt, sich nicht an die Staatsverfassung gebunden zu fühlen, und hebt sie einfach auf. Durch diese Aktion kann er alle Macht für sich allein beanspruchen. Die Göttinger Sieben, wie sie später genannt werden, wollen das nicht hinnehmen. Sie reichen schriftlich ihren Protest dagegen ein. Auch viele Studenten beteiligen sich an dem Widerstand, stellen Abschriften des Protestschreibens her und verteilen sie. Der König schäumt vor Wut! Er entlässt die Gelehrten und verweist drei von ihnen, darunter auch Jacob Grimm, des Landes. Nun ist guter Rat teuer. Wovon sollen Jacob und Wilhelm ihren Lebensunterhalt bestreiten? Die Grimms kehren nach Kassel zurück, wo sie bei ihrem Bruder Ludwig Emil Unterschlupf finden. 1840 wendet sich das Blatt erneut. Der neue König von Preußen, Friedrich Wilhelm IV., beruft die Brüder Grimm an die Akademie der Wissenschaften nach Berlin. Damit wird ihnen eine große Ehre zuteil!

DAS »DEUTSCHE WÖRTERBUCH«

Jacob und Wilhelm arbeiten inzwischen an einem neuen großen Projekt, ihrem »Deutschen Wörterbuch«. Bereits 1838 waren der Philologe Moritz Haupt und der Verleger Karl Reimer mit der Idee zu diesem Werk an die beiden gelehrten Brüder herangetreten. Der gesamte hochdeutsche schriftliche Wortbestand seit dem 15. Jahrhundert soll in diesem Wörterbuch dargestellt werden. Als Jacob und Wilhelm mit der Arbeit beginnen, schätzen sie, dass es vielleicht sechs bis sieben Bände umfassen wird und sie etwa zehn Jahre für die Fertigstellung brauchen

werden. Aber da irren sie sich! Es ist ein gewaltiges Unterfangen, ein Mammutwerk, so umfangreich, dass die Brüder es zu ihren Lebzeiten gar nicht vollenden können. Sie kommen nur bis zum Buchstaben »F«. Andere Wissenschaftler arbeiten daran weiter. Erst 1961, nach 123 Jahren, wird das DWB, wie es kurz genannt wird (oder auch einfach »Der Grimm«) abgeschlossen. 17 Bände umfasst es und ist bis heute das größte Wörterbuch zur deutschen Sprache. Nicht zuletzt deswegen gelten Jacob und Wilhelm Grimm als Begründer der Germanistik, also der Wissenschaft von der deutschen Sprache und Literatur.

Wilhelm, 1786 geboren, stirbt 1859, der ein Jahr ältere Jacob überlebt ihn um vier Jahre. Nachdem die beiden nahezu ihr ganzes Leben miteinander verbracht haben, werden sie auch Seite an Seite bestattet. Ihre Gräber kannst du auf dem alten Matthäus-Friedhof in Berlin-Schöneberg besuchen.

ZITATE DER GRÖSSTEN DICHTER

Wenn man Leser fragen würde, wer wohl die drei größten Dichter aller Zeiten seien, würden sicher sehr unterschiedliche Antworten gegeben werden. Den meisten würden aber sicherlich auch die drei sofort einfallen, die wir hier zitieren wollen: William Shakespeare, Johann Wolfgang von Goethe und Friedrich Schiller. Alle drei sind tief in unserem Alltag verwurzelt: Wenn man ein berühmtes Zitat hört oder eine gängige Redewendung, ist die Wahrscheinlichkeit groß, dass einer von den dreien der Urheber ist. Wir wollen hier ein paar aufführen – manche mehr, manche weniger bekannt. Viel Stoff zum Nachdenken bieten sie alle.

[…] aber sei nicht bange vor der Hoheit.
Einige werden hoch geboren,
einige erwerben Hoheit,
und einigen wird sie zugeworfen.

Shakespeare, *Was ihr wollt*,
Zweiter Aufzug, Fünfte Szene
(Malvolio spricht)

Lass mein Aug den Abschied sagen,
Den mein Mund nicht nehmen kann!
Schwer, wie schwer ist er zu tragen!
Und ich bin doch sonst ein Mann.

Goethe, *Der Abschied*

Wem der große Wurf gelungen,
Eines Freundes Freund zu sein;

Schiller, *An die Freude*

Dass einer lächeln kann,
und immer lächeln,
Und doch ein Schurke sein […]

Shakespeare, *Hamlet*,
Erster Aufzug, Fünfte Szene

Allwissend bin ich nicht;
doch viel ist mir bewusst.

Goethe, *Faust I*,
(Mephistopheles spricht)

Zweifle an der Sonne Klarheit,
Zweifle an der Sterne Licht,
Zweifl', ob lügen kann die Wahrheit,
Nur an meiner Liebe nicht.

Shakespeare, *Hamlet*,
Zweiter Aufzug, Zweite Szene

William Shakespeare

Wie weit die kleine Kerze Schimmer wirft!
So scheint die gute Tat in arger Welt.

Shakespeare, *Der Kaufmann von Venedig*,
Fünfter Aufzug, Erste Szene
(Portia spricht)

Der Feige stirbt schon vielmal, eh' er stirbt,
Die Tapfern kosten einmal nur den Tod.

Shakespeare, *Julius Caesar*,
Zweiter Aufzug, Zweite Szene
(Von Caesar selbst gesprochen)

[…] doch der Mensch, der stolze Mensch,
In kleine, kurze Majestät gekleidet,
Vergessend, was am mind' sten
zu bezweifeln,
Sein gläsern Element, – wie zorn'ge Affen,
Spielt solchen Wahnsinn gaukelnd
vor dem Himmel,
Dass Engel weinen […]

Shakespeare, *Maß für Maß*,
Zweiter Aufzug, Zweite Szene
(Isabella, verzweifelt)

Wenn gute Reden sie begleiten,
Dann fließt die Arbeit munter fort.

Schiller, *Das Lied von der Glocke*

Macht fort! Wir leuchten ja dem Tage hier.

Shakespeare, *Romeo und Julia*,
Erster Aufzug, Vierte Szene
(Mercutio zu Romeo)

Leben heißt träumen; weise sein,
Lomellin, heißt angenehm träumen.

Friedrich Schiller, *Die Verschwörung
des Fiesco zu Genua*, Erster Akt,
Sechster Auftritt (Fiesco spricht)

Verdacht wohnt stets
im schuldigen Gemüt [...]

Shakespeare, *König Heinrich VI.*
Dritter Teil, Fünfter Aufzug, Sechste Szene
(Gloster spricht)

Nichts stand in seinem Leben ihm so gut,
Als wie er es verlassen hat; er starb
Wie einer, der sich auf den Tod geübt,
Und warf das Liebste, was er hatte, von sich,
Als wär's unnützer Tand.

Shakespeare, *Macbeth*,
Erster Aufzug, Vierte Szene
(Darüber sinnierend, wie der Fürst
von Cawdor ohne ein Zeichen
von Angst dem Tod ins Auge sah)

Das Gehirn kann Gesetze
für das Blut aussinnen;
aber eine hitzige Natur springt über
eine kalte Vorschrift hinaus.

Shakespeare, *Der Kaufmann von Venedig*,
Erster Aufzug, Zweite Szene (Portia spricht)

Mein Verstand steht still.

Schiller, *Kabale und Liebe*,
Dritter Akt, Zweite Szene
(Hofmarschall spricht,
»mit einem Schafsgesicht«)

Rann nie der Strom der treuen
Liebe sanft [...]

Shakespeare, *Ein Sommernachtstraum*,
Erster Aufzug, Erste Szene
(Lysander zu Hermia)

Glücklicher Säugling!
Dir ist ein unendlicher Raum noch die Wiege,
Werde Mann, und dir wird eng die
unendliche Welt.

Schiller, *Das Kind in der Wiege*

Muss denn alles schädlich sein,
was gefährlich aussieht?

Goethe, *Wilhelm Meisters Lehrjahre*,
Viertes Buch, Sechzehntes Kapitel

[…] alle Wohlgerüche Arabiens
würden diese kleine Hand
nicht wohlriechend machen.

Shakespeare, *Macbeth*,
Fünfter Aufzug, Erste Szene
(Lady Macbeth, in den Wahnsinn
getrieben von Schuld und der
Erinnerung an Blut auf ihrer Haut)

[…] wie es schärfer nage,
Als Schlangenzahn,
ein undankbares Kind
Zu haben!

Shakespeare, *König Lear*,
Erster Aufzug, Vierte Szene
(König Lear spricht selbst)

Das Menschenpack fürchtet sich
vor nichts mehr als vor dem Verstande;
vor der Dummheit sollten sie sich fürchten,
wenn sie begriffen, was fürchterlich ist;
aber jener ist unbequem,
und man muss ihn beiseiteschaffen,
diese ist nur verderblich,
und das kann man abwarten.

Goethe, *Wilhelm Meisters Lehrjahre*,
Siebentes Buch, Drittes Kapitel

Meine Milchzeit,
Als mein Verstand noch grün!

Shakespeare, *Antonius und Cleopatra*,
Erster Aufzug, Fünfte Szene
(Cleopatra, auf bessere Zeiten
zurückblickend)

Schwer ruht das Haupt,
das eine Krone drückt.

Shakespeare, *König Heinrich IV.*,
Zweiter Teil, Dritter Aufzug, Erste Szene

Das Alte stürzt, es ändert sich die Zeit,
Und neues Leben blüht aus den Ruinen.

Schiller, *Wilhelm Tell*,
Vierter Akt, Zweite Szene
(Attinghausen spricht)

Die meisten verarbeiten
den größten Teil der Zeit,
um zu leben, und das bisschen,
das ihnen von Freiheit übrig bleibt,
ängstigt sie so, dass sie
alle Mittel aufsuchen,
um es los zu werden.

Goethe, *Die Leiden des jungen Werthers*,
17. Mai 1771

Die Zeiten der Vergangenheit
Sind uns ein Buch mit sieben Siegeln.

Goethe, Faust 1,
Vor dem Tor (Faust spricht)

Was man nicht aufgibt,
hat man nie verloren.

Schiller, *Maria Stuart*,
Zweiter Akt, Fünfter Auftritt
(Elisabeth spricht)

EIN IGLU BAUEN

Das Problem ist, dass kaum noch genug Schnee fällt, um so ein Iglu zu bauen, außer vielleicht in den Bergen. Wenn du in der Arktis wohnst und deine Blöcke aus einer festen Schneeschicht schneiden kannst, bist du klar im Vorteil.

Für unser Garteniglu brauchen wir eine Plastikbox, in die wir den Schnee drücken können, um die Steine zu formen. Unsere war ungefähr 45 mal 30 Zentimeter breit und im ersten Leben eine Kramschublade von Ikea. Wenn du zwei hast, könnt ihr gut zu zweit arbeiten: Einer füllt die Box, und der andere baut die Mauer.

In der Arktis, wo man ein Iglu vielleicht zum Überleben braucht, hebt man zuerst den Boden aus, damit die Grundmauer unterhalb der Schneeschicht rundherum liegt. So führt der Ausgang nach oben, und der eisige Wind weht nicht so sehr hinein. Das war in unserem Fall auch nicht möglich. Am wichtigsten ist die Spiralform, und dass man erst am Ende den Eingang herausschneidet. Fangt, wie unten gezeigt, mit einer Reihe Blöcke an.

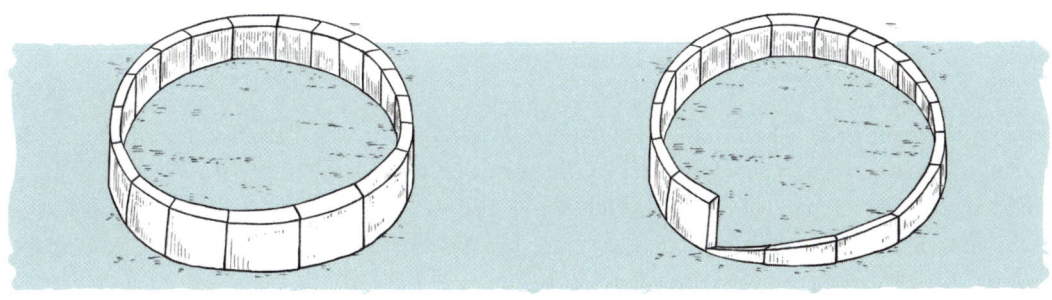

Wenn der erste Ring fertig ist, sägt mit einer Säge vier der Blöcke wie auf dem zweiten Bild auf S. 265 ab. Dann baut ihr auf dieser schrägen Linie weiter. So entsteht eine sehr feste Struktur. Man kann zusätzlich mit einem großen Messer oder einer Säge die erste Schicht an der Oberkante nach innen abschrägen, damit die nächste Reihe Blöcke sich leicht nach innen neigt. Aber bei uns im verschneiten Garten hat es auch so mit der Spirale gut geklappt.

Setzt die Spirale noch zwei oder drei Reihen lang fort, je nachdem, wie groß eure Blöcke sind. Jetzt müsst ihr mindestens zu zweit sein – einer presst die Schneesteine, und der andere steht im Iglu und setzt sie auf die Mauer.

Wir haben die Tür ausgeschnitten, bevor wir die letzten Blöcke eingesetzt haben, damit derjenige im Iglu nicht im Dunkeln sitzt oder keine Luft mehr bekommt, wenn das Dach geschlossen wird. Man kann sie jedenfalls viel leichter aus einer festen Wand herausschneiden als zwischendurch formen.

Die letzten Steine müssen natürlich kleiner sein und am Ende eine möglichst kleine Lücke übrig lassen – am besten in der Größe eines einzelnen Blocks. Schneidet ihn mit Messer oder Säge passend zu und legt ihn vorsichtig an seinen Platz.

Unser Iglu war ziemlich klein, aber wir hatten ja auch nicht vor, darin zu übernachten. Bei einem größeren muss man noch Löcher in die Seiten bohren, damit sich drinnen kein Kohlendioxid anstaut, wenn man sich darin aufhält. Genau wie bei dem Pfeil und dem Bogen im ersten Buch geht es hier nicht darum, das beste Iglu der Welt zu bauen, sondern um eine einfache Version, die man im Garten nachmachen kann.

DEUTSCHE BUNDESKANZLER
und
BUNDESPRÄSIDENTEN

Von links nach rechts: Konrad Adenauer, Willy Brandt und Angela Merkel

Ein Staat braucht Menschen, die ihn lenken und die dafür sorgen, dass die Interessen der Bürger gewahrt werden. Ebenso wichtig ist es, den Staat nach außen hin zu repräsentieren. In der Bundesrepublik Deutschland gibt es für diese Aufgaben zwei Spitzenpositionen: die des Bundeskanzlers und die des Bundespräsidenten. Beide Ämter können von einem Mann oder einer Frau bekleidet werden.

Der Bundeskanzler steht an der Spitze der Regierung. Er wird vom Bundestag gewählt und setzt die Gesetze um, die der Bundestag beschlossen hat. Die Abgeordneten im Bundestag werden alle vier Jahre gewählt. Der Bundeskanzler gehört normalerweise der Partei an, die bei der Bundestagswahl die meisten Stimmen bekommen hat. Beim Regieren stehen ihm Bundesminister zur Seite, die er selbst auswählt.

Der Bundeskanzler ist zwar der Regierungschef, jedoch nicht das Oberhaupt des Staates, wie man vielleicht denken könnte. Dieses höchste Amt ist dem Bundespräsidenten vorbehalten. Er wird immer für fünf Jahre von der Bundesversammlung gewählt. Die Bundesversammlung wird nur einberufen, um den Bundespräsidenten zu wählen. Sie besteht aus den Mitgliedern des Bundestages und der gleichen Anzahl Vertreter aller sechzehn Bundesländer. Die Länder entsenden nicht nur Berufspolitiker und -politikerinnen dorthin, sondern zum Beispiel auch Sportler, Künstler und andere Personen des öffentlichen Lebens.

Der Bundespräsident hat vor allem die Aufgabe, Deutschland in der Welt zu vertreten. Aber er ist es auch, der Kanzler und Minister nach ihrer Wahl offiziell ernennt. Und er prüft jedes Gesetz, das beschlossen wurde. Erst mit der Unterschrift des Bundespräsidenten kann es in Kraft treten.

Bundeskanzler und Bundespräsidenten gibt es bei uns seit 1949. Nach dem Ende des Zweiten Weltkriegs 1945 wurde Deutschland zunächst von den Siegermächten verwaltet. Das waren die USA, die Sowjetunion, Frankreich und Großbritannien. Jede Siegermacht besetzte einen anderen Teil Deutschlands. Erst im Mai 1949 wurde das Grundgesetz verabschiedet und die Bundesrepublik Deutschland ausgerufen. Damals gehörten aber noch nicht alle Bundesländer von heute dazu: Auf dem Gebiet der sowjetischen Besatzungszone gründete sich im Oktober des gleichen Jahres die DDR, die Deutsche Demokratische Republik. Bis 1989 war Deutschland geteilt. Auch in der DDR gab es Regierungschefs und Staatsoberhäupter. Diese hatten im Laufe der Zeit unterschied-

liche Bezeichnungen, hießen aber nie Bundeskanzler oder Bundespräsident.

Der offizielle Arbeitsplatz des Bundeskanzlers ist das Bundeskanzleramt. Der erste Amtssitz des Bundespräsidenten ist Schloss Bellevue in Berlin. Er hat aber auch noch einen Bonner Amtssitz, die Villa Hammerschmidt. Wenn sich der Bundespräsident in Deutschland befindet, ist die Standarte gehisst, eine militärische Flagge: ein goldfarbenes Quadrat mit rotem Rand. In der Mitte befindet sich der Bundesadler. Sie ist oben auf Schloss Bellevue zu sehen, es sei denn, der Bundespräsident ist nicht dort, sondern hält sich in der Villa Hammerschmidt, in einem der Gästehäuser der Bundesregierung oder im Ausland auf.

Alle Bundeskanzler und Bundespräsidenten mussten in ihren Amtszeiten mit neuen Situationen umgehen und schwierige Entscheidungen treffen. Sie tragen eine große Verantwortung und müssen deshalb zu Beginn ihrer Amtszeit mit einem Amtseid schwören, dass sie dem Wohl des Volkes dienen werden.

DIE BUNDESKANZLER

I. KONRAD ADENAUER
(Amtszeit 1949–1963), CDU
Der erste Bundeskanzler der Bundesrepublik Deutschland. Adenauer war bereits 73 Jahre alt, als er gewählt wurde. Seine politische Laufbahn hatte er als Oberbürgermeister von Köln begonnen. Außerdem war er Gründungsmitglied der CDU, der Christlich Demokratischen Union. Adenauer wurde noch drei Mal wiedergewählt, bevor er 1963 zurücktrat. Von 1951 bis 1955 war er zudem Bundesminister des Auswärtigen.

2. **LUDWIG ERHARD** (1963–1966), CDU
Vizekanzler von 1957 bis 1963, dann Bundeskanzler. Als Wirtschaftswissenschaftler baute Erhard das neue Wirtschaftssystem der noch jungen Bundesrepublik mit auf: die Soziale Marktwirtschaft. Unter Erhard erlebte das Land einen enormen wirtschaftlichen Aufschwung, auch Wirtschaftswunder genannt. Nachdem die Minister der FDP, der Freien Demokratischen Partei, aus seiner Koalitionsregierung zurückgezogen wurden, trat er 1966 zurück.

3. **KURT GEORG KIESINGER** (1966–1969), CDU
Kiesinger führte als Bundeskanzler die erste Große Koalition von CDU und SPD (Sozialdemokratische Partei Deutschland). »Groß« wird diese Koalition deshalb genannt, weil sie aus den beiden Parteien mit den meisten Wählerstimmen gebildet wurde. Die Situation in der jungen Bundesrepublik war schwierig: Die Wirtschaft brach ein. Um die steigende Arbeitslosigkeit einzudämmen, vergab der Staat viele Aufträge an Betriebe, die sonst hätten schließen müssen.

4. **WILLY BRANDT** (1969–1974), SPD
Willy Brandt hieß eigentlich Herbert Ernst Karl Frahm. Den Namen Willy Brandt legte er sich ursprünglich als Tarnnamen zu, als er in Norwegen im Widerstand gegen die Nationalsozialisten arbeitete. Sein erstes politisches Amt trat er 1957 als Regierender Bürgermeister von Berlin an.

Während der ersten Großen Koalition war Brandt Außenminister und Vizekanzler, bevor er 1969 zum vierten Bundeskanzler gewählt wurde. »Wir wollen mehr Demokratie wagen!« Mit diesem Satz trat Brandt seine Kanzlerschaft an. Er leitete eine Koalition von SPD und FDP.

Als Bundeskanzler schrieb Willy Brandt mit einem Kniefall Geschichte: Am 7. Dezember 1970 legte er einen Kranz am Ehrenmal des Warschauer Ghettos nieder. Das war im Zweiten Weltkrieg ein Sammellager gewesen, in dem jüdische Bürger leben mussten. Willy Brandt fiel vor dem Ehrenmal auf die Knie – ein Bild, das um die Welt ging. Für sein Bemühen um Versöhnung zwischen Ost und West erhielt Brandt ein Jahr später den Friedensnobelpreis.

1974 entpuppte sich einer seiner Berater, Günter Guillaume, als Spion der DDR. Willy Brandt trat daraufhin als Bundeskanzler zurück, blieb aber bis 1987 Parteivorsitzender der SPD.

5. **HELMUT SCHMIDT** (1974–1982), SPD
Nach dem Rücktritt Willy Brandts führte Helmut Schmidt die Koalition von SPD und FDP fort. Eine Weltwirtschafts- und Ölkrise – der Ölpreis stieg 1973 erstmals dramatisch an – und Terrorismus waren die großen Herausforderungen während seiner zwei Amtszeiten. Im Herbst 1977 ermordete die Terrorgruppe Rote Armee Fraktion, kurz RAF, über 30 Menschen, vor allem Politiker und Unternehmenschefs. Sie entführte den Arbeitgeberpräsidenten Hanns Martin Schleyer, um die Freilassung von Terroristen aus dem Gefängnis zu erpressen. Später ermordeten sie ihn. Mit dem gleichen Ziel kaperten verbündete palästinensische Terroristen ein Flugzeug der Lufthansa und ent-

führten es nach Mogadischu. Helmut Schmidt leitete den Krisenstab. Er wollte die Entführten retten, ohne den Forderungen der Terroristen nachzugeben. Doch die Terroristen töteten den Flugkapitän. Erst danach konnte die GSG 9, eine Spezialeinheit der Bundespolizei, die Flugzeugpassagiere und die Crew befreien.

Im September 1982 traten vier FDP-Minister aus der Regierung aus, die daraufhin zerbrach. Helmut Schmidt wurde als Bundeskanzler abgelöst.

6. HELMUT KOHL (1982–1998), CDU

16 Jahre in Folge war Helmut Kohl Bundeskanzler – die bis dahin längste Dienstzeit in diesem Amt. An die Regierung kam er, weil Helmut Schmidt abgesetzt und er selbst anschließend von den Abgeordneten von CDU, CSU und FDP gewählt wurde. Einen Regierungswechsel in dieser Form hatte es bis dahin noch nicht gegeben.

Helmut Kohl wird auch Kanzler der Einheit genannt, weil es während seiner Regierungszeit zur Wiedervereinigung des geteilten Deutschlands kam. Kohl setzte sich außerdem für die Erweiterung der Europäischen Union und die Einführung des Euro ein. Davor hatte Deutschland eine andere Währung: die Deutsche Mark.

7. GERHARD SCHRÖDER
(1998–2005), SPD

Der siebte Bundeskanzler war der erste, der von Berlin aus regierte. Er stand an der Spitze einer Regierung von SPD und Bündnis 90 / Die Grünen. In seiner Regierungszeit wurden erstmals seit dem Zweiten Weltkrieg wieder deutsche Sol-

daten in einem Krieg eingesetzt. Schröders Regierung beschloss auch die Agenda 2010, ein Programm zur Bekämpfung der Arbeitslosigkeit. Bei alldem hatte Schröder jedoch gegen großen Widerstand zu kämpfen. Um zu sehen, ob die Wähler seinen Ideen noch vertrauten, setzte er sich schließlich dafür ein, die Bundestagswahlen um ein Jahr vorzuziehen. Dabei verlor die SPD viele Stimmen. Weder SPD und Grüne noch CDU/CSU und FDP erreichten die für eine Koalition erforderliche Stimmenzahl. Deshalb einigten sich SPD, CDU und CSU auf Angela Merkel als Kanzlerin einer Großen Koalition.

8. ANGELA MERKEL (seit 2005), CDU

Die erste Bundeskanzlerin in der Geschichte der Bundesrepublik kam 1954 in Hamburg zur Welt, wuchs aber in der DDR auf. Während der Wendezeit, wie die Zeit des Mauerfalls und der Wiedervereinigung Deutschlands auch genannt wird, begann sie sich politisch zu engagieren. 1990 trat sie in die CDU ein. Mit ihrer Wahl zur Kanzlerin schrieb sie gleich mehrfach Geschichte: Zum ersten Mal schaffte es eine Frau an die Spitze der Bundesregierung, zum ersten Mal jemand aus den neuen Bundesländern. Als studierte Physikerin war sie außerdem die erste Naturwissenschaftlerin und – da sie mit 51 Jahren erstmals gewählt wurde – die jüngste Politikerin in diesem Amt. Sie hatte in ihrer Amtszeit viele Krisen zu bewältigen, unter anderem die Finanzkrise 2008, die schwierige Lage, als 2015 sehr viele Flüchtlinge auf einmal nach Deutschland kamen, und die weltweite Corona-Krise 2020.

DIE BUNDESPRÄSIDENTEN

1. **THEODOR HEUSS** (1949 – 1959), FDP
Der erste Bundespräsident der Bundesrepublik Deutschland war Journalist und Politikwissenschaftler und wesentlich an der Ausarbeitung des Grundgesetzes beteiligt. Bis zu seiner Wahl zum Bundespräsidenten war er außerdem der erste Parteivorsitzende der FDP.

2. **HEINRICH LÜBKE** (1959 – 1969), CDU
Lübke, der unter anderem Landwirtschaft studiert hatte, war zunächst Bundesminister für Ernährung, Landwirtschaft und Forsten. Als Bundespräsident setzte er sich sehr dafür ein, den Hunger in der Welt zu bekämpfen.

3. **GUSTAV HEINEMANN** (1969 – 1974), SPD
Heinemann war zu Beginn seiner politischen Laufbahn CDU-Mitglied. Nach einem Jahr als Bundesinnenminister legte er aus Protest gegen die Militärpolitik Konrad Adenauers sein Amt nieder. Er war dagegen, die Bundesrepublik wieder zu bewaffnen, weil er darin eine Gefahr für die Wiedervereinigung Deutschlands sah. Heinemann trat aus der CDU aus und gründete die »Gesamtdeutsche Volkspartei«, die sich aber bald wieder auflöste. Schließlich trat er der SPD bei. Sein Ziel war es, dass die Deutschen ihre alte Untertanen-Mentalität überwinden und zu freien und verantwortungsvollen Bürgern werden sollten.

4. **WALTER SCHEEL** (1974 – 1979), FDP
1961 wurde Scheel der erste Bundesminister für wirtschaftliche Zusammenarbeit, 1968 übernahm er den Parteivorsitz der FDP. 1973, ein Jahr vor seiner Wahl zum Bundespräsidenten, wurde er im ganzen Land durch eine damals sehr ungewöhnliche Aktion bekannt: Für eine Hilfsorganisation sang er das Lied »Hoch auf dem gelben Wagen«. Die Schallplatte verkaufte sich mehr als 300 000 Mal. Als Bundespräsident sprach Walter Scheel immer wieder die jungen Menschen an und forderte sie zu Engagement und kritischem Denken auf. Außenpolitisch setzte er sich vor allem für ein geeintes Europa ein.

5. **KARL CARSTENS** (1979 – 1984), CDU
Der studierte Jurist war Professor für Staats- und Völkerrecht und leitete das Forschungsinstitut der Deutschen Gesellschaft für Auswärtige Politik in Bonn. Von 1976 an war Carstens drei Jahre lang Präsident des Deutschen Bundestages, bevor er 1979 zum Bundespräsidenten gewählt wurde. 1983 machte er als erster Bundespräsident von seinem Recht (und seiner Pflicht) Gebrauch, den Bundestag aufzulösen und Neuwahlen anzuordnen. Das war nötig, nachdem Bundeskanzler Helmut Schmidt durch ein sogenanntes konstruktives Misstrauensvotum abgewählt worden war. Karl Carstens galt als besonders objektiv und volksnah. In der Außenpolitik kam es ihm vor allem auf ein gutes Verhältnis zu den USA an.

6. **RICHARD VON WEIZSÄCKER**
(1984–1994), CDU
Schon bei der Bundespräsidentenwahl 1974 hatte Richard von Weizsäcker kandidiert, sich gegen Walter Scheel aber nicht durchsetzen können. 1984 wurde er mit großer Mehrheit gewählt, bei seiner zweiten Amtszeit standen fünf Jahre später sogar noch mehr Menschen hinter ihm. Weizsäcker erhielt parteiübergreifend Anerkennung für die klaren Worte, die er immer wieder fand. Er setzte sich für demokratische und christliche Werte ein und wandte sich auch an die Bürger der DDR. Nach dem Fall der Mauer forderte er »Behutsamkeit beim Zusammenwachsen von DDR und Bundesrepublik«. Er sprach sich außerdem für Berlin als Hauptstadt des wiedervereinigten Deutschlands aus.

7. **ROMAN HERZOG** (1994–1999), CDU
Bevor er Bundespräsident wurde, hatte Roman Herzog bereits ein anderes wichtiges Amt in der Bundesrepublik Deutschland inne: Von 1987 bis zu seiner Wahl 1994 war er Präsident des Bundesverfassungsgerichts in Karlsruhe. Herzog zeigte sich stets redegewandt und oft humorvoll. Deshalb war er bei den Menschen beliebt. Berühmt wurde seine Berliner Rede von 1997, in der er forderte, es müsse »ein Ruck« durch Deutschland gehen; gemeint war damit, dass die Bürger mehr Bereitschaft zur Veränderung haben müssen.

8. **JOHANNES RAU** (1999 – 2004), SPD
Der gelernte Buchhändler war seit 1957 Mitglied der SPD. Nach Stationen als Oberbürgermeister seiner Geburtsstadt Wuppertal und Ministerpräsident von Nordrhein-Westfalen war er 1987 Kandidat der SPD für das Kanzleramt. Doch die SPD verlor die Wahl. 1994 wurde er zum ersten Mal für das Amt des Bundespräsidenten vorgeschlagen, verlor aber gegen Roman Herzog. 1999 schließlich wurde Johannes Rau in das höchste Amt des Staates gewählt. Sein Motto lautete »Versöhnen statt spalten«. Die Integration von Menschen aus anderen Ländern und Minderheiten war ein besonders wichtiges Thema für ihn.

9. **HORST KÖHLER** (2004–2010), CDU
Der studierte Wirtschaftswissenschaftler war als Führungsperson in der Wirtschaftspolitik tätig, bevor er Bundespräsident wurde. Als Bundespräsident war es ihm vor allem wichtig, dass möglichst viele Menschen eine gute Ausbildung erhalten und einen Arbeitsplatz haben. In der Außenpolitik engagierte er sich dafür, die Armut in Afrika zu bekämpfen. Köhler trat 2010 nach heftiger Kritik an seinen Äußerungen zu Auslandseinsätzen der Bundeswehr von seinem Amt zurück.

10. **CHRISTIAN WULFF**
(2010–2012), CDU
Der jüngste Bundespräsident in der Geschichte der Bundesrepublik Deutschland wurde im Alter von 51 Jahren gewählt. Zuvor war Wulff Ministerpräsident von Niedersachsen. Nach nur zwei Jahren als Bundespräsident trat er von seinem Amt zurück, nachdem ihm Vorteilsannahme im Amt vorgeworfen worden war. Der Prozess vor Gericht endete mit einem Freispruch.

11. JOACHIM GAUCK

(2012–2017), parteilos

Der Pastor führte gemeinsam mit anderen Mitstreitern in der DDR den kirchlichen und öffentlichen Widerstand gegen die Diktatur der Sozialistischen Einheitspartei Deutschland (SED) an. So leitete Gauck unter anderem wöchentliche Friedensgebete. Daraus wurden später die Protestdemonstrationen, die die DDR-Führung immer mehr unter Druck setzten und schließlich zum Mauerfall führten.

Nach der Wende ernannte ihn Bundespräsident Richard von Weizsäcker zum Bundesbeauftragten für die Unterlagen des ehemaligen Staatssicherheitsdienstes der DDR. Die Behörde, die er leitete, wurde damals auch Gauck-Behörde genannt. Sie ist auch heute noch dafür zuständig, die Geschichte und die Verbrechen des Ministeriums für Staatssicherheit zu dokumentieren und zu erforschen. Dieses Ministerium hat Bürger der DDR bespitzeln und einsperren lassen, wenn der Verdacht bestand, dass sie anderer Meinung waren als die Staatsführung.

2012 wurde Gauck als überparteilicher Kandidat in das Amt des Bundespräsidenten gewählt; Gauck gehörte nach einer kurzen Mitgliedschaft im Bündnis 90 keiner Partei an. Seine Leitlinie als Bundespräsident lautete: »Die Freiheit der Erwachsenen heißt Verantwortung.« Er rief immer wieder dazu auf, die Demokratie mutig und engagiert gegen nationalistische, populistische und demokratiefeindliche Bedrohungen zu verteidigen.

12. FRANK-WALTER STEINMEIER

(seit 2017), SPD

Der zwölfte Bundespräsident der Bundesrepublik Deutschland war schon zweimal für einige Jahre Außenminister gewesen, bevor er am 12. Februar 2017 zum Staatsoberhaupt gewählt wurde. Als nach der Bundestagswahl von 2017 die Regierungsbildung schwierig wurde und zu scheitern drohte, gelang es Steinmeier, Neuwahlen zu vermeiden. Schließlich kam es zu einer neuen Großen Koalition von CDU/CDU und SPD. Steinmeier gilt als Verfechter eines geeinten und demokratischen Europas.

DAS BLEISTIFTKATAPULT

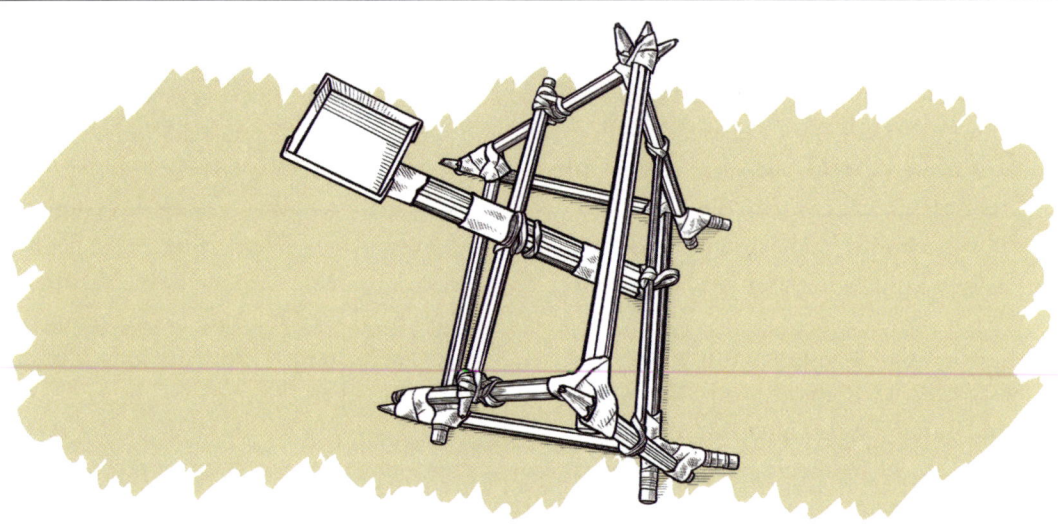

Schwer zu bauen ist es nicht, aber eine ziemliche Fummelarbeit. Dazu brauchst du nur Sachen, die man in jedem Büro oder Schreibtisch findet.

WAS DU BRAUCHST

- ein Dutzend Bleistifte, möglichst gleich lang
- eine Rolle Klebeband
- fünf Gummiringe
- ein Stück Pappe

Du kannst das Katapult auch so basteln, dass alle Verbindungen von Gummis zusammengehalten werden. Uns ist aber aufgefallen, dass sich das ganze Konstrukt durch die Spannung so immer wieder verzieht – und das nervt einfach. Klebeband ist besser geeignet, um die Grundstruktur zusammenzu-

bauen. Brich zuerst die Spitzen der Bleistifte ab. Es ist sonst ziemlich blöd, wenn man sich dauernd daran sticht. Das kommt dir jetzt vielleicht wie sinnlose Sachbeschädigung vor, aber man kann sie ja immer wieder anspitzen.

1. Bastele zwei Dreiecke, indem du die Stifte mit dem Klebeband verbindest. Pass auf, dass sie möglichst gleich lang sind. Wenn sie Enden mit Radiergummis haben, kommen die nach unten, damit die Füße stabiler stehen.

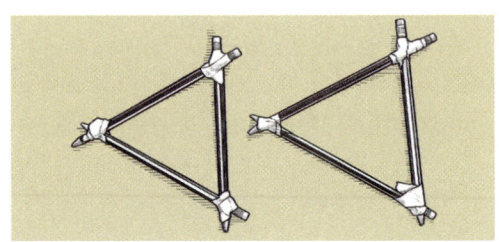

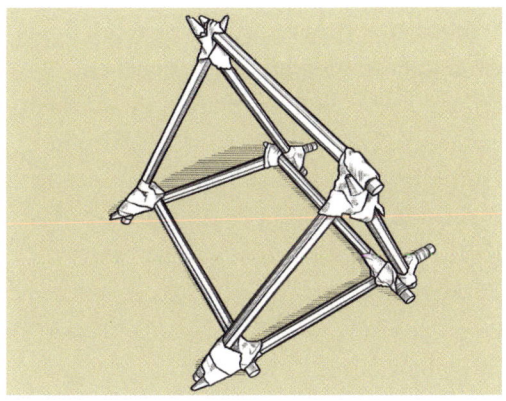

2. Verbinde die beiden Dreiecke mit drei weiteren Stiften als Querstangen, indem du jeden mit einem dünnen Streifen Klebeband befestigst. Das sieht nicht besonders schön aus, aber es funktioniert.

3. Nun nimmst du zwei Gummiringe und befestigst damit waagerecht einen Stift, die Achse für den Katapultarm. Den kannst du nicht festkleben, weil er sich drehen können muss. Achte darauf, dass er so gerade wie möglich sitzt. Nimm dir ruhig Zeit, du bist fast fertig.

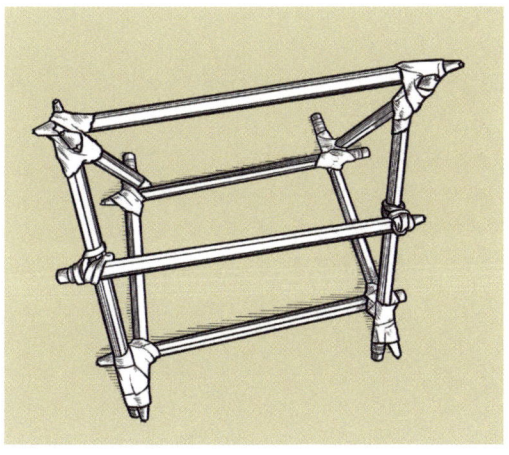

4. Verbinde zwei Bleistifte mit mehreren Streifen Klebeband. Dann befestigst du sie mit einem Gummiring an der Achse. Schling das Gummi dazu immer wieder um die Stange und steck am Ende die Stifte durch die Schlaufe.

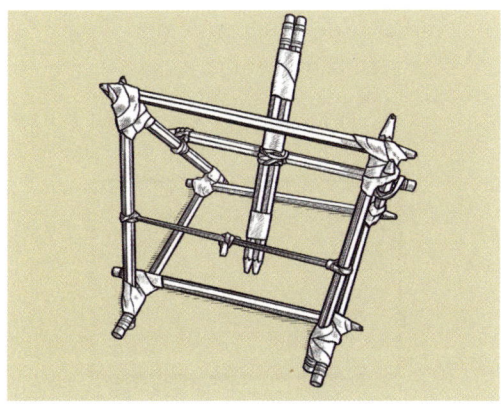

5. Jetzt musst du noch ein Gummiband als Feder waagerecht am Katapult befestigen. Das ist an dieser Stelle nicht so einfach, weil die Stifte ja schon festgeklebt sind. Dafür haben wir uns den Trick auf dem unteren Bild ausgedacht. Befestige einfach auf jeder Seite des Gestells einen Gummiring wie auf den nächsten Bildern gezeigt und verknote sie in der Mitte miteinander. Das klappt sehr gut. (Der Arm aus zwei Bleistiften muss das Gummiband erst berühren, wenn er eingespannt wird.)

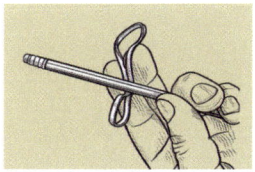

6. Am Ende haben wir noch eine kleine Pappschale aus einer Cornflakes-Schachtel gebastelt, die wir am Wurfarm befestigt haben. Man könnte auch einen Plastiklöffel benutzen, aber der müsste lang genug sein, um über die obere Stange zu reichen, während man ihn gleichzeitig mit dem Stiel unter das Gummiband klemmen kann.

Schneide die Pappe entlang der roten Linien ein und falte entlang der gestrichelten Linien. Klebe die Laschen fest, die dadurch entstehen. Dann klebst du den Schleuderkorb mit Klebeband am Wurfarm aus zwei Bleistiften fest. Fertig. Jetzt kannst du ein Knäuel aus Klebeband durch den ganzen Raum schleudern.

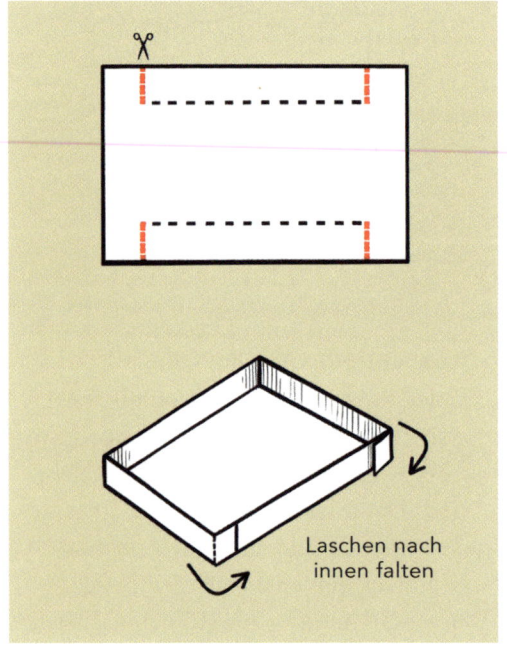

Laschen nach innen falten

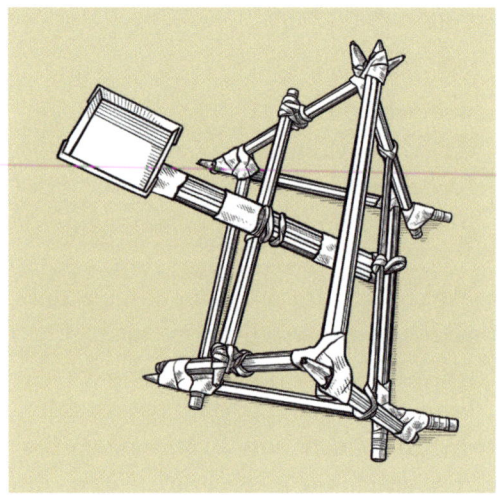

GEBÄRDENSPRACHE

Du weißt bestimmt mehr über das Sprechen ohne Laute, als dir bewusst ist. Immerhin kannst du mit einer Handbewegung zu verstehen geben, dass du noch etwas trinken möchtest oder jemandem, der zu weit von dir entfernt steht, signalisieren, dass du ihn anrufen willst. Wir legen die Hand vor den Mund und gähnen, wenn wir Müdigkeit zeigen wollen. Wir heben den Daumen bei Zustimmung oder senken ihn bei Ablehnung. Mit den Fingern ahmen wir die Bewegung einer Schere nach, oder wir tippen uns an die Stirn, wenn wir etwas absurd finden. Schulterzucken zeigt, dass man etwas nicht weiß. Kopfschütteln bedeutet »nein«. Wer schon mal Scharade gespielt hat, hat auch bereits ein Buch, einen Film oder Ähnliches pantomimisch beschrieben. All das ist Zeichensprache.

Gebärdensprache dagegen ist eine natürliche visuelle Sprache mit Vokabeln und Sätzen, die man lernt, um mit Gehörlosen zu kommunizieren. Aber das ist nicht die einzige Möglichkeit. Während der Recherche für dieses Kapitel haben wir Gebärden mit gleichzeitigem Stirnrunzeln und Kopfschütteln ins Gegenteil verkehrt. Will man »glücklich« sagen, streckt man beide Daumen aus und beschreibt von der Körpermitte aus einen Halbkreis nach außen, fast als würde man ein Lächeln mit den Daumen zeichnen. Das ist die Gebärde für »glücklich«. Dabei den Kopf schütteln und die Stirn runzeln, dann ist die Botschaft sarkastisch gemeint. In unserer Familie zeigen wir uns öfter die Gebärde für »klug« (mit gebeugtem Mittelfinger und Zeigefinger an die Stirn tippen) und verneinen es dabei. Das macht uns viel Spaß, und so kann sich eine Geheimsprache entwickeln – die natürlich nicht mehr so geheim ist, wenn man einem der 80.000 Gehörlosen in Deutschland begegnet.

Das Fingeralphabet auf den nächsten Seiten kann man in wenigen Stunden lernen. Dann kannst du deinen Namen buchstabieren und andere schwierige Wörter üben. Oder sogar ein Pangramm wie »Franz jagt im komplett verwahrlosten Taxi quer durch Bayern«, in dem alle Buchstaben des Alphabets vorkommen.

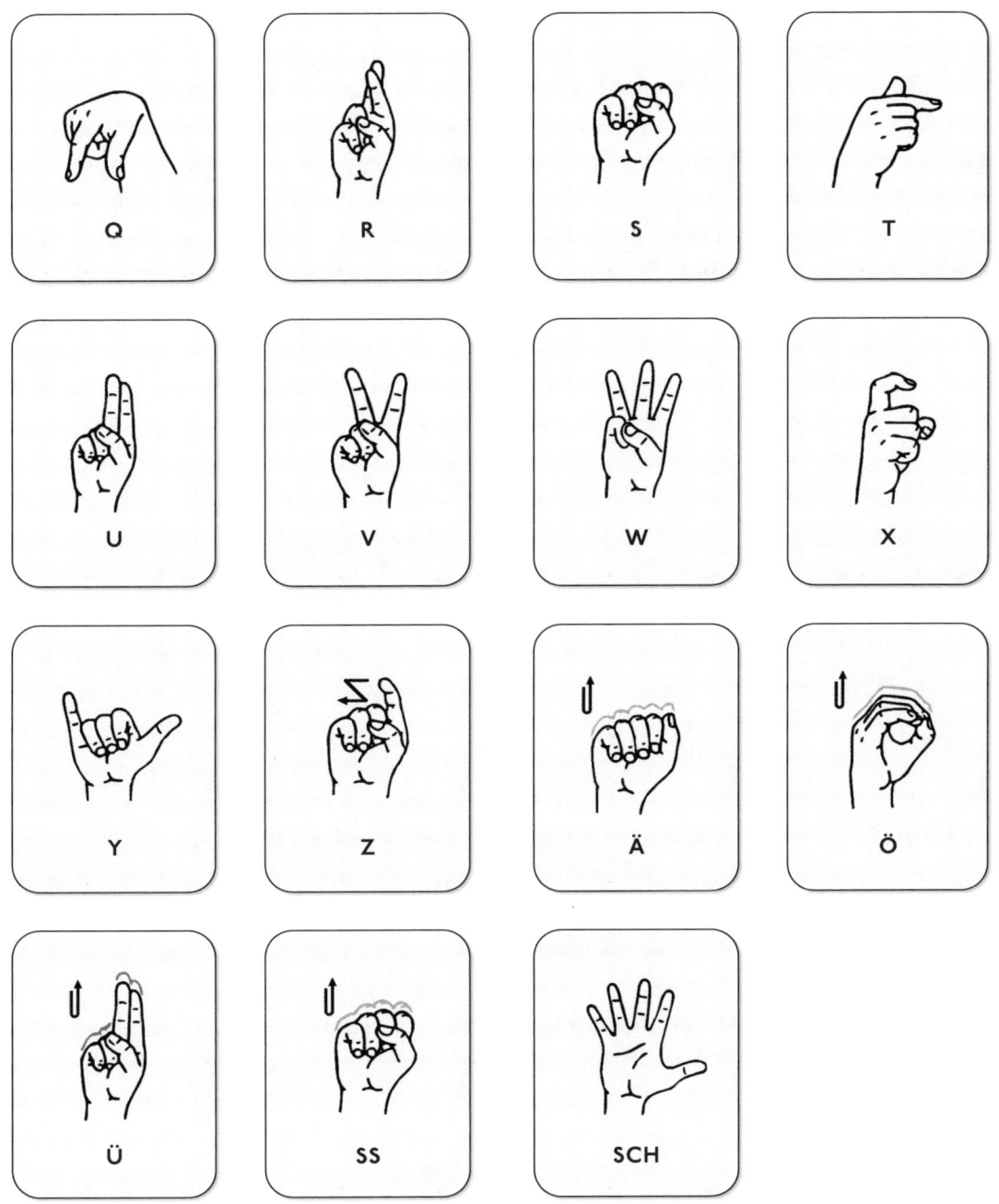

Ob du dann Feuer gefangen hast und anfängst, Gebärden zu lernen, liegt bei dir. Auf uns übt Gebärdensprache jedenfalls eine große Faszination aus. Hat man einmal begonnen, will man mehr und mehr wissen. Probiere es einfach aus!

Hinweis: Diese Zeichen gehören zur Deutschen Gebärdensprache (DGS). Jedes Land hat eine eigene Gebärdensprache, es gibt auch regionale Dialekte.

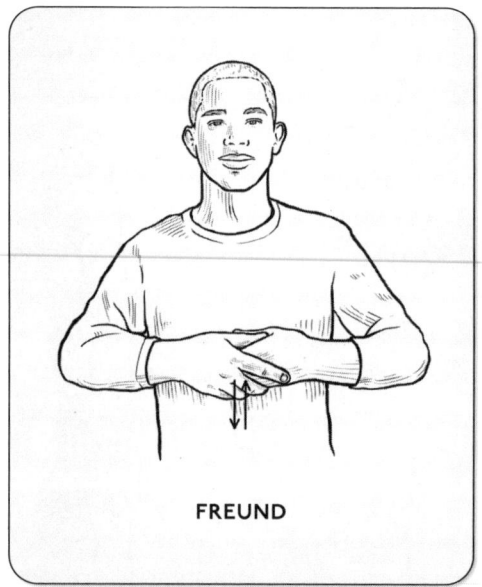

FREUND

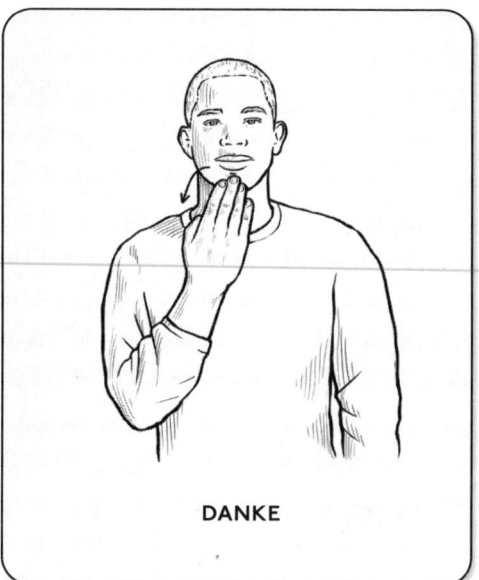

DANKE

LOVE

ZITATE FÜR ALLE LEBENSLAGEN

Die Vergangenheit sind die Erfahrungen, die andere gemacht haben. Und die, die zu Lebzeiten etwas Interessantes erfahren haben, hatten mitunter auch etwas Spannendes darüber zu sagen. Manch ein Zitat wird sogar in den Mund gelegt, wenn es keinen schriftlichen Beleg gibt, aber der Satz perfekt zu Leben und Werk passt. Sich an diese Menschen und ihre Gedanken zu erinnern, wird dich vielleicht zu einem besseren und weiseren Menschen machen.

Keine menschliche Sache verdient eine solche Furcht.

Platon (ca. 429 – 347 v. Chr.)

Dass nicht arbeitslos in den Staub ich sinke, noch ruhmlos,
Nein, erst Großes vollendend, wovon auch Künftige hören!

Homer

Es ist sicher eine schöne Sache, aus gutem Hause zu sein.
Aber das Verdienst gebührt den Vorfahren.

Plutarch (ca. 45 – 125 n. Chr.)

Je weniger Aberglaube, desto weniger Fanatismus, und je weniger Fanatismus, desto weniger Unheil.

Voltaire (1694 – 1778)

Freiheit ist immer Freiheit der Andersdenkenden.

Rosa Luxemburg (1871 – 1919)

Anstrengungen machen gesund und stark.

Martin Luther (1483 – 1546)

Denken ist reden mit sich selbst.

Immanuel Kant (1724 – 1804)

Manche Hähne glauben, dass die Sonne ihretwegen aufgeht.

Theodor Fontane (1819 – 1898)

Es ist viel mehr wert, jederzeit die Achtung der Menschen zu haben als gelegentlich ihre Bewunderung.

Jean-Jacques Rousseau (1712 – 1778)

Ein Geheimnis des Erfolgs ist es, den Standpunkt des anderen zu verstehen.

Henry Ford I. (1863 – 1947)

Sie müssen Ihr Talent entdecken und benutzen. Sie müssen herausfinden, wo Ihre Stärke liegt. Haben Sie den Mut, mit Ihrem Kopf zu denken. Das wird Ihr Selbstvertrauen und Ihre Kräfte verdoppeln.
Marie Curie (1867–1934)

Handle so, dass die Maxime deines Willens jederzeit zugleich als Prinzip einer allgemeinen Gesetzgebung gelten kann.
Immanuel Kant (1724–1804)

Geld verloren, nichts verloren.
Mut verloren, viel verloren.
Ehre verloren, alles verloren.
Deutsches Sprichwort

Der eigene Hund macht keinen Lärm –
er bellt nur.
Kurt Tucholsky (1890–1935)

Der Schlaf ist für den ganzen Menschen,
was das Aufziehen für die Uhr.
Arthur Schopenhauer (1788–1860)

Sich selbst zu kennen ist, bei einem selbst mittelmäßigen Verstande, nicht so schwer, als manche Leute sagen, aber im Leben dem gemäß handeln, was man von sich erkannt hat, ist ebenso schwer, als die Praxis in allen Dingen, gegen die Theorie betrachtet.
Franz Grillparzer (1791–1872)

Der gefährlichste Gegner der Kraft ist die Schwäche.
Hugo von Hofmannsthal (1874–1929)

Es ist schön, mit jemand schweigen
zu können.
Kurt Tucholsky (1890–1935)

Die Erinnerung ist das einzige Paradies,
aus dem man nicht vertrieben werden kann.
Jean Paul (1763–1825)

Niemand ist frei, der nicht über
sich selbst Herr ist.
Matthias Claudius (1740–1815)

Er hatte so eine Art, sich in den Hintergrund zu drängen,
daß es allgemein Ärgernis erregte.
Karl Kraus (1874–1936)

Wir unterschätzen das, was wir haben,
und überschätzen das, was wir sind.
Marie von Ebner-Eschenbach (1830–1916)

Jeder dumme Junge kann einen Käfer zertreten. Aber alle Professoren der Welt können keinen herstellen.
Arthur Schopenhauer (1788–1860)

Die unmittelbare Wirklichkeit des
Gedankens ist die Sprache.
Karl Marx (1818 – 1883)

Ein Politiker denkt an die nächste Wahl;
ein Staatsmann an die nächste Generation.
James Freeman Clarke (1810 – 1888)

Sei mit dir nie zufrieden, außer etwa
episodisch, so daß deine Zufriedenheit nur
dazu dient, dich zu neuer Unzufriedenheit
zu stärken.
Christian Morgenstern (1871 – 1914)

Tadle nichts Menschliches!
Alles ist gut, nur nicht überall,
nur nicht immer, nur nicht für alle.
Novalis (1772 – 1801)

Mir tut es allemal weh, wenn ein Mann von
Talent stirbt, denn die Welt hat dergleichen
nötiger als der Himmel.
Georg Christoph Lichtenberg (1742 – 1799)

Tätigkeit ist der wahre Genuss des Lebens,
ja das Leben selbst.
August Wilhelm Schlegel (1767 – 1845)

Man kann alle Leute einige Zeit zum
Narren halten und einige Leute allezeit;
aber alle Leute allezeit zum Narren halten
kann man nicht.
Abraham Lincoln (1809 – 1865)

Toleranz heißt: die Fehler der andern
entschuldigen.
Takt heißt: sie nicht bemerken.
Arthur Schnitzler (1862 – 1931)

Alles Alte, soweit es Anspruch darauf hat,
sollen wir lieben, aber für das Neue sollen
wir recht eigentlich leben.
Theodor Fontane (1819 – 1898)

Der oft unüberlegten Hochachtung gegen
alte Gesetze, alte Gebräuche und alte
Religion hat man alles Übel in der Welt
zu danken.
Georg Christoph Lichtenberg (1742 – 1799)

Gute Manieren bestehen aus lauter
kleinen Opfern.
Ralph Waldo Emerson (1803 – 1882)

Man kann eine widerspenstige Rinderherde
mit Peitschen treiben, aber man kann sie
während des Peitschens nicht an die gute
Weide glauben machen, zu der man vorgibt
sie zu treiben.
Gerhart Hauptmann (1862 – 1946)

Einander kennenlernen, heißt lernen, wie
fremd man einander ist.
Christian Morgenstern (1871 – 1914)

Die kleinen Alltagsleistungen setzen viel mehr Energie in die Welt als die seltenen heroischen Taten.

Robert Musil (1880 – 1942)

Das Alter ist beschwerlich: noch mehr für die Jüngeren, die mit ihm zu tun bekommen.

Heinrich Mann (1871 – 1950)

Erfahrung heißt gar nichts. Man kann eine Sache auch 35 Jahre schlecht machen.

Kurt Tucholsky (1890 – 1935)

Alle Kunst praktischer Erfolge besteht darin, alle Kraft zu jeder Zeit auf einen Punkt – auf den wichtigsten Punkt – zu konzentrieren und nicht nach rechts noch links zu sehen.

Ferdinand Lassalle (1825 – 1864)

Die schlimmsten Fehler werden gemacht in der Absicht, einen begangenen Fehler wiedergutzumachen.

Jean Paul (1763 – 1825)

Ein Leben ohne Feste ist eine weite Reise ohne Gasthaus.

Demokrit (ca. 460 – 370 v. Chr.)

Genie ist Fleiß.

Theodor Fontane (1819 – 1898)

Ein freundlich Wort findet immer guten Boden.

Jeremias Gotthelf (1797 – 1854)

Gedanken sind nicht stets parat, man schreibt auch, wenn man keine hat.

Wilhelm Busch (1832 – 1908)

Der Furchtsame erschrickt vor der Gefahr, der Feige in ihr, der Mutige nach ihr.

Jean Paul (1763 – 1825)

Erwarte nichts. Heute: Das ist das Leben.

Kurt Tucholsky (1890 – 1935)

DIE GUMMIKANONE

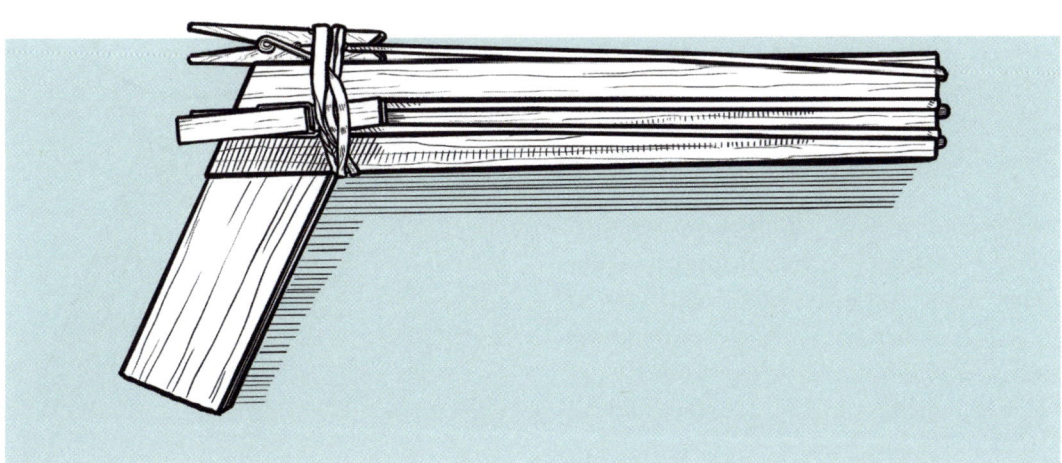

Für diese Bastelarbeit braucht man keine besonderen Fähigkeiten, sie lässt sich schnell mit ein paar Holzresten, einem Fuchsschwanz und einem Akkuschrauber improvisieren. Außerdem brauchst du noch drei Wäscheklammern aus Holz, Schleifpapier oder eine Schleifmaschine, einen guten Holzkleber, drei kurze Nägel oder Reißzwecken und natürlich Gummiringe. Und am besten eine Schmiege (Winkelmesser mit beweglichen Schenkeln), um einen vernünftigen Winkel hinzubekommen.

Zuerst haben wir uns aus einer Kiste mit Holzresten ein gutes Stück herausgesucht. Du brauchst eins, das ungefähr die Größe einer Pistole hat, aber mit einem längeren Lauf, um die Gummibänder zu spannen. Unser Holz war 44 × 25 mm breit und 29 cm lang. Für kleinere Hände kann man die Größe auch anpassen, aber hier kommt es wirklich nicht auf exakte Maße an.

Für unser gewünschtes Modell haben wir einen 30-Grad-Winkel auf der Schmiege eingestellt, das Stück Holz in einen Schraubstock gespannt und es hinten schräg abgesägt.

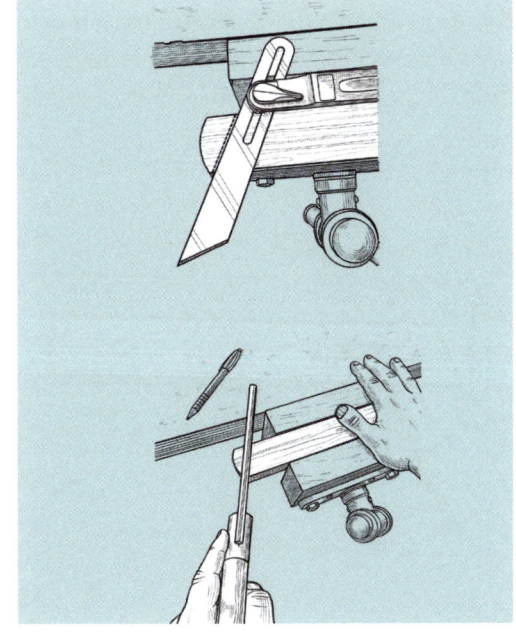

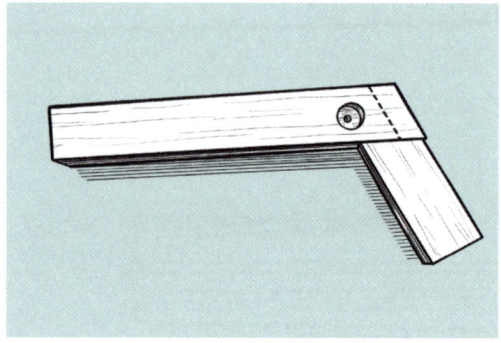

Das Tolle an so einer Schmiege ist, dass man einmal einen Winkel einstellt und sie dann immer wieder benutzen kann, ohne neu zu messen. So haben wir als Nächstes ein Stück für den Griff mit dem gleichen Winkel zugesägt, damit die Pistole am Ende eine ähnliche Form hat wie eine Beretta.

Es gibt echt guten Holzkleber, aber wir gehen lieber auf Nummer sicher. Deshalb haben wir den Lauf von oben zusätzlich zum Kleber noch mit einer Schraube am Griff befestigt. Wenn du das machst, solltest du das Bohrloch »ansenken«, das heißt Platz für den Schraubenkopf schaffen, damit er bündig im Holz sitzt. Das ist in diesem Fall erstaunlich wichtig.

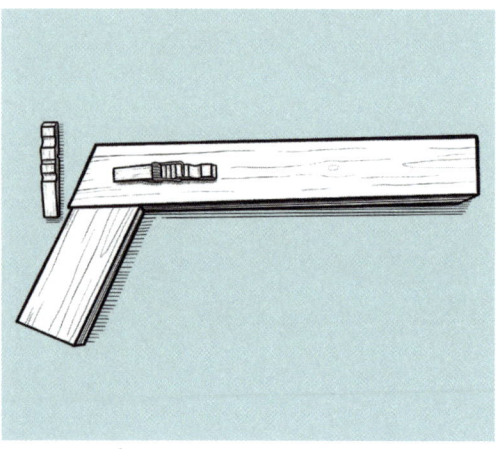

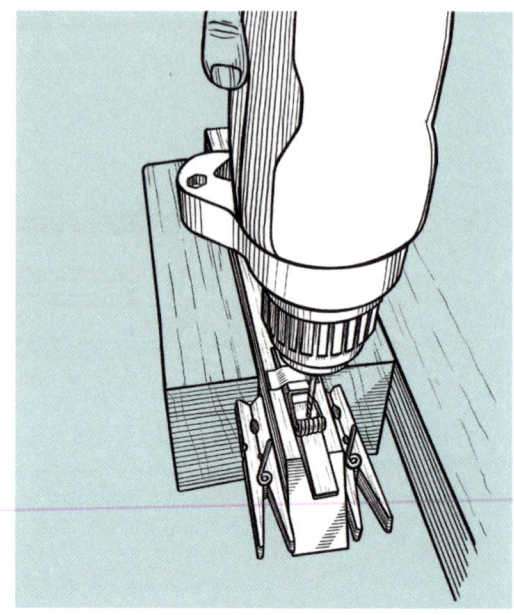

Nimm eine der drei Wäscheklammern vorsichtig auseinander. Die eine Hälfte wird an der Kanone festgeklebt, später kommt die andere wieder dran. Platzier sie parallel zum Lauf, sodass sie hinten ein Stück übersteht. Am Ende wollen wir einen Gummiring abschießen, während wir den Griff in der Hand halten, richte dich also nach der Größe deiner Hand. Dein Daumen wird dabei die »Auslöser« betätigen.

Klebe die halbe Klammer mit einem Klecks Kleber fest und schlag mit dem Hammer einen Nagel oder eine Reißzwecke durch die Klammer. Wenn sie dabei kaputtgeht (das ist uns zweimal passiert), brauchst du vielleicht einen Minibohrer, um ein Loch vorzubohren. Kleb die Klammer mit etwas Klebeband fest, damit sie nicht verrutscht, und lass dir dabei ruhig von einem Erwachsenen helfen.

Durch die Kombination aus Nagel und Kleber wird das sehr gut halten. Wenn der Nagel

sitzt, kannst du die andere Hälfte der Wäsche-
klammer wieder aufsetzen. Dazu musst du die
Metallfeder anheben. Wiederhol das Ganze
auf der anderen Seite und oben auf der Waffe.

Am Ende brauchst du noch drei kleine Holz-
stifte vorn an der Kanone, wo die Gummiringe eingespannt werden. So hat deine Waffe drei Schuss.

Schraub den Lauf dazu in den Schraubstock
und bohr drei Löcher vorne hinein. Wenn
du alle gleich tief bohren willst, markiere die
Tiefe am Bohrer mit einem Stück Klebeband
und bohr jedes Mal nur bis zu der Stelle, wo
das Band anfängt. Jetzt musst du dir was einfallen lassen. Du brauchst drei gleich dicke
Holzstücke. Wir haben dazu den Pinsel eines
alten Künstlers benutzt und drei Stücke vom
Stiel abgesägt. Dann haben wir sie mit der
Schleifmaschine rund geschliffen, während
sie kopfüber im Schraubstock steckten. Der
alte Künstler war zwar mächtig sauer, aber
sonst hat das Ganze sehr gut geklappt. Du
kannst aber auch Dübelstangen aus Holz
kaufen.

Beim ersten Versuch sind unsere Wäscheklammern beim Laden immer wieder aufge-
sprungen und haben uns die Gummis ohne
Vorwarnung um die Ohren fliegen lassen.
Zum Glück gibt es dafür eine einfache Lösung: Wir haben die Klammern mit Gum-
mibändern umwickelt, damit sie zubleiben,
bis man sie absichtlich abfeuert. Sieht nicht
schön aus, aber es funktioniert.

Alles in allem gar nicht schwer – und es
macht echt Spaß! Natürlich solltest du mit
dem Ding nicht auf andere Menschen schießen – auch nicht auf dich selbst. Die Reich-
weite hängt von den Gummis ab, die du benutzt, und vom Griff der Klammern.

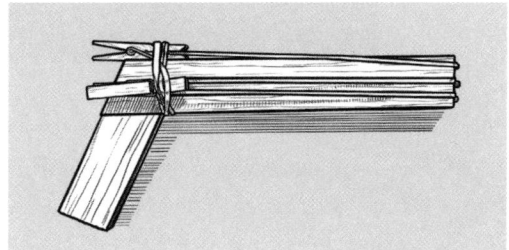

Am Ende kannst du deine Kanone noch mit
Farbe besprühen. Schwarz oder dunkelblau
würde gut aussehen. Und wenn du dann
noch eine Pappschablone mit einem Toten-
kopf bastelst, kannst du den noch in Weiß
draufsprühen. Nur so als Idee.

KAFFEE KOCHEN

Kinder trinken natürlich keinen Kaffee. Kaffee und Tee enthalten Koffein, ein Aufputschmittel – davon schlägt das Herz schneller. Außerdem schmeckt er verglichen mit anderen Getränken ziemlich bitter. Aber viele Erwachsene trinken Kaffee, deshalb findest du das hier vielleicht interessant. Unsere Anleitung soll kein endgültiger Leitfaden sein. Dazu bräuchte man ganze Kapitel über Mischungen, Bohnen und Röstungen. Wir haben nur ein paar Fakten, Meinungen und Orientierungshilfen zusammengetragen, die dir vielleicht eines Tages nützlich sind.

Kaffee wird in ungefähr fünfzig Ländern angebaut, die fast alle am Äquator oder in der Nähe liegen. Brasilien ist mit Abstand der größte Kaffeeproduzent, danach kommt Kolumbien. Als einer der Autoren in Brasi-

lien war, hat er sich mit dem Besitzer einer Kaffeeplantage unterhalten und erwähnt, seiner Erfahrung nach sei italienischer Kaffee der beste. Der Plantagenbesitzer lächelte und sagte, das liege vielleicht daran, dass die Italiener schon sehr lange Geschäfte mit ihm machen. Die Vertreter von Illy, Lavazza und Pellini bekämen jedes Jahr die erste Wahl bei der Kaffeeernte. Nachdem sie die besten Bohnen gekauft hätten, würden die großen amerikanischen Konzerne den Rest nehmen. Außerdem ist die »italienische Röstung« mit 24 °C interessanterweise die heißeste. Dabei werden die Bohnen so dunkel, dass sie fast schwarz aussehen.

Kaffee wächst an Sträuchern, die erst blühen und dann rote Früchte tragen, die so ähnlich wie Kirschen aussehen. Es gibt zwei Hauptsorten: *Coffea arabica* und *Coffea cane-*

phora, meistens eher als *Robusta* bezeichnet. Arabica-Bohnen gelten als hochwertiger, weil sie weniger bitter sind. Robusta-Bohnen enthalten allerdings fast doppelt so viel Koffein. Viele Kaffees bestehen aus einer Mischung beider Sorten, auch wenn manche sich immer noch damit rühmen »100 % Arabica« zu sein.

In jeder roten Beere befinden sich zwei grüne Samen mit weißer Haut dazwischen. Beide Kaffeesorten gedeihen nur in warmem Klima mit viel Regen. Sie werden immer noch zumeist von Hand gepflückt und dann entweder in der Sonne getrocknet oder eingeweicht und gewaschen, um die Früchte von den Samen zu lösen. Die Samen werden beim Trocknen gelbbraun. Aber das Wichtigste kommt erst danach: das Rösten.

Kaffeebohnen wurden schon seit mindestens fünfhundert Jahren in Eisenpfannen über Feuer geröstet – vielleicht sogar noch viel länger. Man kann die grünen Bohnen auch zu Hause im Ofen rösten, aber man muss sie immer wieder wenden, damit sie nicht anbrennen. Bei der industriellen Röstung werden sie durch eine Art Schleudermechanismus in Bewegung gehalten.

Die große Vielfalt an Kaffeesorten hat eher mit der Rösttemperatur zu tun als mit der Mischung der Bohnen an sich. Die niedrigste Rösttemperatur liegt bei etwa 200 °C. Dabei werden die Bohnen hellbraun. Nach dem Rösten sind die Bohnen glänzend und hart. Dann können sie gemahlen werden. Das Pulver wird auf der ganzen Welt als gemahlener Kaffee ohne weitere Zutaten verkauft.

Oben links: Kaffeebohne im Querschnitt, links: Espressokocher von Bialetti, rechts: Kaffeebohnen, von naturbelassen (grün) bis geröstet (braun)

In Italien trinkt man Kaffee von morgens bis mittags – selten später. Meistens genießt man ihn als schnellen Wachmacher im Stehen an der Theke. Dort gibt es Espresso, eine sehr kleine Menge sehr starken Kaffees. Er wird in einer kleinen Tasse serviert und ist nach ein paar Schlucken ausgetrunken. Manche mögen schaumigen Cappuccino oder Americano lieber, der wird mit mehr Wasser aufgebrüht als Espresso. Wie du dich auch entscheidest, besseren Kaffee gibt es unserer Meinung nach nirgends auf der Welt. Die Italiener kriegen echt die besten Bohnen.

Aus Geschmacksgründen raten wir deshalb zu Kaffeeröstereien wie Illy. Aber wir kannten auch mal eine weitgereiste Dame, die auf Douwe Egberts aus den Niederlanden schwor. Hier musst du später wie immer selber herausfinden, was dir am besten schmeckt.

Bars und Restaurants benutzen oft riesige Kaffeemaschinen. Dort wird der Kaffee mit einem tiefen Löffel in ein Sieb gefüllt, durch das dann heißes Wasser in winzige Tassen läuft. Das Ergebnis ist der Espresso oder Cappuccino, den wir kennen und lieben. So eine Kaffeemaschine kann man zu Hause nicht so einfach nachahmen. Am nächsten kommt man der Sache wahrscheinlich noch mit einem Perkolator. Das Wort perkolieren kommt vom lateinischen »percolare«, das so viel bedeutet wie »durchseihen, durchsickern lassen«. Im Perkolator wird Wasser zum Kochen gebracht, bis es durch den Kaffee nach oben steigt.

Weil die Italiener den meisten Kaffeegetränken ihren Namen gegeben haben und auf dem Gebiet auch sonst wissen, was sie tun, würden wir auch eine italienische Perkolatormarke empfehlen: Bialetti. Deren Espressokocher für sechs Tassen ist gut an ihrem Logo erkennbar – ein Mann mit großer Nase, der die Hand hebt. Übrigens bekommen wir für diese Nennung kein Geld, wir sind einfach überzeugt.

Füll den unteren Teil bis zum Ventil mit Wasser, dann kommt Kaffee in den inneren Behälter, bis er ganz voll ist. Schraub die Teile des Espressokochers zusammen (dabei kein Teil vergessen, sonst musst du vielleicht am nächsten Tag die Küche renovieren!) und stell ihn etwa zehn Minuten lang bei mittlerer Hitze auf die Herdplatte – oder eben bis der Kaffee nach oben blubbert. Gieß ihn anschließend in kleine Tassen. Füg je nach Geschmack noch Zucker oder etwas Milch hinzu, wenn der Kaffee zu bitter ist. Reinige hinterher alles. Unserer Meinung nach haben diese manuellen Kaffeekocher eine angenehm altmodische Einfachheit. Sie klappern so schön und alles passt perfekt zusammen. Instantkaffee macht man aus einer schwarzen Flüssigkeit, wie du sie gerade in der Bialetti-Kanne zubereitet hast. Die wird erst schockgefroren und dann langsam wieder erwärmt, bis die ganze Flüssigkeit verdunstet ist und nur noch Granulat übrigbleibt. Wenn man dann wieder Wasser dazugibt, wird der ganze Prozess rückgängig gemacht. Das geht zwar schön schnell, aber ehrlich gesagt schmeckt es nicht so gut wie eine Tasse frisch aus dem Perkolator – und selbst *die* schmeckt nicht so gut wie der Kaffee, den man in einer Strandbar an der Amalfiküste serviert bekommt.

SCHUHE POLIEREN WIE DIE PROFIS

Wahrscheinlich stellt sich jeder im Laufe seines Lebens solche Fragen: Muss ich meine Hemden wirklich bügeln – sie verknautschen doch ohnehin sofort wieder? Sollte ich die Fenster putzen, auch wenn ich noch hindurchsehen kann und es sowieso bald regnet? Und warum sollen Stiefel glänzen, bevor ich damit wieder durch Staub oder Matsch laufe? Nehmen wir mal den letzten Punkt: Auch wenn man kein Soldat ist, gibt es Anlässe, zu denen man sich nur mit blankpolierten Schuhen sehen lassen kann: bei Hochzeiten, Bewerbungsgesprächen oder Beerdigungen zum Beispiel. Bei solchen Gelegenheiten wären abgenutzte Stiefel ohne Glanz einfach respektlos.

Aber es gibt auch noch andere Vorteile: Schuhe zu polieren braucht seine Zeit, und zwar eine Menge Zeit. Ob du es glaubst oder nicht, einige der schönsten Abende habe ich damit verbracht, eng gedrängt um den Tisch in meinem Achtmannzimmer bei der britischen Armee zu sitzen und gemeinsam mit meinen Kameraden Stiefel zu polieren, zu scherzen, zu fluchen, zu lachen, zu streiten, einander zu unterstützen und letzten Endes Freundschaften fürs Leben zu schließen. Vielleicht kennst du so was ja auch schon – oder hast du noch nie nach einer Wanderung zusammen mit anderen deine Wanderschuhe abgeschrubbt oder deine Fußballschuhe nach einem Match im Regen?

Die bevorzugten Schuhe und Stiefel für feierliche Gelegenheiten sind aus schwarzem Glattleder. Dafür kann man teilweise schon ordentlich Geld auf den Tisch legen. Solche Schuhe auf Spiegelglanz zu polieren ist ein langer und arbeitsaufwändiger Prozess, aber anders geht es nicht. Der durchschnittliche britische Soldat hat ein unglaubliches

Talent, Zeit und Mühe zu sparen. Wenn Soldaten zum Beispiel an warmen Frühlingstagen »Langarmgarnitur« (Wollpullover) tragen müssen, schneiden manche das Hemd darunter an den Schultern ab. Dann bleibt im Grunde nur noch ein großes, olivgrünes Hundehalsband (der Kragen) übrig. Das ist nicht nur angenehmer in der Hitze, es spart auch Zeit beim Bügeln. So wurden auch beim Schuhepolieren alle möglichen Tricks getestet. Bohnerwachs, Möbelpolitur, alle möglichen Farben, Lackleder, Filzstifte – nichts davon funktioniert.

WAS DU STATTDESSEN BRAUCHST

- zwei Dosen oder Tuben gute schwarze Schuhcreme: die eine zum Putzen der Schuhe mit einer Bürste, die andere zum Polieren
- Bienenwachs
- zwei Schuhputzbürsten, eine zum Abbürsten und eine zum Eincremen
- eine Zahnbürste, um das Sohlenprofil zu reinigen, und eine Nagelbürste, um Schmutz zu entfernen
- ein Poliertuch – entweder ein altes Staubtuch von deiner Oma oder ein Selvyt-Poliertuch, das man ursprünglich für Schmuck benutzt hat
- etwas Wasser
- einen Campingkocher
- eine Heißluftpistole oder einen anderen Brenner
- einen schwarzen Edding

VORGEHENSWEISE

Zuallererst müssen die Schuhe sauber sein – und zwar makellos sauber, weil jeder Dreckspritzer und jedes Staubkorn das Polieren sinnlos macht.

Für den Alltag reicht es völlig aus, die Schuhcreme aufzutragen, kurz trocknen zu lassen und dann sanft zu polieren, bis die Schuhe einigermaßen glänzen. Die Kappe vorn und die Ferse kann man auch ohne Bienenwachs beeindruckend blank bekommen. Für den Alltagsgebrauch kannst du den nächsten Absatz mit dem Wachs also einfach überspringen. Auch bei sehr feinen, empfindlichen Schuhen solltest du damit vorsichtig sein!

BIENENWACHS AUFTRAGEN

Bienenwachs (oder auch Carnaubawachs) benutzen wir nicht ohne Grund. Unser Leder soll eine glatte Oberfläche ohne Dellen haben. Bienenwachs wird bei geringen Temperaturen weich, aber wenn es in mehreren Schichten aushärtet, füllt es Dellen sehr gut auf.

Es gibt zwei verschiedene Methoden, das Wachs aufzutragen. Manche erwärmen den Schuh und das Wachs und reiben dann den Schuh damit ein. Danach drücken sie das Wachs mit einem heißen Löffel am Leder fest. Andere erhitzen das Wachs in einem Topf und »bemalen« die Stiefel dann damit.

Ich bin ein Verfechter der ersten Variante – den Schuh und das Wachs erwärmen. Ich fand immer, dass es eine Riesensauerei an der freiliegenden Sohle und dem Rahmen (dem Streifen Leder am Rand des Schuhs, wo die Sohle festgenäht ist) verursacht, den Schuh mit flüssigem Wachs einzupinseln. Die muss man dann hinterher mit dem Taschenmesser wieder abkratzen.

Damit das Leder nicht austrocknet und die Schuhform erhalten bleibt, solltest du den Schuh vorher mit feuchter Zeitung füllen – wenn du keinen Schuhspanner hast. Davor solltest du die Schnürsenkel entfernen und die Ösen mit Draht zusammenhalten (zum Beispiel von Gefrierbeuteln).

Erwärme das Leder jetzt mit der Heißluftpistole, bis es leicht warm wird, ohne zu verbrennen. Teste die Temperatur, indem du vorsichtig Wachs auf die Stelle reibst – es sollte sich sofort auf das Leder legen und glänzen (aber der Glanz hält nicht). Mach weiter und achte besonders auf die Stelle zwischen der Zehenkappe und der unteren Öse, wo der Schuh sich beim Laufen biegt. Denk daran, dass du bei Stiefeln den Teil über dem Knöchel vernachlässigen kannst, weil der von der Hose verdeckt wird.

Wenn das Bienenwachs kalt und hart ist, kannst du die Zeitung im Schuh entfernen. Ein Orientierungswert zum Polieren: Wir haben vor unserer Abschlussparade in der Armee eine Woche lang jeden Abend vier Stunden unsere Stiefel poliert.

EINCREMEN UND POLIEREN

Nachdem du einige Schichten Wachs auf den Stiefeln verteilt und mithilfe von Hitze alle Unebenheiten beseitigt hast, geht es ans Eincremen und Polieren. Gieß etwas Leitungswasser in den Deckel einer Schuhcremedose (oder ein anderes kleines Gefäß). Dort tauchst du beim Eincremen und Polieren immer wieder deinen Lappen ein.

Wickele dir das Poliertuch um Zeige- und Mittelfinger und achte darauf, dass es an den Fingerkuppen keine Falten wirft. Tauch das Tuch erst ins Wasser und dann in die Schuhcreme. Dabei solltest du einen Klecks in der Größe deines kleinen Fingernagels aufnehmen. Der Trick besteht darin, die Creme Stück für Stück in kleinen Kreisbewegungen ins Leder zu reiben. Wenn es langsam anfängt zu glänzen, reduziere die Menge der Schuhcreme auf dem feuchten Tuch und mach größere Kreise. Mach es dir gemütlich, denn je mehr Schichten Schuhcreme und je mehr Zeit du aufwendest, desto schöner wird der Glanz.

Wenn du zufrieden mit deiner Arbeit bist – und beide Schuhe gleich stark glänzen –, fädele vorsichtig und lose die Schnürsenkel wieder ein. Wenn die Ösen schon etwas abgenutzt sind, korrigiere das mit dem Edding. Vergiss nicht, den Deckel der Schuhcreme abzutrocknen, falls du Wasser darin hattest, denn wenn der Deckel rostet, kannst du dir damit beim nächsten Mal die Schuhe zerkratzen.

Schuhe zu polieren ist auf jeden Fall eine ziemlich sinnlose Angelegenheit. Sobald du sie einen Tag getragen und damit vielleicht getanzt hast, durch Kies oder Matsch gelaufen oder in einen Kaugummi getreten bist, kannst du von vorne anfangen. Am Ende des Tages genügt ein kurzer Blick auf die Risse, Falten, Schrammen und leichten Schäden im polierten Leder, um den ewigen Kreislauf zu verstehen.

Abgesehen davon gibt es so gut wie immer eine richtige und eine falsche Art, etwas zu machen. Ungefähr so wie hier beschrieben macht es die britische Armee. Jetzt hast du vielleicht einen Eindruck, wie viel Arbeit nötig ist, um auch als Zivilist Schuhe ordentlich zu putzen.

Nyiragongo

1. Wie viele aktive Vulkane gibt es?
2. Wie viele Satelliten umkreisen die Erde?
3. Wie tief kann man tauchen?
4. Wie erzeugt man Strom?
5. Woraus besteht das Universum?

1

WIE VIELE
AKTIVE VULKANE GIBT ES?

Die Antwort lautet »Ungefähr 1.500«, aber wirklich genau kann das niemand sagen. Vulkane können jahrzehnte- oder sogar jahrhundertelang »schlafen« und dann plötzlich so stark ausbrechen, dass sie ganze Städte zer-

stören. Hier sind ein paar der im Jahr 2018 aktivsten Vulkane der Welt, die immer wieder ausbrechen:

1. Die Vulkane Mauna Loa und Kilauea auf Hawaii. Die Vulkane der Hawaii-Inseln brechen seit den 1980er-Jahren immer wieder aus und vergrößern die Inseln durch flüssige Lava, die bei Kontakt mit dem Meer erstarrt. Das Problem dabei ist, dass Magma – flüssiges Gestein – auf dem Weg an die Oberfläche riesige Spalten aufreißen kann, die Häuser zerstören und Menschen in Gefahr bringen. Die ganze Inselkette von Hawaii ist aus fünf riesigen Vulkanen im Meer entstanden.
2. Ätna, Italien. Europas höchster aktiver Vulkan. Er ist im Laufe der Geschichte

immer wieder ausgebrochen. Noch berühmter ist allerdings der Vesuv in der Nähe von Neapel. Er kann sogar bestiegen werden.

3. Yasur, Vanuatu. Befindet sich auf einer kleinen Pazifikinsel und gehört zum sogenannten »Pazifischen Feuerring«, der 75 % der Vulkane der Erde umfasst. Der Yasur ist seit mindestens tausend Jahren aktiv.

4. Colima, Mexiko. Bricht seit dem 16. Jahrhundert regelmäßig aus. War 2017 sehr aktiv.

5. Nyiragongo, Demokratische Republik Kongo, Afrika. In seinem Krater befindet sich ein aktiver Lavasee mit flüssiger Lava.

6. Mount Erebus, Antarktis. Wurde von Sir James Ross entdeckt – siehe *Vergessene Entdecker* – und nach seinem Schiff benannt. Hat ebenfalls einen Lavasee. Wir haben ihn hier aufgenommen, weil kaum jemand weiß, dass es in der Antarktis einen aktiven Vulkan gibt. Der andere, Mount Sidley, ist erloschen.

---

②

WIE VIELE SATELLITEN UMKREISEN DIE ERDE?

Im Jahr 2018 waren es ungefähr fünftausend, aber in den nächsten paar Jahren kommen drei bis vier weitere pro Tag hinzu – wenn sich diese Zahl nicht noch erhöht, was sehr wahrscheinlich ist. Natürlich sind nicht alle davon erfolgreich, weil die Bedingungen da oben so schwierig sind. Einige »zerfallen« oder stürzen in eine niedrigere Umlaufbahn und verbrennen beim Eintritt in die Erdatmosphäre. Andere gehen einfach kaputt und

antworten nicht mehr, während sie weiter in wahnsinniger Geschwindigkeit durchs All rasen. Sie werden weiterhin überwacht, also geht keine große Gefahr von ihnen aus. Auch bei zukünftigen Projekten verlässt man sich immer noch vor allem darauf, dass der Satelliten-Schrott sich in den unendlichen Weiten des Weltalls einfach verteilt: Die Erde hat eine Oberfläche von ungefähr 500 Millionen km². Wenn man sich allerdings von der Oberfläche entfernt, entsteht eine Kugel mit einer viel größeren Fläche. Dafür gilt die Gleichung: Oberfläche einer Kugel = $4\pi r^2$. (Seht ihr, wie die Fläche sich um 4 mal Pi (etwa 22/7) mal den Radius *zum Quadrat* vergrößert? Das heißt, selbst bei einem kleinen bisschen mehr Radius ist die Oberfläche gleich sehr viel größer.)

Die Erde ist keine perfekte Kugel, deshalb müssen wir runden, um das Prinzip zu veranschaulichen. Sagen wir mal, die Entfernung vom Erdmittelpunkt zur Hülle (also der Radius) beträgt 6.300 km. Dann wäre die Oberfläche $4 \times \pi \times 6.300^2 =$ ungefähr 500 Millionen Quadratkilometer. So weit, so gut.

Wenn man jetzt einen Satelliten in etwa 19.000 km Höhe in die Erdumlaufbahn schießt (wo sich viele GPS-Satelliten befinden), dann vergrößert sich der Radius auf 25.000 km. Damit ergibt sich eine neue Oberfläche von $4 \times \pi \times 25.300^2 =$ ca. 8 Milliarden m². Der Radius hat sich nur vervierfacht, aber die Oberfläche ist siebzehnmal so groß. Das ist eine ganze Menge Platz.

—③—

WIE TIEF KANN MAN TAUCHEN?

Ein erwachsener Schnorchler schafft in klarem Wasser um die sechs Meter, so lange er oder sie die Luft anhält und beim Abtauchen langsam ausatmet. Hier sollte wohl angemerkt werden, dass du das nur ausprobieren solltest, wenn du geübt und sicher bist – und auf keinen Fall allein.

Beim Gerätetauchen haben die Taucher Sauerstoff dabei und kommen daher deutlich tiefer. Freizeittaucher schaffen leicht 12 Meter, maximal aber 40. Erfahrene Taucher haben aber schon deutlich größere Tiefen erreicht – bis zu 332 Meter. Für diesen Rekord, den Ahmed Gabr aufgestellt hat, waren ein Team aus dreißig Menschen und monatelanges Training nötig. Jenseits dieser Tiefe wird der Druck für den menschlichen Körper

wirklich brutal. Um noch tiefer zu tauchen, muss man sich in Stahl hüllen.

Die »Taucherglocke« ist tatsächlich eine ziemlich alte Erfindung. Schon Aristoteles, der Lehrer Alexanders des Großen, beschrieb, wie Menschen in einer Kammer voller Luft unter die Meeresoberfläche abtauchen können – und das im 4. Jahrhundert v. Chr. Erst im 18. Jahrhundert gelang es dem britischen Ingenieur John Smeaton, Luft nach unten in eine Glocke zu pumpen. Taucherglocken werden noch heute benutzt, um Taucher in die Tiefe zu transportieren, damit sie dort zum Beispiel Schweißarbeiten an Ölbohrinseln vornehmen können.

Der Bathyscaph (Griech. für Tiefsee-U-Boot) *Trieste* erreichte 1960 den Boden des Challengertiefs – den tiefsten Teil des Marianengrabens, 10.901 Meter unter dem Meeresspiegel. Der Schweizer Jacques Piccard (Sohn

Bathyscaph *Trieste*

von Auguste Piccard, dem Erbauer der *Trieste*) und der Taucher Don Walsh von der US Navy gelangten als Erste an diesen tiefsten Punkt der Erde. James Cameron, der Regisseur von *Titanic*, schaffte es 2012 an Bord der DCV1, dem U-Boot *Deepsea Challenger*, ebenfalls in diese beängstigende Tiefe. Das wird in Zukunft noch mehr Menschen gelingen, aber es ist schon eine ähnliche Leistung wie die Erstbesteigung des Mount Everest. Noch tiefer kann niemand tauchen.

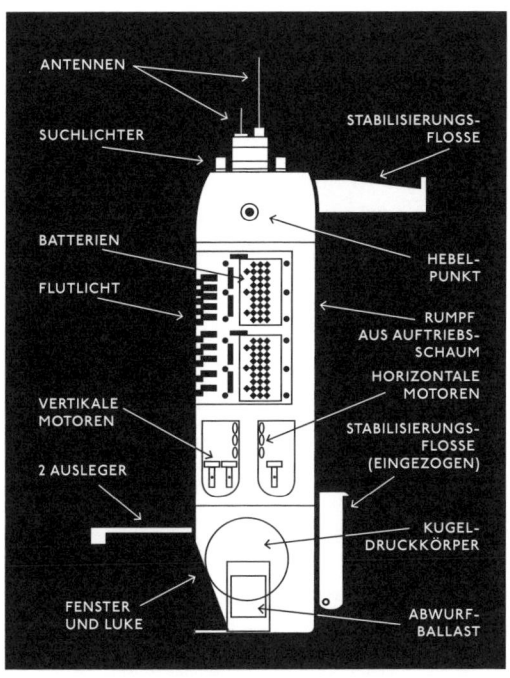

Aufbau eines Bathyscaphs

WIE ERZEUGT MAN STROM?

Der britische Wissenschaftler Michael Faraday entdeckte, dass sich durch einen in einem magnetischen Feld rotierenden Kupferdraht Elektrizität erzeugen lässt. (Ein Elektromagnet, mit dem zum Beispiel auf dem Schrottplatz alte Autos hochgehoben werden, nutzt dasselbe Prinzip, nur umgekehrt – durch den Metallleiter fließt Strom, und dadurch wird das magnetische Feld aktiviert.) Die meisten elektrischen Generatoren beruhen noch immer auf dieser Grundlage, während Elektromotoren den Vorgang umkehren und aus Elektrizität mechanische Bewegung erzeugen. Faraday hat also eine der nützlichsten Erfindungen aller Zeiten gemacht.

Damit ein Generator Strom erzeugt, müssen Turbinen einen Leiter aus Kupfer um einen magnetischen Kern rotieren lassen. Dafür kann man verschiedene Treibstoffe verwenden. Wasser, das durch die Hitze von brennendem Öl oder Kohle zu Dampf verwandelt wird, ist eine gute Möglichkeit. Mit Wasser kann man auch einen hydroelektrischen Damm betreiben. So ein Wasserkraftwerk ist besonders gut, weil es keine Emissionen verursacht, am Anfang allerdings mit enormen Kosten verbunden. Leider gibt es nicht viele Orte auf der Welt, die landschaftlich gesehen für Wasserkraftturbinen geeignet sind.

Kernkraft – also Hitze, die aus einer andauernden nuklearen Reaktion gewonnen wird – ist eine prima Methode, Elektrizität mithilfe von Dampf, Turbinen und Magneten zu erzeugen. Der Nachteil daran ist der radioaktive Abfall, der danach Tausende Jahre lang gefährlich bleibt. (Perfekt wäre es, wenn man den einfach durch die Atmosphäre in Richtung Sonne schießen könnte. Aber das Risiko, dass so eine Rakete beim Start explodiert und ein oder zwei Kontinente mit radioaktivem Staub bedeckt, will niemand eingehen.)

Auch Windkraft eignet sich gut zur Stromerzeugung, weil sie ganz unmittelbar eine Turbine antreiben kann. Jede Turbine enthält Magneten und produziert Elektrizität, sobald sie sich dreht. Leider gibt es nicht immer Wind, und so ein Windrad ist in Produktion, Wartung und Stilllegung sehr teuer. Wahrscheinlich ist Windkraft also auch nicht die Lösung.

Gezeitenkraftwerke sind vielversprechend, ebenso wie Solarzellen. Aber auch diese Methoden der Energiegewinnung haben Nachteile, zum Beispiel Korrosion durch das Meerwasser oder mangelnde Effizienz. Wir warten immer noch auf bessere Methoden zur Energiespeicherung. Momentan sind die Batterien in Smartphones das Beste, was wir haben. Selbst die halten nur ein paar Hundert Ladevorgänge durch, bis sie schwächer werden. Die Welt wartet auf bessere Batterien – wenn wir die Energie sicher und verlässlich speichern könnten, wäre es auch gar nicht mehr so wichtig, wie wir sie produzieren.

---

(5)

WORAUS BESTEHT
DAS UNIVERSUM?

Es gibt Kräfte, die so gewaltig und mächtig sind, dass sie die Gesetze der Zeit und des Universums außer Kraft setzen – zum Beispiel in Schwarzen Löchern oder bei der Uhr im Prüfungsraum. Wir haben trotzdem eine ganz gute Vorstellung der Elemente, aus denen das Universum besteht. Jedes unterscheidet sich vom nächsten durch ein einziges Elektron, das um das Atom herumschwirrt – und dadurch dessen Eigenschaften komplett verändert.

Wasserstoff ist das einfachste Atom, das wir kennen. Es ist der Grundbaustein des Universums und gemeinsam mit Helium die Energiequelle der Sonne.

Im Kern eines Wasserstoffatoms befindet sich ein einzelnes Proton, ein positiv geladenes Teilchen. Drum herum schwebt ein Elektron, das negativ geladen ist. Durch diese leere »Hülle« kann das Wasserstoffatom sich mit vielen anderen Elementen verbinden. Es ist also sehr reaktiv – mit anderen Worten explosiv. Das dritte wichtige atomare Teilchen ist das Neutron, das keine Ladung besitzt. Es gibt selten vorkommende Wasserstoffatome mit einem oder zwei Neutronen. Dabei handelt es sich um die Isotope Deuterium und Tritium. (Isotope eines Elements haben immer gleich viele Protonen, nur die Neutronenanzahl unterscheidet sich.)

Die »Atomzahl«, auch Ordnungszahl, von Wasserstoff ist 1 – die Anzahl der Protonen im Atomkern. Die Anzahl der Protonen stimmt übrigens immer mit der der Elektronen überein.

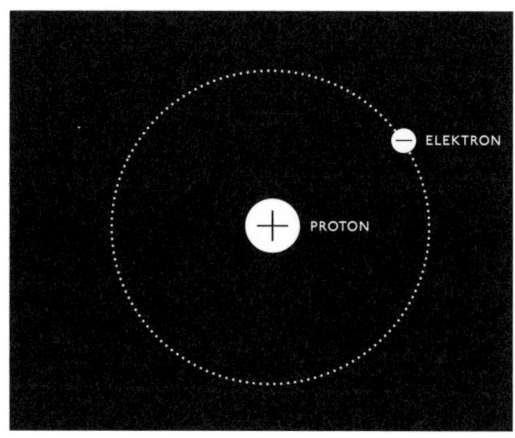

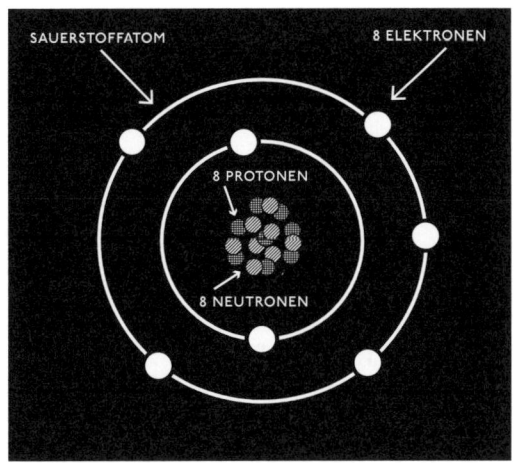

Ein Sauerstoffatom besitzt acht Protonen und acht Neutronen, die acht Elektronen umkreisen den Kern in zwei getrennten Hüllen, zwei in einer und sechs in der anderen. Es hat die Ordnungszahl 8.

Wenn man Wasserstoff und Sauerstoff kombiniert, erhält man eine erstaunliche Substanz namens Wasser. Die chemische Formel für Wasser lautet H_2O und bedeutet, dass sich jeweils zwei Wasserstoffatome mit einem Sauerstoffatom zu einem neuen Molekül verbinden. So weit wir wissen, ist Wasser überlebenswichtig, es handelt sich hierbei also um eine sehr bedeutende chemische Reaktion.

Elemente wie Wasserstoff, Sauerstoff, Eisen und Gold werden im Periodensystem angeordnet. »Perioden« sind hierbei Gruppen gleicher Eigenschaften. Heute sind die meisten Lücken im Periodensystem geschlossen, als neue Elemente hinzu kommen eigentlich nur noch radioaktive Substanzen, die in Sekundenbruchteilen in gewaltigen Reaktionen entstehen und wieder zerfallen.

Wasserstoff und Helium unterscheiden sich nur durch ein Proton / Elektron, aber Helium ist wesentlich stabiler und hat viel mehr mit Neon, Argon, Krypton, Xenon und Radon gemeinsam als mit dem explosiven Wasserstoff. Nach Blei, das im Periodensystem als 82 Pb (für den lateinischen Namen Plumbum) verzeichnet ist, sind alle atomaren Schwergewichte radioaktiv. Das bedeutet, dass sie permanent zerfallen und dabei Neutronen, Protonen, Elektronen oder Photonenenergie abstrahlen. Das nennt man auch Alpha-, Beta- oder Gammastrahlung. Beta- und Gammastrahlung können sehr gefährlich werden. Radium (Ordnungszahl 88) zum Beispiel, das von Marie Curie entdeckt wurde, ist auch für ihren Tod verantwortlich. Zu Beginn des 20. Jahrhunderts bemalte man Zifferblätter von Uhren mit Radium, weil es im Dunkeln so schön leuchtete. Leider wurden die jungen Frauen, die diese Arbeit verrichteten, dabei starker Strahlung ausgesetzt, und viele von ihnen starben daran. Allerdings sind die meisten Dinge zu einem gewissen Grad radioaktiv. Die normale Strahlung, die man an Granit, Bananen oder Menschen messen kann, nennt man »Hintergrundstrahlung«. Sie ist unvermeidbar und ziemlich harmlos.

Periodensystem der Elemente

Falls es dort draußen im Universum doch noch neue Elemente gibt, würden sie unser Verständnis vom Aufbau von Atomen völlig über den Haufen werfen. Wenn man sich die Geschichte der Wissenschaft ansieht, ist das gar nicht mal unmöglich.

Masse erzeugt Gravitationskräfte, daher wissen wir auch, wo sich Schwarze Löcher befinden, die sogar Licht verschlucken. Manche dieser Kräfte, die gemessen wur-

den, kann man nur dadurch erklären, dass es im Universum viel mehr Materie gibt, als wir sehen können. Im Moment nennt man diese hypothetische Substanz »dunkle Materie«. Wenn sie existiert, dann handelt es sich wahrscheinlich um etwas völlig anderes als die Materie, die wir kennen. Wir sind uns ziemlich sicher, dass es neue Partikel und sogar ganz neue Ordnungssysteme gibt, die nur darauf warten, entdeckt zu werden.

MATHERÄTSEL III

Die letzten sechs – und noch zwei extra, an denen die Autoren verzweifelt sind.

13

DIE HUNDERUNDE

In jeder Ecke eines genau 100 mal 100 Meter großen Feldes wartet ein Hund. Alle vier Hunde rennen 10 Meter pro Sekunde schnell. Aber die Hunde laufen alle von Anfang an immer direkt auf den Hund vor sich zu, bis sie ihn gefangen haben. Deshalb rennen alle vier Hunde eine Kurve, bis sie irgendwann in der Mitte des Feldes aufeinandertreffen. Die Frage lautet: Wie lange dauert das?

14

HÖCHSTE EISENBAHN

Ein Gleisarbeiter sagt zu seinem Kollegen: »Die Schiene ist ganz schön hart.« Sagt der: »Kannst dir ja 'ne Weiche nehmen!« Hier kommt es darauf an, die Weichen richtig zu stellen. Wir haben es mit einem Eisenbahn-knoten zu tun. Es gibt eine Rangierlok (R) und zwei Güterwagons (W1 und W2). Aber die Wagons befinden sich auf der falschen Seite. Auf dem oberen Gleisabschnitt kann immer nur einer der Wagons oder die Rangierlok stehen. Die Frage lautet: Wie kann die Rangierlok die beiden Wagons die Plätze tauschen lassen und selbst wieder an ihren Ausgangspunkt zurückkehren?

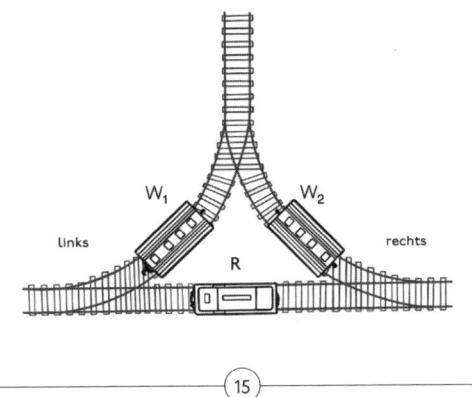

15

BLOSS NICHT HERUMEIERN

Sally verkauft Eier. Die sind so frisch, dass den Hennen noch nicht mal aufgefallen ist, dass sie fort sind. Echt das Gelbe vom Ei. Neulich hatte Sally einen erfolgreichen Verkaufstag. Sie hatte zwar den ganzen Tag nur fünf Kunden, aber die verhielten sich alle gleich.

Erst kam Anne und kaufte die Hälfte von Sallys Eiern, plus ein halbes Ei.

Dann tauchte Betty auf und kaufte die Hälfte der übrigen Eier und noch ein halbes.

Danach kaufte Cathy ihr wieder die Hälfte der restlichen Eier und ein halbes Ei ab.

Daisy war als Nächste an der Reihe, und auch sie kaufte die Hälfte der restlichen Eier und ein halbes.

Am Schluss kam Erica und kaufte die Hälfte der übrigen Eier und ein halbes Ei.

Dann ging Sally nach Hause. Sie war müde und hatte kein einziges Ei mehr übrig.

Den ganzen Tag über hat niemand ein Ei zerbrochen. Die Frage lautet: Wie viele Eier hatte Sally am Anfang?

CLEVERES HÜTCHENSPIEL EINES KANUFAHRERS?

Ein Kanufahrer fährt mit seinem Kanu – und zwar auf einem Fluss, der mit 5 Kilometern pro Stunde fließt. Erst hat er einen Hut auf, und dann nicht mehr, weil der Hut ins Wasser fällt, ohne dass er es merkt, während er gegen den Strom paddelt.

Nachdem er mit 3 km/h genau 5 Minuten lang flussaufwärts gepaddelt ist, spürt er die Sonne auf dem Kopf und merkt, dass sein Hut fort ist und wahrscheinlich in den Fluss gefallen ist. Der Hut schwimmt oben. Die Frage lautet: Wenn er sofort umkehrt und genauso schnell zurückrudert, wie lange braucht er, bis er seinen Hut erreicht?

Fließgeschwindigkeit 5 km/h

ENTFESSELUNGSKUNST

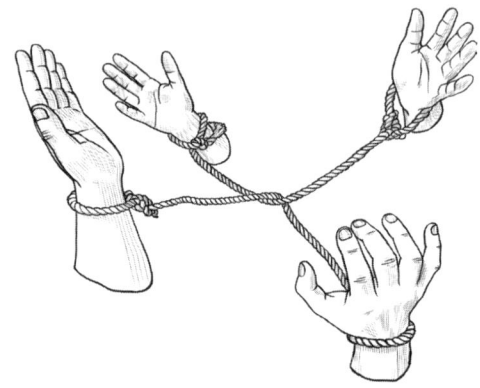

Für diesen Partytrick braucht ihr zwei ungefähr einen Meter lange Stricke und zwei Freiwillige. Bindet jedes Ende in Form von Handschellen am Handgelenk eines Freiwilligen fest. Jeder Strick sollte dabei jeweils eine Person mit der anderen verbinden, wie ihr auf der Zeichnung seht. Die Frage lautet nun: Können die beiden sich voneinander losbinden? Natürlich. Aber wie? (Die Schlaufen über die Hand abzustreifen ist zu einfach und nicht die richtige Lösung.)

UMZIEHEN OHNE AUSZIEHEN

Dieser alte Partytrick sorgt immer für Spaß, wird aber kaum noch vorgeführt. Sucht euch einen jungen Freiwilligen, der einen Pullunder und dann die Jacke eines Erwachsenen darüber anziehen soll.

Die Frage lautet: Kann man ihm den Pullunder ausziehen, ohne die Jacke abzulegen?

---

(14)

HÖCHSTE EISENBAHN

1. Die Lok fährt nach links, nimmt Wagon 1 mit und verschiebt ihn über das untere Gleis ganz nach rechts.
2. Sie löst sich von Wagon 1 und verschiebt danach Wagon 2 auf den oberen Gleisabschnitt.
3. Dann fährt die Lok wieder nach unten auf die Hauptstrecke, dann nach links und anschließend nach links oben, wo sie Wagon 2 mitnimmt und nach unten in die Mitte verschiebt.
4. Dann löst sich die Lok wieder ab und fährt nach links, dann nach oben und auf der rechten Seite wieder nach unten und zieht Wagon 1 auf der rechten Seite nach oben auf die richtige Position.
5. Dann löst sie sich ab, fährt auf den oberen Gleisabschnitt und auf der linken Seite wieder nach unten, dann nach rechts.
6. Dann hängt sie sich an Wagon 2, zieht ihn nach links und dann nach oben an die linke Position.
7. Dann koppelt sie sich wieder ab und fährt zurück in die Mitte – fertig!

LÖSUNGEN

---

(13)

DIE HUNDERUNDE

Nach genau 10 Sekunden treffen sich die Hunde alle in der Mitte. Jeder Hund läuft zuerst am Rand des Feldes entlang, muss dann allerdings einen Bogen rennen, um dem Hund direkt vor sich zu folgen. Deshalb rennt jeder Hund auf eine Linie zu, die rechtwinkelig zu seiner eigenen Laufstrecke verläuft. Die Lücke schließt sich immer im gleichen Tempo. Deshalb brauchen alle Hunde genau so lange, bis sie den Hund erreicht haben, den sie jagen, als würden sie am Rand des Feldes entlanglaufen – genau 10 Sekunden.

BLOSS NICHT HERUMEIERN

Am Anfang hatte Sally 31 Eier.

Anne hat die Hälfte der Eier und ein halbes gekauft, also 16, blieben noch 15.

Betty hat ebenfalls die Hälfte der Eier plus ein halbes gekauft, also 8, blieben noch 7.

Cathy kaufte auch die Hälfte und ein halbes Ei, also 4, blieben noch 3.

Daisy kaufte wieder die Hälfte plus ein halbes Ei, also 2 Eier, blieb noch 1.

Am Schluss kaufte Erica die Hälfte der Eier und noch ein halbes, also 1 Ei, und Sally hatte keine Eier mehr übrig.

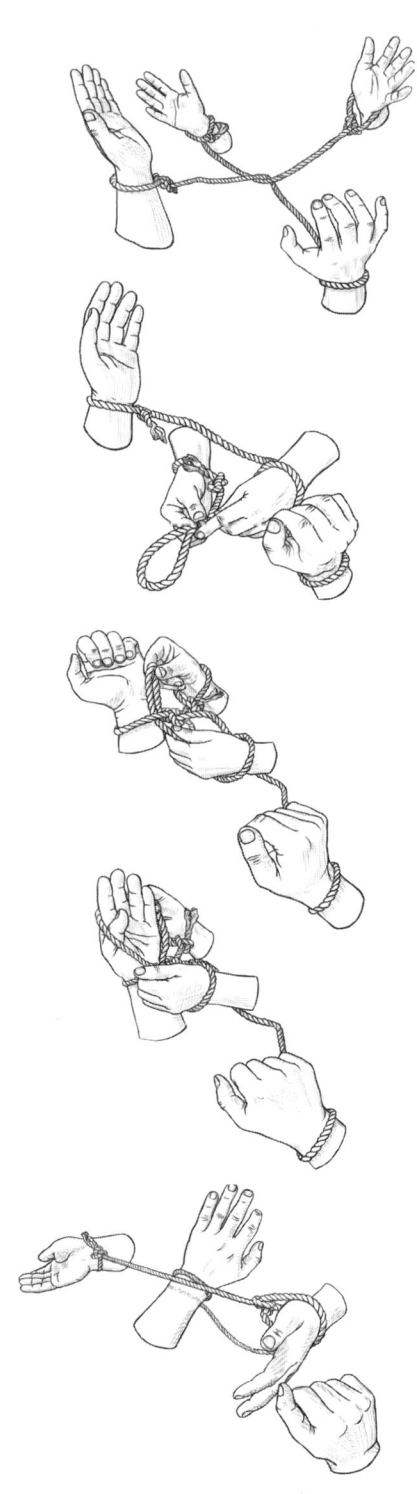

CLEVERES HÜTCHENSPIEL EINES KANUFAHRERS?

Überraschenderweise braucht der Kanufahrer bei konstant gleichbleibender Geschwindigkeit genauso lange, um zurück zu seinem Hut zu paddeln, wie er gebraucht hat, um sich davon zu entfernen: 5 Minuten. Die Fließgeschwindigkeit des Flusses spielt keine Rolle, ihr könnt also das vorbeiziehende Ufer außer Acht lassen. Stellt euch den Fluss als Teppich vor. Würde der sich bewegen, wäre das auch irrelevant. Der Kanufahrer legt immer die gleiche Strecke in der gleichen Zeit zurück, egal in welche Richtung.

ENTFESSELUNGSKUNST

Die beiden sollten sich einfach daran gewöhnen, in Zukunft alles gemeinsam zu machen. Kleiner Scherz. Sie können sich natürlich befreien. Bildet in der Mitte eines der Stricke eine Schlaufe und zieht sie durch die Handfessel eines der Freiwilligen. Dann stülpt sie über die Hand und zieht sie wieder durch die »Handschelle«. Jetzt sind beide wieder frei wie ein Vogel.

UMZIEHEN OHNE AUSZIEHEN

Es ist wirklich erstaunlich einfach, den Pullunder auszuziehen und dabei die Jacke anzubehalten. Das geht so: Der Jackenträger soll die Hände verschränken. Dann zieht man ihm die Jacke über den Kopf, sodass sie vor ihm auf seinen Armen liegt. Jetzt zieht ihr ihm den Pullunder ebenfalls über den Kopf nach vorn. Dann wird die Jacke wieder zurück über den Kopf gezogen. Der Pullunder liegt jetzt auf seinen Armen.

Mit etwas mehr Mühe könnt ihr den Pullunder auch durch einen Ärmel der Jacke nach unten und dann über die Hand ziehen, und ihn dann wieder nach oben und durch den anderen Ärmel ausziehen. Voilà!

Hier ist leider zu wenig Platz, sonst würde ich dir noch erklären, wie man eine Jeans über den Kopf auszieht. Ein toller Trick, aber den zeigen wir dir dann beim nächsten Mal. Wiedersehen!

Als kleinen Nachtrag wollen wir dir noch zwei teuflisch schwere Fragen dalassen. Und zwar ohne Lösung. Weiterlesen auf eigene Gefahr.

1. Drei Männer gingen ins Restaurant und ließen es sich schmecken. Die Rechnung betrug 10 € pro Kopf – insgesamt 30 €.

Sie bezahlten und gingen. Dann fiel dem Geschäftsführer des Restaurants auf, dass man ihnen 5 € zu viel berechnet hatte. Ehrlich wie er war, schickte er ihnen den Kellner hinterher. Draußen auf der Straße rief er den Männern nach, aber er war nicht so ehrlich wie sein Chef. Also beschloss er, ihnen zu sagen, ihnen sei jeweils 1 € zu viel berechnet worden. Er zahlte den Männern je 1 € zurück und behielt die übrigen 2 € für sich. Nun hat also jeder der Männer 10 € bezahlt und bekam 1 € erstattet, also hat jeder 9 € bezahlt, insgesamt 27 €. Der unehrliche Kellner hat 2 € behalten, also sind es insgesamt 29 €. Wo ist der fehlende Euro hin?

Das Letzte ist eigentlich kein Rätsel, sondern eine Frage, die sich einer der Autoren schon seit Jahren stellt. Wir wissen, dass sie einen Fehler hat, muss sie auch, sonst könnte sich nichts bewegen. Wir haben uns schon mehr als einmal geduldig Erklärungen angehört, aber wir verstehen es immer noch nicht.

2. Wenn eine Fliege nach Osten fliegt und dabei gegen die Frontscheibe eines Zuges prallt, der nach Westen fährt, ändert die Fliege ihre Richtung. Man kann die Richtung auf gerader Strecke aber nicht wechseln, ohne langsamer zu werden und kurz anzuhalten. In dem Moment, in dem die Fliege die Richtung wechselt, berührt sie den Zug und muss dabei eigentlich anhalten – warum bringt die Fliege dann nicht den Zug zum Halten?

KRAFTÜBUNGEN,
DIE JEDER MACHEN SOLLTE

Es ist ganz einfach: Wenn du die Übungen aus diesem Kapitel an jedem Tag deines Lebens machst, wirst du dich seltener verletzen, weniger Herzprobleme bekommen und weniger unter Kreuzschmerzen leiden, als wenn du es nicht tust. Bei der Liste haben wir uns von einem professionellen Fitnesstrainer helfen lassen, der auf Körpermechanik spezialisiert ist. Das kann wirklich dein Leben verändern – und deinen Körper natürlich.

Konzentrier dich darauf, die Übungen richtig auszuführen. Langsam und korrekt ist viel besser als schnell und nachlässig. Achte auf deine Technik, vor allem am Anfang.

Führe von jeder Übung 10–15 Wiederholungen aus, und zwar in zwei oder drei Sätzen, also insgesamt 30- bis 45-mal. Wenn du einen Satz nicht mehr ganz zu Ende bringen kannst, ist es genug. Wenn du das Ganze nicht von Anfang an hinbekommst, fang mit weniger Wiederholungen an und mach jeden

Tag eine Wiederholung pro Satz mehr, bis du es schaffst. Dein Ziel sollte sein, 20 bis 60 Minuten mit dem Training zu verbringen.

Gewichte: Wenn du keine Hanteln hast, kannst du aus Plastik-Wasserflaschen, die du mit Wasser oder Sand und Steinchen füllst, selbst welche basteln. Wenn du mit dem Gewicht sechs Wiederholungen gut ausführen kannst, ist es richtig gewählt.

Letztlich solltest du immer versuchen, deine »Körpermitte zu stärken«, das heißt bei *allen* Übungen die Bauchmuskeln anzuspannen. Mit Körpermitte sind die Muskeln in Bauch und Kreuz gemeint, von deren Stärkung du auf vielfältige Weise profitieren wirst.

— (1) —

I. KNIEBEUGEN

Diese Übung sollte in Oberschenkeln und Pomuskeln brennen. Stell die Füße hüftbreit auseinander und verlagere das Gewicht gleichmäßig auf beide Seiten. Beug die Hüfte, indem du den Hintern nach unten senkst, als wolltest du dich auf einen Stuhl setzen. Lass den Oberkörper gerade und schau nach vorn. Geh langsam nach unten und lass die Fersen dabei am Boden. Bleib eine Sekunde so, dann drückst du dich wieder nach oben in den Stand.

Die Arme kannst du beim Kniebeugen auf Schulterhöhe ausstrecken oder so an den Hüften halten, dass die Ellbogen nach vorn zeigen.

SCHULTERPRESSE

Diese Übung spürst du in den Schultern und im oberen Rücken. Streck die Arme über dem Kopf aus, und zwar gerade und parallel zu den Ohren, *ohne* den Rücken zu krümmen oder die Rippen vorzuschieben. Das ist im Stehen schwerer als im Sitzen, weil du den ganzen Körper stabilisieren und im Gleichgewicht halten musst, um die Arme nach oben zu strecken.

LIEGESTÜTZE

Die fühlst du in Brust und Armen. Stütz die Arme etwas weiter als schulterbreit auf den Boden. Beim Senken des Oberkörpers bilden die Ellenbogen einen rechten Winkel. Hier sind vier Varianten, die zunehmend schwieriger werden – nützlich sind sie alle.

I.   Geh auf alle viere. Zieh den Bauchnabel in Richtung Wirbelsäule ein (um die Bauchmuskeln anzuspannen). Beug dich von der Hüfte her nach vorn und beug dabei die Arme, dann drückst du dich wieder hoch. Lass die Körpermitte die ganze Zeit über angespannt.

II. Komm beim Absenken auf den Oberschenkeln zum Liegen. Spann die Bauchmuskeln fest an.

III. Die Füße stehen auf den Zehenspitzen. Dafür musst du steif wie ein Brett sein.

IV. Das geht auf die Hände. Diese Übung kannst du zwischendurch machen, um etwas Abwechslung hineinzubringen. Senk den Körper nach unten. Beim Hochdrücken hebst du einen Ellenbogen an, sodass die Hand über dem Boden schwebt. Lass die Bauchmuskeln angespannt und stütz die Hand wieder auf den Boden, wenn du nach unten gehst. Wechsele jedes Mal den Ellenbogen.

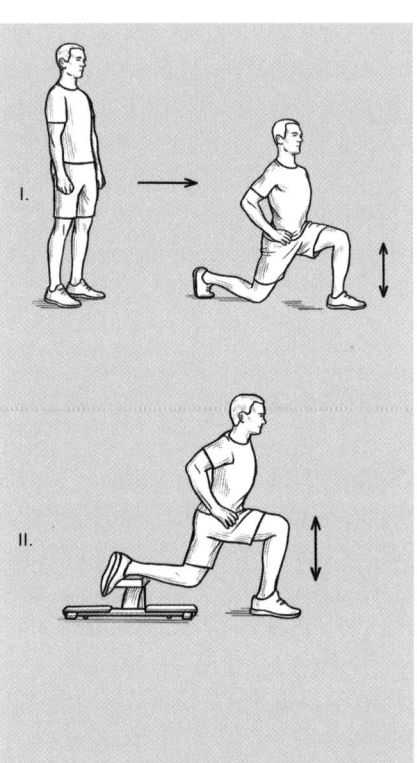

---(4)---

AUSFALLSCHRITTE

Die spürst du in den Oberschenkeln und im Hintern.

I. Mach einen Ausfallschritt nach vorn und beuge das vordere Knie um 90°, sodass es genau wie die Zehen gerade nach vorn zeigt. Der Fuß steht dabei flach auf dem Boden. Das hintere Bein ist ebenfalls gebeugt, das Knie ist unter der Hüfte zum Boden gesenkt, und die Ferse löst sich vom Boden. Das Körpergewicht lastet hauptsächlich auf dem vorderen Bein. Der Oberkörper bleibt die ganze Zeit über aufrecht. Führe erst einen Satz auf einer Seite aus, und wechsele dann das Bein.

II. Ausfallschritt mit einem Bein, während der andere Fuß auf einer Stufe liegt. Leg den hinteren Fuß auf eine Stufe (oder ein Steppbrett) hinter dich und beuge und strecke das vordere Bein, um den Oberkörper auf- und abwärts zu bewegen.

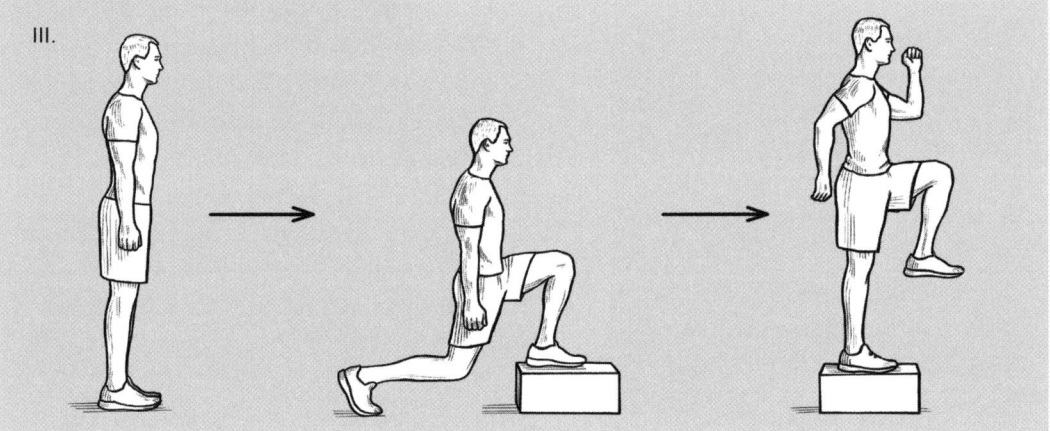

III. Steige mit einem Bein im Ausfallschritt auf eine Stufe (oder ein Steppbrett) und heb dann das Knie vom anderen Bein. Wiederhol den Vorgang. Eine gute Übung für Läufer und fürs Gleichgewicht!

—— ⑤ ——

BARRENSTÜTZE

Oberkörpertraining. Stütz dich mit den Händen auf eine Stufe oder zwei parallele Stangen. Der Oberkörper bleibt dabei in der Vertikalen. Senk den Oberkörper ab, indem du die Ellenbogen um 90° beugst. Dabei sollten die Schultern nicht tiefer kommen als die Ellenbogen. Drück dich wieder nach oben, ohne die Ellenbogen ganz durchzustrecken.

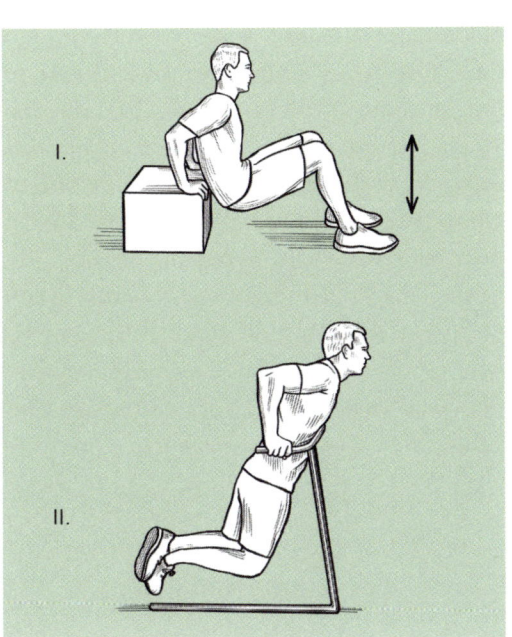

I. Die Hände sind auf die Stufe (oder ein Steppbrett) gestützt, die Füße stehen auf dem Boden, und die Knie sind gebeugt. Drück dich nach oben, bis die Beine gerade sind.

II. Wenn du zwei parallele Stangen zur Verfügung hast, stütz das gesamte Körpergewicht auf die Hände – ohne dass die Füße den Boden berühren.

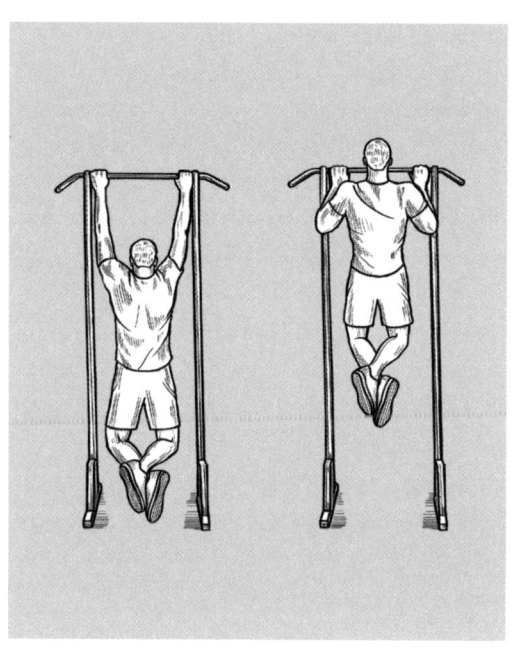

6

KLIMMZÜGE

Übung für den Oberkörper. Wenn du zu Hause keine Stange hast, findet sich meistens etwas Passendes auf einem Fitnessparcours im Park. Halte dich schulterbreit mit den Händen über dem Kopf an einer gut befestigten Stange fest (so, dass du deine Handrücken sehen kannst).

Zieh die Schultern nach hinten und unten. Spann die Bauchmuskeln an, während du dich hochziehst. Dein Kinn sollte gerade so über die Stange kommen. Dann lässt du dich langsam herunter, bis deine Arme wieder ausgestreckt sind. Wenn du noch keinen ganzen Klimmzug schaffst, gewöhn dich erst mal an dein Körpergewicht, indem du so lange du kannst an der Stange hängen bleibst. Wenn du die Hände weiter auseinandernimmst, wird es schwieriger. Der Kammgriff, bei dem die Handflächen zu dir zeigen, trainiert eher deine Arme als deinen Rücken.

7

HOCKSTRECKSPRUNG

Übung für den Unterkörper und die Ausdauer. Genau wie Kniebeugen, aber mit mehr Power. Geh in die Knie und spring dann nach oben. Dabei die Arme nach oben strecken. Oder Arme und Beine wie beim Hampelmann im Sprung abspreizen.

»DER BERGSTEIGER«

Nennt man manchmal auch »Spiderman«. Gute Übung für den ganzen Körper und das Herz. Geh zuerst in die Liegestützposition: Hände in Schulterbreite, Schultern und Bauchmuskeln anspannen. Zieh dazu den Bauchnabel nach innen und mach dich steif wie ein Brett. Dann zieh abwechselnd die Knie in Richtung Schultern nach vorn, ohne die Hüfte anzuheben. Je gelenkiger du bist, desto weiter nach vorn bekommst du die Knie. Je schneller du dich bewegst, desto mehr steigt dein Puls.

9

STÜTZSTRECKE

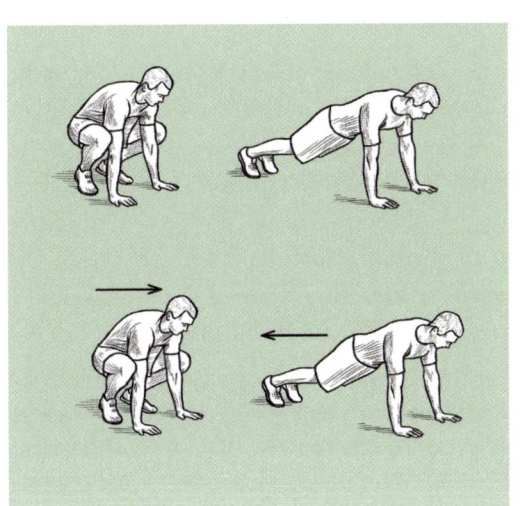

Gutes Ganzkörpertraining, gut fürs Herz. Stütz aus der Kniebeugehaltung heraus die Hände auf den Boden. Spring mit den Beinen nach hinten in den Liegestütz. Dann springst du wieder zurück in die Kniebeugehaltung. Und immer so weiter. Probier aus, wie viele Sprünge du in dreißig Sekunden schaffst. Dann in vierzig, dann in sechzig.

HOCKSTRECKSPRUNG
MIT LIEGESTÜTZ

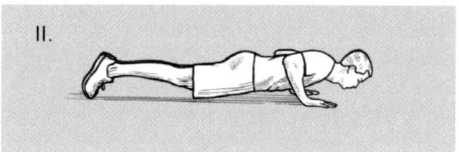

Gut für den ganzen Körper und das Herz.
Nicht nach dem Essen ausprobieren!

I. Stehen, Kniebeuge, in den Liegestütz,
    zurück in die Kniebeugehaltung, in die
    Ausgangsposition zurückspringen.

II. Genau wie oben, aber mach in der
    Liegestützhaltung zusätzlich noch einen
    Liegestütz.

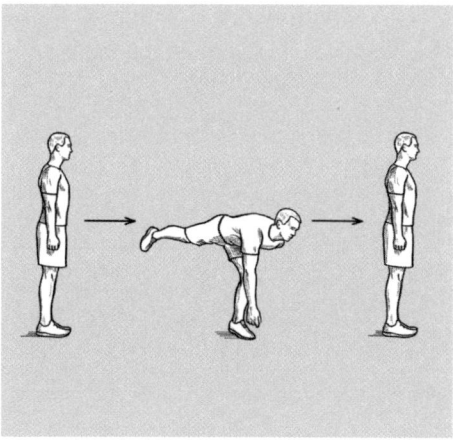

Die Reihenfolge der Übungen? Die steht
dir völlig frei, je nachdem, wie viel Zeit du
zur Verfügung hast – vielleicht stehst du ja
einfach etwas früher auf. Wenn du zwischen
den Kraftübungen noch Ausdauertraining
machst, kannst du dir ein HIIT (High In-
tensity Interval Training, ein Intervalltrai-
ning mit hoher Intensität) zusammenstellen.
    Wechsele zwischen Ober- und Unterkör-
perübungen oder trainiere an einem Tag den
Ober- und am anderen den Unterkörper.

Zum Schluss noch eine nützliche Gleich-
gewichtsübung: Streck aus dem Stand ein
Bein nach hinten und berühr mit der Hand
den gegenüberliegenden Fuß. Wiederhol das
Ganze mit dem anderen Bein.

WAS ES NICHT INS BUCH GESCHAFFT HAT

Bei diesem *Dangerous Book* haben wir uns an die gleiche einfache Regel gehalten wie beim ersten: Was nicht klappt, kommt auch nicht rein. Damals wollten wir zum Beispiel einen einfachen Telegrafen zum Übermitteln von Morsezeichen basteln. Nachdem wir es drei Tage lang versucht hatten, standen wir mit nichts als einem Haufen Balsaholz, Batterien und Draht da. Wir hatten nur sechs Monate Zeit, um das Buch zu schreiben, also mussten wir das Kapitel streichen. Natürlich wissen wir, dass man so etwas kaufen oder von einem Elektrotechniker bauen lassen kann. Einen besseren Bogen hätten wir vielleicht auch hinbekommen können (die Pfeile waren aber fantastisch!), aber wir wollten ungefähr das Niveau beibehalten, das wir als Kinder hatten. Das heißt, es musste einfach gehen – und am besten billig oder umsonst sein.

Für dieses Buch mussten wir uns leider von der Mehldosenbombe verabschieden. Den ersten Reinfall damit erlebten wir schon vor Jahren, und diesmal haben wir uns besonders viel Mühe gegeben – trotzdem ohne Erfolg.

Dabei ist die Grundidee ganz vernünftig. Mehl ist eine ziemlich reaktionsarme Substanz. Wenn man es allerdings in die Luft wirft, vergrößert sich seine Oberfläche so sehr, dass es trotzdem explodieren kann. Wir wollten also ein Stück Gartenschlauch an einem Loch in der Dose festkleben, eine flache Kerze in die Dose stellen, Deckel drauf, und dann Mehl durch den Schlauch pusten, damit der Deckel wegfliegt. Hat nicht funktioniert. Dafür ist Folgendes passiert: Nachdem wir den Schlauch sorgfältig mit Mehl gefüllt hatten, haben wir vergessen, ihn beim Deckelauflegen zuzuhalten – das Mehl wurde rückwärts aus dem Schlauch gedrückt, und wir sahen aus wie die Clowns. Leider war das auch schon das Beste an dem Experiment. Ohne Deckel haben wir es zwar geschafft, die Kerzenflamme durch das Mehl ein bisschen auflodern zu lassen. Aber eine richtige Explosion, die den Deckel weggesprengt hätte, ist es nie geworden. Wir haben es sogar mit Maismehl versucht, das noch feiner ist und somit eine noch größere Oberfläche haben müsste. Nichts. Auch damit nur ein kurzes Auflodern und kein Knall. Wahrscheinlich ist das Ganze unter Laborbedingungen machbar, die Theorie ist, wie gesagt, vernünftig. Aber wir haben es nicht hinbekommen, also gibt es dazu auch kein Kapitel.

Im Knoten-Kapitel im ersten *Dangerous Book* mussten wir einen Knoten streichen. Wenn du jemanden bittest, berühmte Knoten aufzuzählen, kommt bestimmt auch die »Henkerschlinge«, wie man sie in Cowboyfilmen sieht, wenn jemand am Baum aufgehängt wird. Ziemlich grausam, aber auch faszinierend, also haben wir gelernt, wie man sie knüpft, und wollten eigentlich ein Kapitel darüber schreiben. Das Problem ist nur: Wenn man die Schlinge einmal fertig hat, will man sie sich natürlich sofort um den Hals legen. Das habe ich auch gemacht und zu meinem Bruder gesagt: »Sieh mal! So muss es sich anfühlen, auf einem Hocker zu stehen oder auf einem Pferd zu sitzen und darauf zu warten, erhängt zu werden.« Dann lief es mir eiskalt den Rücken runter, und ich wollte sie wieder abnehmen.

Aus der Henkerschlinge ragen zwei Stränge Seil heraus. Mit einem kann man sie lockern, und mit dem anderen zieht man sie fester

zusammen. Ich zog am falschen. Dann hatte ich die Schlinge eng um den Hals hängen, und blöderweise war sie so unter meinem Kinn verborgen, dass ich nicht mehr sehen konnte, an welchem Seil ich ziehen musste. Sie sahen beide gleich aus, und ich hatte beim Versuch, mich zu befreien, den Überblick verloren. Also sagte ich zu meinem Bruder: »Schnell, ich habe sie zu festgezogen. Zieh am anderen Ende!« Und natürlich zog er wieder an dem Seil, das die Schlinge noch enger machte. Als wir es endlich schafften, die Schlinge abzumachen, war ich schon schön blau angelaufen. Daher beschlossen wir, das Ding nicht ins Buch aufzunehmen. »Gefährlich« soll nämlich nicht »selbstmörderisch« bedeuten.

Für das Kapitel über das Kunstharzgießen hielten wir es für eine geniale Idee, eine intakte Schrotflintenpatrone einzugießen, vielleicht zusammen mit einer kleinen Karte mit der Aufschrift »Im Notfall aufbrechen« – oder so was in der Art. Durch Zufall haben wir aber zu viel Härter in eine der Testformen gegeben und dabei festgestellt, dass die Mischung dabei zu heiß werden kann, um die Form in der Hand zu halten. Wir wollen uns gar nicht vorstellen, was passiert wäre, wenn wir eine Patrone in eine kleine Form gelegt und sie dann quasi gebacken hätten.

Als einer der Autoren noch klein war, hat er die Köpfe einer ganzen Schachtel Streichhölzer abgeschnitten und sie in eine lange Füllerpatrone gesteckt. Als er dann ein brennendes Feuerzeug an ein Ende hielt, gab es ein kleines Feuerwerk. Er hatte zwar Glück, verbrannte sich aber trotzdem ein bisschen am Daumen. Wir vermuteten also, dass es auch zu schlimmeren Verletzungen führen könnte, und raten wirklich davon ab. Denkt dran: Wenn ihr euch die Finger absprengt, könnt ihr auch keine Beschwerden mehr an uns schreiben.

Wir haben auch versucht, den »Bienenwabeneffekt« nachzuahmen, bei dem Elektrizität durch eine Flüssigkeit mit Öl geleitet wird, in unserem Fall mit einer Pfanne Öl und ein paar Elektroteilen. Leider braucht man dafür hohe Spannungen bis zu zehn Kilovolt. Das bedeutet Spezialgeräte, und da hört es für uns normalerweise auf. Das Kapitel über das selbst gebastelte Schachspiel hat es aus demselben Grund nicht ins Buch geschafft: Man bräuchte dafür eine Drehbank, und die haben die wenigsten im Werkzeugkoffer.

… und das war's auch schon. Von Anfang bis Ende, vom Baumhaus im Garten der Schwiegereltern bis zum Prüfen der Kapitel auf Rechtschreibfehler, war das Ganze ein Riesenvergnügen für uns. Wir hatten ja keine Ahnung, dass so viele Menschen sich für die gleichen Sachen interessieren wie wir. Das war eine Erkenntnis, die uns viel Freude macht.

Alles Gute!

Conn Iggulden   Cameron Iggulden   Arthur Iggulden

MASSE UND GEWICHTE

LÄNGENMASSE

- 1 **Kilometer (km)** = 1000 Meter
- 1 **Hektometer (hm)** = 100 Meter
- 1 **Dekameter (dam)** = 10 Meter
- 1 **Dezimeter (dm)** = 0,1 Meter
- 1 **Zentimeter (cm)** = 0,01 Meter
- 1 **Millimeter (mm)** = 0,001 Meter
- 1 **Mikrometer (µm)** = 0,000001 Meter
- 1 **Nanometer (nm)** = 0,000000001 Meter

FLÄCHENMASSE

- 1 **Quadratkilometer (km²)** = 1000 m x 1000 m = 1000000 Quadratmeter
- 1 **Hektar (ha)** = 100 m x 100 m = 10000 Quadratmeter
- 1 **Ar (a)** = 10 m x 10 m = 100 Quadratmeter
- 1 **Quadratmeter (m²)** = 1 m x 1 m
- 1 **Quadratdezimeter (dm²)** = 0,1 m x 0,1 m = 0,01 Quadratmeter
- 1 **Quadratzentimeter (cm²)** = 0,01 m x 0,01 m = 0,0001 Quadratmeter
- 1 **Quadratmillimeter (mm²)** = 0,001 m x 0,001 m = 0,000001 Quadratmeter

RAUMMASSE

- 1 **Kubikmeter (m³)** = 1 m x 1 m x 1 m
- 1 **Kubikdezimeter (dm³)** = 0,1 m x 0,1 m x 0,1 m
- 1 **Kubikzentimeter (cm³)** = 0,01 m x 0,01 m x 0,01 m

VOLUMENMASSE

- 1 **Barrel** = 158,987294928 Liter
- 1 **Gallone** = 3,785411784 Liter
- 1 **Liter** = 10 Deziliter (dl) = 100 Zentiliter (cl) = 1000 Milliliter (ml)
- 1 **Pint** = 0,473176473 Liter

GEWICHTSMASSE

- 1 **Gigatonne (Gt)** = 1 Billion Kilogramm
- 1 **Megatonne (Mt)** = 1 Milliarde Kilogramm
- 1 **Kilotonne (kt)** = 1 Million Kilogramm
- 1 **Tonne (t)** = 1000 Kilogramm
- 1 **Kilogramm (kg)** = 1000 Gramm (g)
- 1 **Milligramm (mg)** = 1 Tausendstel Gramm
- 1 **Mikrogramm (µg)** = 1 Millionstel Gramm
- 1 **Nanogramm (ng)** = 1 Milliardstel Gramm

DANKSAGUNG

Ich danke Jack Fogg von HarperCollins, der einen so genialen Namen trägt, sowie Zoe Berville und Sim Greenaway. Im ersten Buch dankte ich Bernard Cornwell, weil er uns aus einer sehr vertrackten Lage half. Das gilt noch immer. Danken möchte ich auch Katie Espiner und Susan Watt für alles, was sie getan haben, ebenso wie Victoria Hobbs, meiner Agentin. Starke Frauen sind, wie starke Männer, ein Geschenk des Himmels – klar, oder?

In diesem Zusammenhang möchte ich meinen Töchtern Mia und Sophie für all ihre Hilfe danken, trotz des ständigen Augenverdrehens. Ich liebe euch alle mehr, als ihr wisst. Dich ausgenommen, Bernard.

WEITERE MITWIRKENDE

Dank allen, die mir ihre Zeit und ihr Wissen zur Verfügung gestellt haben, als ich es brauchte.

Im Besonderen: Johnny Ball, Andrew Snow, Helen Stone, David Iggulden, Daniel Martin, Shelagh Broughton sowie Ella Iggulden.

BILDNACHWEISE

Schwarz-Weiß-Zeichnungen und Diagramme © Nicolette Caven
Karten © HarperCollins

Alle anderen Bilder:
Seite 14: Getty Images/daseugen, 15: Shutterstock/Meister Photos, 16: Getty Images/petrovv, 17: picture alliance/United Archives/DEA, 18 (li. u. re.) und 19: Shutterstock/Yaroslaff, 20: Getty Images/curtoicurto, 21: PA/PA Archive/PA Images, 25: John Frost Newspapers/Alamy Stock Photo, 27: Privatsammlung, 42: Mary Evans Picture Library, 46: akg-images/Interfoto, 56: picture alliance/ASSOCIATED PRESS, 57: Getty Images/PeJo29, 58: picture-alliance/dpa, 64: (links) David Pearson/Alamy Stock Photo; kl.: Kefca/Shutterstock.com (r.) Shutterstock/TMsara; kl.: Shutterstock/slowmotiongli, 65: (li.) Shutterstock/Beautiful landscape, kl.: Shutterstock/Jani Riekkinen, (re.) picture alliance/blickwinkel/F. Hecker, kl.: Getty Images/Alexandrum79, 66: (li.) Shutterstock/Bertold Werkmann, kl.: Shutterstock/Przemyslaw Muszynski, (re.) Getty Images/Peter Fleming, kl.: Getty Images/undefined undefined, 63, 69, 76, 77: Privatsammlung, 78 und 79: picture alliance/ullstein bild, 82: Shutterstock/Frederic Legrand – COMEO, 84: Advertising Archives, 90: (li.) World History Archive/Alamy Stock, (re.) ClassicStock/Alamy Stock Photo, 91: Awe Inspiring Images/Shutterstock, 96: Susana Guzman/Alamy Stock Photo, 97: Classic Image/Alamy Stock Photo, 108: picture-alliance/dpa, 109: Shutterstock/rook76, 111: picture alliance/Newscom, 112: Depositphotos/Chinaimages, 124: Getty Images/DrMonochrome, 125: Shutterstock/Anna ART, 126: (Mitte) Jason Knott/Alamy Stock Photo, (oben li.) Ian Dagnall/Alamy Stock Photo, (unten li.) Charles Stirling (Travel)/Alamy Stock Photo, (oben re.) Jason Knott/Alamy Stock Photo, (unten re.) Sergey Borisov/Alamy Stock Photo, 127: Sklifas Steven/Alamy Stock Photo, 128: Ed Rooney/Alamy Stock Photo, 129: (Mitte) Stock Italia/Alamy Stock Photo, (oben li.) Dagherrotipo/Shutterstock.com, (unten li.) BlackMac/Shutterstock.com, (oben re.) Lukas Davidziuk/Shutterstock.com, (unten re.) Diego Fiore/Shutterstock.com, 132: picture alliance/Sergei Savostyanov/TASS/dpa, 134: picture alliance/REUTERS, 135: picture alliance/ZUMAPRESS.com, 136: Shutterstock/xstock, 139: Lebrecht Music & Arts/Alamy Stock Photo, 143: Shutterstock/meunierd, 149: Getty Images/Abdelrahman M Hassanein, 151: Shutterstock/TonelloPhotography, 175: Iconographic Archive/Alamy Stock Photo, 177: Granger/Shutterstock, 178: Len Putnam/

AP/Shutterstock, 179: Granger/Shutterstock, 180: Depositphotos/alancrosthwaite, 191: (oben) Historic Collection/Alamy Stock Photo, (unten) Björn Wylezich/Alamy Stock Photo, 194, 197: Privatsammlung, 206: Shutterstock/Paul Fedrau, 208 – 213: Privatsammlung, 214: (li.) Hilary Morgan/Alamy Stock Photo, (re.) ART Collection/Alamy Stock Photo, 215: (oben li.) North Wind Picture Archives/Alamy Stock Photo, (unten li.) picture alliance/Heritage-Images, (oben re.) Chronicle/Alamy Stock Photo, (unten re.) picture-alliance/akg-images, 216: (oben li.) Ian Dagnall/Alamy Stock Photo, (unten li.) Chronicle/Alamy Stock Photo, (re.) Chronicle/Alamy Stock Photo, 217: Getty Images/gameover2012, 218: (li.) Shutterstock/Ansario, (re.) Shutterstock/Veronika Fialova, 219: Shutterstock/Veronika Fialova, 220: Shutterstock/Ansario, 222: picture alliance/dpa, 223: picture alliance/dpa, 225: (li.) picture alliance/Lothar Heidtmann, (re.) picture alliance/augenklick/firo Sportphoto, 226: Shutterstock/Marcos Mesa Sam Wordley, 228: Janine Sommer, 230: bilwissedition Ltd. & Co. KG/Alamy Stock Photo, 231: (li.) bilwissedition Ltd. & Co. KG/Alamy Stock Photo, (re.) Science History Images/Alamy Stock Photo, 232: Orren Jack Turner/Ian Dagnall Computing/Alamy Stock Photo, 233: WFPA/Alamy Stock Photo, 237: Getty Images/Iryna_Mandryka, 240: Science History Images/Alamy Stock Photo, 242: Tanisho/Alamy Stock Photo, 243: INTERFOTO/Alamy Stock Photo, 244: FOST/Alamy Stock Photo, 245 und 246: PRISMA ARCHIVO/Alamy Stock Photo, 247 und 248: www.BibleLandPictures.com/Alamy Stock Photo, 249: Auk Archive/Alamy Stock Photo, 250: Azoor Photo/Alamy Stock Photo, 251: PRISMA ARCHIVO/Alamy Stock Photo, 252: Art Directors & TRIP/Alamy Stock Photo, 253: (li.) Adam Eastland/Alamy Stock Photo, (re.) Rome Capitoline Museum, Italy/Peter Horree/Alamy Stock Photo, 257: Getty Images/Photos.com, 26X: World History Archive/Alamy Stock Photo, 265: Privatsammlung, 267: (oben li. und unten) picture alliance/ASSOCIATED PRESS, (oben re.) Shutterstock/360b, 277 – 279: Alexander Fakoó/www.fakoo.de, 288: Gustavo Ramirez/Shutterstock, 289: (oben li.) Moddangfire/Shutterstock, (unten li.) Jenny Bohr/Alamy Stock Photo, (re.) Natasha Breen/Shutterstock, 291: Shutterstock/Sergey Mironov, 294: Stocktrek Images, Inc./Alamy Stock Photo, 296: Archivah/Alamy Stock Photo, 313: Privatsammlung.

QUELLENNACHWEISE

Seite 21: http://www.jamescairdsociety.com/wp-content/uploads/No8.pdf, aufgerufen am 12.08.2020.

Seite 42: Mike Tyson mit Larry Sloman. Eiserner Wille. Mein Leben und die Lektionen von Cus d'Amato. Hannibal Verlag, Höfen 2017, S. 500.

Seite 135: Twitter, 8. November 2014 zitiert nach: https://www.sueddeutsche.de/wissen/raumfahrt-zitate-von-weltraumklos-und-ueberkopf-zaehneputzen-dpa.urn-newsml-dpa-com-20090101-160518-99-988077, aufgerufen am 12.08.2020.

und

2017 im Interview mit dpa, https://www.sueddeutsche.de/wissen/raumfahrt-von-weltraumklos-und-ueberkopf-zaehneput-zen-dpa.urn-newsml-dpa-com-20090101-180-608-99-637793, aufgerufen am 12.08.2020.

Seite 150: https://www.reinhold-messner.de/de/vita/, aufgerufen am 12.08.2020.

Seite 151: https://www.reinhold-messner.de/de/lebenspanorama/der-grenzgaenger/, aufgerufen am 12.08.2020.

Seite 154: Friedrich Schiller. Sämtliche Werke, Band 1, München 31962.

Seite 175: William Shakespeare, Julius Caesar, übers. v. August Wilhelm von Schlegel,

zitiert nach: http://www.william-shakespeare.de/julius_caesar/julius_caesar_3.htm, aufgerufen am 12.08.2020.

Seite 180: zitiert nach diesem Text und mit freundlicher Genehmigung des Amerika Diensts: https://usa.usembassy.de/etexts/soc/traum.htm, aufgerufen am 12.08.2020.

Seite 198–202

Rainer Maria Rilke: Sämtliche Werke. Band 1–6, Band 1, Wiesbaden und Frankfurt a. Main 1955–1966.

Johann Wolfgang von Goethe. Berliner Ausgabe. Poetische Werke [Band 1–16], Band 1, Berlin 1960 ff.

Joachim Ringelnatz. Das Gesamtwerk in sieben Bänden. Band 1: Gedichte, Zürich 1994.

Friedrich Schiller. Sämtliche Werke, Band 1, München 31962.

Theodor Fontane. Sämtliche Werke. Bd. 1–25, Band 20, München 1959–1975.

Seite 261–264

William Shakespeare. Sämtliche Werke in vier Bänden. Berlin: Aufbau, 1975.

Friedrich Schiller. Sämtliche Werke, Band 1, München 31962.

Johann Wolfgang von Goethe. Berliner Ausgabe. Poetische Werke, Berlin 1960 ff.

Goethes Werke. Hamburger Ausgabe in 14 Bänden. Band 3, Hamburg 1948 ff.

Seite 281–284

Homer, Ilias. Homers Ilias, übers. von Johann Heinrich Voß, Reutlingen 1819. S. 404.

Karl Friedrich Wilhelm Wander (Hrsg.). Deutsches Sprichwörter-Lexikon, Band 1. Leipzig 1867, Sp. 159.

Rosa Luxemburg. Ein Leben für die Freiheit, Reden – Schriften – Briefe, ein Lesebuch, herausgegeben von Frederik Hetmann, Frankfurt a. Main 1980.

Wilhelm Weischedel (Hrg.). Kant – Brevier. Ein philosophisches Lesebuch für freie Minuten. Frankfurt a. M. 1974.

Karl Simrock (Hrg.). Die deutschen Sprichwörter. Frankfurt a. Main 1846.

Theodor Fontane. Romane und Erzählungen in acht Bänden. Berlin und Weimar 1973.

Wilhelm Strube. Das strahlende Metall: Leben und Werk von Pierre Curie und Marie Curie-Sklodowska. Kinderbuchverlag, 1973, S. 167.

Arthur Hübscher und Angelika Hübscher. Schopenhauer, Sämtliche Werke, Mannheim 1988.

Kurt Tucholsky. Schnipsel, Reinbek 1974.

Anja Ansorg. ABC des Glaubens, Münster 2008, S. 118.

Christian Wagenknecht (Hrg.). Karl Kraus, Aphorismen: Sprüche und Widersprüche. Pro Domo et Mundo. Nachts. Frankfurt a. Main 1986, S. 269.

Karl-Maria Guth (Hrg.). Marie von Ebner-Eschenbach, Aphorismen, Stuttgart 1988, S. 64.

Eduard Kaiser (Hrg.). Franz Grillparzers Werke in zwei Bänden: Franz Grillparzer. Selbstzeugnisse und Dokumente. Tagebücher. Studien, Aufzeichnungen, Skizzen. Erzählungen. Gedichte, Sprüche, Epigramme, Satiren. 1958, S. 907.

Karl Marx, Friedrich Engels. Gesamtausgabe (MEGA). Herausgegeben von der Internationalen Marx-Engels-Stiftung Amsterdam. Erste Abteilung: Werke. Artikel. Entwürfe. Band 5: Karl Marx, Friedrich Engels: Deutsche Ideologie. Manuskripte und Drucke. Bearbeitet von Ulrich Pagel, Gerald Hubmann und Christine Weckwerth. Berlin, Boston 2017, S. 503.

Margareta Morgenstern (Hrg.). Christian Morgenstern, Gesammelte Werke in einem Band, München 1965, S. 441.

Gerhard Schulz (Hrg.). Novalis Werke, München 2001, S. 304.

Wolfgang Promies (Hrg.). Georg Christoph Lichtenberg. Sudelbücher 1. München 2005, S. 289, S. 734.

Edgar Lohner (Hrg.). August Wilhelm Schlegel. Kritische Schriften und Briefe, Stuttgart 1966–67.

Sascha Michel (Hrg.). Arthur Schnitzler. Das große Lesebuch, Frankfurt a. Main 2012.

Hans-Heinrich Reuter. Fontanes Werke in fünf Bänden. Der Stechlin, Berlin 1979, S. 204.

Julian Schmidt (Hrg.). Neue Essays von R. W. Emerson, Stuttgart 1876, S. 103.

Gerhart Hauptmann. Erzählungen, theoretische Prosa, Berlin 1971, S. 1049.

Robert Musil. Kleine Prosa, Prosa und Stücke, Kleine Prosa, Aphorismen, Autobiographisches, Essays und Reden, Kritik. Reinbek 1978.

Ferdinand Lassalle. Offenes Antwortschreien an das Central-Comité zur Berufung eines Allgemeinen Deutschen Arbeitercongresses zu Leipzig. Zürich 1863, S. 38.

Jean Paul. Jean Pauls Aphorismen, Hildburghausen u. a. 1855–56.

Otto Nöldeke (Hrg.). Wilhelm Busch. Gesamtausgabe in sechs Bänden. München 1955.

Fink KJ. (Hrg.) 888 Weisheiten und Zitate für Finanzprofis. Wiesbaden 2007.

Hans Werner Wüst. Zitate & Sprichwörter. München 2010.

Duden. Zitate und Aussprüche. Herkunft und aktueller Gebrauch. Bearb. v. Werner Scholze-Stubenrecht unter Mitarb. v. Maria Dose u. a. Mannheim u. a. 1993.